“十二五”职业教育国家规划立项教材
全国高职高专数字传媒艺术系列精品教材

多媒体技术及应用项目教程

尹敬齐　编著

中国人民大学出版社
·北京·

前　言

多媒体计算机技术是信息技术的重要发展方向之一，也是推动计算机新技术发展的强大动力。随着计算机硬件性能的不断提高和多媒体软件开发工具的迅速发展，多媒体技术越来越得到广泛的应用，利用多媒体计算机的文本、图形、视频、音频及其交互特点，可以制作出生动形象的计算机辅助教学软件；利用多媒体信息系统，可以实现远程视频、音频节目点播；利用多媒体技术，人们可以轻松地获得旅游、金融、交通、电信等服务信息。由此可见，多媒体技术已渗透到社会生活的各个领域，并在各行业中发挥着重要作用。

全书在内容的叙述上，力求通俗易懂，注重基本技术和基本方法的介绍，列举了很多有代表性的实例，以图文并茂的方式编排，具有很强的可操作性和实用性，此外，各章均配有多个项目实训和课后拓展练习。这些项目实训技术实用、步骤详细，有助于提高学生的实际动手能力。本书配套教学素材中包含电子教案及书中全部素材文件。本书既可作为各类高职高专学校相关专业多媒体技术课程教材，也可作为多媒体技术爱好者的学习参考书及培训教材。

多媒体技术的培养目标是让学生学会对音频、图像、视频、二维动画的处理，以及多媒体创作工具及多媒体存储技术的使用，并为网页制作、影视制作的学习打下良好的基础。计算机网络、影视制作、电子声像技术及多媒体技术等专业开设了多媒体技术课程。在学习过程中教师可根据专业需求选取其中的内容学习。例如，计算机网络、电子声像技术专业可学习全部内容，影视制作专业可学习音频处理、利用 EDIUS 编辑视频及多媒体存储技术。

本书由重庆电子工程职业学院尹敬齐编著，并获**重庆市高等教育教学改革研究一般项目资助(编号:103474)**——传媒艺术类专业人才培养“教学工厂”系统化设计实践研究。在编写过程中参考了大量的书籍，得到了袁琴、亚森艾则孜、都永昌、刘宇凌、丁竹、杨钦、李韵、胡琼方等多位老师的大力支持和帮助，吸取了多方面的宝贵意见和建议，在此谨表谢意。

由于多媒体技术是一门发展迅速的新兴技术，新的思想、方法和系统不断出现，加之编者的水平有限，书中难免有错误和疏漏之处，敬请专家和广大读者批评指正。本书的相关教学资源下载请登录 www. crup. com. cn/jiaoyu，如有疑问请发邮件至 sunlin@crup. com. cn，或拨打电话 010－62515923。

本课程建议安排 80 学时，其中理论讲授 22 学时，实践练习 58 学时。建议的学时分配如下：

学时分配表

序　号	内　　容	理论学时	实践学时	小　计
0	多媒体基础知识	2		2
1	数字音频的处理	2	4	6
2	数字图像的处理	4	10	14
3	数字视频的处理	4	16	20
4	Flash 动画的制作	2	10	12
5	多媒体课件的制作	4	14	18
6	多媒体存储技术	4	4	8
合计		22	58	80

编　者

2011 年 9 月

目 录

预备知识　多媒体基础知识

多媒体技术是一门迅速发展的综合性电子信息技术。20 世纪 80 年代，人们曾经把几张幻灯片配上同步的声音称为多媒体。今天，随着微电子、计算机、通信和数字化音像技术的高速发展，给多媒体技术赋予了全新的内容。世界各国都投入了大量的人力、物力和财力研究多媒体技术。与此同时，多媒体技术已遍及到国民经济与社会生活的各个角落，正在对人类的生产方式、工作方式乃至生活方式带来巨大的变革。

在这一章我们将讨论多媒体技术的定义、特征，各类媒体的特点，多媒体的应用和发展及多媒体的关键技术等基础知识。

0.1　多媒体的基本概念

多媒体一词的核心是媒体，媒体在计算机领域有两种含义：一是指存储信息的实体，如磁盘、光盘、磁带、半导体存储器等，一般称为媒质；二是指表示和传播信息的载体，如字符、声音、图形和图像等，常称为媒介。多媒体技术的媒体指的是后者。以上有关“媒体”的概念比较窄了一点，通常“媒体”概念的范围是相当广泛的，可分为以下五种类型。

1. 感觉媒体

感觉媒体是指能够直接作用于人的感觉器官，从而使人能直接产生感觉的一种媒体。例如，各种声音、音乐、文字、图形、静止和运动的图像等，这也是本书中我们所指的媒体。

2. 表示媒体

表示媒体是指为了加工、处理和传输感觉媒体而人为地研究、构造出来的一种媒体。借助这种媒体，能够更有效地将感觉媒体从一地向另一地传送，便于加工和处理。表示媒体包括各种编码方式，如语言编码、文本编码、静止和运动图像编码等。

3. 显示媒体

显示媒体是指用于通信中使电信号和感觉媒体之间产生转换的一种媒体。显示媒体又分为两种：一种是输入显示媒体，如键盘、鼠标、话筒等；另一类是输出显示媒体，如显示器、喇叭、打印机等。

4. 存储媒体

存储媒体是用于存放表示媒体的一种媒体，也就是存放感觉媒体数字化代码的媒体，如磁盘、磁带、光盘等。

5. 传输媒体

传输媒体是用来将媒体从一处传送到另一处的物理载体，它是通信的信息载体，如电话线、同轴电缆、光纤等。

什么是多媒体呢？通俗地讲，就是上述感觉媒体中的各种成分的综合体，即文字、图像、声音以及多种不同形式的表达方式的组合称为多媒体。但这种定义不严格，另一种较全面的定义为：**多媒体**是指能够同时获取、处理、编辑、存储和展示两个以上不同类型信息媒体的技术，这些信息媒体包括文字、声音、图形、图像、视频和动画等。所以，人们现在常说的“多媒体”不是指其本身，而主要是指处理和应用它的一整套技术。因此，“多媒体”实际上常被当做“多媒体技术”的同义语。另外，由于计算机的数字化和交互式处理能力极大地推动了多媒体技术的发展，通常又把多媒体看做是先进的计算机技术与视频、音频和通信技术融为一体而形成的新技术和新产品。

0.2　多媒体技术及其特性

多媒体技术是指文字、音频、视频、图形、图像、动画等多种媒体信息通过计算机进行数字化采集、获取、压缩/解压缩、编辑、存储等加工处理，并以单独或合成形式表现出来的一体化技术。多媒体技术的特性主要包括信息载体的多样化、集成性和交互性三个方面，这是多媒体的主要特性，此外还有非循环性、非纸张输出形式等。

信息载体的多样化是相对于计算机而言的，有时也称信息媒体的多样化。这一特性使计算机变得更加人性化。在人类的五个感觉空间（视、听、触、嗅、味）接收和产生的信息中，前三者占95%以上。借助于这些感觉形式的信息交流，人类对于信息的处理可以说是得心应手。但是计算机以及与之相类似的智能设备都远没有达到人类的水平。在许多方面必须把人类的信息进行变形之后才可以使用。信息只能按照单一的形态才能被加工处理，也只能按照单一的形态才能被理解。可以说，目前计算机在信息交互方面还处于初级水平。而多媒体技术就是要把计算机处理的信息多样化或多维化，使人与计算机的交互具有更广阔、更加自由的空间。通过对多维化的信息进行变换、组合和加工，可以大大丰富信息的表现力、增强信息的表现效果。

集成性是计算机在系统级的一次飞跃，主要表现在两个方面。一方面是指信息媒体的集成，即将多种不同的媒体信息（如文字、图形、视频图像、动画和声音）有机地进行同步组合，成为一个完整的多媒体信息，尽管它们可能会是多通道的输入或输出，但应该成为一体，多通道统一获取，统一存储和组织。另一方面，集成性还表现在存储信息实体（即设备）的集成。也就是说，多媒体的各种设备应该集成在一起，并成为一个整体。从硬件来说，应该具有能够处理多媒体信息的高速且并行的CPU系统，大容量的存储器，适合多媒体多通道的输入/输出的接口电路及外设、宽带的网络接口等。对于软件来说，应该有集成一体化的多媒体操作系统，适合于信息管理和使用的软件系统和创作工具，以及高效的各类应用软件等。

交互性是多媒体技术的关键特征，它将更加有效地为用户提供控制和使用信息的手段，也为多媒体技术的应用开辟了更加广泛的领域。交互性不仅增加用户对信息的理解，延长信息的保留时间，而且交互活动本身也作为一种媒体加入了信息传递和转换的过程，从而使用户获得更多的信息。另外，借助交互活动，用户可参与信息的组织过程，甚至可控制信息的传播过程，从而使用户研究、学习自己感兴趣的东西，并获得新的知识。

综上所述，信息载体的多样化、集成性和交互性是多媒体技术的三个主要特征。其中“交互性”是多媒体技术的关键特征，从这个角度就可以初步判断哪些不是“多媒体”。如电视不具备像计算机一样的交互性，不能对内容进行控制和处理，它就不是“多媒体”。

0.3 多媒体中的媒体元素及特征

多媒体中的媒体元素是指多媒体应用中可以显示给用户的媒体成分，主要包括文本、图形、静态图像、声音、动画和视频图像等。

1. 文本（Text）

文本是指各种文字，包括各种字体、尺寸、格式及色彩的文本，是计算机文字处理程序的基础。通过对文本显示方式的组织，多媒体应用系统可以使显示的信息更容易理解。文本数据可以先用文本编辑软件（如 Word 等）制作，然后再输入到多媒体应用程序中，也可以直接在制作图形的软件或多媒体编辑软件中一起制作。多媒体应用中使用较多的是带有各种文本排版信息的文本文件，称为格式化文件，如 .doc 文件，该文件中带有段落格式、字体格式、文章的编号、专栏、边框等格式信息。

2. 图形（Graphic）

图形是指从点、线、面到三维空间的黑白或彩色几何图，一般是指计算机绘制的画面。由于在图形文件中只记录生成图的算法和图上的某些特征点（几何图形的大小、形状及其位置、维数等），因此称为**矢量图**。图形的格式是一组描述点、线、面等几何元素特征的指令集合。绘图程序是通过读取图形格式指令，并将其转换为屏幕上可显示的形状和颜色而生成图形的软件。在计算机上显示图形时，相邻的特征点之间的曲线用诸多段小直线连接而成。若曲线围成一个封闭的图形，可用着色算法来填充颜色。

矢量图形的最大优点在于可以分别控制处理图中的各个部分，如图形的移动、旋转、放大、缩小、扭曲，不同的物体还可在屏幕上重叠并保持各自的特征，必要时仍然可以分开独立显示。因此，图形主要用于表示线框形的图画、工程制图、美术字等。由于图形数据只保存其算法和特征点，所以相对于图像的大数据而言，它占用的存储空间较小，但在屏幕上每次显示时，都需要经过重新计算，故显示速度没有图像快。

3. 图像（Image）

图像是指由输入设备捕捉的实际场景画面，或以数字化形式存储的任意画面。静止的图像可用矩阵来描述，其元素代表空间的一个点，称之为**像素**（Pixel），整幅图像就是由一些排成行列的像素点组成的，因此，这种图像也称为位图。位图中的位用来定义图中每个像素点的颜色和亮度。对于黑白线条图常用 1 位表示，对于灰度图常用 4 位（16 位灰度等级）或 8 位（256 种灰度等级）表示该点的亮度，而彩色图像则有多种描述方法。彩色图像必须由硬件（显示卡）合成显示。位图适合于表现层次和色彩比较丰富，且包含大量细节的图像，具有灵活和富于创造力等特点。

图像的关键技术是图像的扫描、编辑、压缩、快速解压和色彩一致性再现等。进行图像处理时一般要考虑三个因素：

（1）分辨率。通常有以下三种：

① 屏幕分辨率，是计算机的显示器在显示图像时重要特征指标之一。它表明计算机显示器在横向和纵向上具有的显示点数。多媒体计算机的标准定义是 800×600，表明在这种分辨率下，显示器在水平方向上最多显示 800 个像素点，在垂直方向上最多显示 600 个像素点。

② 图像分辨率，是位图的一项重要指标，常用的单位是 dpi，表示每英寸长度图像上像素点的数量。位图图像是二维的，它有长度和宽度。图像的分辨率对于位图图像在长和宽两个方向上的量度保持一致。这就是说，一幅 1 英寸×1 英寸的位图图像，在长和宽的方向上具有同样的分辨率，如果它的分辨率是 100dpi，则说明这幅位图图像一共有 100 像素×100 像素。使用显示器观看数字图像时，显示器上每一个点对应数字图像上 1 像素。假如使用 800×600 屏幕分辨率显示具有 600 像素×600 像素的图像，那么在垂直方向上 600 像素正好被 600 个显示点显示，在水平方向上还剩余 200 个点无图像。

③ 像素分辨率，是像素的宽和高之比，一般为 1∶1。

（2）图像深度与显示深度。图像深度（或称图像灰度）是数字图像的另外一个重要指标，它表示数字位图图像中每个像素点上用于表示颜色的二进制数字位数。如果一幅数字图像上的每个像素点都使用 24 位二进制数字表示这个像素点的颜色，那么这幅数字图像的深度就是 24 位。在具有 24 位颜色的数字图像上，每个像素能够使用的颜色是 $2^{24}=16\ 777\ 216$（16M）种，这样的图像称为真彩色图像。简单的图画和卡通可用 16 色，而自然风景图则至少用 256 色。

显示深度是计算机显示器的重要指标，它表示显示器上每个点用于显示颜色的二 进制数字位数。一般的多媒体计算机都配有能够达到 24 位显示深度的显示适配卡和显示器，具有这种能力的显示适配卡和显示器称为真彩色卡和真彩色显示器。

使用显示器显示数字图像时，应当设显示器的显示深度大于或等于数字图像的深度，这样显示器可以完全反映数字图像中使用的颜色。如果显示器的显示深度小于数字图像的深度，就会使数字图像颜色的显示效果失真。在 Windows 操作系统中，可以使用“控制面板”中的“显示”对话框，自行设定显示的深度。

（3）图像数据的容量。一幅数字图像保存在计算机中要占用一定的存储空间，这个空间的大小就是数字图像文件的数据量大小。图像中的像素越多，图像深度就越大，则数字图像的数据量就越大，当然其效果就越贴近真实。一幅未经压缩的数字图像的数据量可按下式估算：

图像数据量大小＝图像中的像素总数×图像深度÷8

例如，一幅具有 800 像素×600 像素的 24 位真彩色图像，保存在计算机中占用的空间约为

$$800\times600\times24\div8=1.44\text{MB}$$

图像文件的大小影响图像从硬盘或光盘读入内存的传送时间，为了减少该时间，应缩小图像尺寸或采用图像压缩技术。在多媒体设计中，一定要考虑图像文件的大小。图形与图像在读者看来是一样的，而对多媒体制作者来说是完全不同的。同一幅图（如一个圆），若采用图形媒体元素，其数据记录的信息是圆心坐标点（x，y）、半径 r 及颜色编码；若采用图像媒体元素，其数据文件则记录在那些坐标位置上有颜色的像素点。由此可见图形的数据信

息要比图像数据更有效、更精确。

随着计算机技术的飞速发展，图形和图像之间的界限已越来越小，它们互相融会贯通。例如，文字或线条表示的图形在扫描到计算机时，从图像的角度来看，是一种由最简单的二维数组表示的点阵图。计算机自动识别出文字或自动跟踪出线条时，点阵图就可以形成矢量图。目前汉字手写体的自动识别、图文混排印刷体的自动识别等，也都是图像处理技术借用了图形生成技术；而在地理信息和自然现象的真实感图形表示、计算机动画和三维数据可视化等领域，在三维图形构造时又都采用了图像信息的描述方法。因此，现在人们已不再过多强调点阵图和矢量图之间的区别，而更注意它们之间的联系。

4. 视频（Video）

若干有联系的图像数据连续播放就形成了视频。计算机视频是数字的，视频图像可来自录像带、摄像机等视频信号源的影像，这些视频图像使多媒体应用系统功能更强、更精彩。由于上述视频信号的输出大多是标准的彩色全电视信号，要将其输入到计算机中，不仅要通过视频信号的捕捉将其由模拟信号向数字信号转换，还要有压缩和快速解压缩及播放的相应硬件、软件处理设备配合；同时在处理过程中免不了受到电视技术的各种影响。

模拟视频（如电影）和数字视频都是由一个序列静止画面组成的，这些静止画面称为帧。一般来说，帧率低于 15 帧/秒，连续运动视频就会有停顿的感觉。我国采用的电视标准是 PAL 制，它规定视频每秒 25 帧（隔行扫描方式），每帧扫描 625 行。当计算机对视频进行数字化时，就必须在规定的时间内（如 1/25 秒内）完成量化、压缩和存储等多项工作。视频文件的存储格式有 AVI、MPG、MOV 等。在视频中有以下几个技术参数：

（1）帧速：每秒钟顺序播放的图像。根据电视制式的不同有 30 帧/秒、25 帧/秒等。

（2）数据量：如果不经过压缩，数据量的大小是帧速乘以每幅图像的数据量。假设一幅图像为 1MB，帧速为 25 帧/秒，则每秒所需数据量将达到 25MB。但经过压缩后可减小几十倍甚至更多。尽管如此，数据量仍太大，使得计算机显示跟不上速度，可采取降低帧速、缩小画面尺寸等方法来降低数据量。

（3）图像质量：图像质量除了原始数据质量外，还与压缩视频数据的倍数有关。一般来说，压缩比较小时对图像质量不会有太大影响，而超过一定倍数后，将会明显看出图像质量下降。可见数据量与图像质量是一对矛盾，需要折中考虑。

5. 音频（Audio）

声音是携带信息极其重要的媒体。声音的种类繁多，如人的语音、乐器声、动物发出的声音、机器产生的声音以及自然界的雷声、风声、雨声、闪电声等。这些声音有许多共同的特性，也有它们各自的特性，计算机处理这些声音时，一般将它们分为波形声音、语音和音乐三类。波形声音实际上已经包含了所有的声音形式，它可以把任何声音都进行采样量化后保存，并恰当地恢复出来，相应的文件格式是 WAV 或 VOC，人的说话声音虽然是一种特殊的媒体，但也是一种波形，所以与波形声音的文件相同。音乐是符号化了的声音，乐谱可转化为符号媒体形式，对应的文件格式是 MID 和 CMF。

声音通常用一种模拟的连续波形表示。波形描述了空气的振动，波形最高点（或最低点）与基线间的距离为**振幅**，表示声音的强度。波形中两个连续波峰间的距离称为**周期**。波形频率由 1 秒内出现的周期数决定，若每秒 1000 个周期，则频率为 1kHz。通过采样可将声音的模拟信号数字化，即在捕捉声音时以固定的时间间隔对波形进行离散采样。这个过程将产生波形的振幅值，以后这些值可重新生成原始波形。影响数字声音波形质量的三个主要因素如下：

(1) 采样频率：波形被等分的份数，份数越多（即采样频率越高），质量越好。

(2) 采样精度：每次采样的信息量。采样通过模/数转换器（A/D）将每个波形垂直等分，若用8位A/D等分，可将采样信号分为256等分；16位等分A/D可将其分为65536等分，显然后者比前者音质好。

(3) 通道数：声音通道的个数表明声音产生的波形数，一般分为单声道和立体声道。单声道产生一个波形，立体声道则产生两个波形。采用立体声道声音丰富，但占用存储空间较大。由于声音的保真与节约存储空间是有矛盾的，因此要选择平衡点。

采样的声音以文件方式存储后，就可进行处理了。对于声音的处理，主要包括编辑声音和不同存储格式的声音转换。计算机音频技术主要包括声音的采集、无失真数字化、压缩/解压缩以及声音的播放。多媒体应用设计者只需掌握声音文件的采集与制作即可。

6. 动画（Animation）

动画是活动的图画，实质是一幅幅静态图像的连续播放。“连续播放”既指时间上的连续，也指图像内容上的连续，播放的相邻两幅图像之间的内容相差不大。**计算机动画**是借助计算机生成一系列连续图像的技术，动画的压缩和快速播放也是要解决的重要问题。计算机设计动画方法有两种：一种是造型动画，另一种是帧动画。前者是对每一个运动的主体（称为角色）分别进行设计，赋予每个动元一些特征，如大小、形状、颜色等，然后用这些动元构成完整的帧画面。造型动画每帧由图形、声音、文字、调色板等造型元素组成，而角色的表演和行为是由脚本控制的。帧动画则是由一幅幅位图组成的连续画面，就像电影胶片或视频画面一样，分别设计每屏显示的画面。

计算机制作动画时，只要做好主动作画面，其余的中间画面可由计算机内插件来完成。不运动的部分直接复制过去，与主动作画面保持一致。如果这些画面仅是二维的透视效果，则是二维动画。如果通过CAD形式创造出空间形象的画面，则是三维动画。如果使其具有真实的光照效果和质感，就成为三维真实感动画。

在各种媒体的创作系统中，创作动画的软、硬件环境较高，不仅需要高速CPU，较大内存，而且制作动画的软件工具也较复杂、庞大。高级的动画软件除具有一般绘画软件的基本功能外，还提供了丰富的画笔处理功能和多种实用的绘画方式，如平滑、滤边、打高光等，调色板支持丰富的色彩，美工人员所需要的特性应有尽有。

上述各种媒体元素在屏幕上显示时能够以多种组合同时表现出来，例如，图形、文字、图像均能够以全画面、部分画面、重叠画面，以及明暗交错、淡化、拉幕等特殊效果表现形式呈现；而媒体元素显示时可为静态和动态，即除动画、影像外，文字、图形、声音等数据也能够以动态方式呈现，如上下、左右跳动，相互靠拢，前景、背景互相交错，与音响配合等等。各种媒体元素既可以自己制作，也可以从现成的数据库中获取。

习　　题

一、选择题

1. 多媒体计算机中的媒体信息是指（　　）。

A. 数字、文字　　B. 语音、图形
C. 动画和视频　　D. 音乐、音响效果

2. 多媒体技术的主要特性有（　　）。
A. 多样性　　B. 集成性　　C. 交互性　　D. 实时性

3. 请根据多媒体的特性判断以下哪些属于多媒体的范畴?（　　）
A. 交互式视频游戏　B. 有声图书　　C. 彩色画报　　D. 立体声音乐

4. 把一台普通的计算机变成多媒体计算机，要解决的关键技术是（　　）。
A. 视频音频信号的获取
B. 多媒体数据压缩编码和解码技术
C. 视频音频数据的实时处理和特技
D. 视频音频数据的输出技术

5. 下列说法中错误的是（　　）。
A. 图像都是由一些排成行列的像素点组成的，通常称为位图
B. 图形是用计算机绘制的画面，也称为矢量图
C. 图像的最大优点是容易进行移动、缩放、旋转和扭曲等变换
D. 图形文件中只记录生成图的算法和图上的某些特征点，数据量较小

6. 下列哪些是图像和视频编码的国际标准?（　　）
A. JPEG　　B. MPEG　　C. ADPCM　　D. H. 261

7. 下列说法正确的是（　　）。
A. 冗余压缩法不会减少信息量，可以原样恢复原始数据
B. 冗余压缩法减少了冗余，不能原样恢复原始数据
C. 冗余压缩法是有损压缩法
D. 冗余压缩的压缩比一般都比较小

8. 多媒体技术未来的发展方向是（　　）。
A. 高分辨化，提高显示质量
B. 高速度化，缩短处理时间
C. 简单化，便于操作
D. 智能化，提高信息识别能力

二、简答题

（通过查找资料后）你认为当前多媒体技术最重要的应用领域有哪些?

项目 1　数字音频的处理

技能目标及知识目标

能应用计算机录制声音，添加声音效果，进行声音的格式转换和翻唱歌曲的制作等。

了解数字音频在计算机中的实现，了解数字音频的常用格式。

掌握声音的录制、声音的编辑及声音的保存。

掌握添加声音效果，以及噪声处理。

掌握翻唱歌曲的制作、卡拉 OK 伴音的制作。

课前导读

声音是携带信息的重要媒体，是多媒体技术和多媒体开发的一个重要内容。计算机只能处理数字信号，自然界中各种声音信号经数字化后可输入计算机进行处理。我们把声音的录制及翻唱歌曲当做一个任务。

声音是一种很重要的媒体，要制作一个电视片，首先要录音、对声音的特效进行处理、转换音频格式以适应需求。我们可以将数字音频处理分成几个任务来处理，第一个任务是数字音频在计算机中的实现，第二个任务是音频的采集与制作，第三个任务是项目实训：制作翻唱歌曲。

任务 1.1　数字音频在计算机中的实现

问题的情景及实现

声音是多媒体数据中重要数据之一，而计算机中，所有信息均以数字形式表示，因此要使计算机具有声音处理能力，需经历音频数字化、音频编码、音频解码等一系列过程。从产品的角度来看，这一系列过程均由声卡完成。

1.1.1　音频数字化

计算机内的音频必须是数字形式的，或者说音频必须数字化。何为音频数字化呢？把模拟音频信号转换成有限个数字表示的离散序列，即**音频数字化**。音频数字化需经历采样、量化、编码三个过程。

1. 采样

音频信号事实上是连续信号，或称连续时间函数 x(t)。用计算机处理这些信号首先必须对连续信号进行采样，即按一定的时间间隔(T) 取值，得到 x(nT) (n 为整数)。T 称为采样周期，1/T 称为采样频率，x(nT) 称为离散信号。

采样过程事实上是一个抽样过程。离散信号 x(nT) 是从连续信号 x(t) 上取出一部分，那么用 x(nT) 能够唯一地恢复出 x(t) 吗？一般是不行的，但在满足采样定理条件下是可以的。

采样定理：若连续信号 x(t) 的频谱为 x(f)，按采样时间间隔 T 采样取值得到 x(nT)。当 f≥2fc 时，则可以由离散信号 x(nT) 唯一地恢复出 x(t)。其中，fc 是截止频率。

在计算机中，常用的音频采样频率有：8kHz、11.025kHz、22.05kHz、16kHz、24kHz、32kHz、44.1kHz 和 48kHz。其中，11.025kHz、22.05kHz 和 44.1kHz 分别是三种标准音频信号 AM、FM 和 CD 音频的采样频率。

2. 量化

由于计算机中只能用 0 和 1 两个数值表示数据，连续信号 x(t) 经采样变成离散信号 x(nT)仍需用有限个 0 和 1 的序列来表示 x(nT) 的幅度。用有限个数字 0 和 1 表示某一电平范围的模拟电压信号称为**量化**。

量化过程是一个 A/D 转换的过程。在量化过程中，一个重要的参数就是量化位数，它不仅决定声音数据经数字化后的失真度，而且决定声音数据量的大小。

声卡的位数是指量化过程中每个样值的比特位数，主要有 16 位、32 位几个等级。一般而言，16 位声卡从量化的角度可获得满意的效果。

3. 编码并格式化

模拟音频信号经采样、量化已经变成数字音频信号，可供计算机处理。但在实际中，任何数据必须以一定格式存放在计算机的内存或硬盘中，因此，经采样、量化后数字音频数据需要经编码并格式化后才能存储、处理。由于媒体的种类不同，它们所具有的格式也不同，只有对这种格式有了正确定义，计算机才能对其进行正确处理，才能区别哪些数据是数值数据、哪些数据是数字音频数据。在实际使用中，主要有 Microsoft 公司为 Windows 操作系统定义的 Wave 数字音频格式，MIDI 规范定义的 MIDI 标准等。总之，模拟音频信号经数字化后总是以某种格式存放在计算机中，由于音频数据的数据量极大（除 MIDI 音频外)，因此在格式化前总是对其进行编码。

1.1.2 数字音频的输出

音频信号经数字化以后以文件形式存放于计算机中，当需要声音时计算机将其反格式化并输出。在计算机中，数字音频可分为波形音频、语音和音乐。音乐是符号化的声音，它有两种表现形式：乐谱和波形音频。乐谱可转变为媒体符号形式，对应的文件格式是 MIDI 或 CMF 文件。波形音频实际上已经包含了所有的声音形式，它可以把任何声音都进行采样量化，并恰当地恢复出来，相对应的文件格式是 WAV 。人的说话声虽是一种特殊的媒体，但它事实上是波形音频的一种，只是因为语音地位重要且具有其独特的处理算法才单独列出。

波形音频对声音进行直接数字化处理所得到的结果，是对外界连续声音波形进行采样并量化的结果。

1. 计算机产生声音的方法

在计算机中，产生声音有两种方法：一是录音/重放，二是声音合成。若采用第一种方法，首先要把模拟语音信号转换成数字序列，编码后暂存于存储设备中（录音），需要时再经解码，重建声音信号（重放）。用这种方法处理产生的声音称为波形音频，可获得高音质的声音，并能保留特定人或乐器的特色。美中不足的是所需的存储空间较大。

第二种方法是一种基于声音合成的声音产生技术，包括语音合成、音乐合成两大类。语音合成又称文-语转换，它能把计算机中的文字转换成连续自然的语音流。若采用这种方法进行语音输出，应先建立语音参数数据库、发音规则库，需要输出语音时，系统按需求先合成语音单元，再按语音学规则（或语言学规则）连接成自然的语流。一般而言，语音参数数据库不随发音时间的增长而加大；但发音规则库却随语音质量的要求而加大。音乐合成与语音合成类似。

显然，第二种方法是解决计算机声音输出的最佳方案，但第二种方法涉及多个科技领域，走向实用有很多难点。目前普遍应用的是音乐合成，但音乐合成技术难以处理语音。文-语转换是目前研究的热门，目前世界上已经研制出汉、英、日、法、德等语种的文-语转换系统，并在许多领域得到广泛应用。

2. 计算机中声音文件的格式

目前，计算机中有下述几种常见声音文件格式。

(1) WAV文件。Windows 所用的标准数字音频称为波形文件，文件的扩展名是.WAV，它记录了对实际声音进行采样的数据，可以重现各种声音，包括不规则的噪声、CD 音质的音乐等，但产生的文件很大，不适合长时间记录，必须采用硬件或软件方法进行声音数据的压缩处理。采用的软件压缩方法主要有 ACM 和 PCM 等。

为了减少数据量，需要针对不同类型的声音选择合适的采样率和量化级。例如，人的讲话声音使用 8 位量化级、11.025kHz 采样率就能较好地还原；CD 音质需要 16 位量化级、44.1kHz 的采样率。由于波形文件记录的是数字化音频信号，因此可由计算机对其进行处理和分析。

(2) MIDI 文件。MIDI 文件的扩展名为.MID。它与波形文件不同的是：记录的不是声音本身，而是将每个音符记录为一个数字，因此比较节省空间，可以满足长时间音乐的需要。

MIDI 标准规定了各种音调的混合及发音，通过输出装置就可以将这些数字重新合成音乐，它的主要限制是缺乏重现真实自然声音的能力。此外，MIDI 只能记录标准所规定的有限乐器的合成，回放质量受声卡上合成芯片的限制。采用波形表进行音乐合成的声卡可以使 MIDI 音乐的质量大大提高。

(3) CD-DA 光盘。CD-DA（Compact Disk Digital Audio）即数字音频光盘，它是光盘的一种存储格式，专门用来记录和存储音乐。CD 光盘也是利用数字技术（采样技术）制作的，只是 CD 唱盘上不存在数字声波文件的概念，而是利用激光将 0、1 数字位转换成微小的信息凹凸坑制作在光盘上，通过 CD-ROM 驱动器特殊芯片读出其内容，再经过 D/A 转换，把它变成模拟信号输出播放。

(4) MP3 文件。MP3 是 Internet 上最流行的音乐格式，最早起源于 1987 年德国一家公司的 EU147 数字传输计划，它利用 MPEG Audio Layer3 的技术，将声音文件用 1∶12 的压缩率压缩，变成容量较小的音乐文件，使传输和存储更为便捷，更利于互联网用户在网上试听和下载。

现在，读者能够将喜欢的音乐从光盘文件转换为 MP3 文件，然后将其存储在计算机中。例如，以前一首普通歌曲大约占 40MB，而用 MP3 格式压缩却只有大约 3MB。

（5）WMA 文件。WMA 的全称是 Windows Media Audio，它是微软公司推出的与 MP3 格式齐名的一种新的音频格式。

由于 WMA 在压缩比和音质方面都超过了 MP3，即使在较低的采样频率下也能产生较好的音质，再加上 WMA 有微软的 Windows Media Player 做其强大的后盾，所以一经推出就赢得一片喝彩。

网上的许多音乐纷纷转向 WMA，许多播放器软件也纷纷开发出支持 WMA 格式的插件程序，估计用不了多长时间，WMA 就会成为网络音频的主要格式。

综上所述，数字音频在计算机中实现需经历音频数字化和数字音频在计算机中输出两个过程。在这个实现过程中，声卡是完成此过程的关键。

1.1.3 声卡

处理音频信号的计算机插卡是音频卡（Audio Card），又称声音卡（简称声卡）。声卡一般由 Wave 合成器、MIDI 合成器、混音器、MIDI 电路接口、CD-ROM 接口、DSP 数字信号处理器等组成。第一块声卡是在 1987 年由 Adlib 公司设计制造的，当时主要用于电子游戏，作为一种技术标准几乎被所有电子游戏软件采用。随后，新加坡 Creative 公司推出了音频卡系列产品，广泛被世界各地微机产品选用，并逐渐形成一种新的标准。如图 1—1 所示。声卡是多媒体计算机的关键设备之一，有力地推动着多媒体计算机技术的发展。

1. 声卡的功能

声卡的主要功能为：音频的录制与播放、编辑与合成、MIDI 接口、文-语转换、CD-ROM 接口及游戏接口等，如图 1—2 所示。

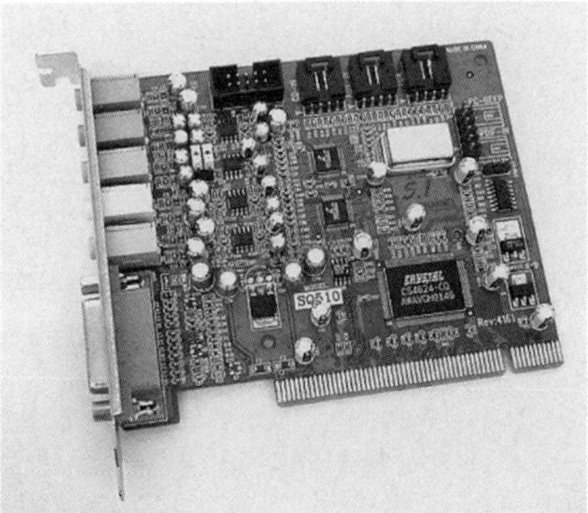

图 1—1 声卡

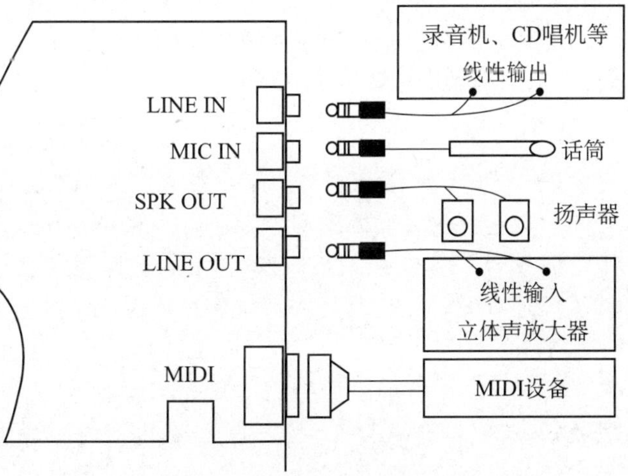

图 1—2 声卡的接口

（1）音频的录制与播放。波形音频是计算机中最基本的声音媒体，音频的录制与播放是在计算机中实现波形音频的基本途径。人们可以将外部的声音信号通过声卡录入计算机，并以文件的形式进行保存，在需要播放时只需调出相应的声音文件。在 Windows XP 环境下，音频卡一般以 Wave 声音格式文件录制波形音频。

声卡的音频录制事实上是前面所述的音频数字化过程。音频录放的主要指标与功能如下：

● 数字化音频采样频率范围：8～48kHz 量化位；16 位/32 位/64 位通道数；单声道/立体声/环绕立体声。

● 编码与压缩：基本编码方法为脉冲编码调制（PCM）。

● 音频录放的自动滤波。

● 录音声源：麦克风、立体声线路输入、CD。

● 输出功率放大器，直接驱动扬声器，且输出音量可调。

（2）音频文件的编辑与合成。一般在声音录制完成以后，总有美中不足的地方。声卡生产厂商作为数字音频处理专业厂商，一般对其支持的录制声音文件格式提供编辑与合成，可以对声音文件进行多种特殊效果处理，包括倒播、增加回音、剪裁、静噪、淡入/淡出、往返放音、交换声道以及声音由左向右移位或由右向左移位等。这些对音乐爱好者是非常有用的。

（3）MIDI 接口和音乐合成。MIDI 是指乐器数字接口，是数字音乐的国际标准。MIDI 接口所定义的 MIDI 文件事实上是一种记录音乐符号的数字音频，为声卡支持的三种声音之一。很显然，MIDI 给出了另一种得到音乐声音的方法，但计算机产生 MIDI 音乐需先解释 MIDI 信息即音乐符号，然后根据所对应的音乐符号进行音乐合成。

声卡提供了对 MIDI 设备的接口及对 MIDI 音频文件的计算机声音输出。音乐合成功能和性能依赖于合成芯片。对不同的声卡，MIDI 音乐合成方法有两种：FM 音乐合成、波形表。

（4）文-语转换和语音识别。有些音频卡在出售时还捆绑了文-语转换和语音识别软件。

● 文-语转换软件。文-语转换就是把计算机内的文本转换成声音。一般音频卡都提供了文-语转换软件，如 Sound Blaster。另外，清华大学计算机系开发的汉语文-语转换软件能将计算机内的文本文件或字符串转换成普通话。

● 语音识别软件。有些音频卡还提供了语音识别软件，可利用语音控制计算机或执行 Windows 下的命令。

2. 声卡的种类

现在的声卡一般有板载声卡、独立声卡和外置声卡之分；板载声卡不用去单独购买，型号和功能主要取决于板载的声卡芯片。板载声卡、独立声卡和外置声卡的性能有一定的差距。那我们应该如何根据自己的需要来选择呢?

板载声卡一般都标有 AC′97 字样，AC′97 的全称是 Audio CODEC 97，这是一个由 Intel、Yamaha 等多家大厂商联合研发并制定的一个音频电路系统标准，并非实实在在的声卡种类，只是一个标准。目前 AC′97 最新的版本已经达到了 2.3。现在市场上大部分声卡的 CODEC 都是符合 AC′97 标准的。厂商也习惯用符合 CODEC 的标准来衡量声卡，因此很多的主板产品，不管采用何种声卡芯片或声卡类型，都称为 AC′97 声卡。

板载声卡有两个缺点：其一，占用过多的 CPU 资源，这也是板载声卡的主要缺点之一。为了节省成本，板载声卡大多数集成的是软声卡，在处理音频数据时需要占用部分 CPU 资源。随着 CPU 频率的增高，这方面的影响已不太明显了。但对于要求性能的 DIY 来说，一点点性能也是不会浪费的。其二，“音质”问题也是板载软声卡的一大弊病，比较突出的就是信噪比较低。其实，这个问题并不是因为板载软声卡对音频处理有缺陷，而是因为主板制造厂商设计板载声卡时布线不合理，以及用料做工等方面过于节约成本造成的。独立声卡的缺点是性价比低，并占用一个 PCI 插槽。

在目前 CPU 主频较高的情况下，对音质要求不太高，板载集成的声卡完全能满足需求，没必要购买独立声卡，现在生产的主板已经支持 7.1 声道。但如果对“音质”要求较高，且不在乎性价比的话，高端独立声卡将是必需的选择，因为它有更好的性能及兼容性，支持即插即用，安装使用都很方便。目前 SB Audigy 2 系列，性能非常出众。而对于很多 3D 游戏玩家来说，适合使用多声道中档独立声卡，如创新 PCI Express X-Fi Xtreme Audio、德国坦克剧场版、承启 AV710 等。

外置式声卡是创新公司独家推出的一个新兴事物，它通过 USB 接口与计算机连接，具有使用方便、便于移动等优点。但这类产品主要应用于特殊环境，如连接笔记本实现更好的音质等。目前市场上的外置声卡并不多，常见的有创新 Digital Music 等。

任务 1.2　音频的采集与制作

问题的情景及实现

许多场合，需要对多媒体对象进行语音解说，这类素材通常只能自己创建。最简便的方法是利用 Windows XP 自带的“录音机”创建与编辑。

在多媒体软件中有不少专门用于声音编辑的软件。Windows 系统“录音机”的编辑功能是很有限的，一般可录一分钟的声音片段。

Audition 是集音频录制、混合、编辑和控制于一身的音频处理软件。它功能强大，控制灵活，可以录制、混合、编辑和控制数字音频文件，也可以轻松创建音乐、制作广播短片、修复录制缺陷。通过与 Adobe 视频软件的智能集成，还可将音频和视频的制作流程结合在一起。使用 Audition 将获得实时的专业级效果。

1.2.1　利用“录音机”录制声音

用“录音机”录制声音，一般需经过下述步骤。

1. 用“混音器”选择录音通道及音量大小

(1) 将麦克风与声卡的 MIC IN 连接或将线性输入设备如录音机、CD 唱机等输出端与声卡的 LINE IN 接口正确连接。双击计算机任务栏的小喇叭图标，打开“音量控制”对话框，如图 1—3 所示。

(2) 执行菜单命令“选项→属性”，打开“属性”对话框，在“调节音量”中选择“录音”单选按钮，在“显示下列音量控制”列表中选择“麦克风”选项，如图 1—4 所示，单击“确定”按钮。

(3) 打开“录音控制”对话框，选择“麦克风”复选框，调整麦克风输入的音量大小，如图 1—5 所示。

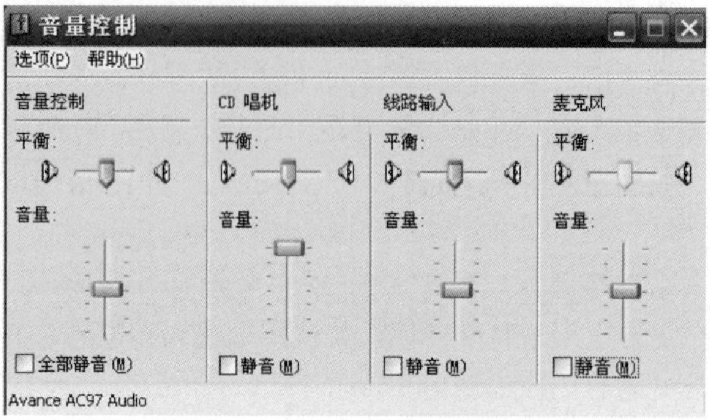

图 1—3 “音量控制”对话框

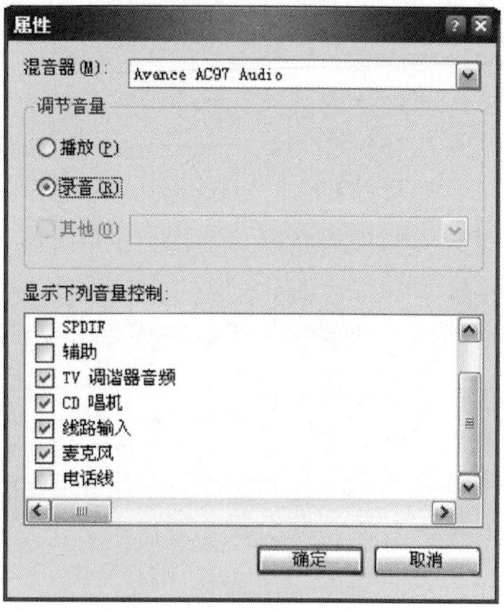

图 1—4 “属性”对话框

（4）执行菜单命令“选项→高级控制”，弹出“麦克风→高级”按钮，如图 1—6 所示。

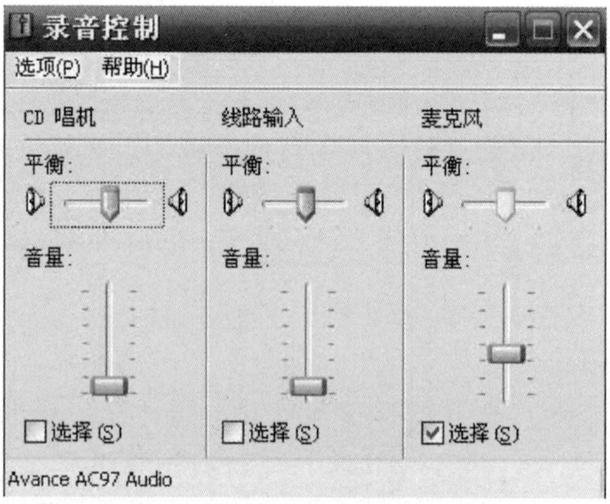

图 1—5 “录音控制”对话框

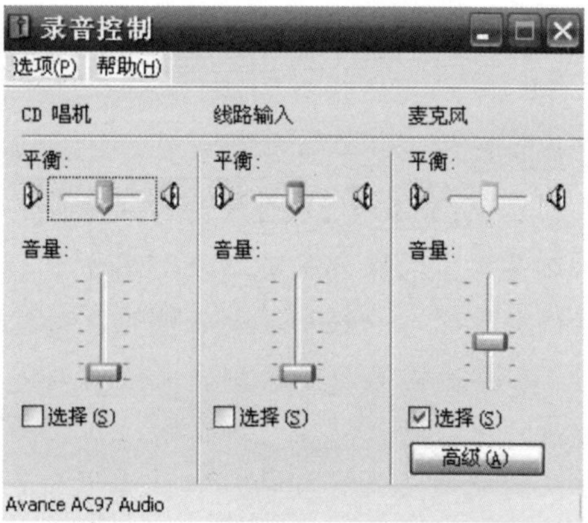

图 1—6 麦克风的“高级”按钮

（5）单击“高级”按钮，打开“麦克风的高级控制”对话框，选择“1 Mic Boost(1)”复选框，进行声音加强，如图 1—7 所示，单击“关闭”按钮。

（6）再适度调整麦克风的音量，不宜过大，否则录音时噪声很大且失真较大。总之，根据麦克风调整音量大小。

（7）调节麦克风的输入信号大小后，接下来是对麦克风的输出信号调节。执行菜单命令“选项→属性”，打开“属性”对话框，在“调节音量”中选择“播放”单选按钮，在“显示下列音量控制”列表中选择“麦克风”，如图 1—8 所示，单击“确定”按钮。

（8）在“音量控制”对话框中，调整麦克风输出的音量大小，如图 1—9 所示。

2. 设置录音属性

（1）单击“开始→所有程序→附件→娱乐→录音机”，打开“声音-录音机”对话框，如图 1—10 所示。

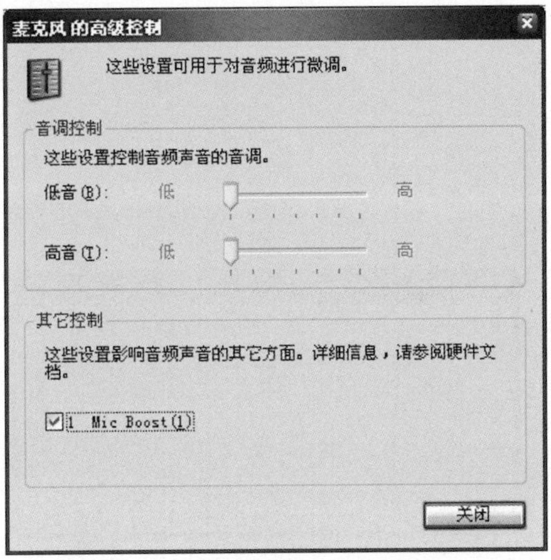

图 1—7　“麦克风的高级控制”对话框

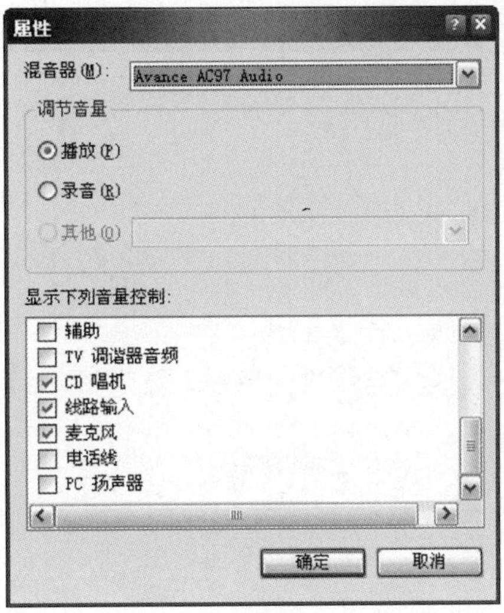

图 1—8　“属性”对话框

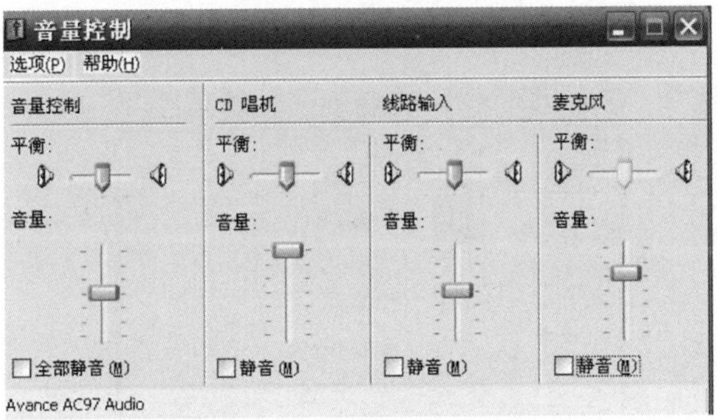

图 1—9　“音量控制”对话框

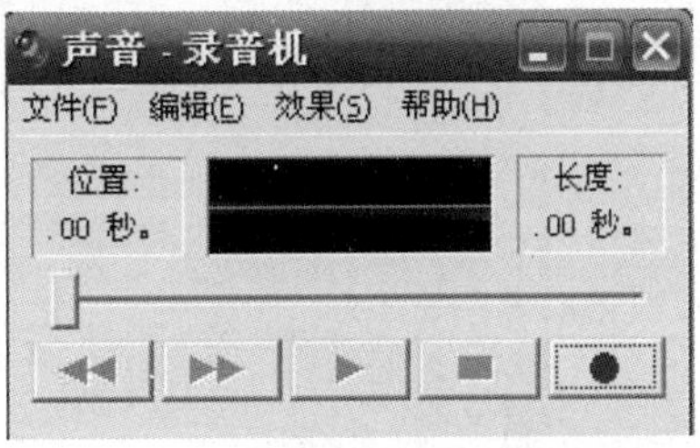

图 1—10　“声音-录音机”对话框

(2) 执行菜单命令“文件→属性”，打开“声音的属性”对话框，单击“立即转换”按钮，如图 1—11 所示。

(3) 打开“声音选定”对话框，从中能调整 WAV 文件的采样频率、量化字长、声道数和编码方法，编码方法一般采取默认值 PCM 即可；在“名称”下拉列表中能选择预定义的三种属性：电话音质、收音机音质和 CD 音质；在“属性”下拉列表中有更多的自定义选择。在这里取“CD 音质”作为录音的属性，如图 1—12 所示。

3. 录音

单击红色的“录音”按钮就能录音了，录制一段话后，执行菜单命令“文件→保存”，在“另存为”对话框中选择合适的驱动器及文件夹，以“声音 1. WAV”为文件名保存。

4. 编辑音频文件

通过录音得到 WAV 文件后，往往不能直接使用，还需要对声音素材进行编辑加工。根据需要对声音进行剪辑，或进行特殊的效果处理，以确保达到最佳品质。下面介绍对 WAV 文件进行简单编辑的操作方法。

通过练习，需掌握以下两点最常用的操作：剪辑文件和对文件做特效处理。

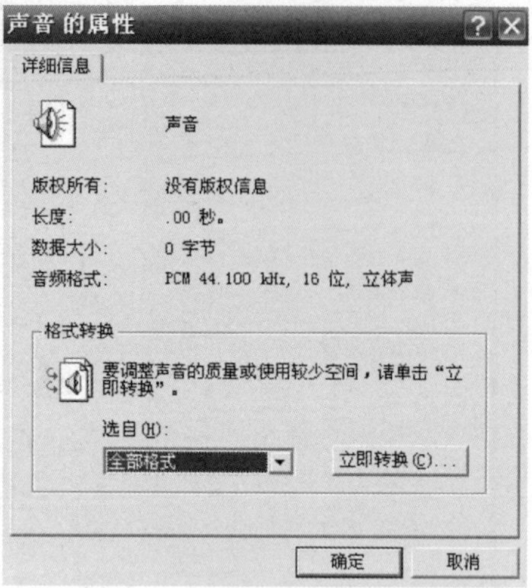

图 1—11　“声音的属性”对话框

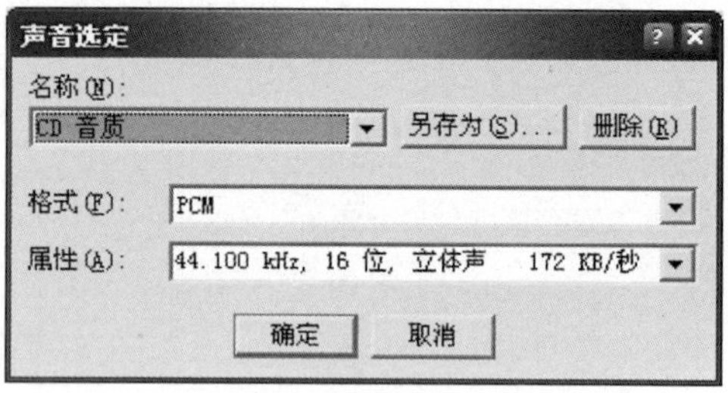

图 1—12　“声音选定”对话框

执行菜单命令“开始→所有程序→附件→娱乐→录音机”，打开“声音-录音机”对话框，选择“编辑”菜单和“效果”菜单，如图 1—13、图 1—14 所示。

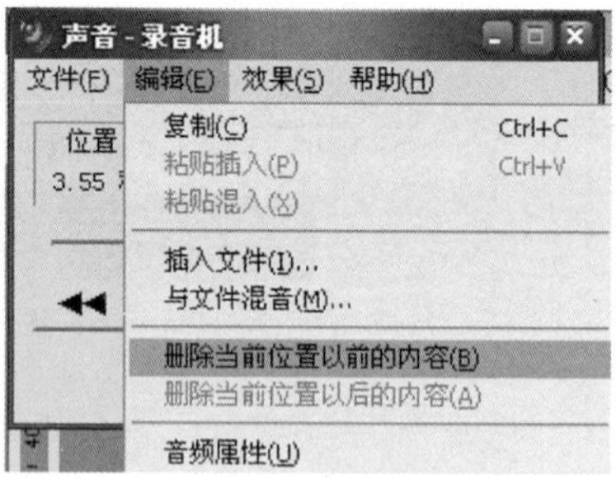

图 1—13　“编辑”菜单

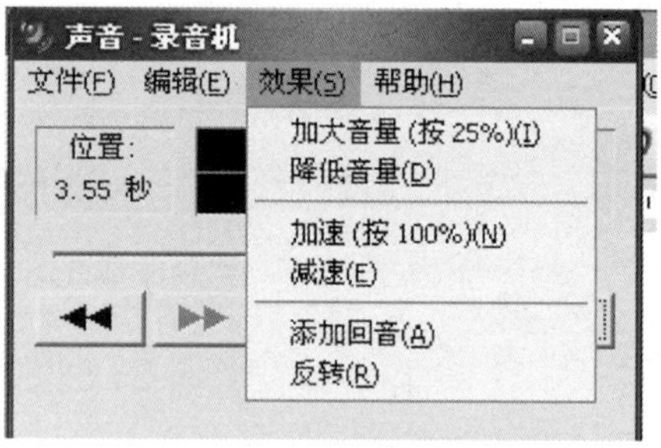

图 1—14　“效果”菜单

（1）剪辑文件。

① 在“录音机”对话框中，执行菜单命令“文件→打开”，打开要编辑的声音文件“声音 1. wav”。

② 单击“播放”按钮，试听声音文件，注意记录时间的标度。由于播放时速度较快，只能了解整个声音文件的概貌，因此可改用拖动位置指示条来定位时间标度。

③ 分别定位于 2s 和 27s，并选择“编辑”菜单下的“删除当前位置以前的内容”和“删除当前位置以后的内容”命令，去除声音文件中多余的头尾部分，最后形成 25s 长度的录音剪辑。

④ 播放剪辑后的效果，如果不满意，可以继续剪辑，也可以选择“文件→恢复”命令，取消前面所做的编辑工作。

⑤ 以“声音 2. wav”为名保存文件，结束剪辑操作。

（2）对文件做特效处理。

① 连接两个声音文件。打开“声音 2. wav”文件，移动位置指针到需要插入的位置(6s)，执行菜单命令“编辑→插入文件”，在打开的“插入文件”对话框中，选择声音文件“声音 3. wav”，即可完成外部声音文件在指定位置的插入。然后分别在 12s、25s 和最后插

入“声音 3. wav”，播放试听效果。

② 两个声音文件的混音。继续前一步骤，移动位置指针到需要开始混音的位置（30s），执行菜单命令“编辑→与文件混音”，在打开的“混入文件”对话框中，选择声音文件“声音 4. wav”，即可完成外部声音文件在指定位置的合成混音，播放试听效果。以“声音 5. wav”为名存盘。

③ 调整音量。执行菜单命令“效果→提高音量”或“降低音量”，可调整整个声音文件的音量，每次调整的幅度是 25%。

④ 调整速度。执行菜单命令“效果→加速”或“减速”，可改变声音的播放时长，每次调整的幅度是 100%。

⑤ 添加回音。执行菜单命令“效果→添加回音”，可使声音增加空间感。

⑥ 反转。执行菜单命令“效果→反转”，可改变声音的起始方向。

“编辑”菜单中的“粘贴插入”和“粘贴混入”是从剪贴板中插入或混合声音。在调整音量和回音后，以“声音 6. wav”为文件名存盘。

1. 2. 2　用 Audition 录制与编辑音频文件

使用 Audition 除了可以将制作的音乐作品保存为传统的 WAV、SND 和 VOC 等格式外，还可以直接压缩为 MP3 或 RM 格式，快捷的操作方式，更使其具有无限的魅力。Audition 不但适合专业的音乐制作人士，而且还能为广大的普通音乐发烧友提供很多“傻瓜”功能，使新手很快制作出自己的音乐作品。

作为一款优秀的工具软件，Audition 可以与 Cake Walk 等流行的音频制作软件保持良好的兼容性，安装时首先运行 AU _ CS3 _ chs. exe，再安装 Audition 插件。在桌面上双击图标，打开 Audition 主界面，如图 1—15 所示。下面我们就来介绍如何使用 Audition 进行录音。

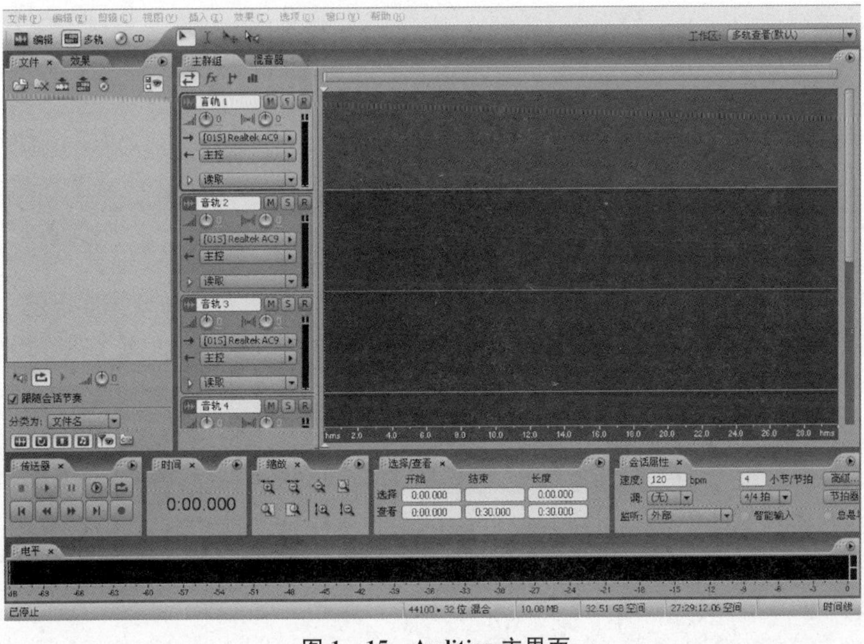

图 1—15　Audition 主界面

1. 单轨录音

单击“编辑视图” 按钮，切换为编辑视图窗口，在 Audition 主界面窗口中，执行菜单命令“文件→新建”，打开“新建波形”对话框，如图 1—16 所示。设定好录音声道、分辨率和采样频率等相关参数，单击“确定”按钮。

单击红色“录音” 按钮就可以开始录音了，此时可拿起话筒或者播放 CD，如果要停止录音可以单击“停止” 按钮。完成录音后，将在主界面中出现刚录制文件的波形图，单击“播放” 按钮即可回放，如图 1—17 所示。

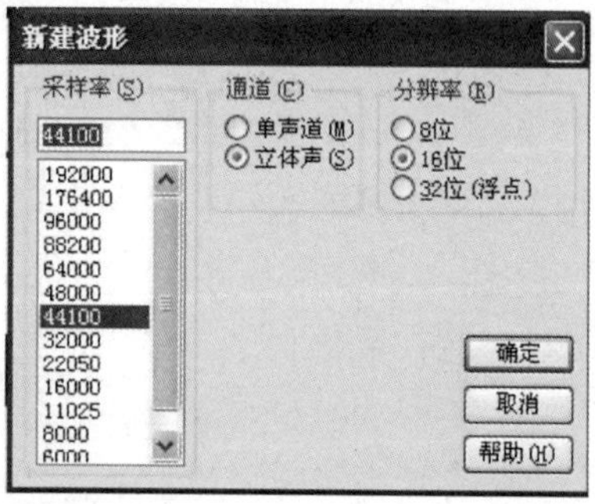

图 1—16　“新建波形”对话框

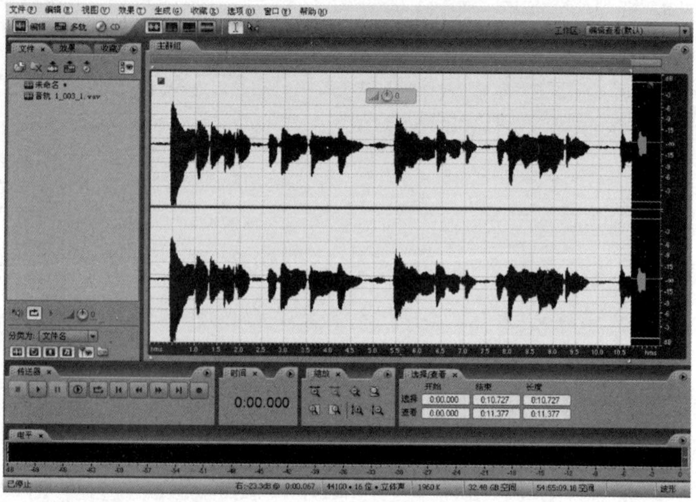

图 1—17　播放录制好的文件

录制完声音后，还可以对音频波形文件进行编辑，在这里可以使用复制、剪切和粘贴等命令。如果一个声音文件断断续续，可以单击“波形缩放” 按钮使波形文件便于查看。选定一段需要处理的部分，执行菜单命令“编辑→删除静音区”，在打开的“删除静音区”对话框中，设定好波形参数后，单击“确定”按钮来删除静音，使之成为一个连续的文件，如图 1—18 所示。

Audition 还可以为乐曲添加音效。执行菜单命令“效果”，这里提供了多种音效效果，如添加回音，使用过滤器加重低音，突出高音，降低或清除噪声等，针对读者的不同需要，可以自行选取使用。

最后还需要将录制好的音频文件保存起来，执行菜单命令“文件→另存为”，打开“另存波形为”对话框，如图 1—19 所示。选择文件的保存路径，并为音频文件指定一个文件名称，最后在“保存类型”下拉列表中选择音频文件的保存格式，这里选择保存为 WAV 格式，最后单击“保存”按钮完成录制。

2. 多轨录音

单击“切换” 按钮，切换为多轨视图窗口，每一轨都有 R 、S 和 M 三个按钮，R 是录音按钮，S 是独奏按钮（按下这个按钮，其他音轨都不出声），M 是静音按钮（按下它，所在音轨不出声）。

在多轨模式下，第一轨放入伴奏，第二轨以下都可以录人声。以第二轨为例，选择 R 按钮，再单击下面的红色“录音” 按钮，就能边听伴奏边把人声录在这个音轨上。它的好处是不用再费心思去对齐，录完后就是跟伴奏对齐的。然后可以双击进入单轨模式编辑。如果配置低的话，建议不要分太多轨。

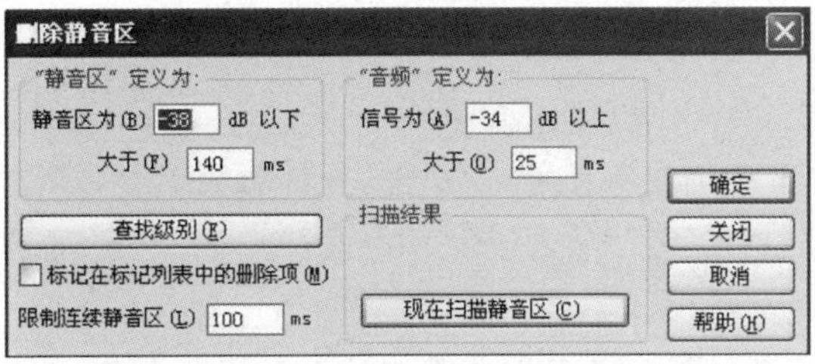

图1—18　"删除静音区"区对话框

图1—19　"另存波形为"对话框

3. 波形编辑

Audition的功能非常强大，如录音、插入、删除、淡入、淡出、混响、回声等。通过练习，掌握以下几种最常用的操作：合并两段声音，淡入与淡出，增加声音的空间感，增加回声效果等。

(1) 合并两段声音。

① 单击"切换"按钮，切换为编辑视图窗口，执行菜单命令"文件→打开"，在"打开波形文件"对话框中，选择"心雨.mp3"文件，单击"打开"按钮，试听这段音乐，如果第一秒不是所需音乐，可用鼠标拖曳播放指针到要删除波形的入点，按住〈Shift〉键的同时单击两个声道分界处，删除波形的出点（波形变为白色，则被选中）。释放〈Shift〉键，再用鼠标拖曳半边播放指针，精确地放到出点，然后按〈Delete〉键将其删除，如图1—20所示。

图1—20　删除选区

② 在主菜单“窗口”中，可看到已打开了两个音乐文件。双击“音轨 1”，转到前面的录音文件，用鼠标选中有声音的部分，按〈Ctrl+C〉组合键送到剪贴板。

③ 双击“心雨 . wav”文件，定位在音乐的起始段 0s 处，按〈Ctrl+V〉组合键从剪贴板中插入刚才的录音，试听一下。

(2) 淡入与淡山。继续前一练习，处理音乐，使之在开始和结束处有淡入、淡出的效果。

① 选择音乐起始 2s 部分，执行菜单命令“效果→振幅压限→振幅/淡化”，打开“振幅/淡化”对话框，在“预设”中选择“淡入”，单击“确定”按钮，如图 1—21 所示。

② 选择音乐结束的 2s 部分，单击“录音”按钮，在“预置”中选择“淡出”。试听改动后的效果。

提示：“振幅/淡化”不但能做淡入、淡出处理，还能对选定区域做增益调节。

(3) 增加声音的空间感。继续前一练习，按〈Ctrl+A〉组合键选择全部声音。

执行菜单命令“效果→延迟和回声→房间回声”，打开“VST 插件-房间回声”对话框，选择“Ambient Reflective Room”，使得声音感觉上是在房间内录音的效果（也可选择其他的空间效果，然后单击“预览”按钮试听），单击“确定”按钮完成声音的处理，如图 1—22 所示。

(4) 多重回声效果。

① 继续前一练习，按〈Ctrl+Z〉组合键，取消前面的操作。

② 执行菜单命令“效果→延迟和回声→多重延迟”，打开“VST 插件-多重延迟”对话框，选择回声效果（Echo），调节“延迟偏移”为 100ms，“延迟时间”为 99ms，“回馈”为 60ms，单击“确定”按钮完成处理，如图 1—23 所示。

③ 试听结果。

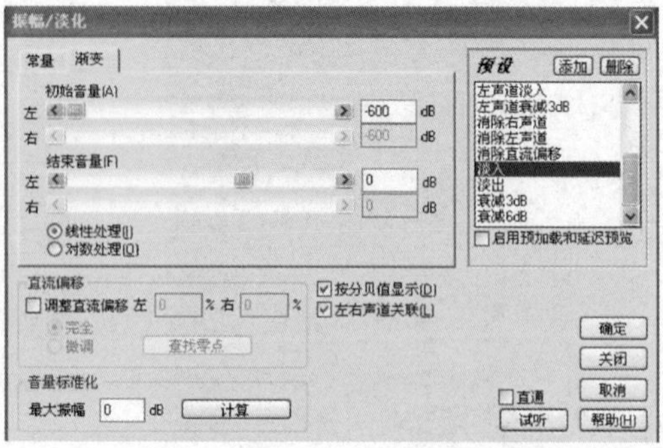

图 1—21　“振幅/淡化”对话框

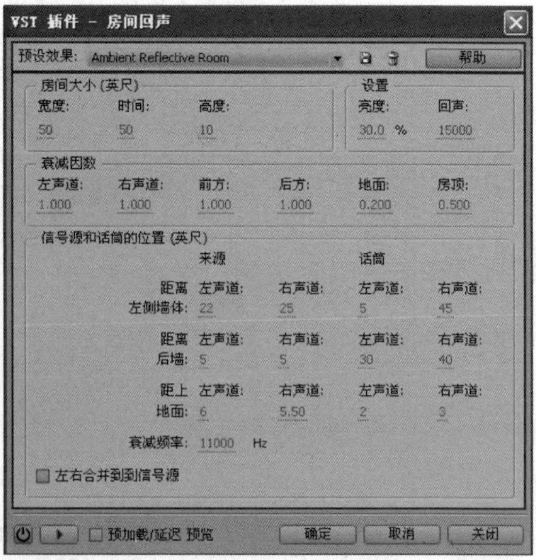

图 1—22　“VST 插件-房间回声”对话框

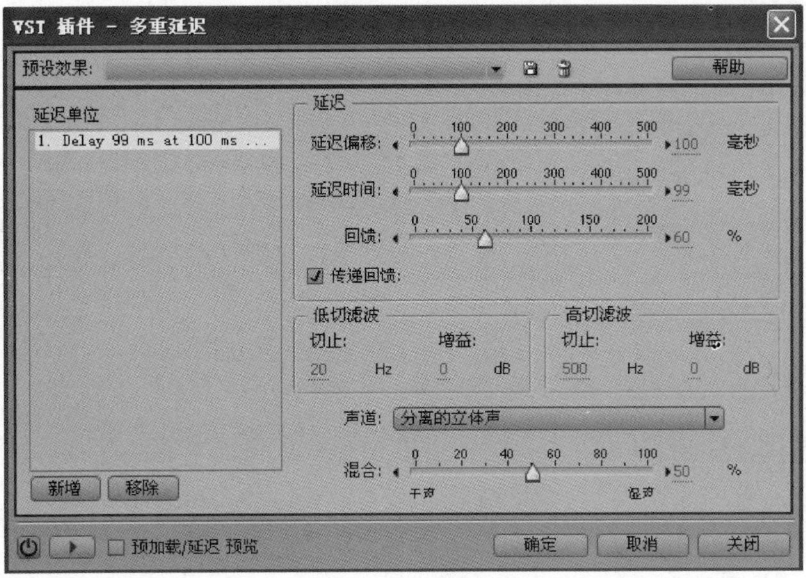

图1—23　增加回声

4. 音频文件的转换

Audition 3.0还可以将AIF、AU、MP3、Raw PCM、SAM、VOC、VOX、WAV等文件相互转换。

（1）音频文件的输入。单击"切换"按钮，切换为多轨视图窗口，用鼠标右键单击"音轨1"，从弹出的快捷菜单中选择"插入→音频文件"，打开"插入音频"对话框，在CD光盘或存放歌曲的硬盘中，找到所要的歌曲文件（CDA、WAV、MP3和MAV等文件），单击"打开"按钮，插入到"音轨1"中。

（2）音频文件的输出。执行菜单命令"文件→导出→混缩音频"，打开"导出音频混缩"对话框，在"保存类型"下拉列表中选择一种存储格式，在"文件名"文本框中输入文件名，在"保存在"中选择保存位置，单击"保存"按钮，开始保存为另一种音频文件。

另外，Audition 3.0还可将视频中的波形文件（WMV、MOV和AVI）插入到"音轨"中。

项目实训1　制作翻唱歌曲

实训目的：使学生进一步掌握翻唱歌曲和卡拉OK伴音的制作，并且能在实际的项目中运用Audition 3.0进行音频的提取、效果的添加、噪声的抑制、音频格式的转换等。

音乐爱好者制作高质量的翻唱歌曲在网上发布已经变得很普遍了，这都有赖于音乐制作软件的普及。掌握对Audition 3.0强大功能的应用。用户就可以制作出属于自己的高质量翻唱歌曲了。项目参考操作步骤如下：

1. 制作音乐伴奏

Audition 3.0制作音乐伴奏是指提取MPEG音频文件的单声道（没有人声的声道）音频加以混缩成为双声道的立体声伴奏。

（1）启动Audition 3.0，进入多轨视图窗口，多轨界面一般有多个音轨，进入多轨界面后，用鼠标右键单击“音轨 1”，从弹出的快捷菜单中选择“插入→提取视频中的音频”菜单项，如图 1—24 所示。

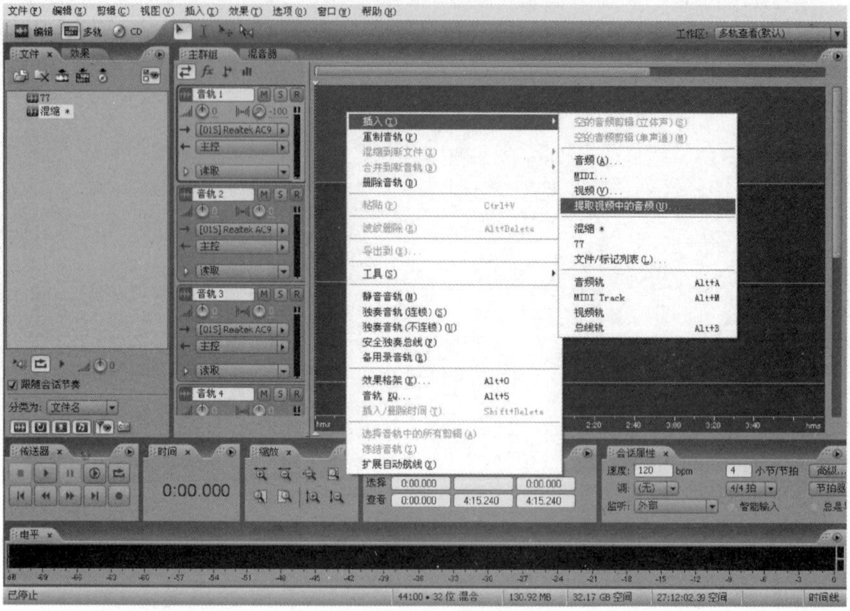

图 1—24　多轨界面

(2) 打开“插入来自视频的音频”对话框，在存放歌曲的硬盘中，找到所要的歌曲文件(MPEG 文件) 单击“打开”按钮，插入到音轨 1 中。

(3) 歌曲文件插入完毕，会发现音轨 1 插入了音频波形。单击“播放”按钮预览，这时还存在单声道的人声。要想消去人声，单击“立体声声相”按钮右边的文本输入框，输入－100，按〈Enter〉键，如图 1—25 所示。

(4) 单击“播放”按钮预览，如果人声没有了，执行菜单命令“编辑→混缩到新文件→回放中的主控输出（单声道)”，大概花上十几秒钟进行处理，如图 1—26 所示。

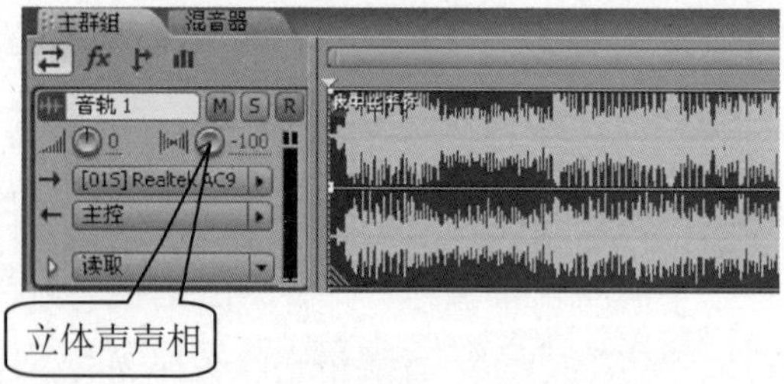

图 1—25　声相

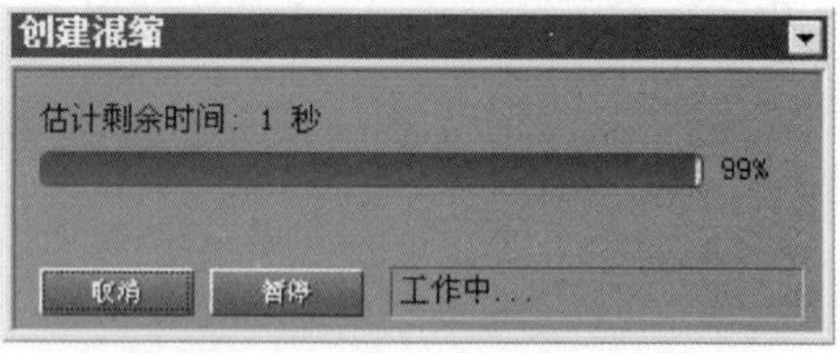

图 1—26　混缩内容创建中

(5) 混缩创建完成后，Audition 3.0 自动弹进单轨界面，如图 1—27 所示。

(6) 在单轨界面上对音频波形进行音量标准化，执行菜单命令“效果→振幅和压限→音量标准化”，打开“标准化”对话框，在文本框中输入 100，如图 1—28 所示，然后单击“确定”按钮，让它处理完成。

(7) 音量标准化处理完毕，在单轨界面上用鼠标右键单击音频波形，从弹出的快捷菜单中选择“插入到多轨中”菜单命令，将单声道转换为双声道。

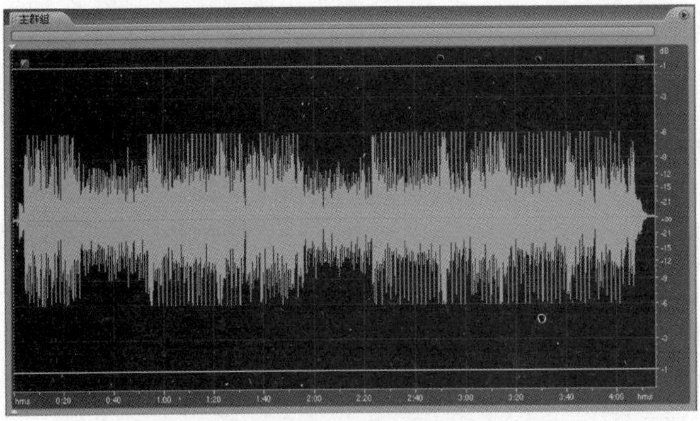

图 1—27　单轨界面

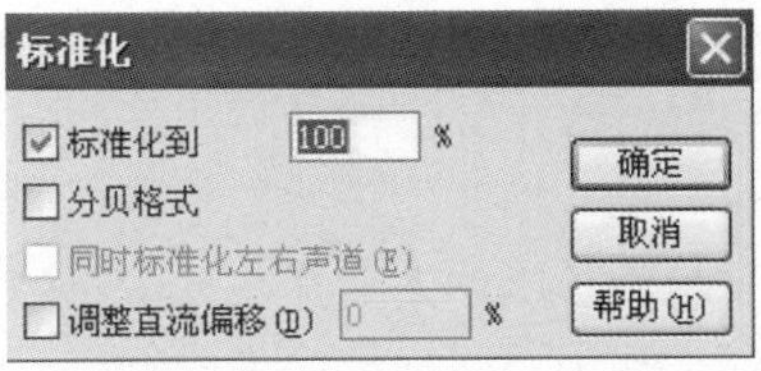

图 1—28　“标准化”对话框

(8) 单击“切换”按钮，切换到多轨视图窗口，这时在音轨 2 中插进了伴奏波形，如图 1—29 所示。如果波形块起始位置不在时间轴的零点处，可以在波形块上按住鼠标右键，把波形块拖到时间轴的零点处；然后用鼠标右键单击“音轨 1”，从弹出的快捷菜单中选择“静音”菜单项，单击“播放”按钮预览，此时人声已消去。

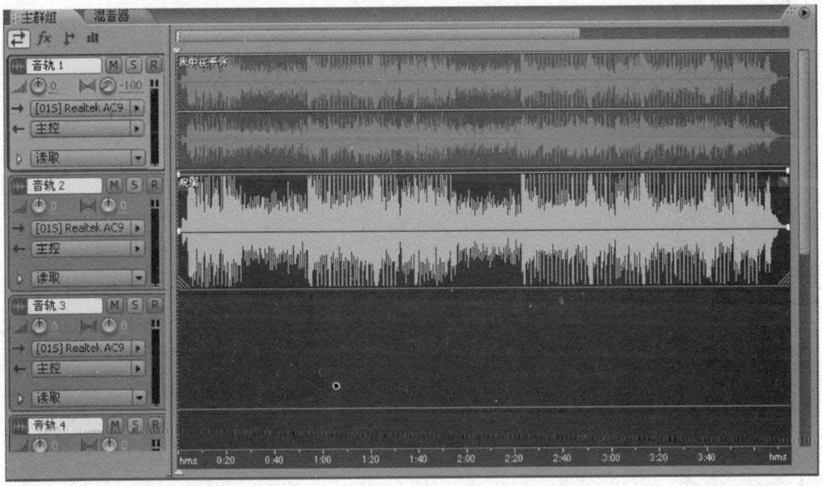

图 1—29　伴奏插入第二轨道

(9) 执行菜单命令“文件→导出→混缩音频”，将伴奏音频以 MP3 或 WAV、WMA 格式等存入硬盘中。

2. 录音

(1) 进入 Audition 3.0，开始录音。新建工程后，单击按钮进入多轨界面。用鼠标右键单击第一轨道，从弹出的快捷菜单中选择“插入→音频文件”菜单命令，打开“打开波形文件”对话框，选择 MP3（也可以是 WMA 和 WAV）音频伴奏插入第一轨道中，如图 1—29 所示。将第二轨道设为“录音轨道”，在第二轨道左边的控制栏上，选中 R 即可完成。

(2) 实时录音。按下“录音”按钮。这时只要发出声音就会看到第二轨道里产生波形，这说明麦克风信号已成功输入，可以录音了。

技巧：在录音的过程中，如果发现前面某一段唱得不佳，用户完全可以在该处停止录音，用鼠标的左键位置重新录制。

当一首歌录制完毕，就可以对声音进行编辑处理，这是最关键的一步，它决定翻唱歌曲的质量。

3. 编辑声音

用鼠标右键单击录音轨道 2，从弹出的快捷菜单中选择“编辑波形”菜单命令，进入单轨界面对声音进行噪声消除、限压、滤波、混音、音量标准化处理。

（1）噪声消除：初学者不需要完成它，因为处理噪声时往往把声音当成噪声处理掉，后果是声音严重失真犹如蚊子叫声一般。不过只要用户在录音时把麦克风的音量调节得大小合适，加上录音环境，不会有大的噪声。

技巧：为了防止呼气时气流冲击麦克风发出响声，最好用海绵把麦克风套好。

（2）声音限压：一首歌有高潮段也有低沉节，麦克风没有动态距离调节，唱出的歌声会忽高忽低（这是难以避免的），那么声音限压是必需的。执行菜单命令“效果→刷新效果列表”，正式把插件列入 DirectX 中，这时“效果”的“DirectX”中就列出前面安装的所有插件。选中录下的声音，执行菜单命令“效果→DirectX →Wave→C4”，打开“DirectX 插件-Wave C4”对话框，保持默认设置，如图 1—30 所示，然后单击“确定”按钮即可完成声音限压。

（3）滤波：选择录下的声音，执行菜单命令“效果→滤波器→参量均衡器”，打开“VST 插件-参量均衡器”对话框，改变声音的中高低音频率，根据麦克风的声效而调节。如果麦克风的低音较强、高音较弱，则在“参量均衡器”中把高音频率调高，如图 1—31所示。单击“预览”按钮进行调节，直到自己感觉满意为止，最后单击“确定”按钮完成声音滤波。

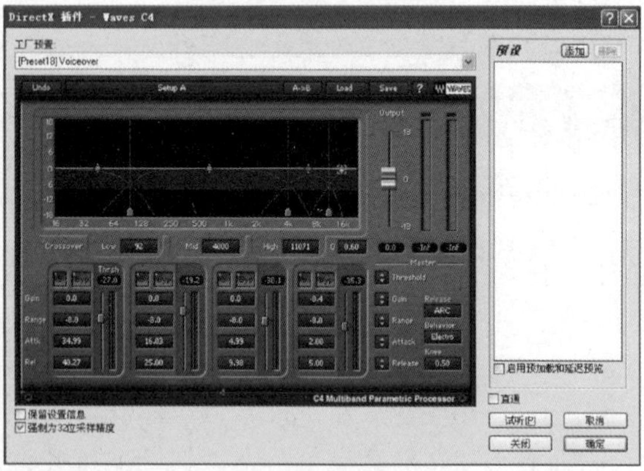

图 1—30　“DirectX 插件 Wave C4”对话框

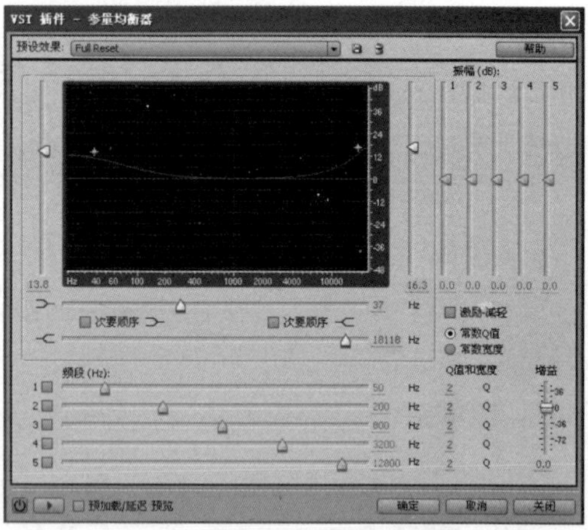

图 1—31　“VST 插件 参量均衡器”对话框

（4）混音：选中录下的声音，执行菜单命令“效果→常用混响器→完美混响器”，打开“VST 插件-完美混响”对话框，在“输出电平”中把“干声”的百分率调到 160%，“湿声（混响）”、“湿声（早反射）”分别调到 50%、45%。然后单击“预览”按钮，再调节，直到自己感觉满意为止，如图 1—32 所示。

（5）音量标准化：选择录下的声音，执行菜单命令“效果→波形振幅→音量标准化”，在“标准化”对话框中选择“标准化到”和“同时标准化到左右声道”复选框，“标准化到”的百分率为 100%，单击“确定”按钮即可完成。注意人声波形振幅设为 100%后，伴奏也应设为 100%，这样才能相互配调。

（6）单击按钮转入多轨视图窗口，预览翻唱歌曲，如果觉得满意的话，执行菜单命令“文件→导出→混缩音频”，选择路径和文件类型（MP3、WAV、WMA 等）对翻唱歌曲进行保存。这样翻唱歌曲大功告成了。

实训 2　制作卡拉 OK 伴音

使用“析取中置通道”效果可以很轻易地消除歌曲中的人声（只能压低人声，不能完全消除），从而可以制作卡拉 OK 伴奏。项目参考操作步骤如下：

注：“析取中置通道”只对立体声音频文件有效。

（1）在编辑视图窗口下，执行菜单命令“文件→打开”，在“打开”对话框的查找范围中选择指定磁盘空间，选择“心雨 . mp3”。

（2）单击“播放”按钮，播放音频，对歌曲进行浏览。

（3）在编辑视图窗口中，使用快捷键〈Ctrl＋A〉选择整段音频，执行菜单命令“效果→立体声声相→析取中置通道”，打开“VST 插件-析取中置通道”对话框。

（4）在“VST 插件-析取中置通道”对话框中，在“预置效果”下拉列表中选择预置效果 Vocal Remove，在“析取音频从”下拉菜单中选择提取目标为“中置”，“频率范围”设置为“定制”，并根据音频特色设置其他选项，如图 1—33 所示。设置完毕，单击“确定”按钮，对音频进行提取。

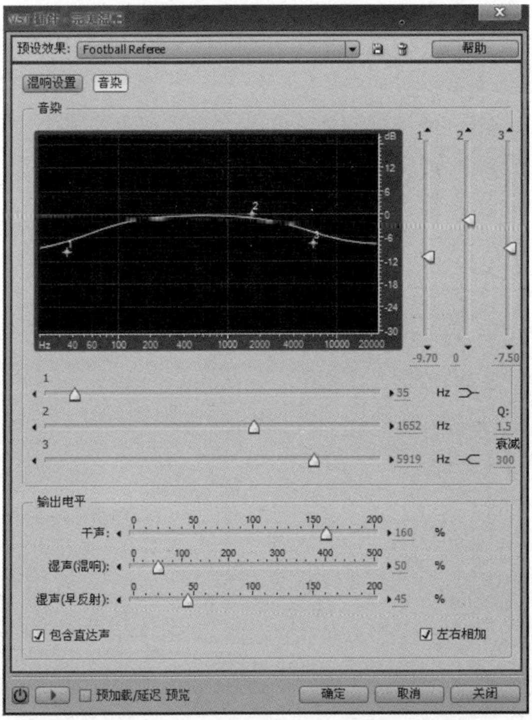

图 1—32　“VST 插件 完美混响”对话框

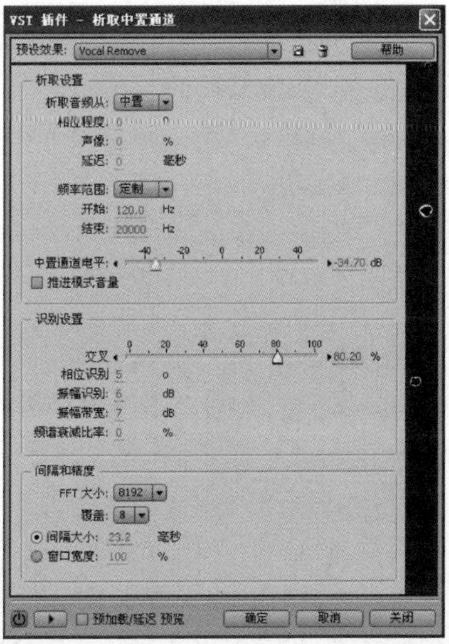

图 1—33　“VST 插件 析取中置通道”对话框

（5）再次播放预览音频，如果觉得产生了噪声，可以使用各种降噪手段降低噪声。

（6）选中整段音频，使用菜单命令“效果→振幅和压限→标准化”，在“标准化到”文本框中输入 70，单击“确定”按钮，放大音频的动态范围。

（7）再次播放预览音频，满意之后即可保存输出。

项目小结 1

体会与评价：完成这个项目后得到什么结论？有什么体会？完成项目评价表，如表 1—1 所示。

表 1—1 综合实训项目

项目	内 容	评价标准	得分	结论	体会
1	翻唱歌曲	5			
2	卡拉 OK 伴音	5			
	总评				

课后拓展实训 1

题目：制作一首翻唱歌曲。

规格：时间为一首歌的长度。

要求：运用 Audition 制作一首翻唱歌曲，配合 Premiere 编辑视频合成卡拉 OK 歌曲。

习题 1

一、选择题

1. 下列配置中哪些是 MPC 必不可少的？（　　）

A. DVD 刻录机　　B. 高质量的声卡

C. 高分辨率的图形、图像显示　　D. 高质量的视频采集

2. 数字音频采样和量化过程所用的主要硬件是（　　）。

A. 数字编码器　　B. 数字解码器

C. A/D（模/数）转换器　　D. D/A 转换器

3. 在数字音频获取与处理过程中，下列顺序正确的是（　　）。

A. A/D 变换、采样、压缩、存储、解压缩、D/A 变换

B. 采样、压缩、A/D 变换、存储、解压缩、D/A 变换

C. 采样、A/D 变换、压缩、存储、解压缩、D/A 变换

D. 采样、D/A 变换、压缩、存储、解压缩、A/D 变换

4. 下列采集的波形声音质量最好的是（　　）。

A. 单声道、8 位量化、22.05kHz 采样频率

B. 双声道、8 位量化、22.05kHz 采样频率

C. 单声道、16 位量化、22.05Hz 采样频率

D. 双声道、16 位量化、44.1kHz 采样频率

5. MIDI 音乐的合成方式是（ ）。

A. FM B. 波表 C. 复音 D. 音轨

6. 在 Audition 中，对音频区域描述正确的是（ ）。

A. 在波形上用鼠标左键单击并拖曳定义一个选择区域

B. 按住〈Shift〉键，用鼠标左键在波形上单击可扩展一个已经存在的选择区域

C. 使用鼠标右键在波形上单击可扩展一个已存在的选择区域

D. 双声道波形不能选择单个波形选区

二、简答题

1. 人的听觉感知机理主要有哪些特征？
2. 声音质量的度量有哪些方法？
3. 音频数字化需经历哪些过程？
4. 计算机中有几种常见声音文件格式？
5. 声卡由哪几部分组成？
6. 声卡的功能有哪些？
7. 板载声卡有哪些缺点？
8. Audition 声音编辑器具有哪些功能？

项目 2　数字图像的处理

技能目标及知识目标

能应用扫描仪、数码照相机和 Snagit 软件获取数字图像，使用 Photoshop 软件进行数字图像处理。

了解数字图像在计算机中的实现，了解数字图像的常用格式。

掌握扫描仪的功能及使用方法。

掌握数码相机的结构、工作过程及主要技术指标。

掌握 Snagit 软件的使用。

掌握使用 Photoshop 处理数字图像。

课前导读

人们在获取周围信息时，通过视觉得到的信息量约为总信息量的 80%，通过听觉得到的信息量约为总信息量的 15%，可见图像信息在日常生活中的重要地位。

听觉类媒体与视觉类媒体相比总是不够形象、确切，用图、文表达某项事物，总是比用声音讲述更容易确认。本章将数字图像处理分成几个任务来学习，第一个任务是图像在计算机中的实现，第二个任务是图像的获取，第三个任务是屏幕抓图，第四个任务是用 Photoshop 处理图像，第五个任务是完成 3 个项目实训。

任务 2.1　图像在计算机中的实现

问题的情景及实现

电视的诞生对我们日常生活影响相当深远，电视的声形并茂、现场直播是推动多媒体技术诞生与发展的主要动力之一。电视技术与计算机技术的有效结合直接推动了多媒体技术的诞生。Windows 操作系统将图标、点位图、鼠标等引入到计算机中，推动传统计算机由命令行界面向图像界面的转换。如今，图像界面已深入人心，图像资源已成为计算机中重要资源之一。本任务主要完成图像是如何在计算机中实现的。

2.1.1　图像信息的数字化

在计算机中，所有信息必须是数字形式的。一副黑白静止平面图像（如相片）中各点的灰度值可用其位置坐标（x,y）的函数 f(x,y) 来描述。函数 f(x,y) 是连续函数，显然，无法用计算机进行处理。因此，图像要在计算机中实现，首先必须数字化。

图像信息的数字化包括采样、量化两个过程。

1. 采样

图像在空间上的离散化称为采样。一副黑白静止平面图像（如相片）其位置坐标函数 f(x,y)是连续信号，计算机首先必须对连续信号进行采样，即按一定的时间间隔（T）取值（T 称为采样周期，1/T 称为采样频率），得到一系列的离散点，这些点称为样点（或像素）。一幅图像到底应取多少点呢？约束条件是：采用频率大于 2 倍的信号最大频率时，能够不失真重建原图像。

2. 量化

由于计算机中只能用 0 和 1 两个数值表示数据，连续信号 x(t) 经采样变成离散信号 x(nT)仍需用有限个 0 和 1 的序列来表示x(nT)的幅度。我们把用有限个数字 0 和 1 表示某一电平范围的模拟图像信号称为**图像的量化**。

在量化过程中，如果量化值是均匀的，则称为均匀量化；反之，则为非均匀量化。在实际使用上，常常采用均匀量化。一般而言，量化将产生一定的失真，因此量化过程中每个样值的比特数直接决定图像的颜色数和图像的质量。目前，常用的量化标准有：8 位（256 色）、16 位（64K 增强色）、24 位（24 位真实彩色）、32 位（32 位真实彩色）四个等级。

通过图像数字化之后，将一幅模拟图像数字化为像素的矩阵，也就是说，像素是构成图像的基本元素，因此，图像数字化的关键在于像素的数字化。由于图像是一个空间概念，并没有直接的数值关系，因此如何表示像素和颜色是图像数字化的基础。

2.1.2　颜色的表示

1. 颜色概述

颜色又称彩色，是可见光的基本特征。习惯上，我们总是用亮度、色调、饱和度来描述颜色，因此它们是彩色的基本参数。

亮度是光作用于人眼时所引起的明亮程度的感觉，它与被观察物体、光源及人的视觉特性有关。一般情况下，对于同一物体，照射的光越强，反射光越强，也就越亮。在相同的光照下，不同物体的亮度取决于不同物体的反射能力。物体的反射能力越强，也就越亮。

色调是指人眼看一种或多种波长的光所产生的彩色感觉，它反映颜色的种类，是决定颜色的基本属性。

饱和度是指颜色的纯度即掺入白光的程度，或者说是指颜色的深浅程度。对于同一色调的彩色光，饱和度越深，颜色越鲜艳，或者说颜色越纯。

饱和度和色调统称**色度**；亮度、色度是颜色的基本参数。

由光学知识可知，对无源物体，物体的颜色由物体吸收的光波决定。对有源物体，物体的颜色由物体产生的光波决定。如白色物体，它对任何颜色都不吸收，故为白色。因此，颜色本身是可用频率、幅度表示的物理信号。

自然界的颜色丰富多彩，如何表示自然界的颜色呢？传统理论上常采用配色法。事实证明，自然界的常见颜色均可用红(R)、绿(G)、蓝(B)三种颜色的组合来表示。也就是说，绝大多数颜色均可以分解为红(R)、绿(G)、蓝(B)三种颜色的分量。这就是色度学的最基本原理——三基色原理。运用三基色，虽然不能完全展示原景物辐射的全部光波成分，却能获得与原景物相同的彩色感觉。

2. 常用彩色空间

(1) RGB彩色空间。按照三基色原理，国际照明委员会（CIE）选用了物理三基色进行配色实验，并于1931年建立了RGB计色系统。红(R)、绿(G)、蓝(B)成为物理三基色，它们的波长为700nm(R)、546.1nm(G)、435.8nm(B)。RGB也就成为颜色的基本计量参数。

RGB彩色空间是指用红(R)、绿(G)、蓝(B)物理三基色表示颜色的方法，这是彩色的最基本表示模型。在计算机中有RGB 8∶8∶8方式。在RGB 8∶8∶8方式中，R、G、B三个分量分别用8位二进制表示，如（255,255,255）表示白色，（0,0,0）表示黑色，数值越大则表示某种基色越亮。

(2) YUV彩色空间。在彩色电视中，由于要与黑白电视系统兼容，也就是说，在制作、发射中必须捎带发射黑白信号。因此，虽然彩色摄像机最初得到的是RGB信号，但在彩色电视PAL制式中，没有采用国际照明委员会(CIE)推荐的RGB配色法，而采用YUV空间配色法。其中，Y为亮度信号，U、V为两个色差信号。

2.1.3 图像文件在计算机中的实现

在计算机中，图像表现为像素阵列，其实现取决于像素的数字化，以及颜色的表示。有了这些基础，图像在计算机中的实现我们可以归纳为：通过扫描将空间图像转换为像素阵列，用RGB彩色空间表示像素，采用图像文件方式组织编排像素阵列。

在计算机中，组织编排像素阵列有多种格式，形成了许多极为流行的图像文件格式。但从总体上说，组织编排像素阵列方法可分为两类。

1. 代码法

在计算机中，采用RGB彩色空间表示颜色，在具体实现上，有RGB 8∶8∶8方式。也就是说，直接用颜色信息表示像素需要2～3字节。因此，图像信息量巨大，直接用原始颜色信息存储无疑要增大图像文件的存储空间，增加系统开销。

在计算机中，图像文件按颜色数可分为2色、16色、256色、64K增强色、24位真实彩色和32位真实彩色。对2色、16色、256色图像，从颜色数的信息角度来看，1字节可用来表示4个2色图像、2个16色图像或1个256色图像像素。如果直接用原始颜色信息存储，那么无论对2色、16色还是256色图像，表示一个像素都需要2～3字节，这无疑更增大了图像文件的存储空间，增加了系统开销。

在早期流行的PCX图像格式中，它引入了调色板，从而奠定了代码方法组织编排像素阵列的基础，PCX图像也就成为事实上的位图标准。**调色板**是指在图像文件中，增加一个区域，用于专门存储该图像所使用颜色的原始RGB信息。这样在实际组织编排像素阵列时，不直接存储像素所代表颜色的原始RGB信息，而采用它在调色板中的位置码来代替其原始RGB信息。所以，1字节可用来表示4个2色图像、2个16色图像或1个256色图像像素，从而减少了图像文件的存储空间，但却增加了存储调色板的附加开销。

2. 直接法

在实际使用上，在调色板中存储一个颜色的原始 RGB 信息一般使用 4 字节，这样对于 256 色及以下图像，存储调色板的附加开销不超过 1K 字节。对绝大多数图像文件来说，这个附加开销是微不足道的。但是对 256 色以上图像，由于系统使用颜色数很多，所以存储调色板的附加开销将非常巨大。以相对较小的 64K 增强色图像为例，假定存储一个颜色的原始 RGB 信息只使用 2B，对 64K 增强色图像，存储调色板的附加开销为 128KB；对于 24 位真实彩色图像，假定存储一个颜色的原始 RGB 信息只使用 3B，存储调色板的附加开销为 48MB。显然，存储调色板的附加开销较大，不仅没有减少图像文件的存储空间，反而成百上千倍地增加了图像文件的存储空间。所以，对于 256 色以上图像，不适合用代码方法组织编排像素阵列。

对于 256 色以上图像，由于系统使用颜色数很多，存储调色板的附加开销巨大，一般采用从左到右、从上到下，直接用原始颜色信息的方法组织编排像素阵列，这就是**直接法**。直接法适合于 64K 增强色、24 位真实彩色和 32 位真实彩色图像。

2.1.4 常见图像文件格式

1. GIF 格式

GIF(Graphics Interchange Format) 格式是 Compu-Serve 公司在 1987 年 6 月为了制定彩色图像传输协议而开发的文件格式。它是一种压缩存储格式，采用 LZW 压缩算法，压缩比高，文件长度小。早期 GIF 格式图像只支持黑白、16 色、256 色图像。现在，调色板支持 16M 颜色，因而也可以说现在的 GIF 格式支持真实彩色。

GIF 格式图像压缩效率高，解码速度快，且支持单个文件的多重图像，文件长度小，常用于网络彩色图像传输。由于它支持单个文件的多重图像，因此也称为 GIF 动画。GIF 动画是目前广为流行的 Web 网页动画的最基本的形式之一。

2. PCX 格式

PCX 格式图像是 Z-Soft 公司为存储 PCPaintbrush 软件包产生的图而建立的图像文件格式。PCX 文件格式较简单，使用游程长编码（RLE）方法进行压缩，压缩比适中，压缩与解压缩速度较快，支持黑白、16 色、256 色、灰色图像，但不支持真实彩色。

由于 PCX 格式图像文件开发较早，应用较多，因此，以 PCX 格式存储的图像到处都有，而且被软件市场广泛接受。因此，PCX 格式图像就成了事实上的点位图像文件的标准格式，成为计算机上使用最广泛的图像格式之一。如今绝大多数开发系统均支持 PCX 格式图像文件。

3. TIFF 格式

TIFF(Tag Image File Format) 格式是由 Aldus 和 Microsoft 公司为扫描仪和台式计算机出版软件开发的文件格式，支持黑白、16 色、256 色、灰色图像以及 RGB 真实彩色图像等各种图像规格。

TIFF 格式是工业标准格式，分成压缩和非压缩两大类。TIFF 格式文件为标记格式文件，便于升级，随着工业标准的更新，各种新的标记不断出现。因此，生成一个 TIFF 格式文件是相当容易的事情，但完全读取全部标记则是相当困难的事情。

4. BMP 格式

BMP(Bitmap）格式是 Microsoft 公司 Windows 操作系统使用的一种图像格式文件。它是一种与设备无关的图像格式文件，支持黑白、16 色、256 色、灰色图像以及 RGB 真实彩色图像等各种图像规格。支持代码方法、直接法组织编排像素阵列，随着 Windows 操作系统的进一步应用，BMP 格式应用越来越广。

由于 BMP 格式是 Microsoft 公司的 Windows 操作系统使用的一种图像格式文件，Windows 操作系统为其提供了强大的编程支持，在绝大多数开发系统中均可直接调用 Windows API 函数对 BMP 位图进行编程与开发，是继 PCX 图像文件格式之后最为广泛支持的图像文件格式之一，是目前图像编程与开发的基本图像文件格式。

5. JPG 格式

JPG 格式图像是 JPEG(Joint Photographic Experts Group）联合图像专家小组制定的 JPEG 标准中定义的图像文件格式。JPEG 算法是一个适用范围广泛的国际标准，是一个已经产品化了的国际标准，支持黑白、16 色、256 色、灰色图像以及 RGB 真实彩色图像等各种图像规格。JPEG 算法压缩效率高，解压缩速度快，是 MPEG 算法的基础，是动态视频的基础算法。

任务 2.2　图像的获取

问题的情景及实现

图像输入计算机需要一些专门的设备，如照片可使用扫描仪数字化并输入到计算机中，数码相机的图像信号也可数字化存储到计算机中。

一幅彩色图像可以看成是二维连续函数，其颜色是位置的函数，从二维连续函数到离散的矩阵表示，涉及不同空间位置。取亮度和颜色作为样本，并用一组离散的整数值表示，这个过程称为采样量化，即图像的数字化。

2.2.1　扫描仪

扫描仪是一种图像输入设备，利用光电转换原理，通过扫描仪光电管的移动或原稿的移动，把黑白或彩色的原稿信息数字化后输入到计算机中，它还用于文字识别、图像识别等新的领域。

1. 扫描仪的结构、原理

(1) 结构。扫描仪由 CCD（Charge Coupled Device，电荷耦合器件阵列）、光源及聚焦透镜组成。CCD 排成一行或一个阵列，阵列中的每个器件都能把光信号变为电信号。光敏器件所产生的电量与所接收的光量成正比。

(2) 信息数字化原理。以平面式扫描仪为例，把原件面朝下放在扫描仪的玻璃台上，扫描仪内发出光照射原件，反射光线经一组平面镜和透镜导向后，照射到 CCD 的光敏器件上。来自 CCD 的电量送到模/数转换器中，将电压转换成代表每个像素色调或颜色的数字值。步进电机驱动扫描头沿平台做微增量运动，每移动一步，即获得一行像素值。

扫描彩色图像时分别用红、绿、蓝滤色镜捕捉各自的灰度图像，然后把它们组合成为 RGB 图像。有些扫描仪为了获得彩色图像，扫描头要分三遍扫描。有些扫描仪通过旋转光源前的各种滤色镜使得扫描头只需扫描一遍。

2. 扫描仪的技术指标

描述扫描仪的技术指标，主要包括扫描精度、灰度级、色彩深度、扫描速度等。

（1）扫描精度。扫描精度通常用光学分辨率×机械分辨率来衡量。

光学分辨率（水平分辨率）：扫描仪上的感光器件（CCD）每英寸能捕捉到的图像点数，表示扫描仪对图像细节的表达能力。光学分辨率用每英寸点数 DPI（Dot Per Inch）表示。光学分辨率取决于扫描头里的 CCD 数量。

机械分辨率（垂直分辨率）：带动感光元件（CCD）的步进电机在机构设计上每英寸可移动的步数。

最大分辨率（插值分辨率）：通过数学算法所得到的每英寸的图像点数。做法是将感光元件所扫描的图像资料通过数学算法（如内差法）在两个像素之间插入另外的像素，适度地利用数学演算法将分辨率提高，可提高原稿所扫描的图像品质。

一个完整的扫描过程是感光元件扫描完原稿的第一条水平线后，再由步进电机带动感光元件进行第二条水平扫描。如此周而复始直到整个原稿都被扫描完毕。

一台具有 2400×4800dpi 分辨率的扫描仪表示其光学分辨率为 2400dpi，纵向机械分辨率为 4800dpi。分辨率越高，所扫描的图片越精细，产生的图像就越清晰。

（2）灰度级。**灰度级**是表示灰度图像的亮度层次范围的指标，是指扫描仪识别和反映像素明暗程度的能力。换句话说，它是扫描仪从纯黑到纯白之间平滑过渡的能力。灰度级越大，扫描层次越丰富，扫描的效果也就越好。目前，多数扫描仪用 8bit 编码即 256 个灰度等级。

（3）色彩精度。彩色扫描仪要对像素分色，把一个像素点分解为 R、G、B 三基色的组合。对每一基色的深浅程度也要用灰度级表示，称为色彩精度。

色彩精度表示彩色扫描仪所能产生的颜色范围，通常用每个像素点上颜色的数据位数（bit）表示，常见扫描仪色彩位数有 24、30、36、48。

（4）扫描速度。扫描仪的扫描速度也是一个不容忽视的指标，时间太长会使其他配套设备出现闲置等待状态。扫描速度不能仅看扫描仪将一页文稿扫入计算机的速度，而应考虑将一页文稿扫入计算机再完成处理总共需要的时间。

（5）鲜锐度。**鲜锐度**是指图片扫描后的图像清晰程度。扫描仪必须具备边缘扫描处理锐化的能力，调整幅度应广而细致，锐利而不粗化。

3. 扫描仪的类型与性能

（1）按扫描方式分类。按扫描方式扫描仪分为三种：平板式、滚筒式和胶片式。

平板式扫描仪用线性 CCD 阵列作为光转换元件，单行排列，称为 CCD 扫描仪。几千个感光元件集成在一片 20～30mm 长的衬底上。CCD 扫描仪使用长条状光源投射原稿，可以是反射原稿，也可以是透射原稿。这种扫描方式速度较快、价格较低、应用最广。

滚筒式扫描仪使用圆柱型滚筒设计，把待扫描的原稿装贴在滚筒上，滚筒在光源和光电倍增管 PMT 的管状光接收器下面快速旋转，扫描头做慢速横向移动，形成对原稿的螺旋式扫描，其优点是可以完全覆盖所要扫描的文件。滚筒式扫描仪对原稿的厚度、硬度及平整度均有限制，因此滚筒式扫描仪主要用于大幅面工程图纸的输入。

胶片扫描仪主要用来扫描透明的胶片。胶片扫描仪的工作方式较特别，光源和CCD阵列分别居于胶片的两侧。扫描仪的步进电机驱动的不是光源和CCD阵列，而是胶片本身，光源和CCD阵列在整个过程中是静止不动的。

（2）按扫描幅面分类。幅面表示可扫描原稿的最大尺寸，最常见的为A4和A3幅面的台式扫描仪，此外，还有A0大幅面扫描仪。

（3）按接口标准分类。扫描仪按接口标准分为两种：SCSI接口、USB通用串行总线接口。

（4）按反射式或透射式分类。反射式扫描仪用于扫描不透明的原稿，它利用光源照在原稿上的反射光来获取图形信息；透射式扫描仪用于扫描透明胶片，如胶卷、X光片等。目前已有两用扫描仪，它是在反射式扫描仪的基础上再加装一个透射光源附件，使扫描仪既可扫反射稿，又可扫透射稿。

（5）按灰度与彩色分类。扫描仪可分灰度和彩色两种。用灰度扫描仪扫描只能获得灰度图形。彩色扫描仪可还原彩色图像。彩色扫描仪的扫描方式有三次扫描和单次扫描两种。三次扫描方式又分三色和单色灯管两种。前者采用R、G、B三色卤素灯管做光源，扫描三次形成彩色图像，这类扫描仪色彩还原准确。后者用单色灯管扫描三次，棱镜分色形成彩色图像，也有的通过切换R、G、B滤色片扫描三次，形成彩色图像，采用单次扫描的彩色扫描仪，扫描时灯管在每线上闪烁红、绿、蓝三次，形成彩色图像。

4. 扫描仪的选择

一是扫描仪的精度。扫描仪的精度决定了扫描仪的档次和价格。目前，1200×2400dpi的扫描仪已经成为行业的标准，而专业级扫描则要用2400×4800dpi以上的分辨率，读者可根据需求进行选择。

二是扫描仪的色彩位数。色彩位数越多，扫描仪能够区分的颜色种类也就越多，所能表达的色彩就越丰富，能更真实地表现原稿。对普通用户24位已经足够。

三是扫描仪的接口类型。SCSI接口扫描仪需要在计算机中安装一块接口卡，比较麻烦。USB接口即插即用，支持热插拔，使用方便且速度较快。

5. 扫描仪的安装和使用

以MICROTEK Scan Maker 4850Ⅲ为例说明扫描仪的使用。

（1）硬件连接与软件安装。

① 使用扫描仪随机附送的USB缆线的一端连接至扫描仪背面板，将另一端连接计算机的USB接口。

② 将电源的一端连接在扫描仪背面板的电源接口，另一端插在电源插座上。

③ 将扫描仪的驱动程序光盘放入光驱，安装驱动程序。在安装时注意选USB为扫描接口方式。

④ 安装附送的OCR（文字识别）软件。

（2）扫描仪的使用。具体步骤如下：

① 打开扫描仪电源。

② 将需扫描的图片在扫描仪面板上摆正。

③ 双击桌面图标 Scan Wizard 5，启动扫描仪扫描程序。扫描操作界面包括“设置”、“预览”和“信息”三个窗口，设定合适的扫描参数，如图 2—1 所示。

图 2—1 扫描仪操作界面

在扫描设置界面中提供扫描图像类型设定、扫描分辨率设定、缩放比例设定、色彩校正、滤镜和去网等参数设定。主要参数设定说明：

● “图像类型”下拉框中提供彩色（RGB)、灰度、黑白等扫描模式。RGB 色彩模式用于彩色图像的扫描和输出彩色图，RGB 色彩（48-bit）适用于专业扫描仪；灰度模式用于输出介于黑白之间的各阶灰色所产生的图像，灰度（16-bit）适用于专业扫描仪；若想扫描输入文字，扫描图像类型应为“灰度”。

● 采用较高的扫描分辨率所获得的数字化图像的效果较好。

● 根据扫描缩放比例调整图像的大小。

● 去网工具用于在扫描同时去除印刷品上的网纹。

④ 在预览窗中单击“预览”按钮，扫描仪预扫。

⑤ 确定扫描区域，移动、缩放扫描仪窗口的矩形取景框至合适大小、位置。

⑥ 单击“扫描”按钮，若是输入图像则图像类型设置为“RGB 色彩”，保存扫描得到的图像 *. tif 文件，开始扫描图像，再用 Photoshop 处理图像；若是输入文字则图像类型设置为“灰度”，保存为 *. jpg 文件，再使用 OCR 软件识别成文字。

⑦ 在桌面上双击“尚书 OCR 7. 5”图标，启动尚书 OCR 7. 5 文字识别软件。

⑧ 单击“打开图像”图标，打开“打开图像文件”对话框，选择要识别的文字图像文件，单击“打开”按钮，如图 2—2 所示。

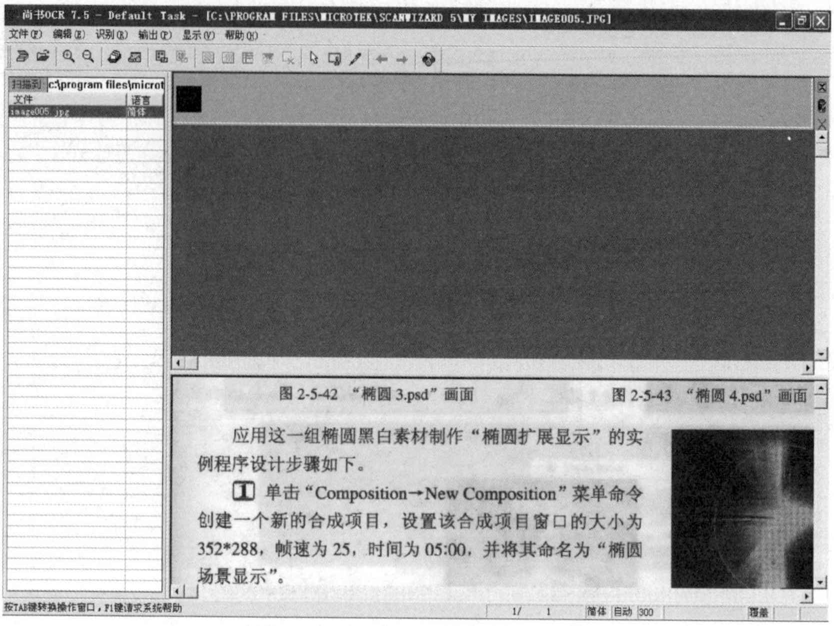

图 2—2　OCR 窗口

⑨ 单击“版面分析”按钮，选择要识别的文字。

⑩ 单击“开始识别”按钮，开始识别文字，如图 2—3 所示。

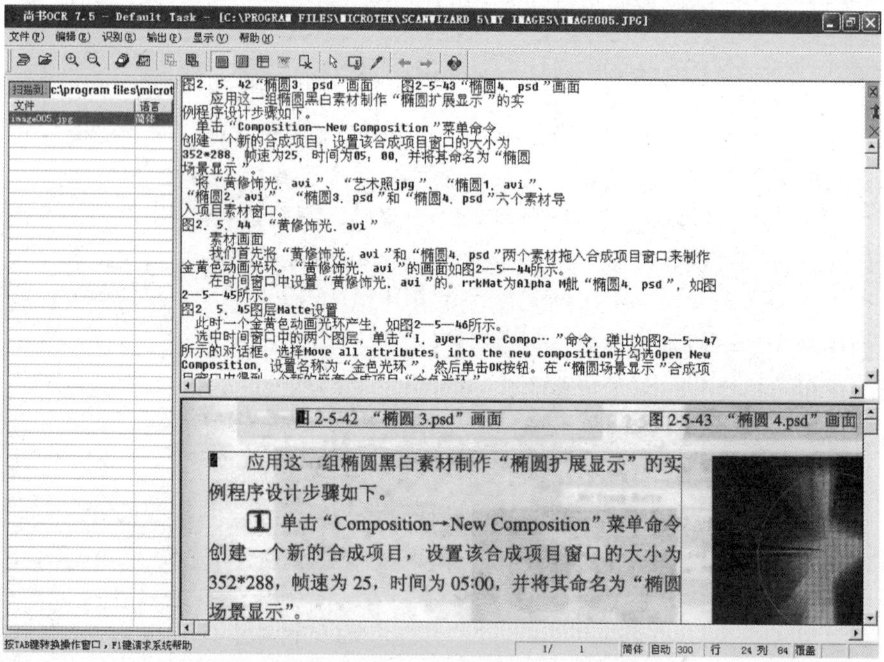

图 2—3　识别文字

⑪ 用鼠标选中全部识别的文字，按〈Ctrl+C〉组合键，打开 Word 文档，确定要粘贴的位置，按〈Ctrl+V〉组合键，将其粘贴到 Word 文档，便可对其进行修改了。

2.2.2 数码照相机

数码照相机使用电荷耦合器件作为成像部件。它把进入镜头照射于电荷耦合器件上的光影信号转换为电信号，再经模/数转换器处理成数字信息，并把数字图像数据存储在数码照相机内的磁介质中。数码照相机通过液晶显示屏来浏览拍摄后的效果，并可对不理想的图像进行删除。数码照相机上有标准计算机接口，以便数字图像传送到计算机中。

1. 数码照相机的结构

(1) CCD矩形网格阵列。数码照相机的关键部件是CCD。与扫描仪不同，数码照相机的CCD阵列不是排成一条线，而是排成一个矩形网格分布在芯片上，形成一个对光线极其敏感的单元阵列，使照相机可以一次摄入一整幅图像，而不像扫描仪那样逐行扫描。

CCD是数字照相机的成像部件，可以将照射于其上的光信号转变为电信号。CCD芯片上的每一个光敏元件对应生成的图像的一个像素（Pixel），CCD芯片上光敏元件的密度决定了最终成像的分辨率。

数码照相机使用的感光元件有CCD和CMOS两种，CMOS的每个光敏元件都有一个将电荷转化为电子信号的放大器，CMOS可以在每个像素基础上进行信号放大，采用这种方法可节省无效的传输操作，所以只需少量的能量消耗，同时噪声也有所降低。制作精良的CMOS感光元件成像效果一点也不比传统的CCD差。

(2) 模/数转换器。照相机内的A/D转换器将CCD上产生的模拟信号转换成数字信号，变换成图像的像素值。

(3) 存储介质。数码照相机内部有存储部件，通常存储介质由普通的动态随机存取存储器、闪速存储器或小型硬盘组成。存储部件上可存储多幅图像，它们无须电池供电也可以长时间保存数字图像。

(4) 接口。图像数据通过一个串行口或SCSI接口或USB接口从照相机传送到计算机中。

2. 数码照相机的工作过程

用数码照相机拍照时，进入照相机镜头的光线聚焦在CCD上。当照相机判定已经聚集了足够的电荷（即相片已经被合适地曝光）时，就“读出”在CCD单元中的电荷，并传送给模/数转换器，模/数转换器把每一个模拟电平用二进制数字化。从模/数转换器输出的数据传送到数字信号处理器中，对数据进行压缩后存储在照相机的存储器中。

3. 数码照相机的主要技术指标

(1) CCD像素数。数码照相机的CCD芯片上光敏元件的数量称为数码照相机的像素数，是目前衡量数码照相机档次的主要技术指标，决定了数码照相机的成像质量，如图2—4所示。如果一部数码照相机标示最大分辨率为3648×2736，则其乘积等于9 980 928，即为这部相机的有效CCD像素数。数码照相机技术规格中的CCD像素通常会标成1000万，其实这是它的插值分辨率。在选购时一定要分清楚数码照相机的真实分辨率。

(2) 色彩深度。色彩深度用来描述生成的图像所能包含的颜色数。数字照相机的色彩深度有24位、30位，高档的可达到36位。

(3) 存储功能。影像的数字化存储是数码相机的特色，在选购高像素数码相机时，要选择能采用更高容量存储介质的数码照相机，如图2—5所示。

图 2—4　CCD 芯片

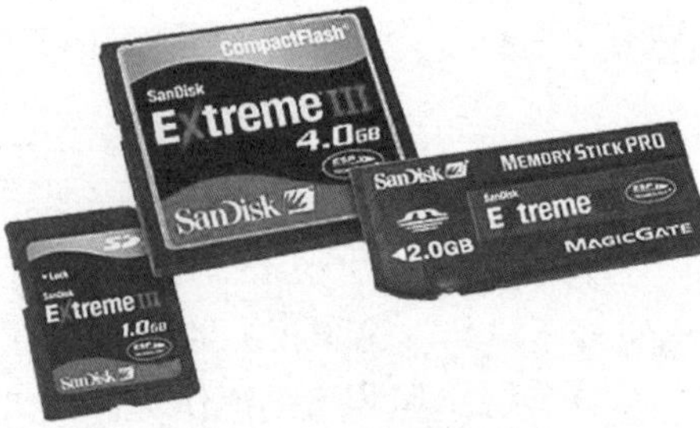

图 2—5　存储单元

（4）数码照相机的镜头。数码照相机镜头的变焦倍数直接关系到对远处物体的抓取水平。数码照相机变焦越大，对远处物体拍得越清楚，反之亦然。因此，选择变焦大的数码照相机可以有效摄取远处景色，如图 2—6 所示。

数码照相机变焦分为光学变焦（物理变焦）和数码变焦。其中真正起作用的是光学变焦，数码变焦只是使被摄物体在取景器中显示放大，对物体的清晰程度没有任何作用，要注意区分。

数码照相机镜头口径也需要注意。口径小的数码照相机即使再大的像素，在光线比较暗的情况下也拍摄不出好的效果来。

（5）数码照相机的液晶取景器。数码照相机液晶取景器主要要求是亮度要够高，像素要够大，还有面积也是越大越好，现在比较流行的是 2.5～3.5 英寸，如图 2—7 所示。

图 2—6　镜头

图 2—7　液晶取景器

任务 2.3　屏幕抓图

问题的情景及实现

“屏幕抓图”指的是将屏幕图像转换为图像或动画文件。它可分为静态屏幕的采集和动态屏幕的采集两种。静态屏幕的采集得到的是一个个静态的图像文件；动态屏幕的采集能把屏幕图像及使用者的操作都记录下来，最后获得能还原屏幕图像及操作的动画文件。

“屏幕抓图”的应用非常广泛，其中一个最主要的应用就是计算机各种软件的介绍和教学。通过截取软件界面图像，能使软件的介绍及教学更形象、更直观。本书绝大部分的插图就是通过“屏幕抓图”而获得的。

Windows 系统本身就具有“屏幕抓图”的功能，只需按〈Print Screen〉组合键或〈Alt+Print Screen〉组合键，然后在其他软件（如 Word）中按〈Ctrl+V〉组合键粘贴即可获取屏幕图像。但这种方法有两个局限：第一，截取的图像存放在剪贴板中，只能以剪贴板文件格式(*.CLP)存储，如希望以其他格式存储，必须粘贴到其他应用程序中才能进行；第二，截取的范围单一，只有整屏截取和窗口截取两种，无法满足部分截取或菜单截取等特殊要求，结果应运而生了许多屏幕抓图软件，如 Print Key、Hyper Snap、Snagit、Lotus Screen Cam 等。本节主要介绍 Snagit，因为相比之下它的功能更多一些。

抓图软件尽管种类繁多，但基本操作大致相同，一般的操作过程：启动抓图软件→调出屏幕图像→按抓图快捷键→预览结果→保存图像文件→关闭抓图软件窗口。

2.3.1　静态屏幕的抓取

1. Snagit 主要功能

Snagit 是 Tech Smith 公司的产品，Snagit 9 软件功能强大，主要表现在以下几个方面：

(1) 对象的捕捉功能强大。不仅支持静态图像捕捉，还支持文本捕捉和视频捕捉功能，生成 TXT 文件和 AVI 文件。在图 2—8 所示的主界面中可以方便地选择各种捕捉功能。

(2) 界面直观，操作方便。抓图前，需先设置“输入”、“输出”、“效果”和“选项”4 个菜单的参数，然后按快捷键〈Print Screen〉就可以开始捕捉画面。

(3) 抓图方式灵活多样。在主界面“方案”中，可选择图像的多种抓图方式，如范围、窗口、全屏幕、滚动窗口、Web 页、带时间延迟的菜单、对象、来自 Web 页的图像、窗口文本和录制屏幕视频等。

(4) 输出方式独特。单击“输出”中的“预览”按钮，可选择多种输出方式，如打印机、剪切板、文件、E-mail、FTP、程序、Word、Excel 和 PowerPoint 等。

(5) 效果功能强大。单击“效果”的下拉列表，从弹出的快捷菜单中，可选择多种效果方式，“色深”将图像颜色转换成三种不同的格式：单色、中间色、灰度，也可在“图像分辨率”中选择不同的图像分辨率。在“色彩置换”中，可将图像颜色反相或进行自定义颜色置换，还可进行“图像比例”和“边缘效果”的调整等。

(6) 包含独特的声音动态视频采集功能，可根据频区域、颜色和采集速度自行设置。

(7) 特有的分类浏览器有利于文件管理。Snagit 的图库浏览器，可用于文件的管理，这种完善的文件管理功能在其他抓图工具中是不多见的。

(8) 特有的图像编辑、修改功能。执行菜单命令“工具→Snagit 编辑器”，打开如图 2—9 所示的“Snagit 编辑器”对话框。对话框上面以分类的形式提供了许多常用的图形符号，只需把需要的图形符号从左面拖曳到编辑图形上即可。大小、线型、颜色等都可重新调节，使用非常方便。

Snagit 功能较全面，可设置的项目很多，特别是在“输入”、“输出”、“效果”菜单中都有“属性”选项，进行相关选项的具体设置。

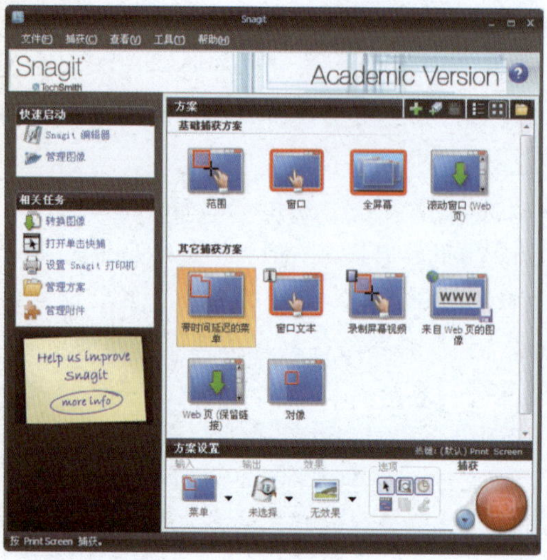

图 2—8　Snagit 主界面

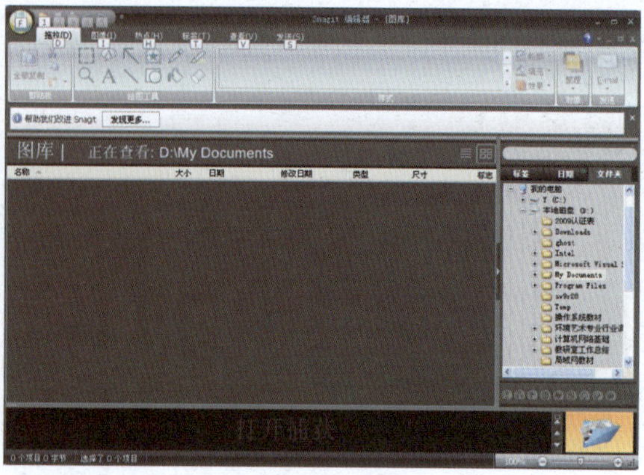

图 2—9　“Snagit 编辑器”对话框

2. 使用 Snagit 抓图

下面介绍两个用 Snagit 抓图的实例。

【实例 1】抓取滚动的窗口图像。如何知道 C:/Program Files 文件夹中安装了多少软件？如何把查询结果保存到硬盘中？完成此操作可有多种方法，其中的一种就是用抓图软件。

① 启动 Snagit，在“基本捕获方案”中选择“滚动窗口”选项，单击“输出”按钮，从弹出的快捷菜单中选择 Word 菜单项，如图 2—10 所示。

② 打开资源管理器中的 Program Files 文件夹，按快捷键〈Print Screen〉后，出现手形标记，选择右面的文件列表窗口后，马上开始捕捉并出现“Snagit 编辑器”窗口，如图 2—11 所示。

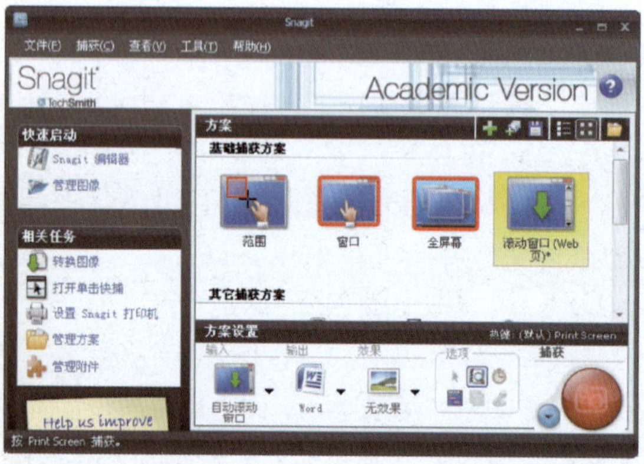

图 2—10　“滚动窗口”选项

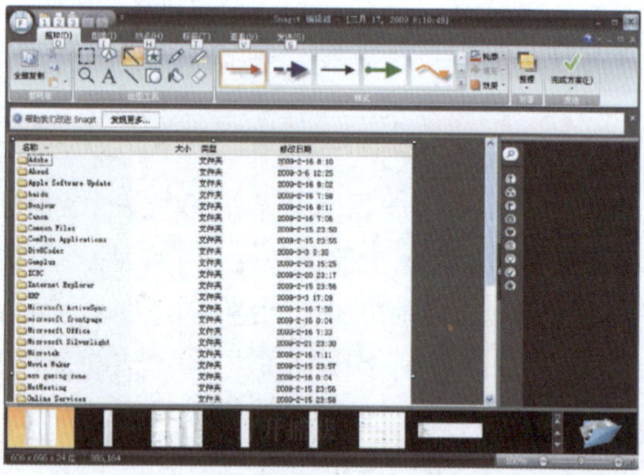
图 2—11　Snagit 捕获预览

③ 编辑、修改：如果不满意，再重复②；如果满意，但还想增加箭头和说明文字，可在绘图工具栏上单击箭头工具，选择箭头工具绘制箭头，选择文字工具输入文字，如图 2—12 所示。

④ 修改结束后，执行菜单命令“发送→Word”，将其发送到 Word 文档中。

【实例 2】抓取“菜单”图像。抓取“菜单”图像是一种很常用的操作，但在有些抓图软件中，或者不能抓取菜单，或者只能抓取一级菜单，而且容易把菜单外的图像也抓进去。Snagit 中提供了多级菜单抓取，而且抓取的图像中仅包括菜单，不会有菜单之外的内容。

① 启动 Snagit，在 Snagit 主界面中，在“其它捕获方案”中选择“带时间延迟的菜单”选项，单击“输出”按钮，从弹出的快捷菜单中选择 Word 菜单项，如图 2—13 所示。

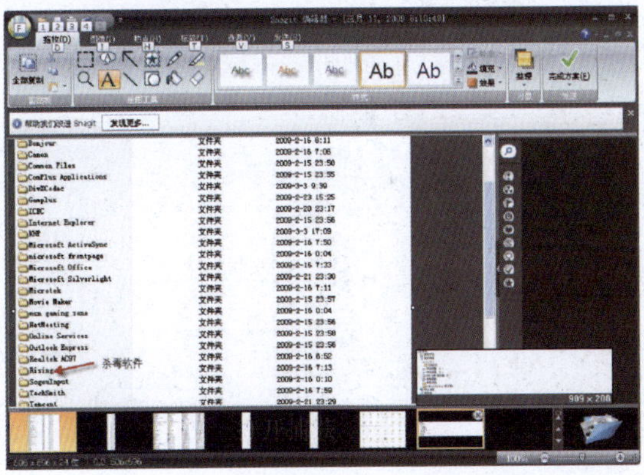

图 2—12　添加箭头及文字

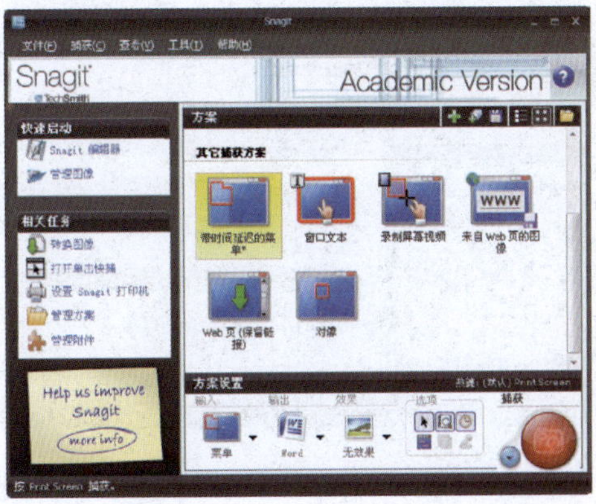

图 2—13　带延时捕获的菜单

② 按快捷键〈Print Screen〉后，在资源管理器中调出菜单图像（延时一段时间）并送入“Snagit 编辑器”窗口，如图 2—14 所示。单击“发送”选项卡，打开发送窗口，再单击 Word 按钮，导入到 Word 文档，可看出与图 2—15 所示的不同之处在于它仅捕捉菜单，不会把无关的内容也捕捉进去。

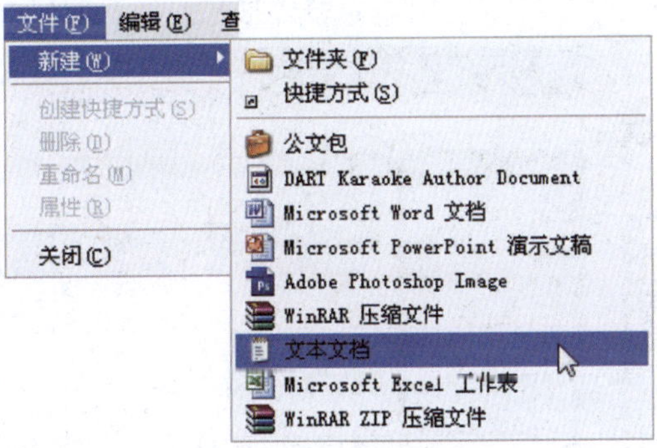

图 2—14　Snagit 抓取菜单图像

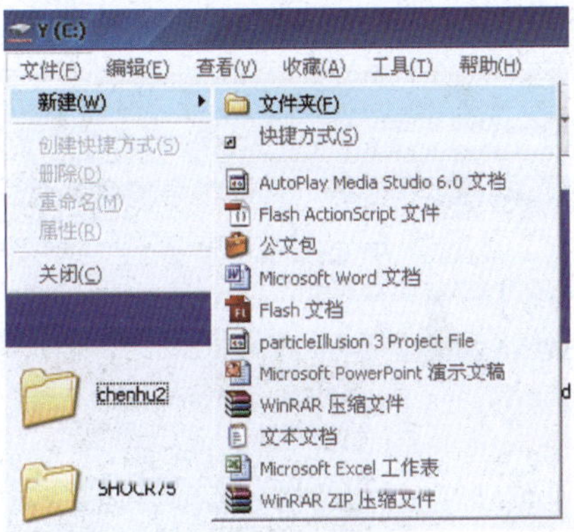

图 2—15　其他方法抓取的菜单图像

3. 抓取区域图像

抓取区域图像的步骤如下：

（1）启动 Snagit，选择“基本捕获方案”中的“范围”选项，单击“输出”按钮，从弹出的快捷菜单中选择 Word 菜单项，如果抓取的区域图像需包含光标或鼠标箭头，可选择“光标”选项，如图 2—16 所示。

（2）如果抓取如图 2—15 所示的菜单，可选择“选项”中的“计时捕获”按钮，打开“计时器设置”对话框，在“延时/计划”选项卡中选择“开启延时/计划捕获”复选框，“延时”输入文本框中输入延时时间，如图 2—17 所示。

（3）单击“确定”按钮，选择一个区域后，打开“Snagit 编辑器”对话框，如图 2—18 所示，执行菜单命令“发送→Word”，导入 Word 文档。

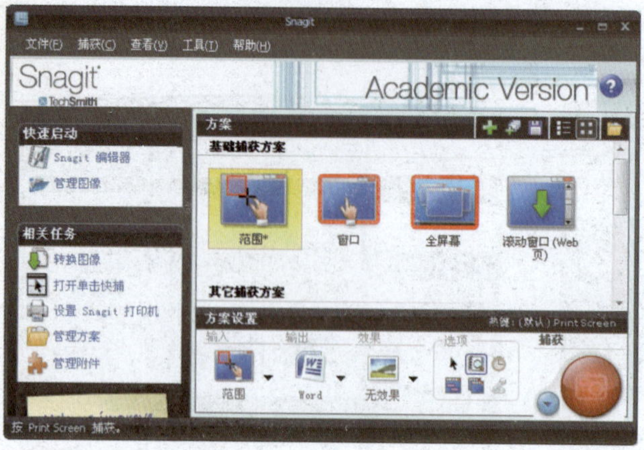

图 2—16 “范围” 选项

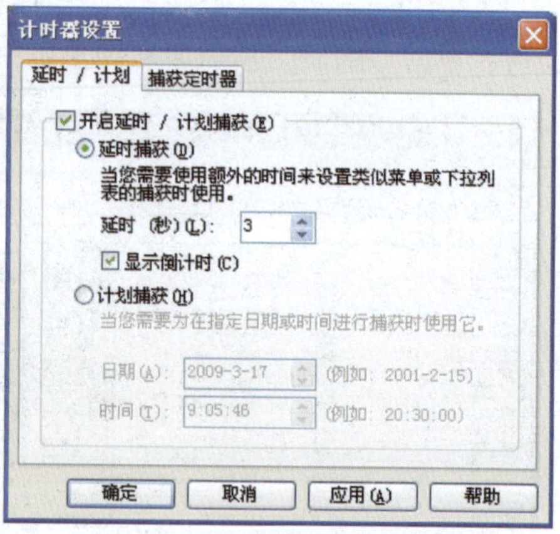

图 2—17 计时器设置

2.3.2 动态屏幕的抓取

所谓“动态屏幕的抓取”包含两层意思：第一，它能记录过程，即把屏幕图像及使用者的操作都记录下来；第二，抓取后生成的是动画文件，即最后获得的是能还原屏幕图像及操作的动画文件。

用 Snagit 抓取动态屏幕，操作步骤如下：

(1) 启动 Snagit，在 Snagit 主界面中，选择“其他捕获方案”中的“录制屏幕视频”选项，在“选项”中默认选中“光标”、“录制音频”和“在编辑器中预览”选项，如图 2—19所示。

图 2—18 捕获预览

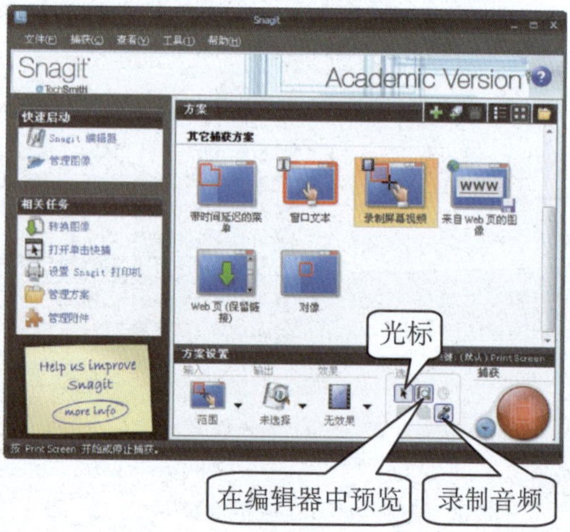

图 2—19 抓取动态屏幕的设置

(2) 单击“输入→范围”右边的小三角形按钮，从弹出的快捷菜单中选择“属性”菜单项，打开“输入属性”对话框，在“固定区域”选项卡中设置视频采集区域大小，如图 2—20所示。视频区域的大小将影响采集的速度，可根据需要在“视频捕获参数设置”中调整“临时捕获文件目录”的位置和其他参数，如图 2—21 所示。

(3) 单击“确定”按钮，选择将要采集的窗口，打开如图 2—22 所示的“Snagit 视频捕获”对话框，说明当前采集的起始状态和采集属性，单击“开始”按钮正式开始采集。此时在视频采集区域中的鼠标移动操作，以及对着麦克风所进行的讲解都会被记录下来。按快捷键〈Print Screen〉，停止采集。打开如图 2—23 所示的对话框，说明采集的时间等信息。如果单击“继续”按钮，则继续采集。

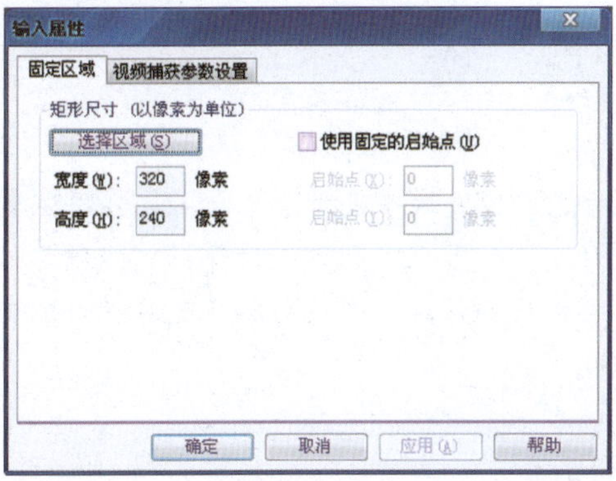

图 2—20　定区域

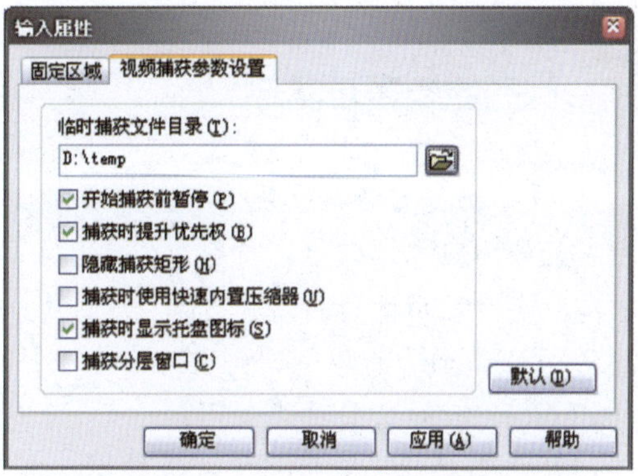

图 2—21　视频捕获参数设置

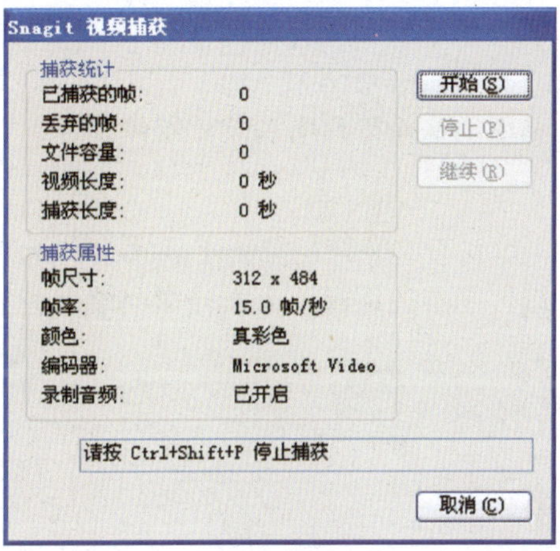

图 2—22　“Snagit 视频捕获”对话框

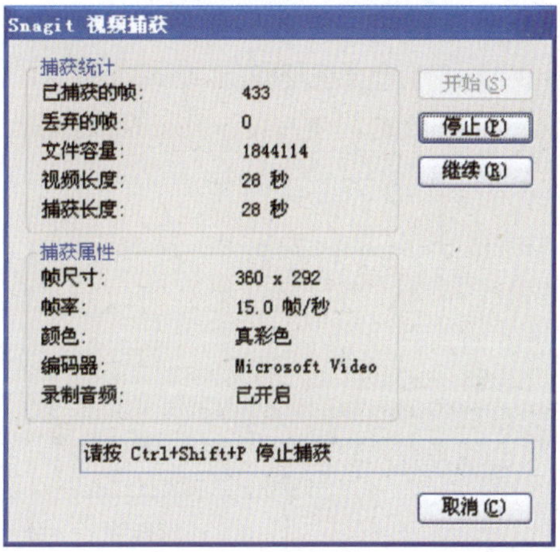

图 2—23　停止捕获

(4) 单击“停止”按钮，结束采集，打开如图 2—24 所示的“Snagit 编辑器”窗口，可预览。单击“完成→程序”按钮，打开“程序输出”对话框，选择相应的播放器，如图 2—25所示，存入“D:\My Documents→Snagit 图库→程序”文件夹。

图 2—24　捕获预览

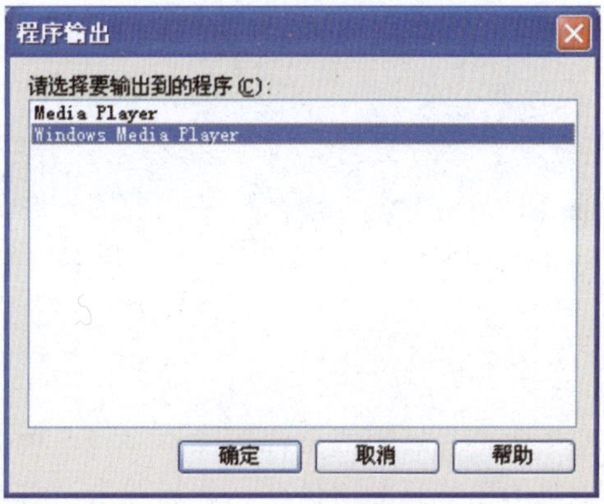

图 2—25　选择播放器

任务 2.4 用 Photoshop 处理图像

问题的情景及实现

Photoshop 是目前计算机图形图像处理软件中功能最强大的平面软件。Adobe 公司不断升级这一软件的版本，极大地满足了广大图像处理设计人员的需求。利用此软件，可以制作适合于打印或者其他用途的高品质图像。通过更快捷的文件数据访问、专业的品质照片润饰以及流线型的 Web 制作，可以创造出更为精彩的影像世界。

Photoshop 的主要功能如下：

(1) 绘图功能，它提供了许多绘图及色彩编辑工具。

(2) 图像编辑功能，包括对已有图像或扫描图像进行编辑，如放大和裁剪等。

(3) 创意功能，许多原来要使用特殊镜头或滤光镜才能得到的特技效果用 Photoshop 软件就能完成，可产生美学艺术绘画效果。

(4) 扫描功能，使用 Photoshop 可与扫描仪相连，从而得到高品质的图像。

2.4.1 图像文件的基本操作

启动 Photoshop，如图 2—26 所示。在 Photoshop 的“文件”菜单下设置打开、新建和保存等操作命令，通过这些命令可以对图像文件进行基本的编辑。下面分别介绍这些基本的操作。

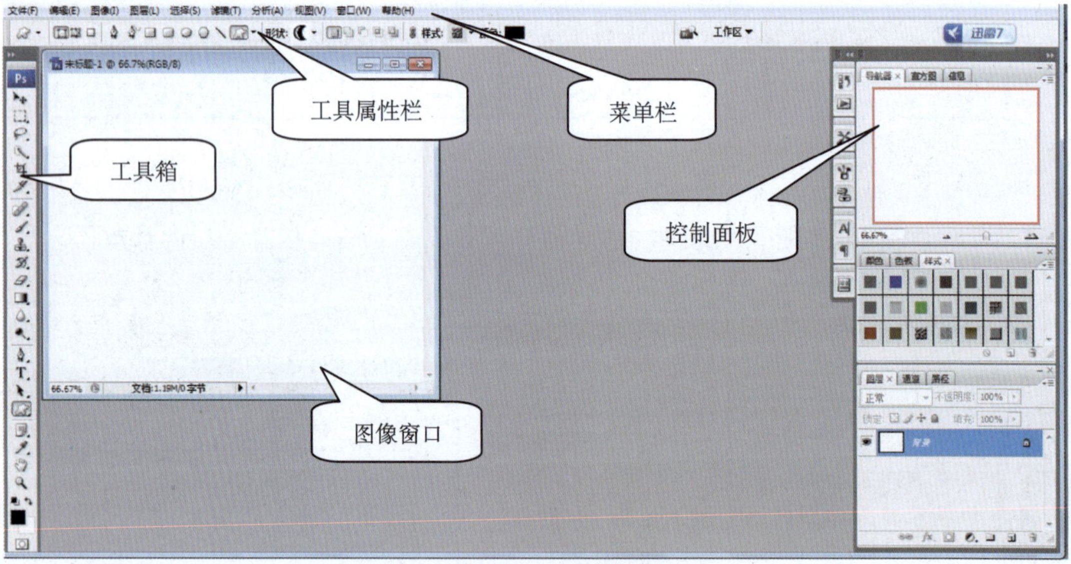

图 2—26 Photoshop 窗口

1. 打开图像

要打开一幅或多幅图像，执行菜单命令“文件→打开”，如图 2—27 所示。在该对话框中单击要打开的文件名，然后单击“打开”按钮即可（也可以双击要打开的文件）。在“打开”对话框中，可以用鼠标右键单击文件名，从弹出的快捷菜单中进行删除、复制和重命名等操作。打开文件的快捷键方法如下：

(1) 按住〈Shift〉键可以选择多个连续的文件，按住〈Ctrl〉键可以选择多个不连续的文件。

(2) 按住〈Ctrl+O〉组合键可以打开文件，在屏幕上的空白区域双击鼠标也可打开“打开”对话框。

2. 保存图像

要保存一幅图像，执行菜单命令“文件→存储”或“存储为”，此时系统会打开“存储为”对话框，如图 2—28 所示。

图 2—27 “打开”对话框

图 2—28 “存储为”对话框

3. 创建新的图像

要创建新的图像，执行菜单命令“文件→新建”，打开“新建”对话框，如图 2—29 所示。

(1) 设置新建图像的“背景内容”。默认情况下，将设定背景色为白色，若在“背景内容”选项中选择“背景色”，将创建以背景色为底色的新图像；若选择“透明”选项，则将创建一个没有颜色的单层图像。

(2) 设置新建图像的“分辨率”选项。分辨率可以设置为每英寸的像素或每厘米的像素，一般的练习可将分辨率设置为 72 像素/英寸，需要印刷的图书封面分辨率通常要为 300 像素/英寸。每英寸的像素点越多，图像的尺寸就越大。

4. 移动图像

要想移动图像的位置，可以按照下面步骤进行。

(1) 执行菜单命令“文件→打开”对话框，选择“蝴蝶 1.psd”，单击“打开”按钮，导入一幅图像。单击“蝴蝶 1”的图层，将其设置为当前层，如图 2—30 所示。

(2) 选择移动工具，将光标移到图像窗口单击并拖动鼠标。图像效果如图 2—31 所示。将一个图层中的图像移动到另一幅图像中，操作步骤如下：

① 执行菜单命令“文件→打开”，选择“花 1”，单击“打开”按钮，导入一幅图像。

② 选择移动工具，将光标移动到“蝴蝶 1”，单击并拖动鼠标至“花 1”图像，如

图 2—32所示。

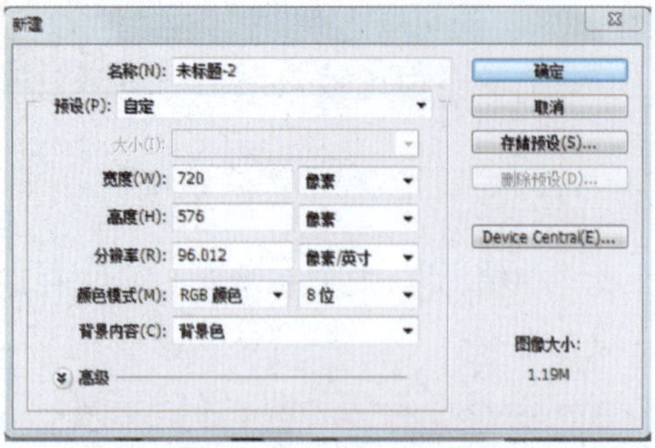

图 2—29 “新建”对话框

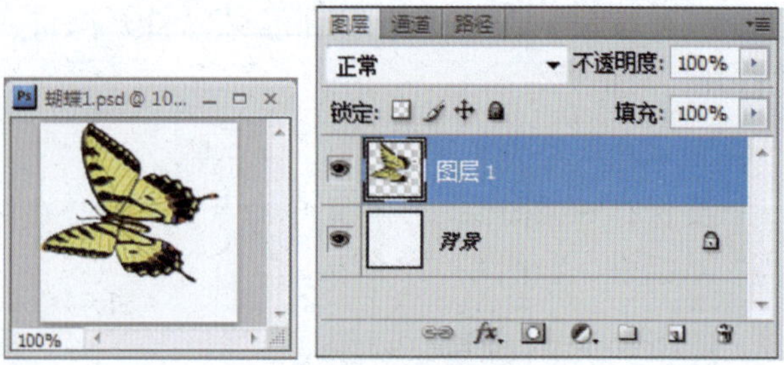

图 2—30 导入图像

图 2—31 移动图像

图 2—32 移动图像到另一幅图像中

③ 执行菜单命令“编辑→自由变换”或按〈Ctrl+T〉组合键，将图像旋转并调整到适当大小，按〈Enter〉键结束自由变形命令。移动的图像会自动建立一个新层，并处于图层面板最上方。此时图层面板如图 2—33 所示，图像效果如图 2—34 所示。

图 2—33 图层面板

图 2—34 图像效果

若希望移动图像保持源图像不变，即复制并移动图像，可以在选中移动工具时按住〈Alt〉键，然后再拖动鼠标即可。

5. 旋转图像

【实例 3】旋转整幅图像。操作步骤如下：

① 执行菜单命令“文件→打开”，选择“蝴蝶 2”，单击“打开”按钮，导入一幅图像，如图 2—35 所示。

② 执行菜单命令“图像→旋转画布→180 度”，如图 2—36 所示。以图 2—35 为源图像，旋转 180°的图像如图 2—37 所示。

图 2—35　源图像

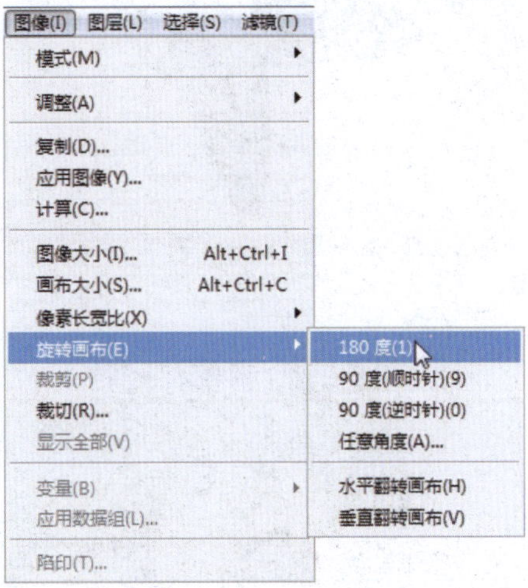

图 2—36　旋转命令

③ 执行菜单命令“图像→旋转画布→任意角度”，打开如图 2—38 所示的“旋转画布”对话框，在“角度”文本框内输入旋转角度，单击“确定”按钮。如图 2—39 所示为顺时针旋转 45°时的图像。

图 2—37　旋转 180°后的图像

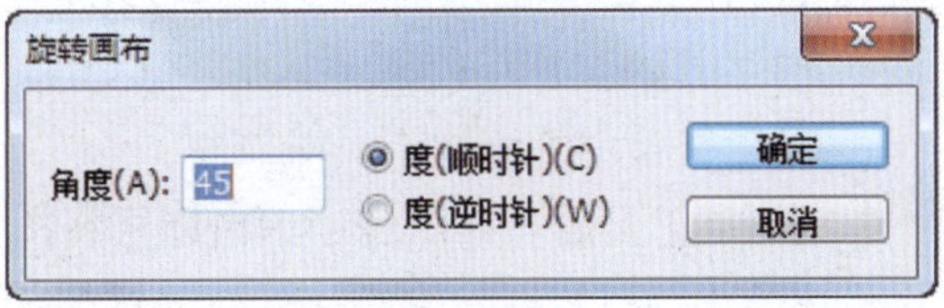

图 2—38　“旋转画布”对话框

④ 执行菜单命令“图像→旋转画布→垂直翻转”或“水平翻转”，可将图像垂直翻转或水平翻转。

【实例 4】旋转区域内的图像。选择要想旋转选区内的图像，执行菜单命令“编辑→变换”中的各项，如图 2—40 所示。具体操作步骤如下：

① 选择“花 1”为当前图层，在图层选项卡中单击“图层 1”，即只选择图层 1 的内容，

如图 2—41 所示。

图 2—39　顺时针旋转 45°

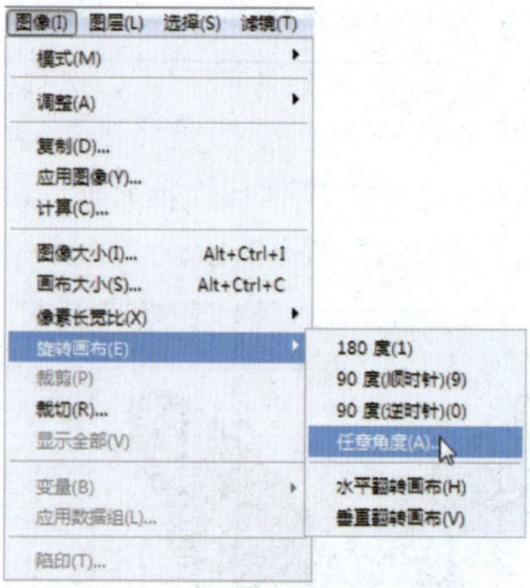

图 2—40　旋转命令

图 2—41　选择图层

② 执行菜单命令“编辑→变换→水平翻转”，其图像效果如图 2—42 所示。

6. 图像的显示

在图像编辑中，用户可根据需要对图像进行放大、缩小比例、改变窗口位置、排列、切换屏幕的显示模式或调整图像的显示区域等操作。为此，本节将简单地介绍这方面的知识。

(1) 改变图像的显示比例。在图像操作中，用户经常会根据需要放大或缩小图像的显示。最常用的方法有以下 3 种。

① 选用工具箱中的缩放工具调整。

● 选定缩放工具后，在图像中单击即可将图像放大，此时光标显示为；若按住〈Alt〉键在图像中单击即可将图像缩小，此时光标显示为。

● 若在选择缩放工具后，在图像中双击，则可以将图像以 100%的比例显示。

● 若在选择缩放工具后，在图像中拖动，则可以放大拖动的图像区域。

② 通过“视图”菜单中的命令调整。执行菜单命令“视图→放大/缩小/按屏幕大小缩放/打印尺寸”，可以放大或缩小图像。

●“放大”命令：选中此命令可以将图像放大一倍显示。

●“缩小”命令：选中此命令可以将图像缩小二分之一显示。

●“按屏幕大小缩放”命令：选中此命令可以将图像以最适合屏幕的比例显示。

●“打印尺寸”命令：选中此命令可以将图像以实际打印尺寸显示。

③ 通过“导航器”控制面板调整。在如图 2—43 所示的“导航器”控制面板中可以控制图像的显示比例，并可在导航器中显示比例。其中图像的红色框代表放大或缩小的图像区域。

图 2—42　水平翻转图像

图 2—43　“导航器”控制面板

(2) 调整图像窗口的位置和排列。在实际操作中，经常会根据需要调整图像窗口的位置和排列顺序。有以下 3 种方法可供读者调整：

① 关闭前面的图像，执行菜单命令“文件→打开”，选择“花 2”、“桂林山水 1、2 和 3”，单击“打开”按钮，导入四幅图像。

② 执行菜单命令“窗口→排列→层叠”，将图像层层叠放在窗口中，如图 2—44 所示。

③ 执行菜单命令“窗口→排列→平铺”，将图像平铺在窗口中，如图 2—45 所示。

图 2—44　层叠窗口

图 2—45　平铺窗口

(3) 调整图像的显示区域。当图像超出显示窗口时，系统将自动在窗口显示滚动条，读者可以通过调节滚动条来显示图像。

另外，可以用抓手工具来改变区域。也可以在“导航器”控制面板中，利用抓手工具移动图像显示区域。但是无论当前使用的是何种工具，均可使用“导航器”控制面板改变显示区域。

7. 改变图像所占的空间大小

在图像编辑的过程中，图像所占的空间大小会直接影响到制作图的速度及图像的质量。因此设置图像的大小对于做出符合要求的图像是至关重要的。下面介绍如何设置和改变图像所占空间的大小。

(1) 改变图像的尺寸大小。在图像操作中，用户会根据需要修改图像的大小。要改变图像的显示尺寸、打印尺寸和分辨率，可执行菜单命令“图像→图像大小”，或者用鼠标右键单击图像框，从弹出的快捷菜单中选择“图像大小”菜单项，系统将打开如图 2—46 所示的“图像大小”对话框，然后在对话框中进行设置即可。

(2) 改变图像的分辨率。分辨率的大小直接影响图像的大小。设定分辨率时要考虑到输出文件的用途和计算机显卡的分辨率等。修改图像的分辨率的面板与修改图像大小的面板相同，如图 2—46 所示。

(3) 改变画布的大小。如果用户不改变图像的尺寸，而是要剪裁或显示图像的空白区，可执行菜单命令“图像→画布大小”，或者用鼠标右键单击图像框，从弹出的快捷菜单中选择“画布大小”菜单项，打开“画布大小”对话框，如图 2—47 所示。

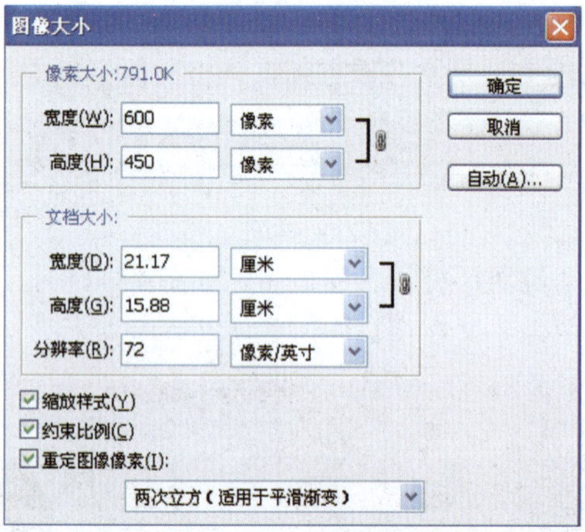

图 2—46 “图像大小”对话框

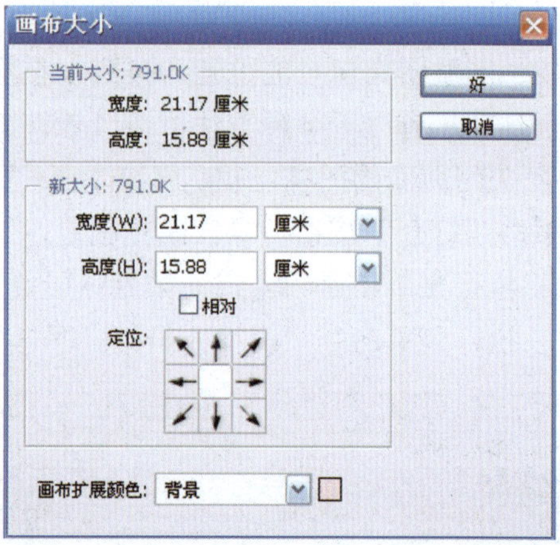

图 2—47 “画布大小”对话框

(4) 利用剪裁工具剪切图像。先选择剪裁工具，然后在图像中单击第一个定位点，拖动光标至终点，完成后按〈Enter〉键或双击鼠标即可结束操作，如图 2—48(a)、(b) 所示。按〈Esc〉键也可以取消操作。

图像周围的 8 个控制点可以自由活动。将鼠标放置到一个控制点附近时可以旋转图像，如图 2—49 所示。

8. 图像的选择

在 Photoshop 中，大部分操作只对当前选区内的图像区域有效。如何利用各种工具及命令对图像进行精确选择是图像操作的基本手段，因此读者必须很好地掌握选区的制作方法。

(1) 利用矩形选取工具进行规则选择。

(2) 利用矩形选取工具和椭圆选取工具进行选择，属性栏如图 2—50 所示。

(a)　　　　(b)

图 2—48　剪裁图像

图 2—49　旋转图像

图 2—50　属性栏

(3) 利用单行选择工具和单列选择工具进行区域选择，能制作一个像素宽的横线或竖线，按住〈Shift〉键在图像中连续单击，可创建多个单行或单列选区，填充选区后的图像效果如图 2—51(a)、(b) 所示。

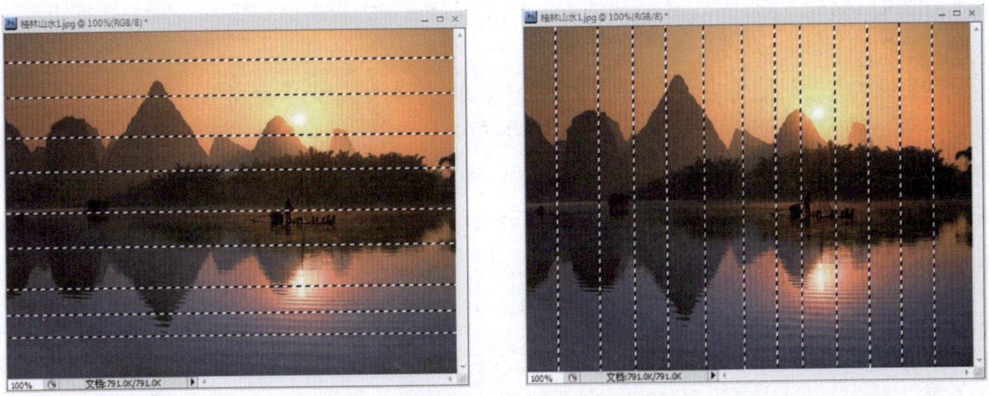

(a)　　　　(b)

图 2—51　单行、单列选择

(4) 利用魔棒工具进行区域选择，可以选择图像中颜色相近的区域。选择魔棒工具，在图像中要选择的区域单击，按住〈Shift〉键加选，按住〈Alt〉键减选，选中后的红花周围有一个虚线框，如图 2—52 所示。

(5) 利用自由套索工具、多边形套索工具及磁性套索工具，可以对不规则区域进行选择。

① 利用自由套索工具选择，可定义任意形状的区域，用自由套索工具先定义一个点，然后拖动鼠标，如图 2—53 所示。

图 2—52　用魔棒工具进行区域选择

图 2—53　用自由套索工具进行选择

② 利用多边形套索工具，可以选择直线形的选区，此选取工具适合选择三角形和多边形等形状的选区。

③ 利用磁性套索工具，可以选择图像与背景色反差较大的区域。当所选区域的边界不是很明显，无法精确选择边界时，可以单击鼠标手工定义结点，按〈Delete〉键可以删除所定义的结点。

2.4.2　选区的编辑

在 Photoshop 中，大部分操作只对当前选区有效。因此读者在学会了制作选区后，就需要进一步学习如何对选区进行编辑。

1. 选区的剪切、复制和粘贴

若需要对选区进行剪切、复制和粘贴，可分别执行菜单命令“编辑→拷贝/剪切/粘贴”。下面以实例说明。

(1) 打开“花 3”图像并制作选区，执行菜单命令“编辑→剪切”，或按〈Ctrl+X〉组合键，将选区内的图像剪切到剪贴板。此时选区内的图像将被剪除，并以背景色填充，如图 2—54 所示。

(2) 选择图像“桂林山水 2”，执行菜单命令“编辑→粘贴”，将剪贴板上的图像粘贴到图像“桂林山水 2”中，如图 2—55 所示。

(3) 将图层 1 的模式设为“变暗”模式，如图 2—56 所示，图像效果如图 2—57 所示。

2. 清除选区图像

要想清除选区，读者可以选择“编辑→清除”命令实现。下面以实例说明。

图 2—54　剪切

图 2—55　粘贴

图 2—56　“变暗”模式

图 2—57　图像效果

（1）打开一幅具有两个图层以上的图像“图层”。选择图层 3，执行菜单命令“选择→全选”，将图像全部选择，如图 2—58 所示。

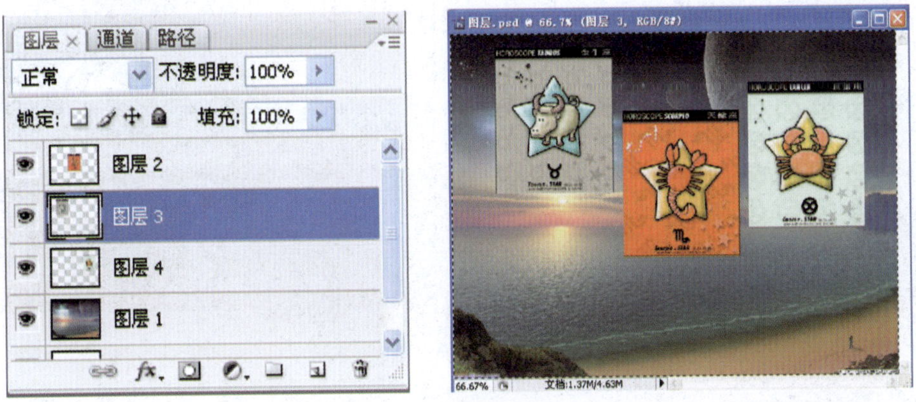

图 2—58　全选图像

（2）执行菜单命令“编辑→清除”，清除的只是当前层的图像内容，图像效果如图 2—59所示。

3. 合并拷贝与贴入命令

合并拷贝命令是将选区内的所有层的图像复制到剪贴板中，贴入命令则是将剪贴板的内容复制到选区内。下面以实例说明。

（1）打开图像“花 4”，用魔棒工具选中“花 4”的空白区域，执行菜单命令“选择→反向”，将花选中，单击移动工具，将花拖到图像“桂林山水 1”上。

（2）按〈Ctrl+T〉组合键，将图像调整到适当大小并移到适合的位置，按〈Enter〉键结束自由变形命令，如图 2—60 所示。

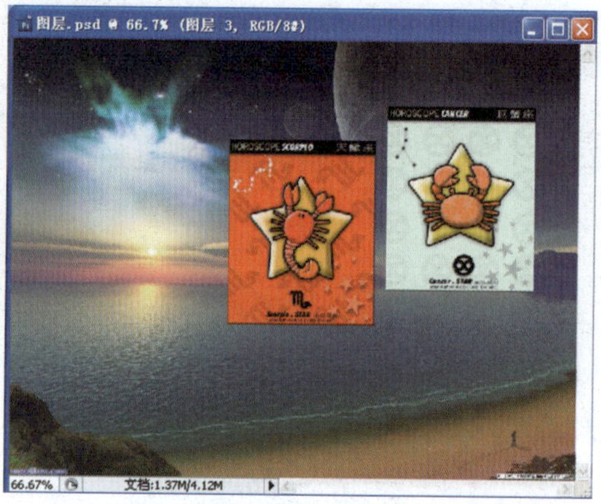

图 2—59　清除图像

图 2—60　调整图像大小

（3）执行菜单命令“选择→全选”、“编辑→合并拷贝”，将选区内图像复制到剪贴板上。

（4）打开图像“桂林山水 3”，并制作如图 2—61 所示的选区。

（5）执行菜单命令“编辑→贴入”，将剪贴板上的内容粘贴到新打开图像的选区内，如图 2—62 所示。

图 2—61　图像

图 2—62　贴入图像

2.4.3　图层的使用

在 Photoshop 中，系统对图层的管理主要是通过图层控制面板和图层菜单来完成的，根据图层作用的不同，图层可分为多种类型，如普通层、调整层和文本层等。

1. 组成元素

在“图层”控制面板中，Photoshop 有着非常大的作用。利用图层可以把图像中的单独区域分离并加以处理，这样可极大地增强制图的效果。如图 2—63 所示为控制面板。

“图层混合模式”选项：指图层的混合模式，单击该列表可以打开下拉菜单选择色彩混合模式，从而决定当前图层与其他图层叠加在一起的效果。双击“图层 1”，打开“图层样式”对话框，即可设置“混合模式”。

“图层不透明度”选项：用于设定各个图层的不透明度。

图层名称：在建立图层时系统自动将图层命名为图层 1 和图层 2 等，双击图层名称，可以为其改名。

图层缩览图：显示该图层的内容，使用户能清楚地识别每一个图层。

眼睛图标：图层名称左侧的眼睛图标，用于显示或隐藏图层。隐藏图层时，不能对其进行任何编辑。

层链接标志：当眼睛图标右侧的方框中出现链接标志时，表示这一图层与当前图层链接在一起。链接的图层可以与当前图层一起移动。

当前图层：在“图层”控制面板中，以蓝色显示的图层为当前图层。一幅图像中只有一个当前图层，并且绝大部分的编辑命令只对当前图层有效。当要切换当前图层时，用鼠标单击图层面板的缩略图或名称即可。

锁定背景层：在图层名称的右侧有一个锁的图标，用于图层锁定，如果图层上有这个图标，则不能对它进行移动等操作。在默认状态下，背景层为锁定状态。如果需要对背景层进行操作，可以双击背景层，在打开的“新建图层”对话框中单击“确定”按钮，将背景层转换成为普通层即可。

2. 普通层

单击“图层”控制面板中的“新建”按钮即可创建新的图层，或者执行菜单命令“图层→新建→图层”，打开“新建图层”对话框，在“名称”文本框中输入层的名称，如图 2—64 所示，单击“确定”按钮，创建新的图层。

图 2—63 图层

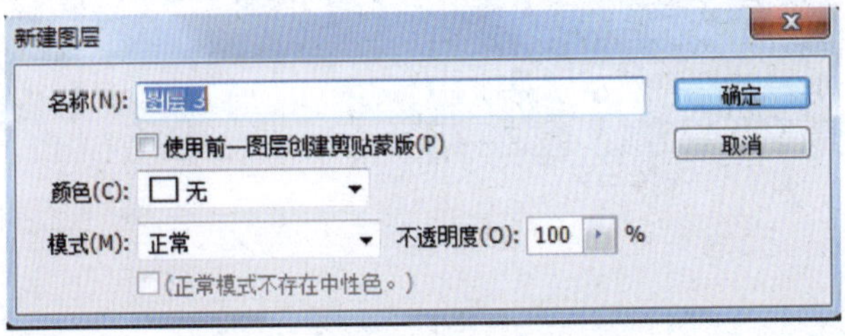

图 2—64 “新建图层”对话框

3. 调整层

利用调整层，可以将色阶等效果单独放在一个层中，而不改变原图像。执行菜单命令“图层→新建调整图层→色阶”，创建调整层。或者直接单击“图层”控制面板中的“调整”按钮，也可以创建调整层。下面以实例加以说明。

(1) 打开一幅图像“花 5”，单击“图层”控制面板中的“调整”按钮，从弹出的快捷菜单中选择“色阶”菜单命令，如图 2—65 所示。

(2) 在打开的“色阶”对话框中调整其滑条，如图 2—66 所示，图像效果如图 2—67 所示。

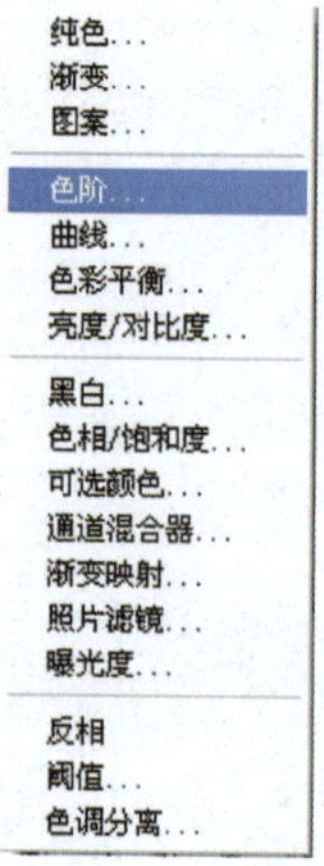

图 2—65　快捷菜单

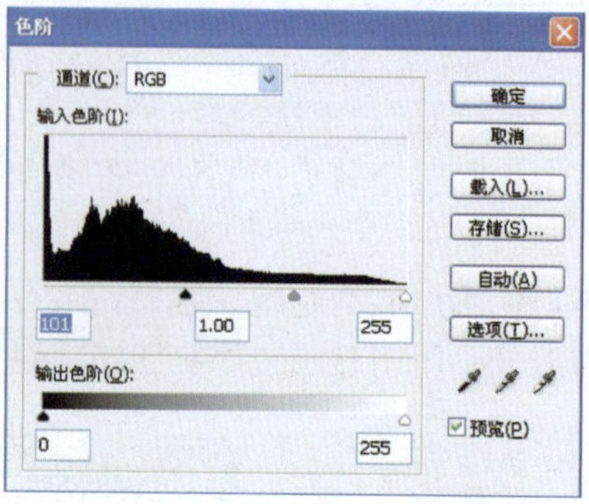

图 2—66　“色阶”对话框

图 2—67　图像效果

4. 填充层

填充层是一种带蒙板的图层，其内容可为纯色、渐变色或图案。填充层可以随时将其转换为调整层。下面通过图例说明。

（1）打开原始图像“风景 10”，如图 2—68 所示。

（2）设置前景色为白色，单击“调整”按钮，从弹出的快捷菜单中选择“渐变”菜单命令，打开“渐变填充”对话框调整其参数，如图 2—69 所示，调整后的图像如图 2—70 所示。

图 2—68　原始图像

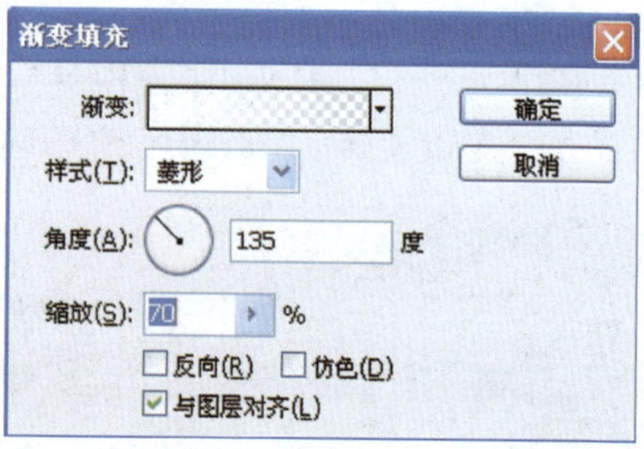

图 2—69　“渐变填充”对话框

5. 形状层

形状层可以利用工具箱中的自定形状工具制作向量图形，下面通过实例说明。

（1）打开图像“风景 11”，如图 2—71 所示。

（2）选择工具箱中的钢笔工具，在工具属性栏中选择自定形状工具，选择“形状”下拉图形，单击右边的按钮，从弹出的快捷菜单中选择“全部”菜单项，从打开的下拉图形中选择“形状”为月亮形，如图 2—72 所示。

（3）单击“样式”右边的按钮，从弹出的快捷菜单中选择“图像效果”菜单项，设定其样式为“鳞片”，如图 2—73 所示。

（4）在图像中绘制一个图形，如图 2—74 所示。可以看到图层窗口中新增加了一个形状层，如图 2—75 所示。

图 2—70 调整后的图像

图 2—71 初始图像

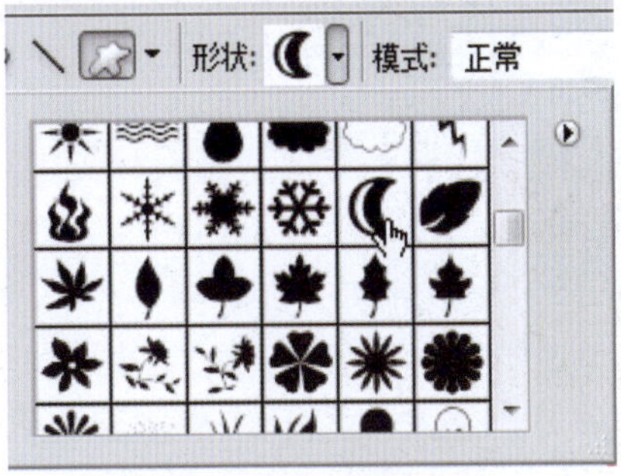

图 2—72 向量图形

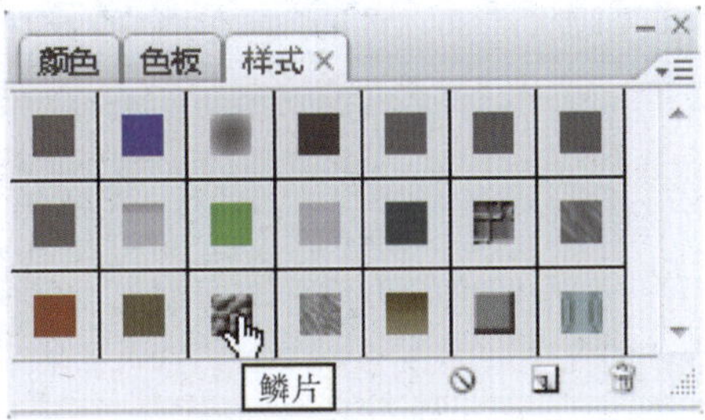

图 2—73 “样式”选项卡

图 2—74 绘制图形

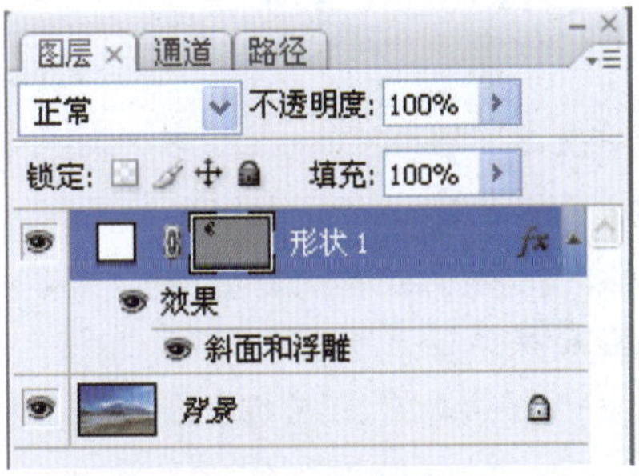

图 2—75 新增图层

(5) 执行菜单命令“图层→更改图层内容→图案”，打开“图案填充”对话框，如图 2—76 所示，单击图案框右边的小三角形，打开“图案选择”对话框，若所列图案没有需要的图形，则单击右上角的小三角形，从弹出的快捷菜单中选择“图案”菜单命令，再从中选择木质图案，如图 2—77 所示，然后单击“确定”按钮。最后的图像效果如图 2—78 所示。

6. 文本层

选择横排文字工具 T，在图像中单击即可创建文本层。文本层可以制作文字阴影、内发光和浮雕等效果，但是不能用于滤镜、渐变和色彩调整等命令。因此，如需要对文字进行一些特殊的效果处理，可将文本层转为普通层。

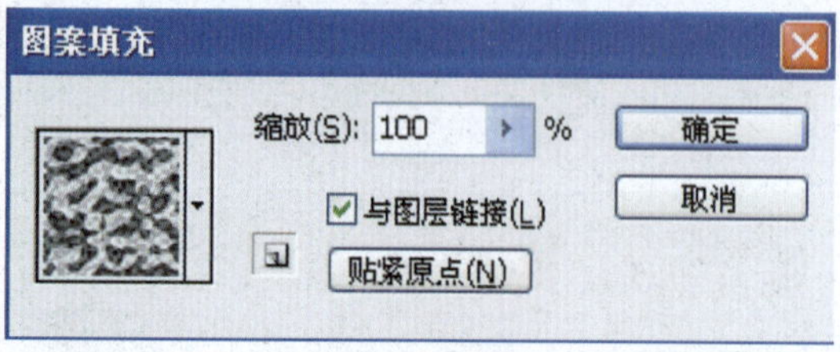

图 2—76 “图案填充”对话框

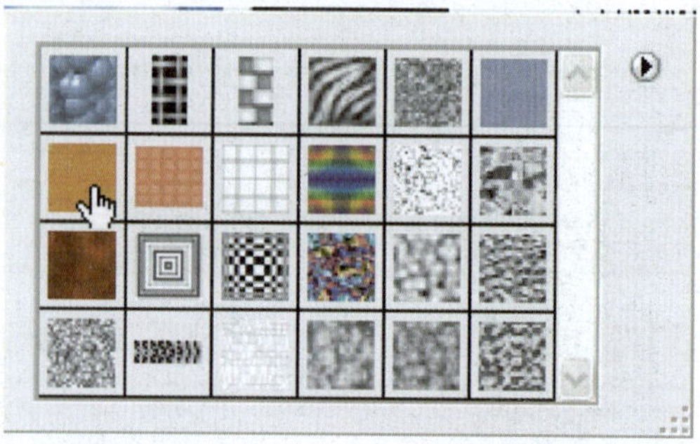

图 2—77 图案选择

图 2—78 最后的图像效果

需注意的是，一旦转换为了普通层，就不能再将其转换为文本层进行文本编辑。进行转换后，图层的文本标志将消失。执行菜单命令“图层→栅格化→图层”，可将文本层转换为普通层。

提示：在所有的图层中，背景层是一个特殊的图层，使用时应注意以下两点：

● 对背景层存在着特殊的限制，它只能位于图层的最下方，因此无法对其进行图层效果的处理，而且不能含有透明区或图层蒙板等。若需要对背景层进行处理，首先需将其转换为普通层。

● 要将背景层转为普通层，可以双击背景层的名称，然后在弹出的对话框中单击“确定”按钮即可。

2.4.4 图层的编辑

图层的编辑可以通过图层菜单、控制面板的快捷菜单和按钮来完成。可借助它们进行创建、复制、删除以及合并图层等。此外，还可根据需要创建层剪辑组等，图层的快捷菜单如图 2—79 所示。

1. 创新图层

创建新图层可以直接在“图层”控制面板上单击“新建图层”按钮实现。

执行菜单命令“图层→新建→图层”，打开“新建图层”对话框，如图 2—80 所示，单击“确定”按钮即可。新建的普通图层是完全透明的，用户可以在其中进行编辑。

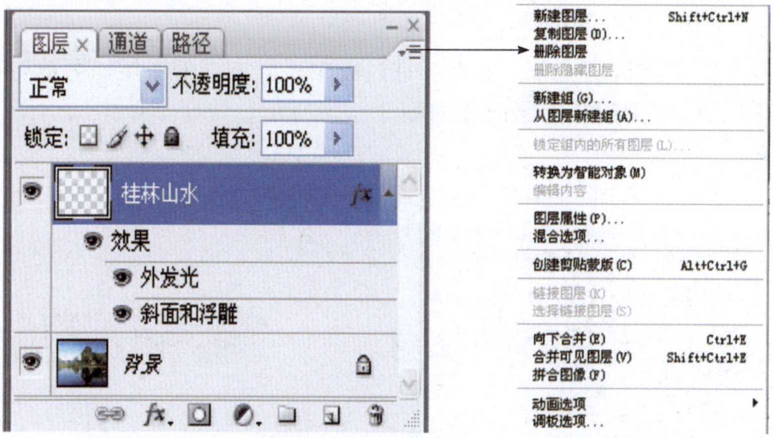

图 2—79　图层的快捷菜单

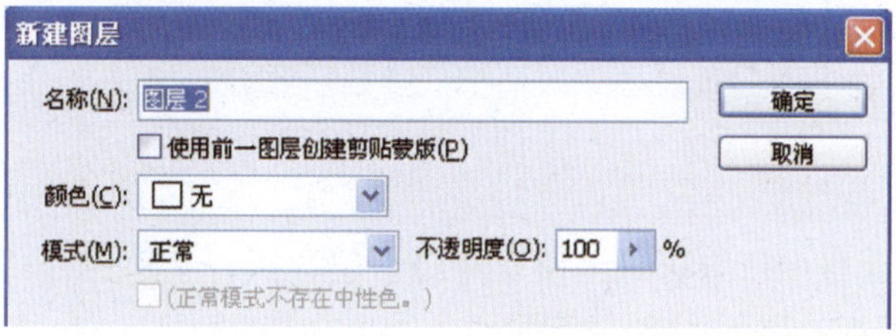

图 2—80　“新建图层”对话框

2. 复制图层

执行菜单命令“图层→复制图层”，或者单击“图层”控制面板右上角的小三角形 ▾☰，从弹出的快捷菜单中选择“复制图层”菜单项，如图 2—81 所示。还可以在“图层”控制面板中将要复制的图层拖到新建图层按钮上复制，如图 2—82 所示。

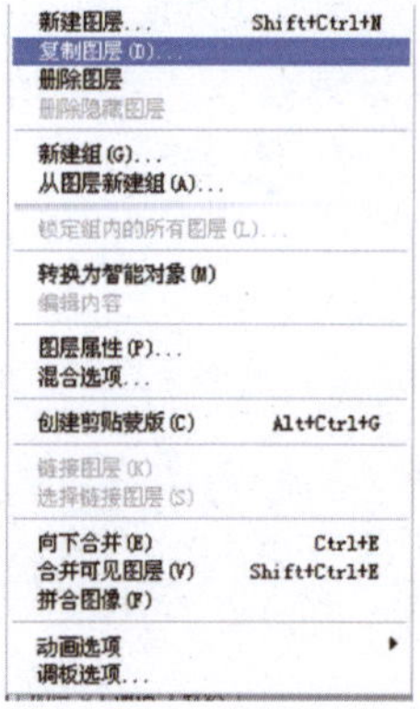

图 2—81　“复制图层”菜单项

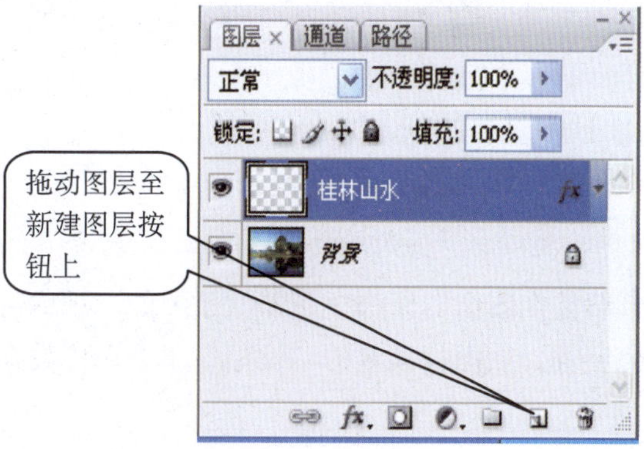

图 2—82　复制图层

3. 删除图层

执行菜单命令“图层→删除→图层”，或者在控制面板的快捷菜单中选择“删除图层”命令。还可以在面板中将要删除的图层拖动到垃圾桶按钮上删除，如图 2—83 所示。

4. 合并图层

合并图层指将所有的图层合并，并在合并过程中丢弃隐藏的图层。可执行菜单命令“图层→拼合图像”实现，“图层”控制面板如图 2—84 所示。快捷菜单中的“向下合并”命令不能合并隐藏层。

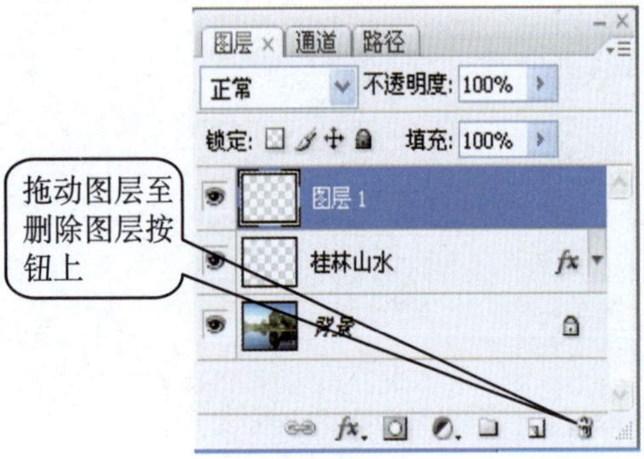

图 2—83　删除图层

图 2—84　“图层”控制面板

5. 合并可见图层

用于将“图层”面板中所有可见图层合并为一层，执行菜单命令“图层→合并可见层”实现，“图层”控制面板效果如图 2—85 所示。

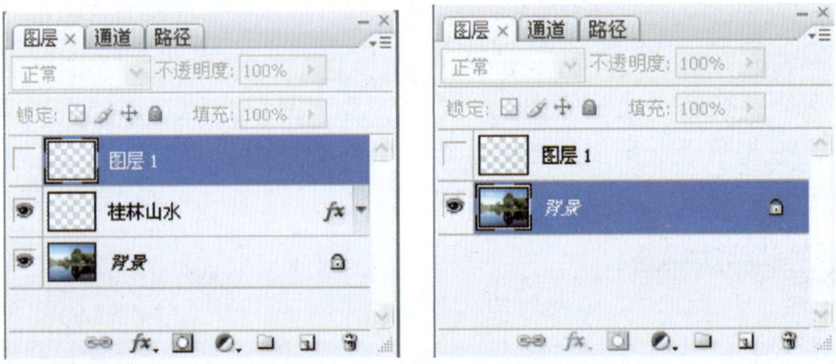

图 2—85　合并可见图层

2.4.5　图像的色彩调整

色彩调整在图像的修饰中是非常重要的一项内容，它包括对图像色调进行调节、改变图像的对比度等。在图像菜单的“调整”子菜单中的命令，都是用来进行色彩调整的。

1. 亮度/对比度

亮度/对比度命令用于概略地调节图像的亮度和对比度。

2. 色彩平衡

色彩平衡命令用于改变图像中颜色的组成，解决图像中色彩的任何问题（色偏、过饱和、饱和不足），混合色彩使之达到平衡效果。该命令只适合做快速而简单的色彩调整，若要精确控制图像中各色彩的成分，应该使用色阶和曲线命令。执行菜单命令“图像→调整→色彩平衡”，打开“色彩平衡”对话框，如图 2—86 所示。

在色彩平衡选项组中有 3 个标尺，可以控制图像的三个颜色通道（红、绿、蓝）色彩的增减，将三角形拖向要在图像中增加的颜色；或将三角形拖离要在图像中减少的颜色。

在色彩标尺中同一平衡线上的两种颜色为互补色。例如，当处理一幅冲洗成发青色的照片图像时，可通过增加青色的补色即红色，对青色进行补偿将图像调整成合适的颜色。

3. 色相/饱和度

执行菜单命令“图像→调整→色相/饱和度”，打开“色相/饱和度”对话框，如图2—87所示。可调整整个图像或图像中单个颜色成分的色相、饱和度和亮度。通过拖动三角来改变色相、饱和度和亮度。对话框下面的两条色谱，上面的色谱表示调整前的状态，下面的色谱表示调节后的状态。

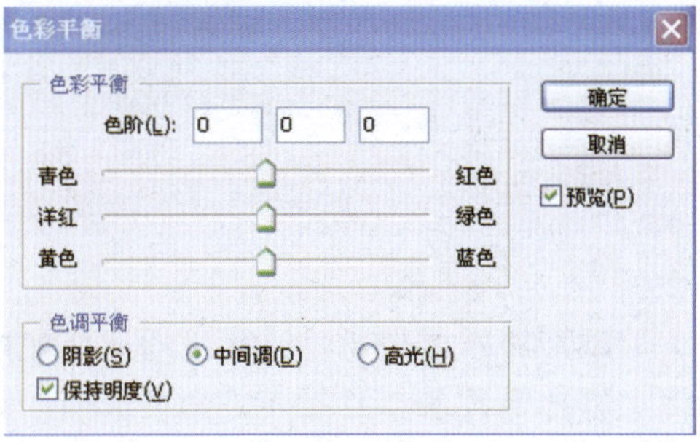

图 2—86　“色彩平衡”对话框

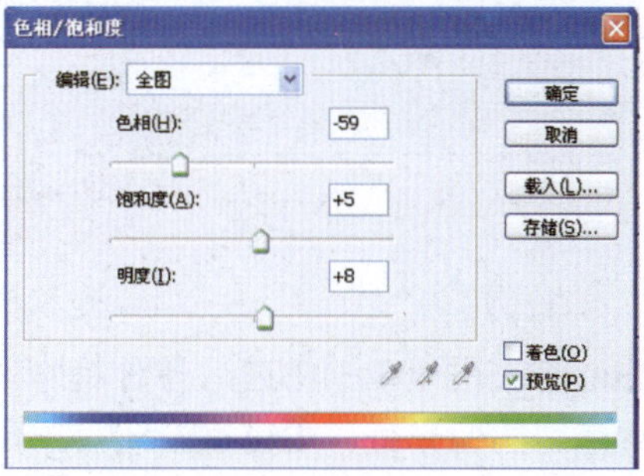

图 2—87　“色相/饱和度”对话框

4. 去色命令

执行菜单命令“图像→调整→去色”，可将图像中所有颜色去掉（即颜色的饱和度为0），从而产生相同色彩模式的灰度图像效果。一幅彩图可通过“去色”命令变成灰度图像效果，也可转换图像色彩模式变成灰度图像，但使用“去色”命令后仍可为图像添加彩色。

5. 替换颜色

使用替换颜色命令可将图像中选择的颜色替换成其他颜色。例如，要将图 2—88 所示黄色汽车替换成红色汽车，操作步骤如下：

（1）执行菜单命令“图像→调整→替换颜色”，打开“替换颜色”对话框，如图 2—89 所示。

（2）设定颜色容差值，以确定所选颜色的近似程度。

（3）选择“选区”或“图像”选项中的一个。“选区”在预览框中显示蒙板，被蒙板区域为黑色，没有蒙板区域为白色。“图像”在预览框中显示。

（4）选用对话框中的吸管工具，在图像或预览框中选择所要替换的颜色。使用带加号的吸管按钮，添加区域；使用带减号的吸管按钮，去掉某区域。

（5）在变换选择组中拖移色相、饱和度和明度滑块（或在文本框中输入数值），使所选汽车区域的颜色为红色，如图 2—90 所示。

（6）单击“确定”按钮，汽车颜色成为红色。

图 2—88　黄色汽车

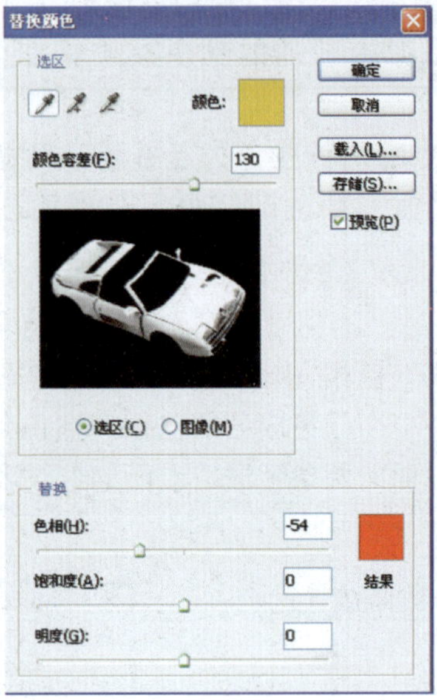

图 2—89　“替换颜色”对话框

图 2—90　变为红色汽车

2.4.6　滤镜

滤镜专门用于对图像进行各种特殊效果处理。图像特殊效果是通过计算机的运算来模拟摄影时使用的偏光镜、柔焦镜及暗房中的曝光和镜头旋转等技术，并加入美学艺术创作的效果而发展起来的。

Photoshop 自带的滤镜效果有 14 组之多，每组又有多种类型。读者需要在不断实践中掌握它们的技巧。除了 Adobe 公司本身提供的若干特技效果外，还有很多第三方提供的软件效果可以使用，使得 Photoshop 具有迷人的魅力。

图像的色彩模式不同，使用滤镜时会受到某些限制。在位图、索引图、48 位 RGB 图、16 位灰度图等色彩模式下，不允许使用滤镜。在 CMYK、Lab 模式下，有些滤镜不允许使用。一般情况下，应用 RGB 模式编辑图像使用滤镜不受限制。如果编辑的图像不是 RGB 模式的，可以执行菜单命令“图像→模式→RGB 颜色”，将图像格式转化为 RGB 模式即可。

虽然 Photoshop 提供的滤镜效果各不相同，但其用法基本相同。首先打开要处理的图像文件，如果只对部分区域进行处理，就要选择区域，否则会对整个图像进行处理。然后从滤镜菜单中选择某一滤镜，在弹出的对话框中设置参数，确认后即可出现该滤镜效果。在使用滤镜时，最近用到的滤镜命令，可以通过〈Ctrl+F〉组合键将它们重新执行一次；使用〈Ctrl+Shift+F〉组合键对上次滤镜效果进行重新设置。以下将简单介绍几种滤镜的用法。

1. 图像液化扭曲

液化扭曲滤镜可以制作出各种动态的图像变形效果，可以方便地利用它制作弯曲、漩涡、膨胀、收缩、移位和反射等效果。该命令不能用于索引模式、位图模式和多通道模式的图像。执行菜单命令“滤镜→液化”，打开如图 2—91 所示的“液化”对话框。

图 2—91　“液化”对话框

（1）下面简单介绍对话框中各工具的特点。使用左侧的工具可以对图像进行变形和制作漩涡效果等操作。利用右侧的命令可以设置笔刷的大小以及蒙板和冻结的区域等。

- 向前变形工具和湍流工具：选中此工具后，在图像中单击并拖动鼠标可以弯曲图像。
- 顺时针旋转扭曲工具：在图像中单击并拖动鼠标可旋转笔刷下面的像素，产生顺时针旋转图像的效果。
- 褶皱工具和膨胀工具：可收缩或扩展笔刷下的像素。利用此工具可以轻松地调整人的比例和形态等，从而制作出特殊的效果。
- 左推工具：在垂直方向移动像素。
- 镜像工具：通过复制垂直于拖动方向的像素，产生反射效果。如沿垂直方向拖动，可沿水平方向镜像复制对象。
- 重建工具：根据当前设置的重构模式，部分或全部恢复图像的先前状态。要设置模式，可以在“Reconstruction Options”重构选项中的“Mode”模式下拉列表中选择。
- 冻结蒙板工具：将选取的内容冻结，以使这部分区域不被修改。
- 解冻蒙板工具：将已冻结的区域解冻。
- 抓手工具：移动图像预览图。
- 缩放工具：放大局部区域。

（2）下面以实例介绍此滤镜的作用。

① 打开一幅图像“人物.jpg”，如图2—92所示。

② 使用“顺时针旋转工具”将头发卷曲，“膨胀工具”将眼部放大，“向前变形工具”将眉毛挑高，“左推工具”将嘴巴收缩变形。图像效果如图2—93所示。

图2—92　原图

图2—93　效果图

2. 创建弯曲的文字对象

Photoshop可以创建弯曲的文字形状，如波浪形、鱼形、拱形等多种形状。使用工具箱中文字工具，在工具选项中单击“创建变形文本”按钮，打开“变形文字”对话框。“样式”下拉框中有多种风格可供选择。图2—94为“变形文字”对话框，其拱形文字效果如图2—95所示。

3. 抽出滤镜

抽出滤镜可以轻松地将一个前景对象从它的背景中分离出来。该命令只适合于当前工作图层。抽出前景物前，首选使用抽出滤镜对话框中的工具将前景物边缘高亮显示，然后选取边缘内部的物体，若选取合适确认，则将背景色擦除并变为透明区域，前景物则被保留。具体操作步骤如下：

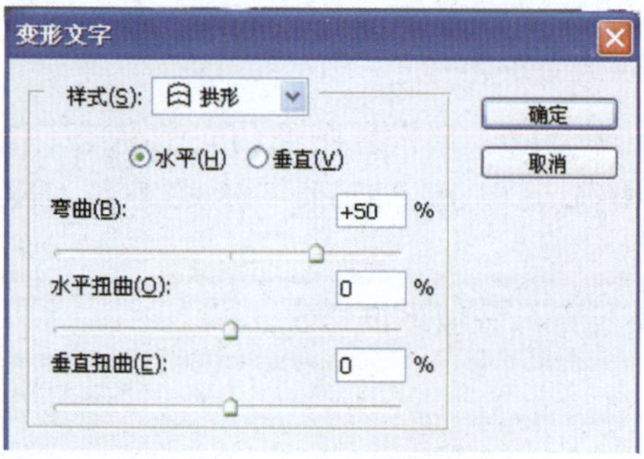

图2—94　“变形文字”对话框

图2—95　拱形文字效果

（1）打开一幅图像“人物 1. jpg”，如图 2—96 所示。

（2）执行菜单命令“滤镜→抽出”，如图 2—97 所示。用边缘高光器工具沿人物轮廓涂抹。

图 2—96　原图像

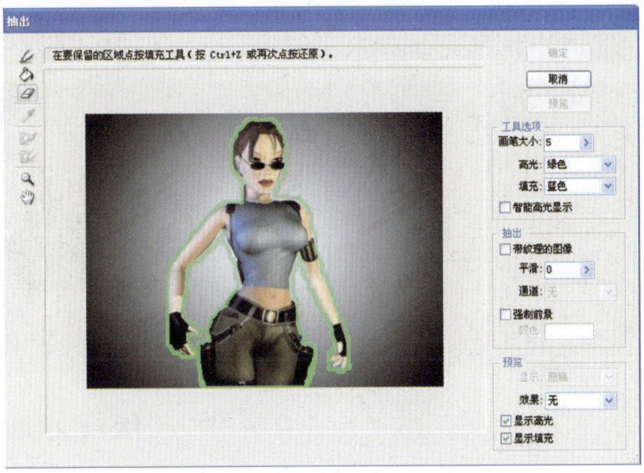

图 2—97　“抽出”对话框

- 边缘高光器工具用于在图像中勾画边界，以将图像和背景分离出来。
- 填充工具用于将图像填充。
- 橡皮擦工具用于擦除高亮区域。
- 吸管工具用于吸取颜色，利用颜色的不同将图像与背景分离。
- 清除工具用于将不需要的背景擦除。
- 边缘修饰工具用于扩散边缘，将已擦除的细节恢复。
- 缩放工具用于放大局部图像。
- 抓手工具用于移动图像预览图。

（3）选择放大镜工具放大图像区域，在“画笔大小”选项中设置数值为 5，在图像中勾画没选上的边界，如图 2—98 所示。

（4）选择油漆桶工具在图像内部单击，为图像填充半透明的颜色，如图 2—99 所示，然后单击“确定”按钮，图像效果如图 2—100 所示。

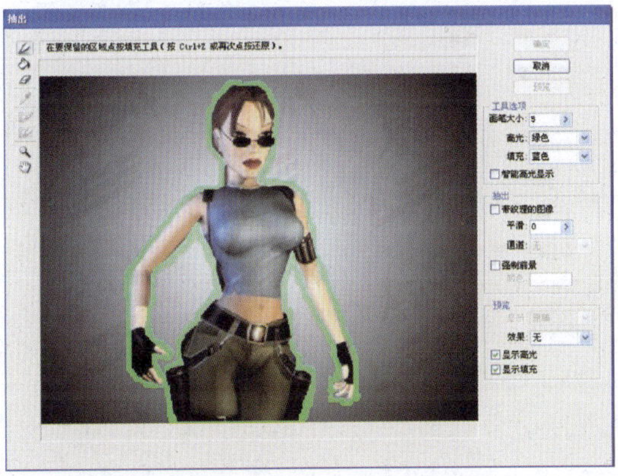

图 2—98　放大的图像

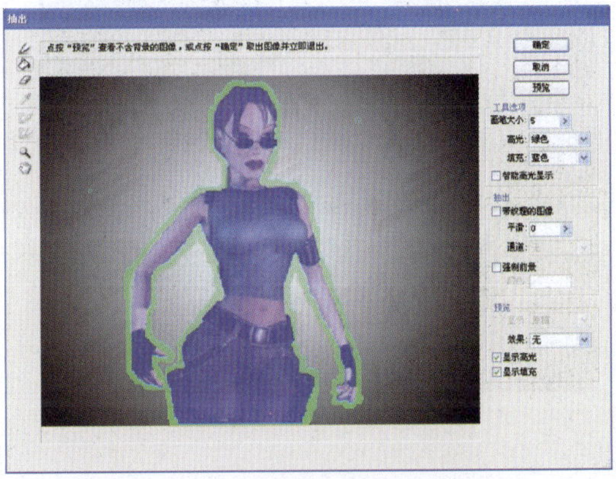

图 2—99　填充半透明颜色的图像

图 2—100　最后的效果图像

项目实训 2

实训目的： 通过本实训使学生进一步掌握标志、文字、广告及邮票的制作，并且能在实际的项目中运用 Photoshop 设计制作各种图案。

实训 1　标志设计

使用 Photoshop 不仅可以设计标志图案，还可以表现出标志的质感。本实训将制作一个具有金属质感的圆形标志，并且具有环形文字。

精确设置参考线，通过“新建参考线”，精确地设置参考线的位置。金属质感的表现，运用图层样式一步到位制作出金属效果，是一种比较理想的表现方法。在 Photoshop 中制作环形文字时，需要先创建一个圆形路径，然后沿路径输入文字，即可得到环形文字。眩光效果的制作，运用“光照效果”滤镜和“镜头光晕”滤镜可以制作出逼真的眩光效果。最终效果如图 2—101 所示。项目参考操作步骤如下：

(1) 按下〈Ctrl+N〉组合键，从弹出的“新建”对话框中设置参数，如图 2—102 所示，单击“确定”按钮，创建一个新文件。

图 2—101　最终图像效果

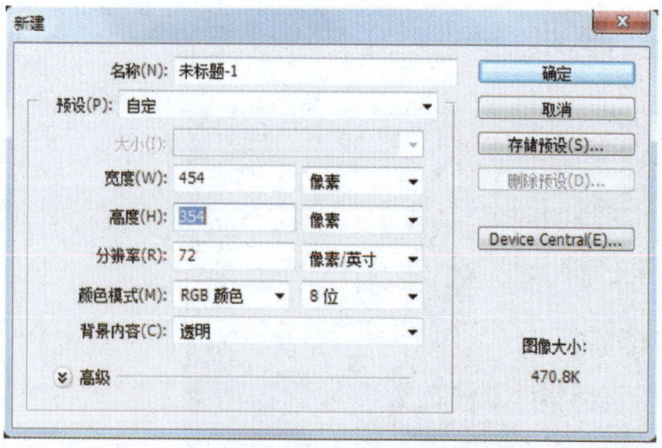

图 2—102　“新建”对话框

(2) 执行菜单命令“视图→新建参考线”，从弹出的“新建参考线”对话框中设置垂直参考线的位置，如图 2—103 所示，单击“确定”按钮，则创建了一条垂直参考线。

(3) 用同样的方法，在 50%的位置再设置一条水平参考线。

(4) 设置前景色和背景色为默认的黑色和白色，按下〈Alt+Delete〉组合键，将图像背景填充为黑色。

(5) 在“图层”窗口中创建一个新图层“图层 1”。

(6) 选择工具箱中的椭圆选框工具，按住〈Shift+Alt〉组合键从参考线的交叉点开始拖曳鼠标，创建一个圆形选区，如图 2—104 所示。

(7) 按下〈Ctrl+Delete〉组合键，将选区填充为白色，效果如图 2—105 所示。

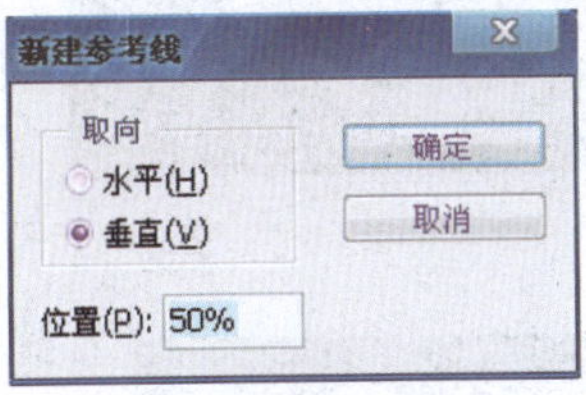

图 2—103　“新建参考线”对话框

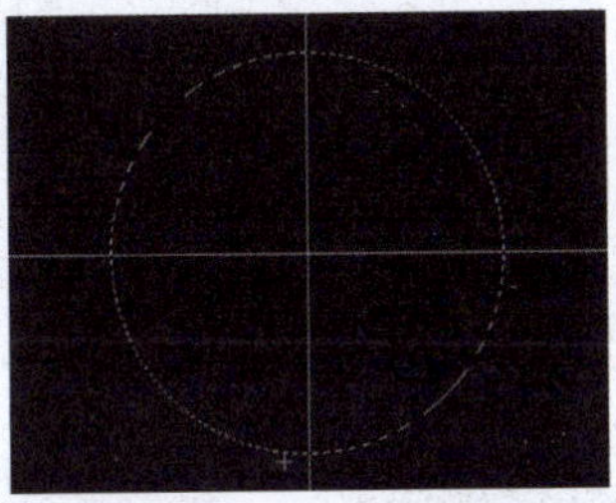

图 2—104　创建的选区

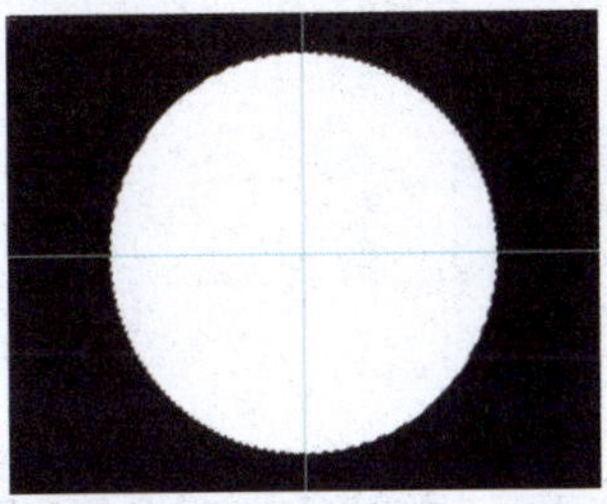

图 2—105　填充选区效果

(8) 执行菜单命令“选择→变换选区”，为选区添加变形框，按住〈Shift+Alt〉组合键的同时向内拖曳角端的控制点，等比例缩小选区，然后按下〈Delete〉键删除选区内的图像，再按〈Ctrl+D〉组合键取消选区，则得到圆环效果，如图 2—106 所示。

(9) 在“图层”窗口中单击“添加图层样式”按钮，从弹出的快捷菜单中选择“斜面和浮雕”菜单项，打开“图层样式”对话框，各项参数设置如图 2—107 所示。

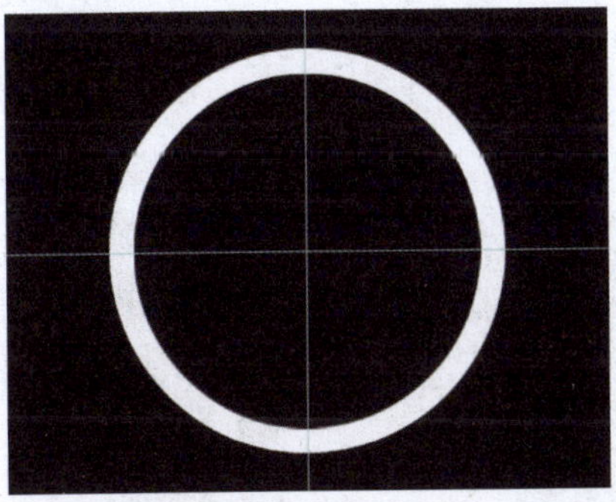

图 2—106　圆环效果

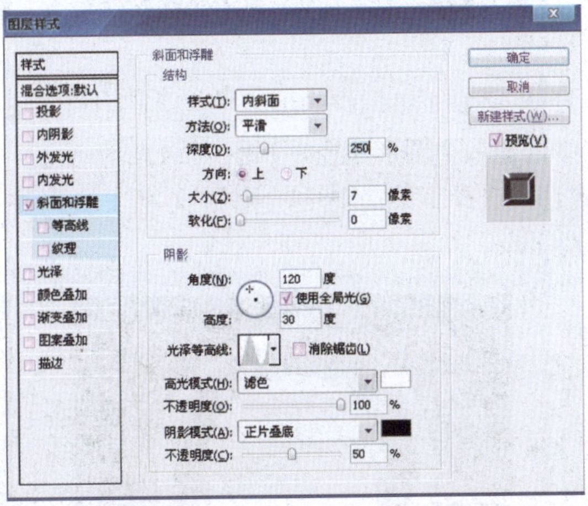

图 2—107　“图层样式”对话框

(10) 在对话框的左侧选择“渐变叠加”选项，设置对应的各项参数，如图 2—108 所示，单击“确定”按钮，则图像效果如图 2—109 所示。

(11) 参照前面的方法，使用椭圆选框工具再创建一个圆形选区，如图 2—110 所示。

(12) 在图层窗口中创建一个新图层“图层 2”，按下〈Ctrl+Delete〉组合键，将选区填充为白色，效果如图 2—111 所示。

(13) 在图层窗口中创建一个新图层“图层 3”。

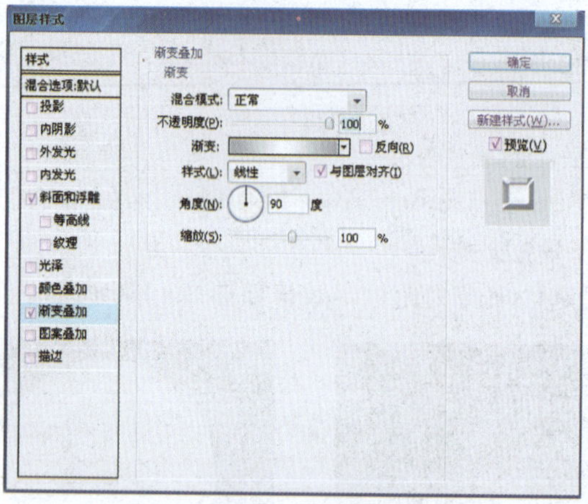

图 2—108 “图层样式”对话框

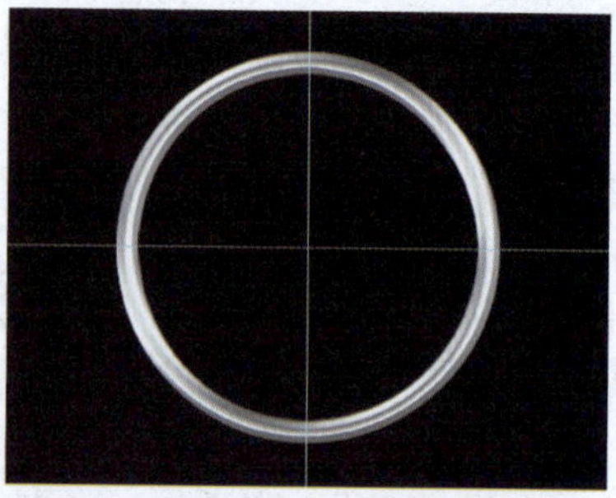

图 2—109 渐变叠加图像效果

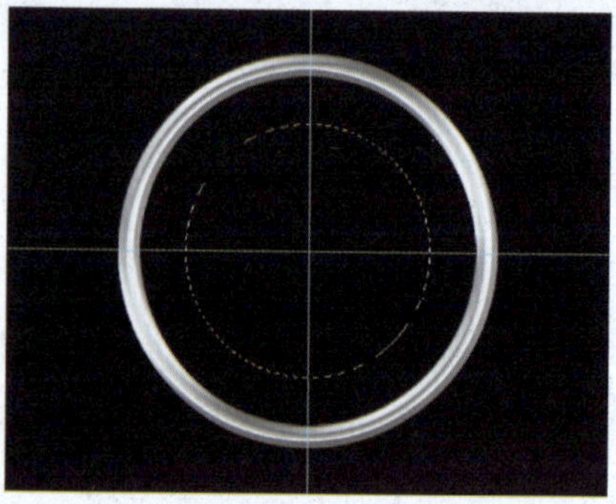

图 2—110 创建的选区

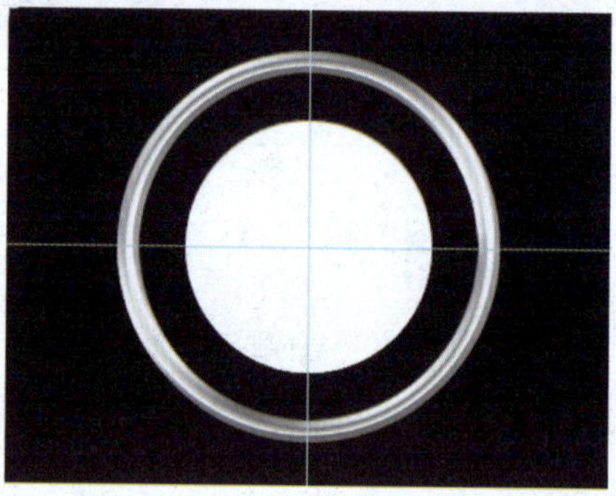

图 2—111 填充选区效果

（14）选择工具箱中的钢笔工具，在工具属性栏中单击“路径”按钮，然后在图像窗口中创建一个圆形路径，如图 2—112 所示。

（15）选择工具箱中小的横排文字工具，在路径上单击鼠标，沿路径输入白色文字：ChongQing，如图 2—113 所示。

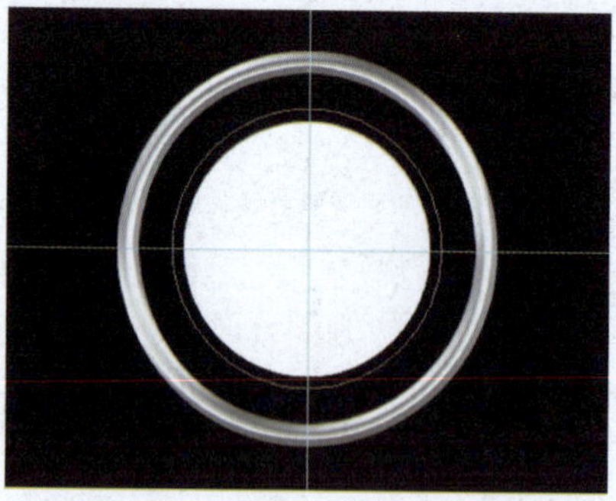

图 2—112 创建的路径

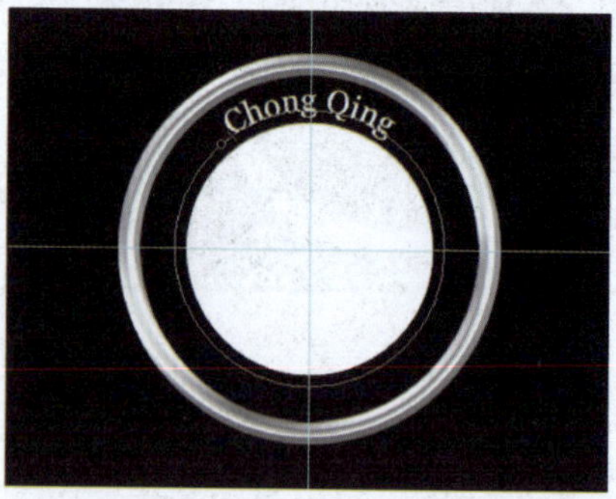

图 2—113 输入的文字

（16）在图层窗口中创建一个新图层，然后继续沿着该路径输入白色文字，再执行菜单命令“编辑→变换路径→水平翻转”，改变文字的方向并调整其位置，如图 2—114 所示。

（17）在图层窗口中创建一个新图层“图层 4”。

(18) 使用椭圆选框工具再创建一个圆形选区，执行菜单命令“编辑→描边”，对选区进行描边，描边颜色为白色，效果如图 2—115 所示。

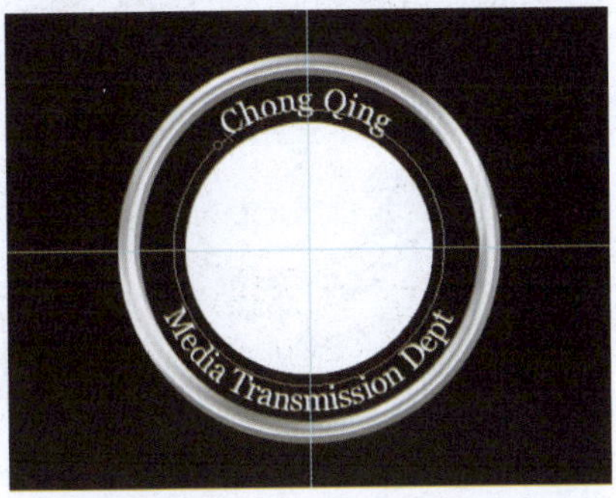

图 2—114　输入并调整文字

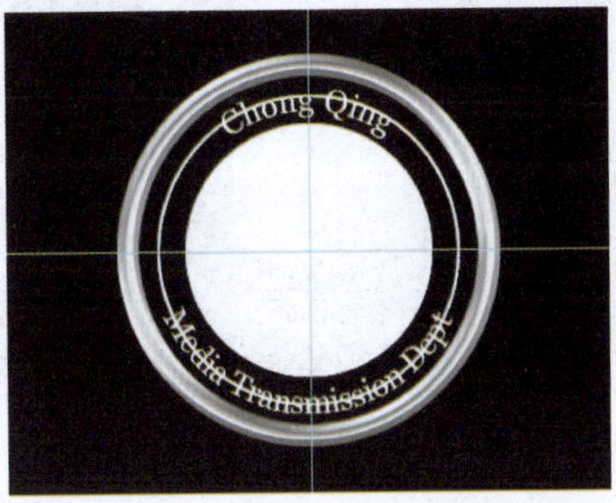

图 2—115　描边效果

(19) 在图层窗口中单击“添加图层蒙板”按钮，为图层添加图层蒙板，设置前景色为黑色，使用画笔工具在圆环上进行擦拭，得到如图 2—116 所示的效果。

(20) 在图层窗口中创建一个新图层“图层 5”。

(21) 选择工具箱中的钢笔工具，在工具属性栏中选择自定形状工具，并单击“填充像素”按钮，然后选择一种路径形状，如图 2—117 所示。

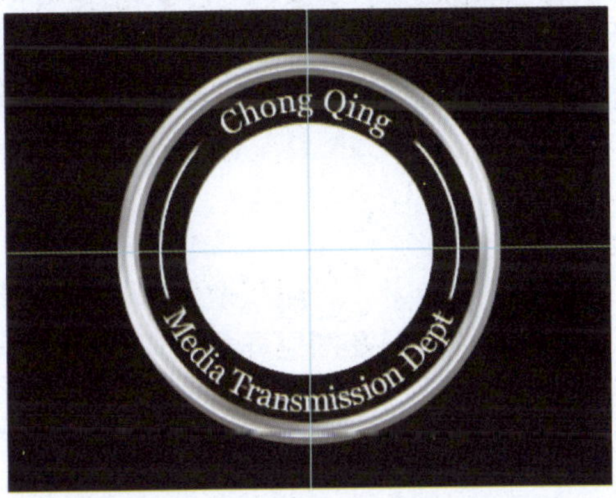

图 2—116　擦拭图像效果

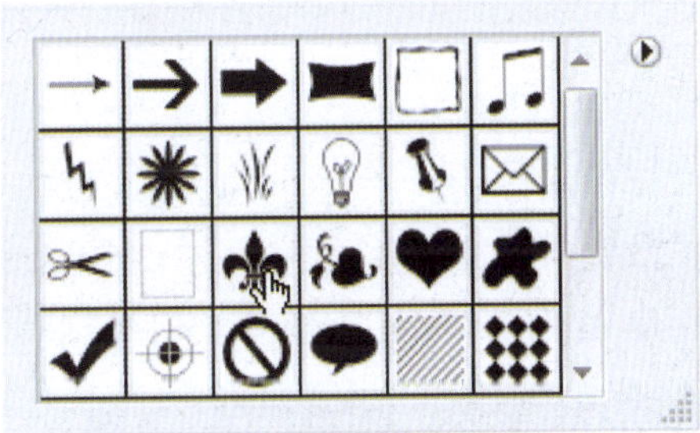

图 2—117　自定形状工具选项栏

(22) 设置前景色为绿色＃AAcf52，在图像窗口的中心位置处拖曳鼠标，绘制一个图案，效果如图 2—118 所示。

(23) 使用横排文字工具输入黑色的文字 CDCMX，并设置适当的字体和大小，效果如图 2—119 所示。

(24) 按下〈Ctrl＋Shift＋E〉组合键，合并所有的可见图层。

(25) 执行菜单命令“视图→清除参考线”，清除参考线。

(26) 执行菜单命令“滤镜→渲染→光照效果”，从打开的“光照效果”对话框中设置参数，如图 2—120 所示，单击“确定”按钮，图像效果如图 2—121 所示。

(27) 执行菜单命令“滤镜→渲染→镜头光晕”，在打开的“镜头光晕”对话框中设置参数，如图 2—122 所示。

(28) 单击“确定”按钮，本例的最终效果如图 2—101 所示。

图 2—118　绘制的图案

图 2—119　输入的文字

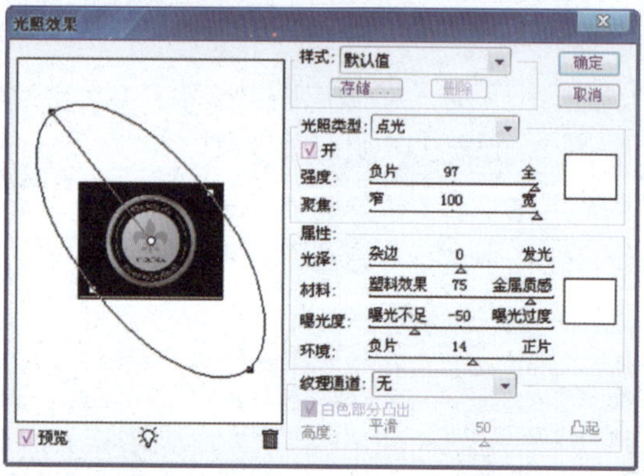

图 2—120　“光照效果”对话框

图 2—121　图像效果

实训 2　冰雪字

应用图层样式的“描边”可以一步到位地制作出描边效果。应用扩散效果，可以设置文字的扩散效果。冰雪效果的制作，利用旋转命令、滤镜“风”及图层样式的“斜面和浮雕”，可制作出逼真的文字冰雪效果。最终效果如图 2—123 所示。项目参考操作步骤如下：

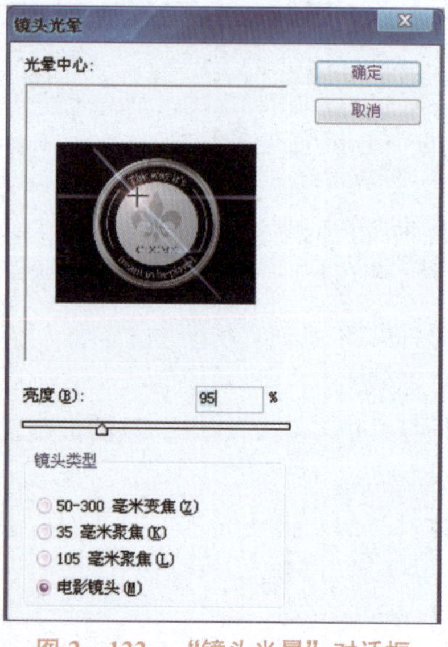

图 2—122　“镜头光晕”对话框

图 2—123　最终效果

（1）按下〈Ctrl+O〉组合键，打开一幅图像，如图 2—124 所示。

（2）设置前景色为淡蓝色，选择工具箱中的横排文字工具，在图像中输入文字“林海雪原”，如图 2—125 所示。

图 2—124　图像

图 2—125　输入文字

（3）单击图层窗口下的“添加图层样式” fx 按钮，从弹出的快捷菜单中选择“描边”菜单项，打开“图层样式”对话框，在对话框中设置其参数，如图 2—126 所示。图像效果如图 2—127 所示。

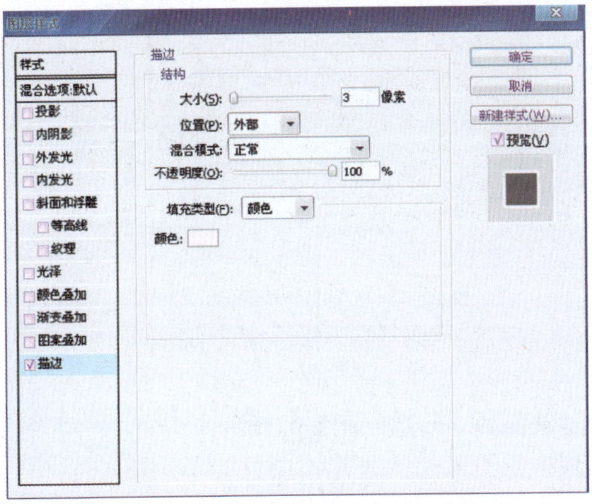

图 2—126　“图层样式”对话框

图 2—127　描边图像

（4）执行菜单命令“滤镜→风格化→扩散”，弹出“栅格化”提示框，单击“确定”按钮，打开“扩散”对话框，在对话框中进行设置，对话框和其图像效果如图 2—128 所示。

（5）执行菜单命令“编辑→变换→旋转 90°（顺时针）”，将文字顺时针旋转 90°。

（6）执行菜单命令“滤镜→风格化→风”，在打开的如图 2—129 所示的“风”对话框中进行设置。

（7）执行菜单命令“编辑→变换→旋转 90°（逆时针）”，将文字逆时针旋转 90°。旋转完毕后的图像效果如图 2—130 所示。

（8）单击图层窗口下的“添加图层样式” fx 按钮，从弹出的快捷菜单中选择“斜面和浮雕”菜单项，在打开的“图层样式”对话框中设置参数，如图 2—131 所示。图像效果如图 2—123 所示。

图 2—128　扩散图像

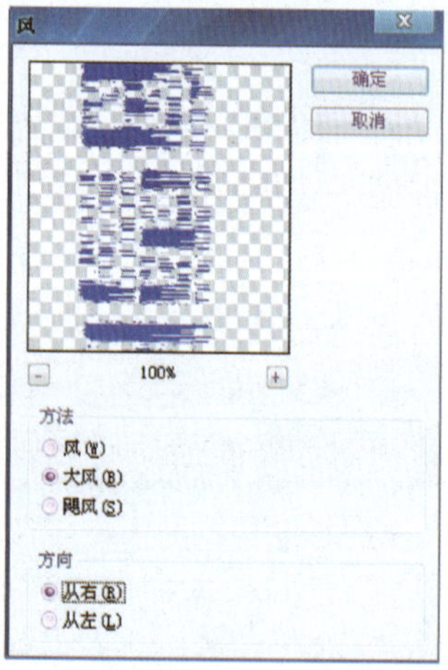

图 2—129　“风”对话框

图 2—130　图像

实训 3　包装设计

制作一个透明肥皂包装封面。包装的主基调为橙黄色，与透明肥皂的颜色相匹配，同时采用斜向的文字排列方式，使画面充满活跃感。最后效果如图 2—132 所示。项目参考操作步骤如下：

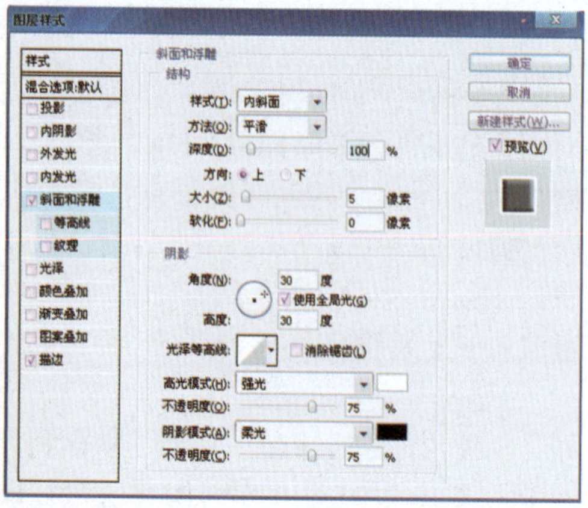

图 2—131　“图层样式”对话框

图 2—132　透明肥皂包装效果

（1）按〈Ctrl＋N〉组合键，在打开的“新建”对话框中设置参数，如图 2—133 所示。单击“确定”按钮，创建一个新文件。

（2）选择工具箱中的渐变工具，在工具选项栏中单击按钮，打开“渐变编辑器”对话框，分别设置两个色标的颜色，左色标为＃FFD900，右色标为＃F8B500，如图 2—134 所示。

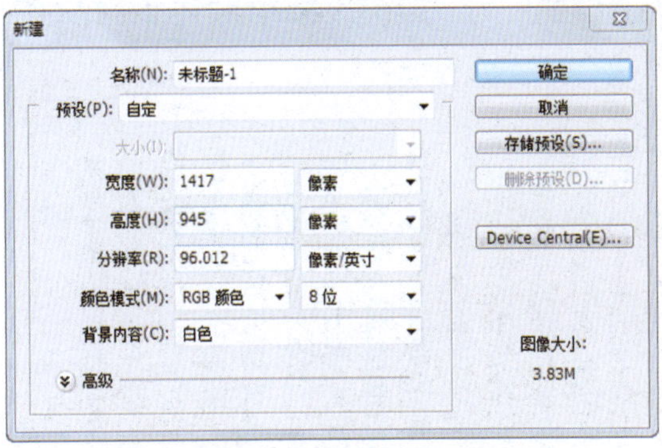

图 2—133　“新建”对话框

图 2—134　“渐变编辑器”对话框

（3）单击“确定”按钮确认操作，然后在图像窗口中由左至右拖曳鼠标，将图像的背景填充为渐变色，效果如图 2—135 所示。

（4）在图层窗口中创建一个新图层“图层 1”。

（5）选择工具箱中的矩形选框工具，在图像窗口的左侧拖曳鼠标，创建一个竖直的矩形选区。

（6）设置前景色为绿色＃008641，按〈Alt＋Delete〉组合键，将选区填充为前景色，效果如图 2—136 所示。

图 2—135　填充效果

图 2—136　填充选区效果

（7）按〈Ctrl＋Alt＋T〉组合键，原地复制选区中的内容并添加变形框，然后使用方向键向右移动选区，再按〈Enter〉键确认操作，效果如图 2—137 所示。

（8）按住〈Ctrl＋Alt＋Shift〉组合键连续多次按〈T〉键，则得到一组矩形条，效果如图 2—138 所示。

图 2—137　复制矩形选区效果

图 2—138　复制一组矩形条

(9) 在图层窗口中设置“图层 1”的“混合模式”为“颜色加深”，如图 2—139 所示，则图像效果如图 2—140 所示。

图 2—139　混合模式

图 2—140　设置混合模式后的效果

(10) 在图层面板中创建一个新图层“图层 2”。

(11) 使用矩形选框工具再创建一个水平的矩形选区，如图 2—141 所示。

(12) 执行菜单命令“选择→变换选区”，为选区添加变形框架，将选区逆时针旋转一定的角度并确认操作，得到倾斜的选区效果，如图 2—142 所示。

图 2—141　创建的选区

图 2—142　选区效果

(13) 按〈Ctrl+Alt+D〉组合键，在打开的“羽化选区”对话框中设置“羽化半径”为 25 像素，单击“确定”按钮，对选区进行羽化处理。

(14) 设置前景色为白色，按〈Alt+Delete〉组合键对选区填充前景色，然后按〈Ctrl+D〉组合键取消选区，则图像效果如图 2—143 所示。

(15) 设置前景色为深蓝色＃001A60。选择工具箱中的横排文字工具T，在图像窗口中单击鼠标，输入文字“新浪洁”，并设置合适的字体和大小，如图 2—144 所示。

图 2—143　填充选区效果

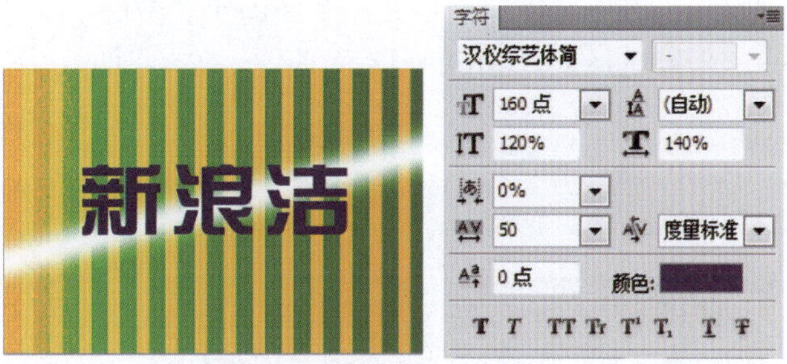

图 2—144　输入的文字

(16) 执行菜单命令“编辑→变换→斜切”，为文字添加变形框，按住〈Alt〉键向上推动右侧中间的控制点，将文字斜切，然后按〈Enter〉键确认操作，则文字效果如图 2—145 所示。

(17) 在图层窗口中单击“添加图层样式”fx 按钮，在弹出的快捷菜单中选择“描边”菜单项，打开“图层样式”对话框，设置各项参数，如图 2—146 所示。

图 2—145　文字斜切效果

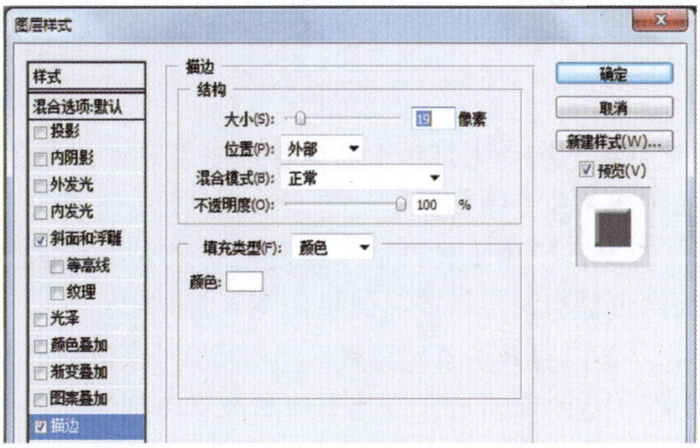

图 2—146　“图层样式”对话框

(18) 在对话框的左侧选择“斜面和浮雕”选项，设置对应的各项参数，如图 2—147 所示。单击“确定”按钮，则文字效果如图 2—148 所示。

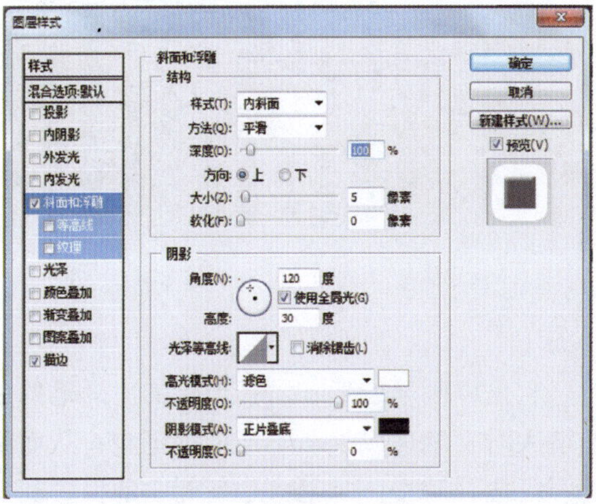

图 2—147　“图层样式”对话框

图 2—148　文字效果

（19）在图层窗口中创建一个新图层“图层 3”。

（20）使用矩形选框工具，在图像窗口的上方创建一个矩形选区，并填充前景色（深蓝色）。

（21）在图层窗口中创建一个新图层“图层 4”。

（22）选择工具箱中的钢笔工具，在文字的下方绘制一个封闭的路径，如图 2—149 所示。

（23）按〈Ctrl＋Enter〉组合键，将路径转换为选区。

（24）设置前景色为红色＃e60012，按〈Alt＋Delete〉组合键，将选区填充为前景色，结果如图 2—150 所示。

图 2—149　绘制的路径

图 2—150　填充选区

（25）选择工具箱中的横排文字工具，在红色图形上输入白色的文字，将文字倾斜一定的角度，并参照前面学过的方法为其添加“投影”图层样式。

（26）使用工具再输入深蓝色的文字“关爱家人健康”，将文字适当地倾斜之后，为其添加白色描边图层样式，效果如图 2—152 所示。

（27）打开本书配套素材“项目 2＼综合实训＼包装设计＼素材”文件夹中的“sc-1. psd”文件，使用移动工具将其中的图像拖曳到当前文件中，最终效果如图 2—152 所示。

图 2—151　文字投影效果

图 2—152　文字效果

实训 4　邮票设计

选择橡皮擦工具以后，在图像上拖曳鼠标时，它是以画笔的形式进行擦除的。画笔的大小与间距的设置直接影响擦除效果。当间距不断增大时，就可以显示不连续的笔触，从而形成虚线效果，这样删除多余的部分，得到邮票的锯齿边缘效果。画笔大小与间距的设置需要在“画笔”面板中完成。最后效果如图 2—153 所示。项目参考操作步骤如下：

（1）打开本书配套素材“项目 2 \ 综合实训 \ 素材”文件夹中的“sc-2.jpg”文件，如图 2—154 所示。

（2）在图层窗口中双击“背景”图层，在打开的“新建图层”对话框中单击“确定”按钮，将背景图层转换为普通图层“图层 0”。

图 2—153　邮票效果

图 2—154　打开的文件

（3）选择工具箱中的橡皮擦工具，单击工具选项栏右侧的按钮，打开画笔窗口，选择“画笔笔尖形状”选项，并设置各项参数，如图 2—155 所示，通过预览窗口可以观察到笔触的效果。

（4）按住〈Shift〉键在图片的上方拖曳鼠标，这时将以虚线的形式擦除图像，效果如图 2—156 所示。

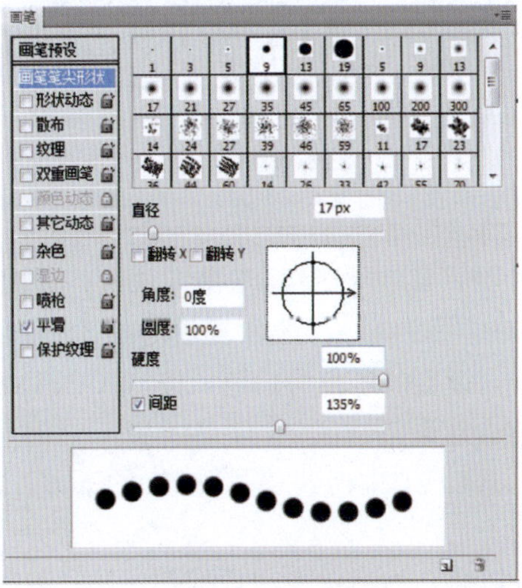

图 2—155　画笔窗口

图 2—156　擦除图像效果

（5）按住〈Shift〉键在图片的右侧垂直拖曳鼠标，继续对图像进行擦除，注意转折点处的笔触一定要重合，效果如图 2—157 所示。

（6）用同样的方法，在图片的下方和右侧拖曳鼠标，继续对图像进行擦除，结果如图 2—158所示。

（7）选择工具箱中的矩形选框工具，在图像窗口中拖曳鼠标，创建一个矩形选区，大小及位置如图 2—159 所示。

(8) 按〈Ctrl+Shift+I〉组合键反选选区，然后按〈Delete〉键删除选区中的图像，图像效果如图 2—160 所示。

图 2—157 擦除右侧图像效果

图 2—158 继续擦除图像

图 2—159 创建的选区

图 2—160 删除选区图像效果

(9) 在图层窗口中创建一个新图层“图层 1”，将该层排列到“图层 0”的下方。

(10) 按住〈Ctrl〉键在图层窗口中单击“图层 0”，基于“图层 0”载入选区，如图 2—161 所示。

(11) 在图层窗口中选择“图层 1”为当前图层，设置前景色为白色，按〈Alt+Delete〉组合键，将选区填充为白色，然后按〈Ctrl+D〉组合键取消选区。

(12) 在图层面板中创建一个新图层“图层 2”，将该层排列到“图层 1”的下方，并将其填充为白色。

(13) 在图层窗口中重新选择“图层 1”为当前图层，然后单击“添加图层样式”按钮，在弹出的快捷菜单中选择“投影”菜单项，在打开的“图层样式”对话框中设置各项参数，如图 2—162 所示。

(14) 单击“确定”按钮，则图像效果如图 2—163 所示。

(15) 在图层窗口中选择“图层 0”为当前图层，使用矩形选框工具，创建一个矩形选区，大小与位置如图 2—164 所示。

(16) 在图层窗口中单击“添加图层蒙板”按钮，为当前图层添加图层蒙板，图层窗口如图 2—165 所示，图像效果如图 2—166 所示。

（17）选择工具箱中的横排文字工具，在图像上输入邮票的文字信息，最终效果如图 2—153 所示。

图 2—161　创建选区

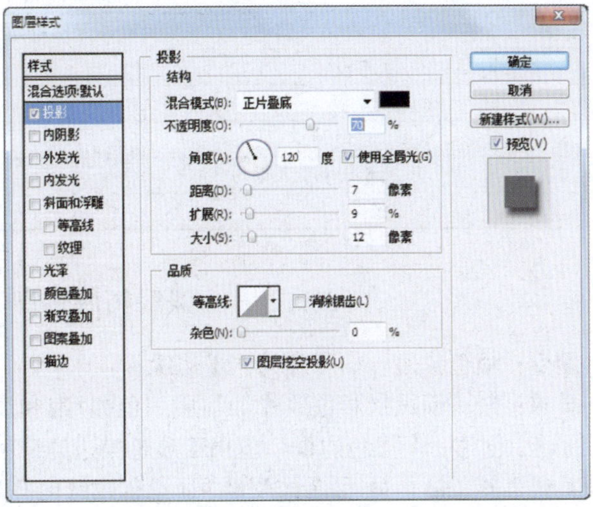

图 2—162　“图层样式”对话框

图 2—163　图像投影效果

图 2—164　创建选区

图 2—165　图层窗口

图 2—166　添加图层蒙板

项目小结 2

体会与评价：完成这个项目后得到什么结论？有什么体会？完成项目评价表，如

表 2—1所示。

表 2—1　综合实训项目

项目	内　容	评价标准	得分	结论	体会
1	标志设计	3			
2	冰雪字	2			
3	包装设计	3			
4	邮票设计	2			
	总评				

课后拓展实训 2

题目：喷色描边——照片的艺术边缘

要求：选一幅风景彩色照片，利用“色相/饱和度”滤镜，得到单色图像效果；在 Alpha 通道中创建一个黑色边框，应用于喷色描边滤镜使艺术边缘简略分散，再应用高斯模糊滤镜并调整其色阶，最后基于 Alpha 通道创建选区并删除被选择的图像。

习题 2

一、选择题

1. 下列哪些是 Photoshop 的主要功能？（　　）

A. 图像扫描　　　　B. 图像合成

C. 图像特殊效果处理　　　　D. 动画编辑

2. 在 Photoshop 中，对图层的描述正确的是（　　）。

A. 背景始终在图层面板中所有图层的最下面

B. 背景层可转化为普通图层

C. 背景层肯定是不透明的

D. 普通层是透明的

3. 对 Photoshop 中裁切工具描述正确的是（　　）。

A. 裁切工具可保留裁切框以内的区域，剪掉裁切框以外的区域

B. 裁切框可随意旋转

C. 要取消裁切操作可按〈Esc〉键

D. 裁切后的图像大小改变了、分辨率也随之改变

4. 在 Photoshop 中对选区的羽化描述正确的是（　　）。

A. 使选取范围扩大　　　　B. 使选取范围缩小

C. 使选取边缘柔软　　　　D. 使选取边缘锐化

5. 下面对 Photoshop 蒙板描述正确的是（　　）。

A. 使用 Alpha 通道来存储和载入作为蒙板的选择范围

B. 使用快速蒙板模式可以建立蒙板通道，返回正常模式后在通道中仍然保留

C. 可在“图层”控制面板中直接建立蒙板

D. 在“图层”控制面板中可对所有图层建立蒙板

6. 在 Photoshop 中，若要选择图像的某一区域，下列哪些工具可以使用？（　　）

A. 规则选区工具　B. 魔术棒工具　C. 套索工具　D. 路径工具

7. 在 Photoshop 中，下列哪些操作可以实现图层的复制？(　　)

A. 将所需复制的图层拖曳到“图层”控制面板下方的“ ”图标中

B. 用鼠标单击所需复制的图层，执行“图层”控制面板菜单中的“复制图层”命令

C. 在工具箱中选择移动工具，单击所需要复制的图像并按住鼠标左键不放，将其拖曳到另一幅图像中

D. 将所需复制的图层拖曳到图层最后就可生成新的备份

8. 在 Photoshop 中，哪些内容不随文件而存储？(　　)

A. 通道　B. 历史记录　C. 图层　D. ICC 色彩描述文件

9. 扫描仪可在下列哪些应用中使用？(　　)

A. 拍摄数字照片　B. 图像输入

C. 光学字符识别　D. 图像处理

10. 下列关于数码照相机的叙述哪些是正确的？(　　)

A. 数码相机的关键部件是 CCD　B. 数码相机有内部存储介质

C. 数码相机输出的是数字或模拟数据　D. 数码相机拍照的图像可传送到计算机中

二、简答题

1. 什么是图像？图像信息有哪些优点？

2. 常见的图像文件格式有哪些？

3. 什么是颜色的三要素？

项目3　数字视频的处理

技能目标及知识目标

能应用 Premiere 进行素材采集、制作卡拉 OK，应用 EDIUS 制作记录片。
了解数字视频在计算机中的实现，了解编码技术及图像的常用格式。
了解数码摄像机，掌握素材的拍摄。
掌握视频格式的转换。
掌握小灰熊卡拉 OK 字幕软件的使用。
掌握 Premiere 的使用。
掌握 Edius 视频编辑技术。

课前导读

由于非线性编辑具有神话般的魔力，观众常常从这些效果中感觉到电视视觉冲击力，它让人们相信自己在电视上看到的和听到的都是真实的，许多不可思议的事在屏幕上都成了现实。我们把卡拉 OK 及电视记录片当做一个任务。

要制作一个电视片，首先应写出电视策划稿，进行素材的拍摄，然后进行视频编辑、添加字幕、配音、片头片尾制作及添加特效。我们可以将数字视频处理分成几个任务来处理，第一个任务是数字视频在计算机中的实现，第二个任务是使用 Premiere 处理视频素材，第三个任务是使用 Edius 编辑视频，第四个任务是完成 2 个项目实训。

任务 3.1　数字视频在计算机中的实现

问题的情景及实现

无论是 PAL 制还是 NTSC 制视频信号，通常它们都是模拟信号，各自用不同的电压值表示不同的信息。而计算机以数字方式处理信息，只认 0 和 1。若要让这两者能够互相沟通，就必须实现模/数转换。

3.1.1　压缩编码

模拟视频信号数字化后，数据量是相当大的。以 PALITUR601 标准来说，每一帧按 720×576 的图像尺寸进行采样，以 4∶2∶2 的采样格式、8 比特量化来计算，每秒图像的数据量约为 21.1MB。这么大的数据量，使得传输、存储和处理都很困难，以计算机所使用的硬盘为例，1GB 硬盘存储不到 50 秒的视频图像，这需要多少 GB 的硬盘来存储视频数据呢？更为重要的是，目前可用的快速硬盘的速度，离 21.1MB/s 还有一段距离，显然，解决这一问题的出路只有采用压缩编码技术。

数字视频压缩就是在均衡压缩比与品质损耗的情况下，按照相应的算法，对图像数据进行运算，处理其中的冗余部分和人眼不敏感的图像数据。对于 ARJ、ZIP、LAH 等压缩软件，可能大家已不陌生，但在 JPEG 标准出现之前，传统的各种压缩算法在处理视频图像方面都没有取得有意义的成功。

数字视频信号之所以能够被压缩，是因为在数字视频中存在着大量的冗余信息。这些冗余信息有以下 3 种类型：

- 空间冗余度：这是由相邻像素之间的相关性造成的。
- 频谱冗余度：这是由不同的彩色平面之间的相关性造成的。
- 时间冗余度：这是由数字视频中不同帧之间的相关性造成的。

另外，压缩编码还有一个重要的依据：显示数字视频时，为收看者显示他们的眼睛所无法辨别的多余信息是没有必要的。实际上，这一依据在模拟视频中已得到了充分应用，如将亮度与色度分别进行处理，并压缩色度的频带宽度。

3.1.2　图像压缩的方法

图像压缩有许多方法，这些方法基本上可分为两类，即无损压缩和有损压缩。在无损压缩中，当数据被压缩之后再进行解压，因为不丢失任何信息，所以得到的重现图像与原始图像完全相同。但是对于数字视频来说，无损压缩的压缩比通常很小，并不适用。而在有损压缩中，解压后得到的重现图像相对于原始图像质量降低了，产生了误差，但这种误差可以是很细微的，人的眼睛分辨不出来，同时它可提供更高的压缩比。因此，有损压缩在视频处理中得到了广泛应用。

目前，常用的压缩编码技术是国际标准化组织推荐的 JPEG 和 MPEG 压缩。

- JPEG 压缩：JPEG 是 Joint Photo graphic Experts Group（联合图像专家组）的缩写，是用于静态图像压缩的标准。JPEG 可按大约 20∶1 的比率压缩图像，而不会导致（引起人们注意的）质量损失，用它重建后的图像能够较好地、较简洁地表现原始图像，对人眼来说它们几乎没有多大区别，是目前首推的静态图像压缩方法。JPEG 还有一个优点是，压缩和解压是对称的。这意味着压缩和解压缩可以使用相同的硬件或软件，而且压缩和解压缩同时大致相同。而其他大多数视频压缩方案做不到这一点，因为它们是不对称的。
- M-JPEG 压缩：M-JPEG（Motion-JPEG）针对的是活动的视频图像，用 JPEG 算法，通过实时帧内编码过程单独地压缩每一帧，其压缩比不大，在后期编辑过程中可以随机存取压缩视频的任意帧，而与其他帧不相关。这对精确到帧的编辑是比较理想的。现在，用于电视非线性编辑处理的视频卡，采用的基本都是 M-JPEG 压缩方式。
- MPEG1 压缩：MPEG 是 Motion Picture Experts Group（运动图像专家组）的缩写，

是专门用来处理运动图像的标准。目前，MPEG1 在计算机和民用电视领域获得广泛使用。MPEG1 压缩算法的核心是处理帧间冗余，以大幅度地压缩数据，它依赖于两项基本技术：一是基于 16×16 块的运动补偿技术；二是 JPEG 帧内压缩技术。

● MPEG2 压缩：MPEG2 是使图像能恢复到广播级质量的编码方法，它的典型产品是高清晰视频光盘 DVD、高清晰数字电视 HDTV 等，目前发展十分迅速，成为这一领域的主流趋势。

MPEG1、MPEG2 都是不对称算法，其压缩算法的计算量要比解压缩算法大得多，目前压缩/解压缩使用软、硬件均可。由于 MPEG 压缩所形成的视频文件不具备帧的定位功能，因此无法对它进行二次编辑，在实际视频制作过程中，往往是利用非线性编辑系统，采用通用的文件格式（如 AVI）对节目进行编辑，最后才将影片压缩成 MPEG 文件，且从 AVI 到 MPEG 的过程是不可逆的（图像质量）。

3.1.3 常见数字视频格式及应用

1. VCD 格式

VCD 光盘格式 CD-V 光盘标准 1992 年发布，俗称白皮书，是定义存储 MPEG 数字视频、音频数据的光盘标准，是 VCD 1.0、VCD 1.1、VCD 2.0、VCD 3.0 标准的基础。VCD 1.0 是 1993 年由 JVC、Philips、Matsushita 和 Sony 等几家外国公司共同制定的光盘标准，1994 年升级为 VCD 2.0，随后又推出了 VCD 3.0。VCD 标准是针对 VCD 的数字视频、音频及其他一些特性等制定的规范。不过，无论 VCD 1.0、VCD 1.1、VCD 2.0 还是 VCD 3.0 标准，它们均采用 MPEG1 压缩标准，区别主要在于 VCD 其他特性的不同。

按照 VCD 2.0 规范的规定，VCD 应具有以下特性：

● 一片 VCD 盘可以存放 70 分钟的电影节目，图像质量为 MPEG1 质量，符合 VHS（Video Home System）质量，NTSC 制式为 352×240×30，PAL 制式为 352×288×25。数字音频质量为 CD-DA 质量标准。DAT 是 Video CD 数据文件的扩展名。

● VCD 节目可在安装有 CD-ROM 的 MPC 上播放。

● 应具备正常播放、快进、慢放、暂停等功能。

● 可显示按 MPEG 格式编码的两种分辨率的静态图像。其一为正常分辨率图像，NTSC 制式为 352×240，PAL 制式为 352×288。

2. DVD 格式

DVD 是英文 Digital Video Disk 的缩写，中文翻译“数字视盘”，它采用 MPEG-Ⅱ压缩标准，若 DVD 盘片采用双面工艺，12cm 光盘上可存储 8.4GB 的数字信息，可存放 270～284 分钟更高图像质量的电影节目。它已成为代替 VCD 的下一代产品。

从用户的角度，简单地说，DVD 与 VCD 主要有以下几点不同：

● DVD 采用 MPEG2 压缩标准，数字视频具有高达 500 线的图像解析度，能有效地解决目前视频图像空间上的非对称性；而普通的 VCD 节目采用 MPEG1 压缩标准，只有 240 线。

● DVD 采用 DolbyAC-3 环绕立体声，而 VCD 采用普通的双声道立体声输出。

● 单面单层 DVD 盘片数据存储量可达 4.7GB，往后最多可制作双面双层，总共数据存储量可达 17GB；而 VCD 盘片的数据存储量仅为 650MB。

- 出于保护知识产权的需要，DVD有防复制区位编码保护，而VCD没有。
- 图像高分辨率，NTSC制式为720×480，PAL制式为720×576。

3. AVI格式

AVI是Audio Video Interleave的英文缩写，中文翻译“音频视频交替存放”，是目前计算机中较为流行的视频文件格式。多用于音视频捕捉、编辑、回放等应用程序中，AVI格式是微软公司的窗口电视（Video for Windows）软件产品中的一种技术，其优点是兼容性好，调用方便，图像质量好，但存储空间大，伴随着Video for Windows软件的进一步应用，AVI格式越来越受欢迎，得到了各种多媒体创作工具、各种编程环境的广泛支持。

4. MOV格式

MOV是Macintosh计算机用的影视文件格式。与AVI文件格式相同，也采用了INTEL公司的Indeo视频有损压缩技术，以及视频与音频信息混排技术。

5. RM格式

RM格式是Real Networks公司开发的一种流媒体视频文件格式，它主要包含RealAudio、Real Video和Real Flash三部分。Real Media可以根据网络数据传输的不同速率制定不同的压缩比率，从而实现低速率的在Internet上进行视频文件的实时传送和播放。

6. WMV格式

WMV是微软公司推出的一种流媒体格式，它是由“同门”的ASF（Advanced Streaming Format）格式升级延伸而得到的。在同等视频质量下，WMV格式的体积非常小，因此很适合在网上播放和传输。

3.1.4 1394卡

1394卡的全称是IEEE1394 Interface Card。这一接口技术是由计算机厂商苹果公司率先创立的，苹果公司称之为Firewire，所以很多人也习惯叫1394卡为火线卡，其初衷是把它作为一种高速数据传输界面。1995年，电机电子工程师协会（IEEE）把它作为正式新标准，编号1394，这就是IEEE1394这个名字的由来。不同的公司对1394接口技术也有不同的叫法，源于各自厂商注册的商标名称不同而已，如Sony称之为i. Link，Texas Instruments称之为Lynx等，实际上都是一种东西。

IEEE1394是一种外部串行总线标准，它可以达到400MB/s的数据传输速率，十分适合视频影像的传输。作为一种数据传输的开放式技术标准，IEEE1394被应用在众多的领域，包括数码摄像机、高速外接硬盘、打印机和扫描仪等多种设备。标准的1394接口可以同时传送数字视频信号以及数字音频信号，相对于模拟视频接口，1394技术在采集和回录过程中没有任何信号的损失，正是由于这个优势，1394卡更多的是被人们当做视频卡来使用的，其他功能反而被忽视了。最初的1394卡动辄就要数千元，近年来，随着生产成本的下降，最便宜的卡只要几十元，1394卡正迅速普及到更多的普通家庭。

目前市场上的1394卡基本上可以分成两类：带有硬压缩编码功能的1394卡和用软件实现压缩编码的1394卡。前一种的价格较贵，而后一种的价格很便宜，只要100元左右。

第一种是带有硬编码功能的1394卡，它不仅能将电视机或者录像机的视频信号传输到计算机中，还具备了硬件压缩功能，可以将视频数据实时压缩成MPEG-1/2格式的视频数

据流并保存为 .MPEG 文件或者 .DAT 文件，从而可以方便地制作视频光盘。

第二种是用软件实现压缩编码的 1394 卡，它的功能是将视频信号输入计算机中，成为计算机可以识别的数字信号，然后利用软件进行视频编辑。同时也具备软件压缩功能，将视频数据实时压缩成 MPEG-1/2 格式的视频数据流并保存为 .MPEG 文件，只是软件压缩后的图像质量较硬件压缩稍差一点而已。

一般家庭使用软件实现压缩编码的 1394 卡就可以了，基本过程：通过 1394 卡把摄像带的内容传输到计算机硬盘，生成为 .AVI 文件，使用软件进行后期编辑制作，把编辑好的素材生成为 MPEG1 或 MPEG2 文件，刻为 VCD 或 DVD 永久保存。

3.1.5 USB 接口

USB（Universal Serial Bus，通用串行总线）不是一种新的总线标准，而是应用在计算机领域的接口技术。USB 是于 1994 年底由 Compaq、Digital、IBM、Intel、Microsoft、NEC 等多家公司联合提出的接口标准，现在的最新标准为 3.0 版本，成为目前计算机中的标准扩展接口。

目前主板中主要采用 USB 1.1、USB 2.0 和 USB 3.0，USB 各版本间能很好地兼容。USB 1.1 标准规定的最大传输速率是 12Mbit/s（12×1024÷8＝1536KB/s），而且可以连接多个设备。USB 2.0 标准规定的最大传输速率是 480Mbit/s，是 USB1.1 接口的 40 倍。USB 2.0 标准兼容 USB 1.1 标准。受各种因素影响，实际上 USB 2.0 接口的传输速率是 USB 1.1 接口的 9～16 倍，USB 3.0 最大传输速率为 5Gbit/s，向下兼容 USB 1.1/2.0。

USB 用一个 4 针插头作为标准插头，采用菊花链形式可以把所有的外设连接起来，最多可以连接 127 个外部设备，并且不会损失带宽。USB 需要主机硬件、操作系统和外设三个方面的支持才能工作。目前主板的芯片组都支持 USB，主板上都安装有 USB 接口插座。USB 接口还可以通过专门的 USB 连机线实现双机互连，并可以通过 Hub 扩展出更多的接口。USB 具有传输速率快，使用方便，支持热插拔，连接灵活，不需要外接电源等优点，可以连接鼠标、键盘、打印机、扫描仪、摄像头、闪存盘、MP3 机、手机、数码相机、移动硬盘、外置光软驱、USB 网卡、ADSL Modem 等几乎所有的外部设备。

USB 接口外观上计算机一侧为 4 针插孔，设备一侧为 4 针插头。USB 接口有 3 种类型。

A 型：一般用于计算机。

B 型：一般用于 USB 设备。

Micro-USB：一般用于数码相机、数码摄像机、测量仪器以及移动硬盘等。

USB 电缆有 4 条线，两条信号线，两条电源线，可提供 5V 电源。允许的电压范围是 4.75～5.25V，可提供的最大电流为 500mA，线缆最大长度为 5m。如图 3—1 所示，USB 接口的引脚定义为：1：＋5VDC（电源正极），2：Data－（负电压数据线），3：Data＋（正电压数据线），4：GND（接地）。线缆的颜色分别为：红、白、绿、黑。

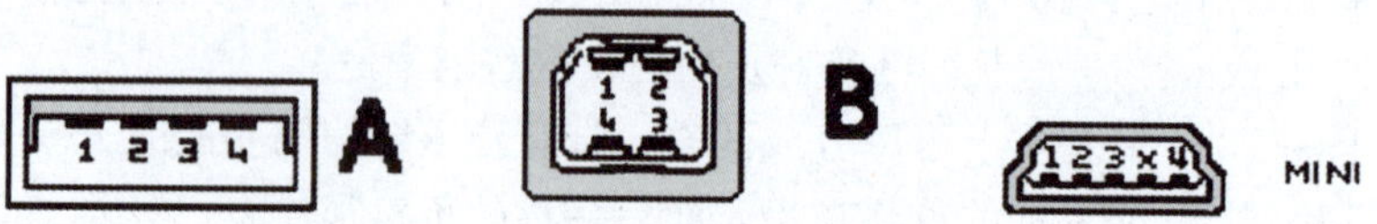

图 3—1　3 种 USB 类型（插头）

任务 3.2　用 Premiere 处理视频素材

问题的情景及实现

Adobe Premiere 是一款非线性编辑软件，编辑对象是数字信息，包括图像、声音与文本，工作平台是计算机和网络，与周边设备沟通的桥梁是信号线、模拟或数字硬件接口。允许创作人员在键盘上定义设立快捷键，创造出得心应手的编辑环境。

3.2.1　片段的剪辑与编辑

通过前面的介绍，我们对 Premiere 已经有了一点了解。下面通过一个实例来介绍使用 Premiere Pro CS3 制作影视节目的基本过程，从而初步展现 Premiere 强大的功能和优良的性能。

1. 准备原始片段和设计脚本

通常，原始片段以文件的形式存在。也许有一些读者想用的素材是以非文件形式存在的，如录像带、CD 音乐、印制品等，这就需要先用视频、音频采集系统将影视、音乐采集下来，保存为 Premiere 可识别的片段文件；印制品则须用扫描仪扫描并保存，或许还要用 Photoshop 等图像处理软件进行修饰加工。

就像盖房子需要建筑图纸一样，进行影视节目制作，需要先有一个脚本。脚本充分体现了编导者的意图，是整个影视作品的总体规划和最终期望目标，也是编辑制作人员的工作指南。准备脚本是一步不可缺少的前期准备工作，其内容主要包括各片段的编辑顺序、持续时间、转换效果、滤镜和运动处理、相互间的叠加处理等。脚本通常可设计成表格的形式。

在完成了上述的准备工作以后，即可开始影视节目的编辑制作。它包括创建新节目、输入原始片段、剪辑片段、加入特技和字幕、为影片配音、影片生成等几个步骤。

2. 项目属性设置

(1) 启动 Premiere，打开“欢迎使用”对话框，如图 3—2 所示。

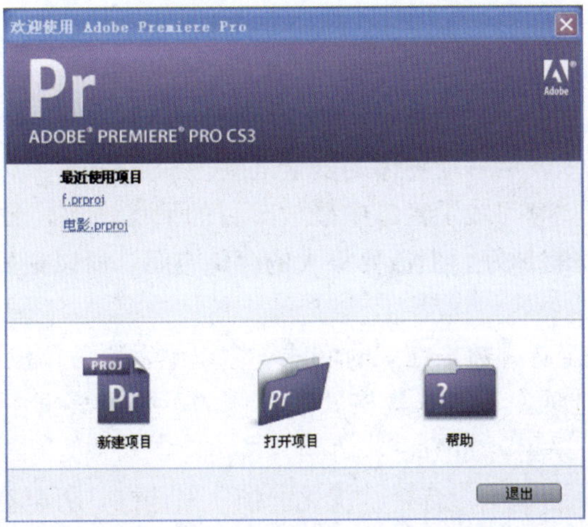

图 3—2　“欢迎使用”对话框

（2）单击“新建项目”选项，打开“新建项目”对话框，默认状态下，显示“加载预置”标签选项，如图 3—3 所示。在“有效预置模式”栏中，可以选择一种合适的预置项目设置。右侧的“描述”栏中会显示预置设置的相关信息，然后在其下方的“位置”和“名称”中设置磁盘存储位置和项目名称。

单击“自定义设置”选项卡，如图 3—4 所示。在“常规”设置中各参数的含义如下：

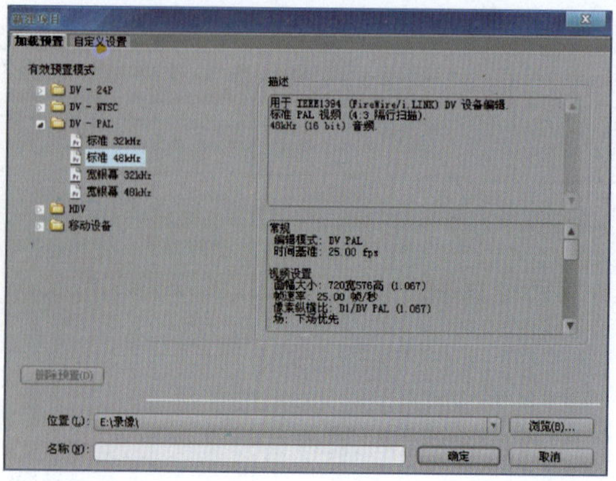

图 3—3　加载预置

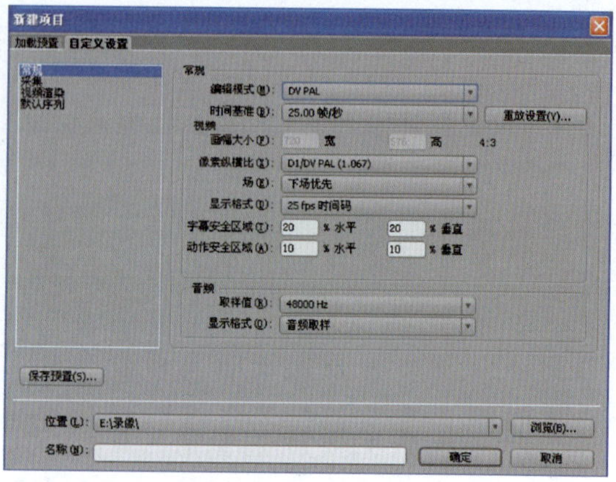

图 3—4　自定义设置

编辑模式：用于选择视频播放和编辑的模式，如桌面编辑模式、DV NTSC、DV PAL、DV 24P、HVD1080i、HDV 1080P 和 HDV 720P。

时间基准：决定多少帧构成一秒，系统依据时基来定位片段。一般来说，电影编辑用 24 帧，PAL 制式的视频编辑用 25 帧，NTSC 制式视频编辑用 29.97 帧。

帧大小：以像素为单位指定从“时间线”窗口播放视频的尺寸，如果系统反应速度比较慢，可以用小一点的帧尺寸。PAL 制式为 720×576。

像素宽高比：可以控制视频输出到监视器时的画面宽高比。输出到电视时一般选择 D1/DV PAL(1.067)，Square Pixel(1.0)。

场设置：下拉菜单有“无场”、“上场优先”和“下场优先”三个选项。“无场”相当于逐行扫描，用于在计算机上预演，在 PAL 或 NTSC 制式的电视机上预演时就要选“上场优先”或“下场优先”。

显示格式：决定项目显示时间的方式，有以下 4 个选项：

-字幕安全区域：用来设定字幕显示的安全范围。

-动作安全区域：用来设定移动物体的安全范围。

-采样值：决定了在“时间线”窗口中播放节目的采样速率，数值越大则系统处理时间越长，播放节目的质量也就越好，但需要很大的存储空间，所以最好以用户所期望的频率来采集音频数据。

-音频显示格式：决定音频数据在“时间线”窗口中以哪种单位显示。

（3）选择“采集”选项。在“采集格式”右侧的下拉列表框中选择用于视频的采集格式，如 DV 采集和 HDV 采集，如图 3—5 所示。

（4）从“视频渲染”选项中，选择“优化静帧”复选框，可以有效利用项目中的静止图片素材，如图 3—6 所示。

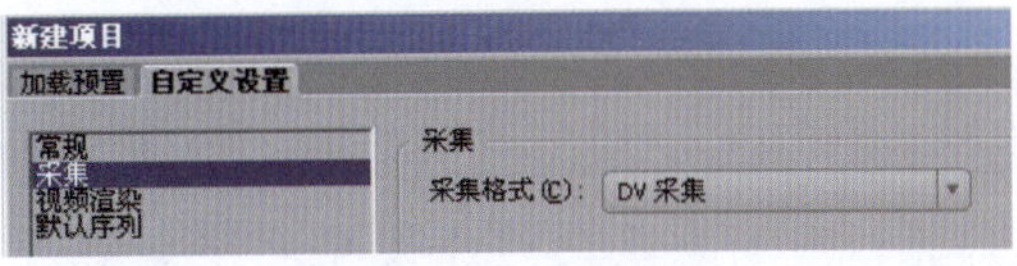

图 3—5　采集

图 3—6　视频渲染

（5）在“默认序列”选项中，可设置视频轨道，如 3 个轨道，还可设置音频轨道，如单声道、立体声和 5.1 声道，如图 3—7 所示。

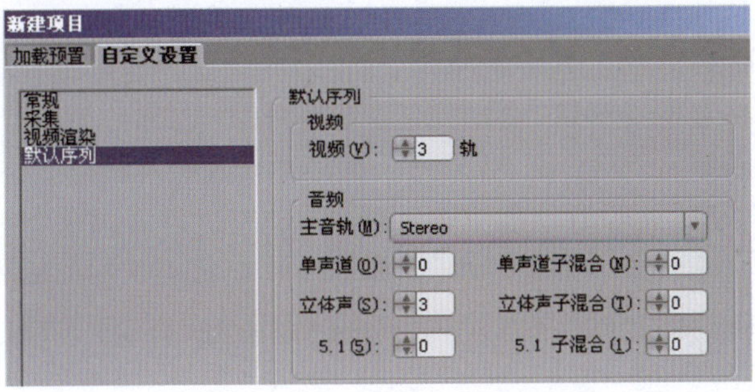

图 3—7　默认序列

（6）在“位置”和“名称”处输入采集文件或编辑文件所在的位置和文件名，如“E:\录像”，名称为“视频 1”，完成以上设置后，单击“确定”按钮完成项目文件的配置，并进入 Premiere 主界面，如图 3—8 所示。Premiere 的主界面主要包括项目窗口、时间线窗口、信息窗口、过渡窗口、预演窗口等。如果要修改项目的设置，可执行菜单命令“项目→项目设置→常规”等，打开“项目设置”窗口，重新设置。

图 3—8　主界面

（7）用户也可以装载系统已有的设置，选择“装载预置”选项卡后，在“可用预置模式”列表中对照描述，选择一个适合的设置，如 DV-PAL/Standard 48kHz，在“位置”和“名称”处输入采集文件或编辑文件所在的位置和文件名，单击“确定”按钮即可。

> **提示：**如果预设置中没有自己想要的设置，系统可对自己的特殊设置进行保存，以后想用的时候，在“欢迎使用”对话框中，直接装入文件名即可，如“视频 1”。

3. 输入原始片段

新建立的节目是没有内容的，因此需要向项目窗口中输入原始片段，如同盖房子需要准备水泥、钢筋等建筑材料一样。具体步骤如下：

（1）用鼠标右键单击项目窗口，从弹出的快捷菜单中选择“导入”菜单命令或执行菜单命令“文件→导入”或按〈Ctrl＋I〉组合键，打开“导入”对话框。

（2）打开视频文件夹，选择其中的“练习素材 . avi”文件，单击“打开”按钮，该文件被输入到项目窗口，而且它的名称、媒体类型、持续时间、画面大小等信息都显示在项目窗口中。

（3）重复上述步骤，将文件序列 01. wav 输入到项目窗口中，如图 3—9 所示。

4. 命名片段

将文件输入到项目窗口以后，Premiere 自动按照输入文件名为建立的片段命名。但有时为了使用方便，需要给它们另起个名字。特别是对于“练习素材 . avi”，起一个有意义的名字就更重要了。为“练习素材 . avi”片段更名的步骤如下：

（1）在项目窗口中用鼠标右键单击要更名的片段，从弹出的快捷菜单中选择“重命名”菜单项或单击片段名，片段名变成了一个文本输入框与另一种颜色，如图 3—10 所示。

（2）在文本框中输入“校园风光 . avi”。按〈Enter〉键，完成修改。项目窗口中相应的“练习素材 . avi”被改为“校园风光 . avi”，如图 3—11 所示。

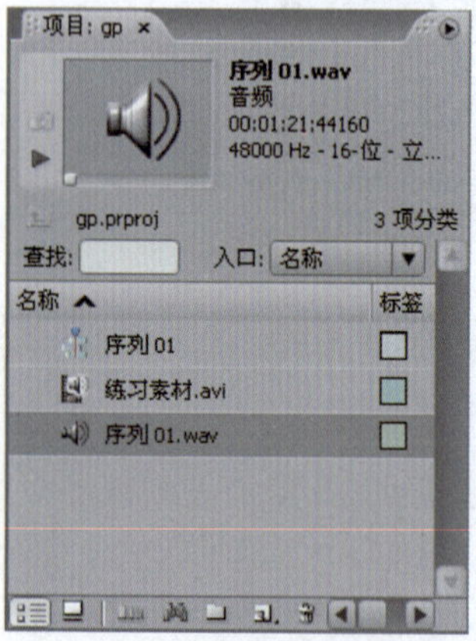

图 3—9　项目窗口

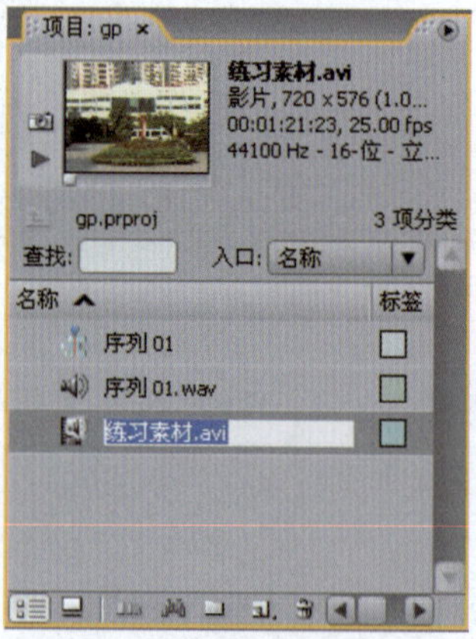

图 3—10　重命名

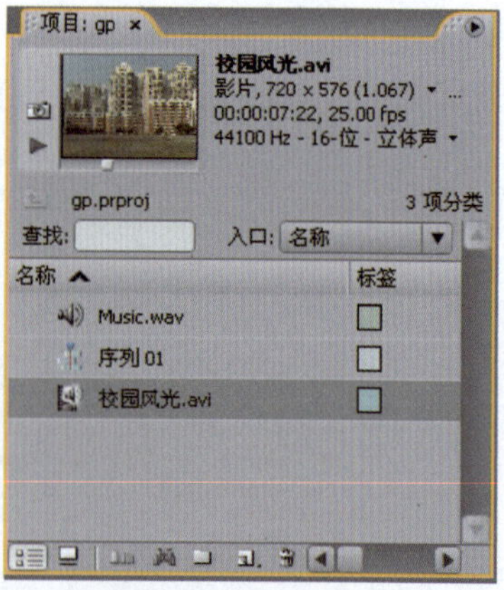

图 3—11　重命名之后

（3）用同样的方法，将另一个“序列 01. wav”片段更名为“Music. wav”。

5. 检查片段内容

片段准备完毕以后，通常要打开并播放它，以便选择其内容。检查片段的方法如下：

方法一： 在项目窗口中，双击片段名，则在素材源监视器窗口中显示“校园风光 . avi”的首帧画面，单击源素材监视器下方的“播放”按钮，播放“校园风光 . avi”的内容，如图 3—12 所示。

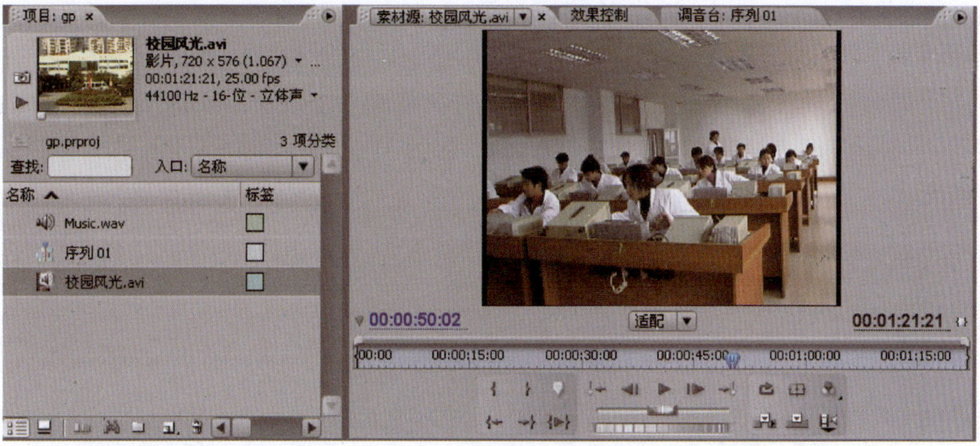

图 3—12　检查片段内容

方法二： 将鼠标光标移入项目窗口，指向“校园风光 . avi”的图标或名称，按下鼠标左键拖动“校园风光 . avi”的图标至素材源监视器窗口中，此时鼠标光标变成小手形状，松开鼠标，素材源监视器窗口中的显示内容被“校园风光 . avi”的首帧画面取代，单击“播放”按钮，播放“校园风光 . avi”。

6. 片段的剪辑

如果只将片段的某部分用于节目，就需要截取部分画面。在实际工作中，这是常常遇到的问题。这个过程称为原始片段的剪辑，它通过设置的入点和出点来实现。改变“校园风光 . avi”的入点和出点的步骤如下：

（1）单击“播放”按钮，播放当前片段，到入点时单击“停止”按钮，或拖动帧滑块，将片段定位到入点。若欲精确定位，可使用“单步后退”或“单步前进”按钮。

（2）单击“设定入点”按钮，则当前帧成为新的入点，“校园风光 . avi”将从帧所在的位置开始引用。滚动条的相应位置上显示入点标志，该帧画面的左上侧同时也显示入点标志。

（3）单击“播放”按钮，播放当前片段，到出点时单击“停止”按钮，或拖动帧滑块，将片段定位到出点。若欲精确定位，可使用“单步后退”或“单步前进”按钮。

（4）单击“设定出点”按钮，则当前位置成为新的出点。“校园风光 . avi”将仅使用到此帧为止。在滚动条的相应位置上显示出点标志，该帧画面的右上侧同时显示标志，如图 3—13 所示。

（5）移动时间线窗口的“当前时间指示器”到要加入片段的位置，单击“覆盖”按钮，或者将鼠标的光标移入素材源监视器窗口，按下鼠标左键拖动所选片段到时间线窗口指定的位置，松开鼠标左键，这样入点和出点之间的画面就加到时间线窗口上。

（6）一个片段可反复使用，重复上述步骤，用户可以按照编导的意图将文件“校园风光 . avi”所需要的部分加到时间线窗口上。经过上述处理的片段，在时间线窗口中，仅使用入点和出点之间的画面，在时间线窗口，还可再做调整。

也可将项目窗口中的片段直接拖到时间线窗口上，然后在时间线窗口再做调整。

7. 片段的基本编辑

在时间线窗口中，按照时间线顺序组织起来的多个片段，就是节目。对节目的编辑操作如下：

展开“视频 1”轨道：单击“视频 1”轨道左侧的三角▶按钮加以展开。然后单击“视频 1”轨道左下方的“设置显示风格”按钮，改变显示风格，这里选择“显示全部帧”方式，如图 3—14 所示。

图 3—13　确定入点与出点

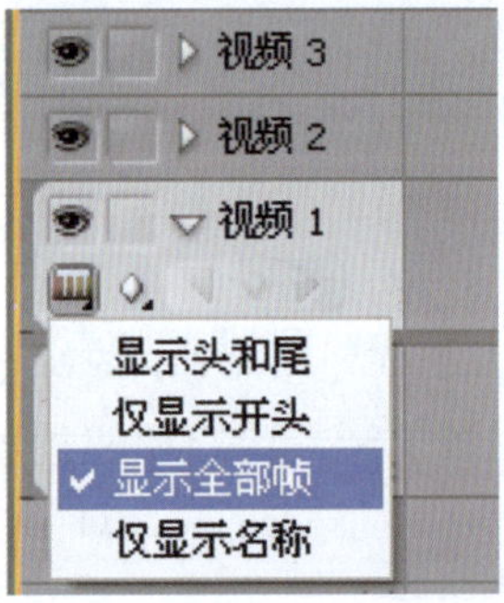

图 3—14　设置显示风格

（1）选择片段：对片段所做的一切编辑操作都是建立在对片段的选择的基础之上的，选择片段的方法如下：

方法一：在工具栏中选择“选择工具”，单击时间线窗口上的某个片段，即可将该片段选中。

方法二：在工具栏中选择“轨道选择工具”，在时间线窗口上单击某一条轨道后，从单击处向右的片段都将被选中。

方法三：使用“选择工具”，在按住〈Shift〉键的同时单击需要选择的片段，可以同时选中各个片段。

方法四：使用“轨道选择工具”，在按住〈Shift〉键的同时单击需要选择的轨道，可以同时选中多个轨道，如图 3—15 所示。

（2）片段的分割：素材被添加到时间线窗口后，有可能需要进行分割操作，如果需要将某个片段进行分割，则使用工具栏中的“剃刀工具”。剃刀工具的具体使用方法：选取工具栏中的“剃刀工具”，将鼠标移动到需要进行分割的片段上，单击鼠标可以将其一分为二，如图 3—16 所示。

（3）片段的删除：用鼠标右键单击需要删除的片段，从弹出的快捷菜单中选择“清除”或“波纹删除”菜单项；或者选择需要删除的片段，按〈Delete〉键，即可将片段删除。

（4）调整片段的持续时间：在工具栏中选择“选择工具”，将鼠标光标移向某一片段

图 3—15　同时选择多个轨道

图 3—16　分割片段

的右边界，鼠标光标变成左右箭头状，左右拖动鼠标左键，片段持续时间随之改变，释放鼠标左键则确认。对于非静止图像而言，时间均不能超过其原文件持续时间。时间线窗口的顶部是时间标尺和工作区域，组接到该窗口的片段，按时间标尺显示相应的长度。拖动工作区域左右侧的箭头，调整工作区域，使其包含所有片段。

8. 增加/删除轨道

（1）添加轨道。执行菜单命令“序列→添加轨道”，或在轨道控制区上单击鼠标右键，从弹出的快捷菜单中选择“添加轨道”菜单项，打开“添加视音轨”对话框，确定增加轨道数，选择轨道放置位置，选择音频轨类型，增加子混音轨道，如图 3—17 所示。需注意的是，音频轨道只能接纳与轨道类型一致的素材。

（2）删除轨道。选择目标轨道，在轨道控制区上单击鼠标右键，从弹出的快捷菜单中选择“删除轨道”菜单项，打开“删除视音轨”对话框，选择删除轨道类型，如选择“删除视频轨”复选框，在其下拉列表中选择“目标轨”，如图 3—18 所示，单击“确定”按钮，完成轨道删除。

9. 改变片段的播放速度

在 Premiere 中可以改变片段的播放速度，也就是说，将改变片段原来的帧速率、片段的持续时间，并会使一些画面被遗漏或重复。具体操作步骤如下：

选择时间线窗口的某一片段，用鼠标右键单击该片段，从弹出的快捷菜单中选择“素材速度/持续时间”菜单项或按〈Ctrl+R〉快捷键，打开“素材速度/持续时间”对话框，在“速度”右侧对应的文本框中输入 50，选择“速度反向”复选框，影片将反向播放；选择“保持音调”复选框，将保持片段的声音播放速度，如图 3—19 所示。单击“确定”按钮，确认退出。此时，片段持续时间自动增加，以适应新的播放速度。

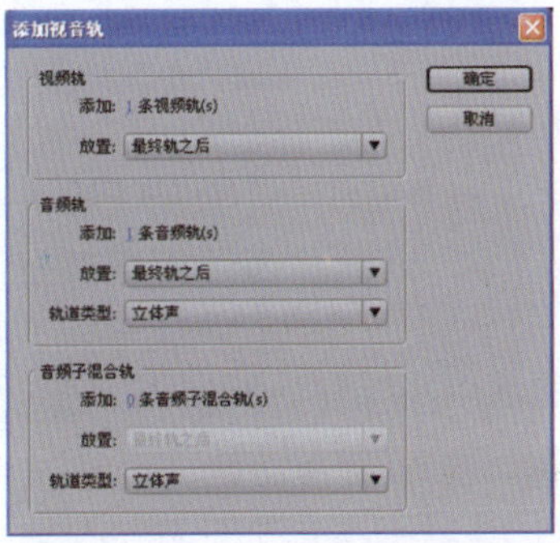

图 3—17　添加视音轨

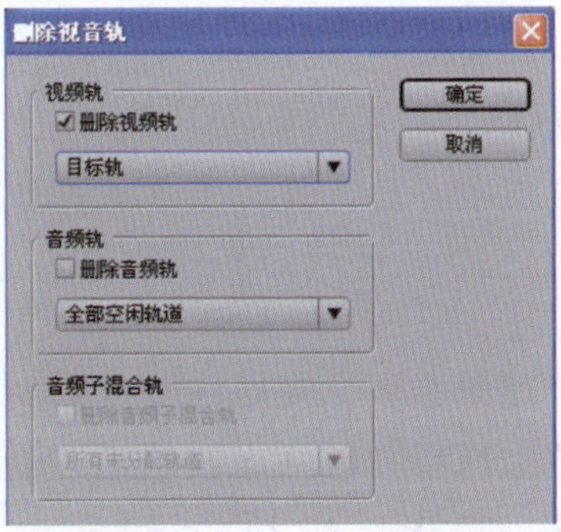

图 3—18　删除视音轨

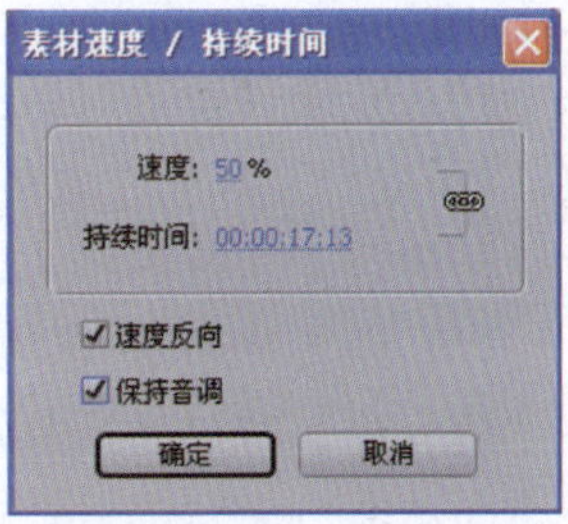

图 3—19　速度/持续时间

在 Premiere 中，还可以设置静态图像导入时的默认长度，具体操作步骤如下：

（1）执行菜单命令“编辑→参数选择→常规”，在打开的“参数”对话框的“静帧图像默认持续时间”文本框中重新输入静态图像的持续时间，如图 3—20 所示。

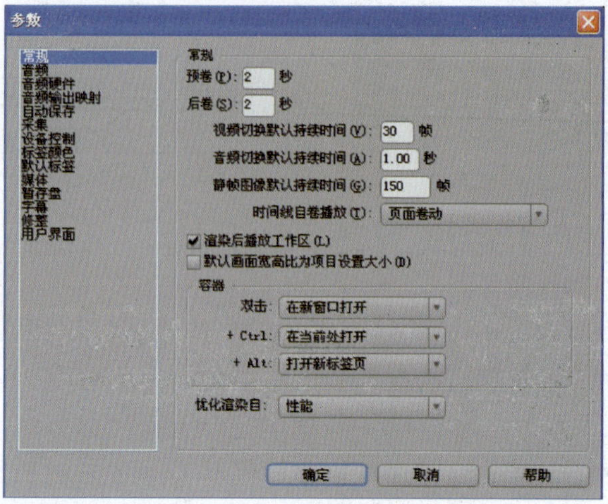

图 3—20 “参数”对话框

（2）单击“确定”按钮，这样以后导入的图像都会使用这个长度。

10. 同步配音

在项目窗口，选择片段 Music. wav，用鼠标将其拖放至时间线窗口中的“音频 1”轨道，使其与视轨的左边界对齐。用“剃刀工具”将其剪断，多余的部分删除，然后调整它的持续时间与已编好的影像节目同宽。

11. 声道分离

在项目窗口中选择一个立体声或 5.1 环绕声素材，执行菜单命令“素材→音频选项→转换为单声道”，可将声道分裂为多个单声道。立体声分为两个、5.1 环绕声分为 6 个，如果源素材音视频一体，则视频单独为一个文件，硬盘中的原始文件保持不变。

12. 单声道素材按立体声素材处理

有时需要将单声道的音频素材作为立体声素材，使其与立体声轨道相吻合，从而对其进行编辑操作。执行菜单命令“素材→音频选项→源声道映射”，在打开的“源声道映射”对话框中选择“立体声”单选按钮，可以将项目窗口中选中的单声道素材片段视为立体声素材，将其添加到立体声轨道进行编辑操作。

13. 轨道录音

在音频硬件设置对话框窗口中，对轨道录音设定基本参数，如 ASIO，设置音频输入连接。“子混合”和“主音轨”总是接收序列内其他轨道的音频信号，因此这两种轨道都是不可以作为录音轨道的。

（1）设置轨道输入。执行菜单命令“窗口→调音台→序列 01”，打开“调音台”窗口，在“调音台”窗口的录制轨道上选择“激活录制轨道”按钮，激活录音功能。在按钮上方的小窗口中指定音频硬件，如图 3—21 所示。

（2）调整音频硬件参数。执行菜单命令“编辑→参数选择→音频硬件”，打开“参数”对话框，具体参数设置如图 3—22 所示。

ASIO 设置：即 Audio Stream Input Output，该设置取决于计算机中音频硬件和驱动程序的设定，与 Premiere 没有直接关系。

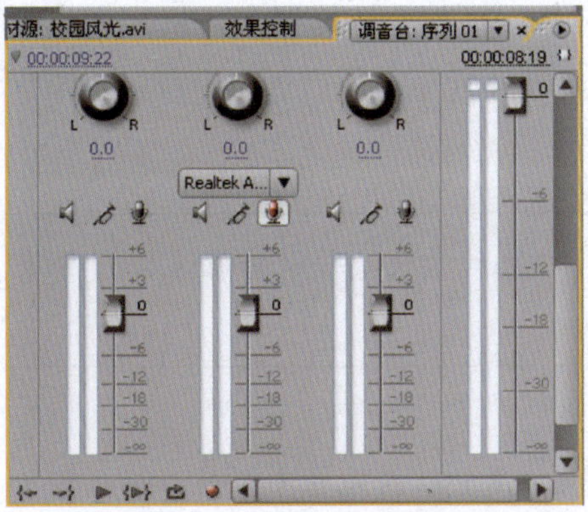

图 3—21 指定音频硬件

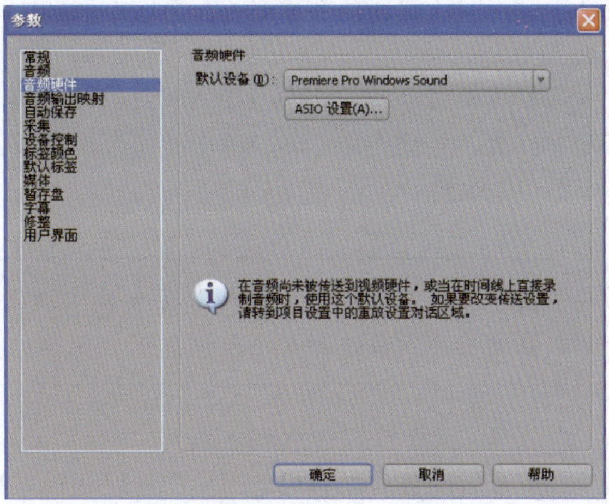

图 3—22 参数设置

(3) 声音的录制。在“调音台”窗口中单击“录音●→播放▶”按钮，则开始录音。录音结束单击“停止”按钮。

14. 链接与解链

在 Premiere 中，可以将一个视频剪辑与音频剪辑连接在一起，这就是所谓的软链接。从摄像机中捕获到的文件，已经连接了视频和音频剪辑，这就是所谓的硬链接。在影像编辑过程中，经常遇到要独立编辑入点和出点，这时断开音频和视频链接是非常有用的。

(1) 解链剪辑。操作步骤如下：

① 在素材源监视器窗口中，将“校园风光 . avi”片段 5 秒长度，拖动到时间线窗口的“视频 1”轨道。

② 单击鼠标右键，从弹出的快捷菜单中选择“解除视音频链接”菜单项，解除链接关系，使一个链接的影片素材变为独立的一个视频素材片段和一个音频素材片段，从而对其进行单独操作。

(2) 链接片段。在时间线窗口中，按住〈Shift〉键，用鼠标分别单击要链接的音频、视频片段，然后单击鼠标右键，从弹出的快捷菜单中选择“链接视音频”菜单项，可以将断开链接的素材片段重新链接起来。

15. 编组与取消编组

仅可以对一个视频素材片段和一个音频素材片段进行链接，无法对同类型的素材片段进行链接。欲将同类型的素材片段作为一个整体，可以使用编组的方法。

(1) 编组。除了链接素材，还可以对多个素材片段进行编组，使其成为一个整体，像操作一个素材片段似地对其进行编辑操作。

执行菜单命令“素材→编组”或快捷键〈Ctrl+G〉，将选中的素材片段结成一组。按住〈Alt〉键，对组中的单个素材片段进行单独操作。

(2) 取消编组。执行菜单命令“素材→取消编组”或快捷键〈Ctrl+Shift+G〉，将编组的素材片段解除编组。

16. 保存节目

保存节目，将我们所做的各片段的有效编辑操作以及现有各片段的指针全部保存在节目文件中，同时还要保存屏幕中各窗口的位置和大小。在编辑过程中应定时保存节目，节目的扩展名为 .prproj。

执行菜单命令“文件→另存为”，打开“保存项目”对话框，选择保存节目文件的驱动器及文件夹，并输入文件名，单击“保存”按钮，节目被保存，同时，在项目窗口的标题中显示节目的名称。

提示： 保存节目时，并未保存节目中所使用到的原始片段，所以片段文件一经使用，在没有生成最终影片之前切勿将其删除。

3.2.2 使用转场

如果节目的各片段间均是简单的首尾相接，则一定很单调。在很多娱乐节目和科教节目中，都大量使用了转换，产生了较好的效果。Premiere 提供多达 73 种转场效果，按照分类不同，分别放置在不同的文件夹中。

1. 创建转场

创建转场操作步骤如下：

(1) 在效果窗口中，展开“视频切换效果”文件夹或“音频切换效果”文件夹及其子文件夹，在其中找出所需的转场。可以在效果窗口上方的“包含”后面的搜索栏中输入转场名称中的关键字进行搜索。

(2) 将转场从效果窗口拖曳到时间线窗口中两段素材之间的切线上，当出现如图 3—23 所示的图标时释放鼠标。

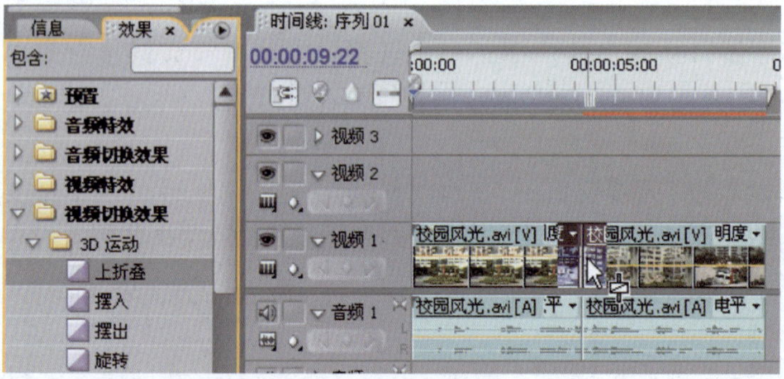

图 3—23 添加转场

(3) 默认持续时间的设置：执行菜单命令“编辑→参数→常规”，打开“参数”对话框，在“视频切换默认持续时间”的文本框中输入数字，如“50”，如图 3—24 所示。

(4) 在效果窗口中展开“视频转换→擦除”选项，将其中的“擦除”转场添加到“视频 1”轨道的素材上，并放在两个片段的结合处，释放鼠标左健，它们将自动调节自身的持续时间，以适应设置好的时间，如图 3—25 所示；要想清除转场效果，用鼠标右键单击该“视频 1”轨道的“擦除”转场，弹出“清除”快捷菜单，单击“清除”菜单项即可。

(5) 双击“视频 1”轨道的“擦除”转场，打开效果控制窗口，调整其设置，选择“显示实际来源”复选框，如图 3—26 所示。

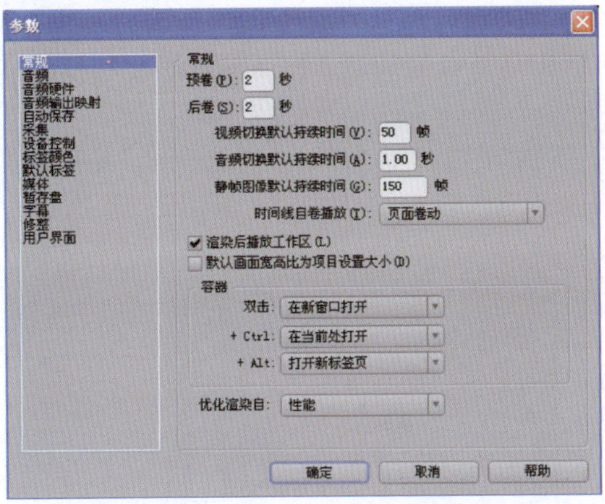

图 3—24　默认持续时间的设置

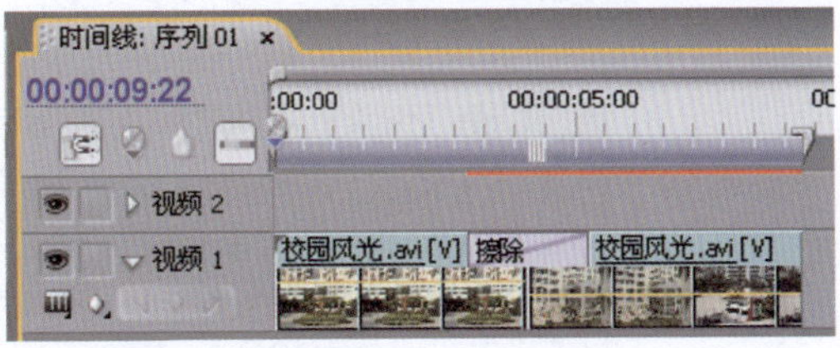

图 3—25　使用转场

（6）拖动播放轴可以改变前后两个影像片段的切换位置。此时，鼠标变成形状，如图3—27所示。

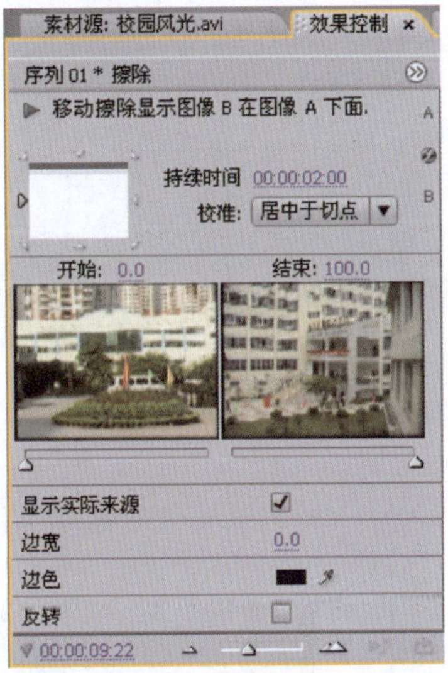

图 3—26　特效控制

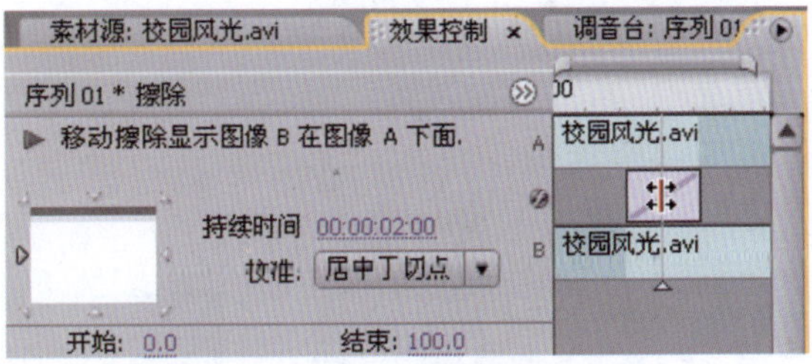

图 3—27　拖动编辑线

（7）拖动切换区域可以改变前后两个影像片段在整个切换过程中所占的时间，此时，鼠标变成形状，如图 3—28 所示。

（8）拖动切换区域边框可以调整切换过程所占用的时间。此时鼠标变成形状，如图3—29所示。

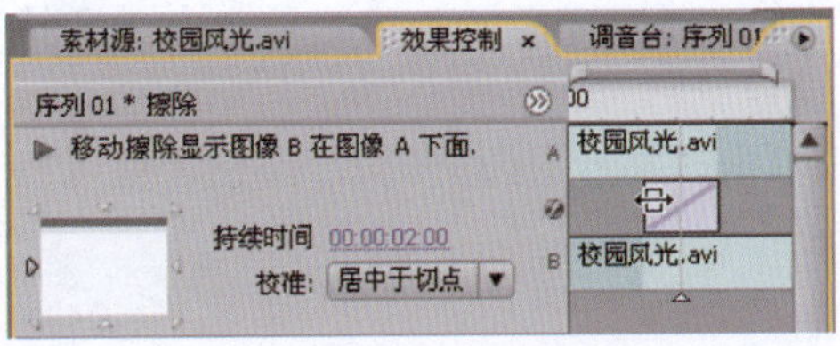

图 3—28　拖动切换区域

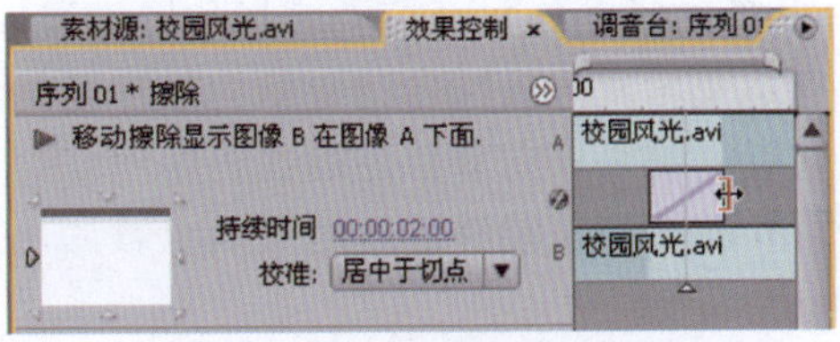

图 3—29　调整切换过程占用的时间

2. 选项设置

持续时间：转场时间。单击“持续时间”之后出现持续时间文本框。输入想要切换的持续时间 300，按〈Enter〉键，如图 3—30 所示。

对齐：选择对齐方式。从“对齐”下拉列表的“居中于切点”、“开始于切点”和“结束于切点”中选择一个，它们将分别在选区开始处、选区中央或选区结束处发生切换，如图 3—31 所示。

转场方向选择：设置转场方向，如图 3—32 所示。

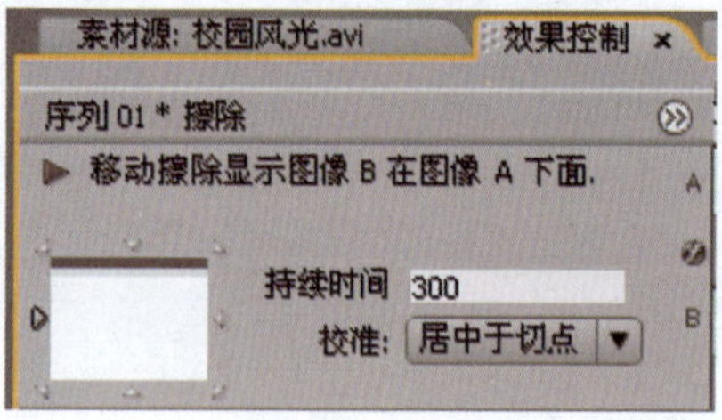

图 3—30　输入想要切换持续的时间

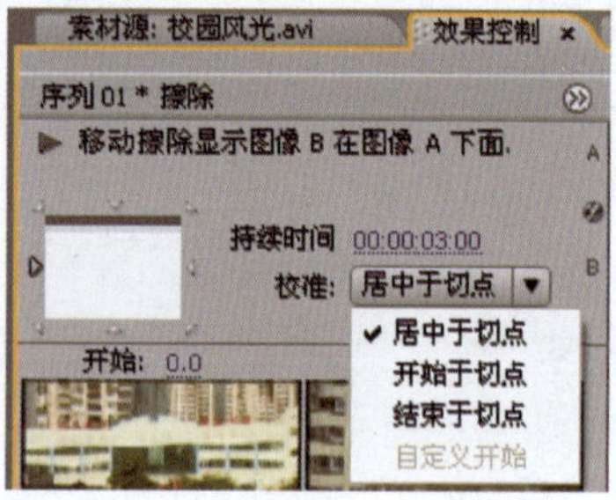

图 3—31　选择切换位置

开始/结束：设置转场开始和结束的画面。如果按〈Shift〉键，可以同时调节 A 和 B，如“开始”调节为 53.2%，“结束”调节为转场效果的 56.8%，如图 3—32 所示。

边框宽/边框色：设置转场时，调节素材间的边缘宽度和颜色，边界宽度设为 1.1。

反转：反转转场。例如，“时钟擦除”顺时针划像转场，反转后成为逆时针效果。

抗锯齿质量：调节边缘平滑度，可以选择：关闭、低质量、中等质量、高质量。

有的转场效果如“圆形划像”带有中心点设置，如图 3—33 所示。需要设定转场开始位置。用鼠标可以在效果控制面板中直接调整中心点，系统默认在画面中心。

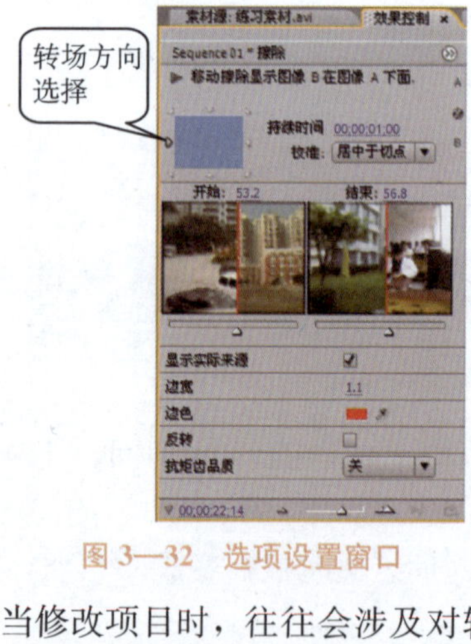

图 3—32　选项设置窗口

图 3—33　中心点设置

当修改项目时，往往会涉及对转场效果的修改。例如，将“十字划像”换为“菱形划像”，将新的转场拖放至旧的转场位置即可实现替换。替换转场，转场的对齐方式和持续时间保持不变，其他属性自动更新为新转场的默认设定。

设置完成后，在节目监视器的序列 01 窗口中单击“播放/停止开关”按钮，就可以预览整个影片剪辑，也能够清楚地反映出影片切换的整个过程。

3.2.3　使用运动

运动（Motion）是很多软件中都会提到的一种功能，Premiere 这个软件当然也不例外，它的运动命令，可以为片段提供运动设置功能。使用这项功能，任何静止的东西都可以运动起来，要清楚的是片段运动的设置与片段内容的运动无关，它只是一种处理方式。具体操作步骤如下：

(1) 在时间线窗口中，分别在“视频 1”和“视频 2”轨道上添加一个 5 秒的视频片段，单击时间线窗口“视频 2”轨道中的素材使其处于选择状态，激活效果控制窗口，展开“运动”属性，单击“运动”左侧三角形扩展标志，即可展开“运动”效果的调节参数，如图 3—34 所示，通过节目监视器可看到运动的动态效果。

(2) 按〈Home〉键将当前编辑线移到该片段的起点，调节“比例”的值为 50%、“旋转”为 30°，单击“位置”左侧的小码表设定一个关键帧其值为（-215，288），使画面正好移出目标监视器的左边，如图 3—35 所示。

图 3—34 导入视频素材

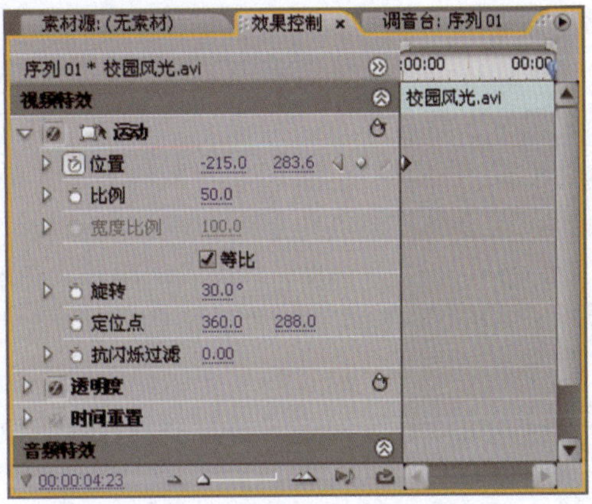

图 3—35 运动的起点

(3) 按〈End〉键移动当前编辑线到该片段的尾部，再按“←”键向后退一帧，调节“位置”的值为 934，使画面正好移出目标监视器的右边，如图 3—36 所示。

(4) 单击效果控制窗口的“运动”，在节目监视器中显示画面运动轨迹，在时间线窗口中移动“编辑线”，在目标监视器中单击运动画面中心点即可添加关键帧，如图 3—37 所示。

(5) 在节目监视器中，用鼠标移动运动画面，即可改变运动画面的运动轨迹；鼠标放在运动画面的边缘，变成双向箭头，移动鼠标可改变运动画面的大小；鼠标放在运动画面的边缘，变成弯曲双向箭头，移动鼠标可使画面旋转，如图 3—38 所示。

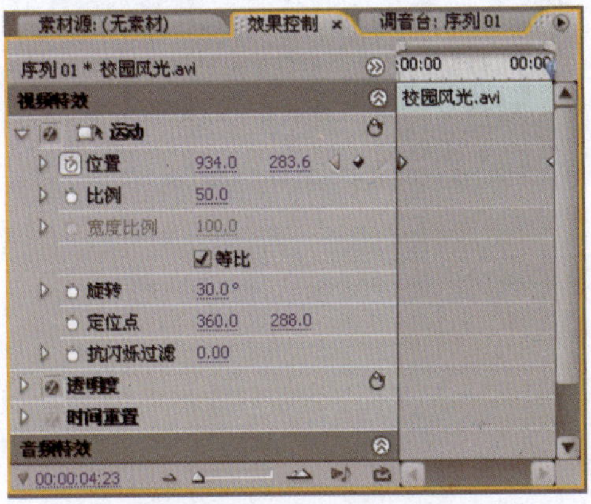

图 3—36 运动的结束点

图 3—37 添加关键帧

(6) 在“运动”项目中，“定位点”选项用于设置片段的中心点位置，可根据脚本做任意调整。

如果对一个片段施加了运动，则在时间线窗口中该片段的工作区显示一条深红色的横线。

图 3—38　调节运动轨迹、大小、旋转

3.2.4　制作滚动字幕

字幕是以各种书体、印刷体、浮雕和动画等形式出现在荧屏上的中外文字的总称，如影视片的片名、演职员表、译文、对白、说明及人物介绍、地名和年代。字幕设计与书写是影视片造型艺术之一。

中文字幕的字体有行书、草书、美术体等，各种外文的印刷体、书写体也经常用到，表现手段有书写、浮雕、动画、线画等，出现形式则有单排、多排，单幅字幕、长条字幕等，运动形式有竖滚、横滚之分。字幕中字体的选择、构图、色彩，因题材、风格、内容不同而各异，以影视片的创作意图和整体风格设计为依据。

Premiere 高质量的字幕功能使用起来得心应手。根据对象类型不同，Premiere 的字幕创作系统主要由文字和图形两部分构成。制作好的字幕放置在叠加轨道上与其下方素材进行合成。

字幕作为一个独立的文件保存，它不受项目的影响。在一个项目中允许同时打开多个字幕窗口，也可打开先前保存的字幕进行修改。制作和修改好的字幕放置在项目窗口内管理。具体操作步骤如下：

(1) 执行菜单命令“字幕→新建字幕→滚动字幕”或按〈Ctrl+T〉组合键，打开“新建字幕”对话框，在“名称”文本框内输入“滚动字幕”，如图 3—39 所示，单击“确定”按钮。

(2) 打开“字幕设计”对话框，如图 3—40 所示，选择 T 工具，在字幕制作区域单击鼠标左键，在“属性”分类夹的字体下拉列表中选择“STXingkai”。

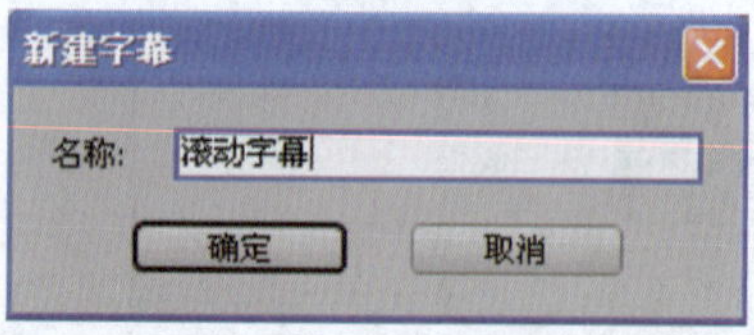

图 3—39　Adobe 字幕设计窗口

图 3—40　字幕类型选项

(3) 启动汉字输入法，输入文字并排版，制作滚动字幕，一定要将字符超出绘制区域，否则看不到字幕滚动效果，通过字幕设计窗口右边的字幕“字幕属性”中的选项，选择段落的各种属性，如图 3—41 所示。

（4）拖动字幕制作区域右边的滑块，将文字上移，选择T工具，在字幕制作区域单击鼠标左键，然后输入制作单位名及年月日等，让其滚动完后静止 3 秒，如果字幕的位置不合适，可按〈Enter〉和“←”键加以调整，如图 3—42 所示。

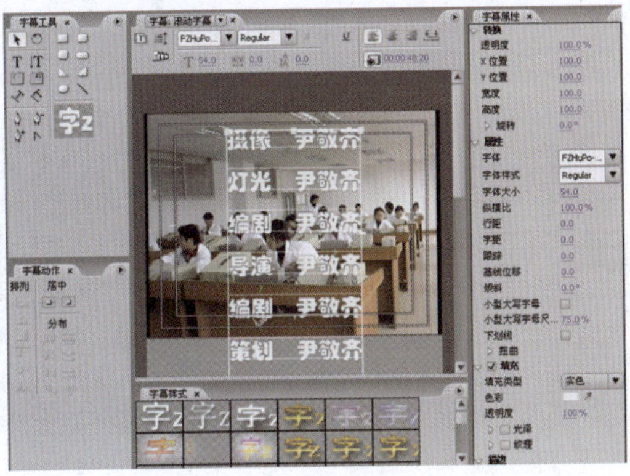

图 3—41　滚动文字

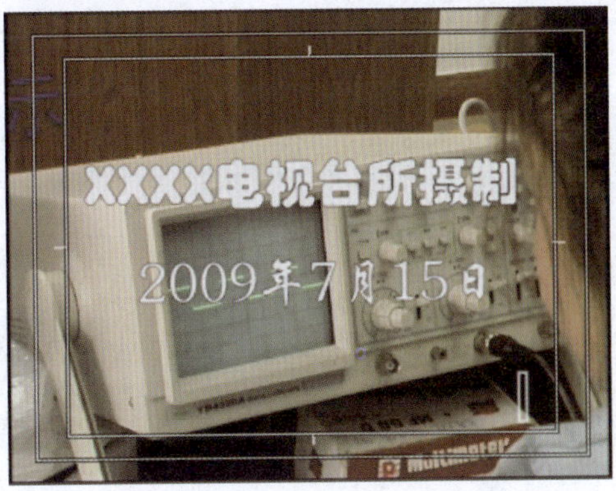

图 3—42　最后停留的字幕

（5）单击“滚动/游动选项”按钮，打开“滚动/游动选项”对话框，对其中各项参数进行设置，如图 3—43 所示。具体参数含义如下：

开始于屏幕外：勾选该选项，文字开始时在屏幕外面，否则停在初始位置。

结束于屏幕外：勾选该选项，文字结束时在屏幕外面，否则停在初始位置。

预卷：从入点起多少帧是静止的。

淡入：滚屏开始后，用多少帧从静止加速到正常速度，较大的值产生缓慢的加速。

淡出：用多少帧减速到停止，较大的值产生缓慢的减速。

后卷：滚屏停止后，静止多少帧。

（6）字幕的各项参数设置完毕，单击“确定”按钮。

（7）单击“关闭”按钮，关闭字幕窗口，刚才制作的字幕成为新的素材，如图3—44所示。

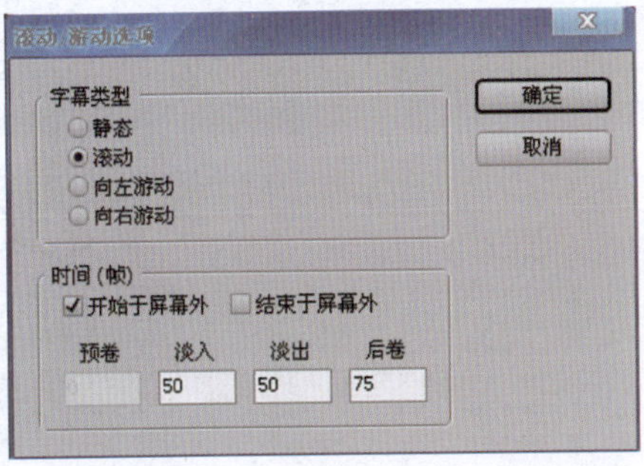

图 3—43　“滚动/游动选项”对话框

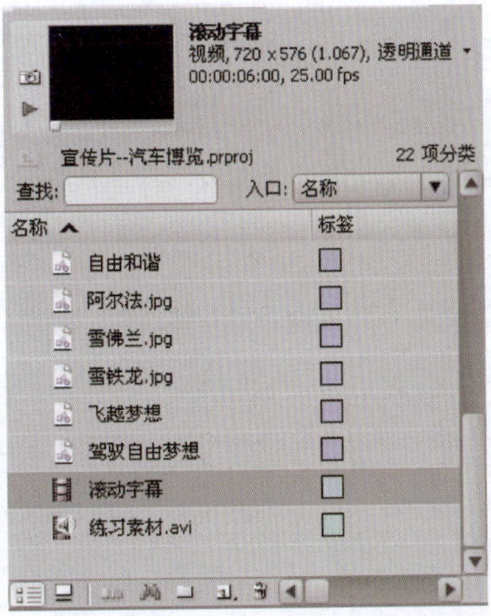

图 3—44　新项目

（8）在项目窗口中，将“滚动字幕”文件拖到“视频 2”轨道上，如图 3—45 所示。

（9）预演影片，可以对字幕中不合适的地方进行调整，直到满意，预览其播放速度，并调整其延续时间完成最终效果，如图 3—46 所示。

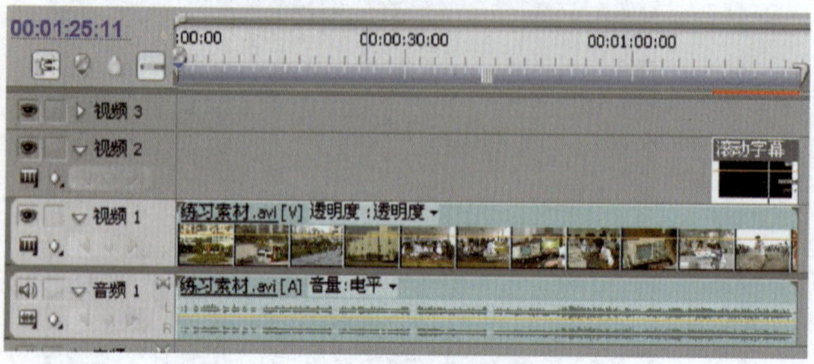

图 3—45　滚动字幕

图 3—46　预演影片

3.2.5　视频特效

视频特效是非线性编辑系统中很重要的一大功能，使用视频特效能够使一个影视片段拥有更加丰富多彩的视觉效果。Premiere 包含一百余种视频、音频特殊效果，这些效果命令包含在特效窗口中，将其拖放到时间线的音频或视频素材上并双击，可以在效果窗口中调整效果参数。可以为任何视频轨道的素材使用一个或者多个视频特效，以创建出各式各样的艺术效果。具体操作步骤如下：

（1）在效果窗口中，单击“视频特效”文件夹左侧三角形扩展标志，展开这个窗口，如图 3—47 所示。

（2）在效果窗口中，可以看到很多“视频特效”文件夹，单击每一个文件夹左侧三角形的扩展标志，都可展开该文件夹中包含的特效文件，如图 3—48 所示。

（3）在效果窗口中，展开“视频特效→色彩校正”特效，将其中的“亮度 & 对比度”效果拖放到“视频 1”轨道的片段上，如图 3—49 所示。

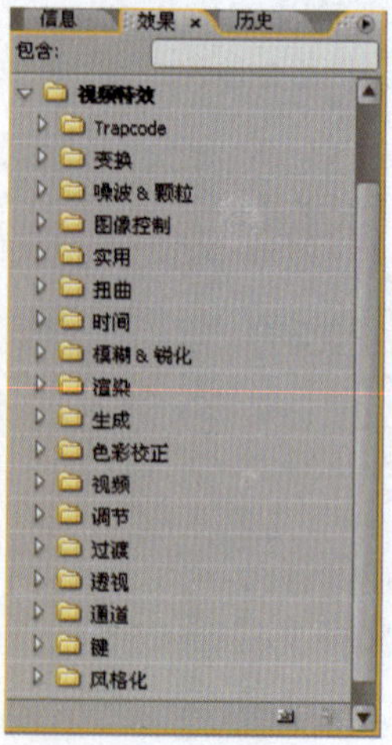

图 3—47　视频特效

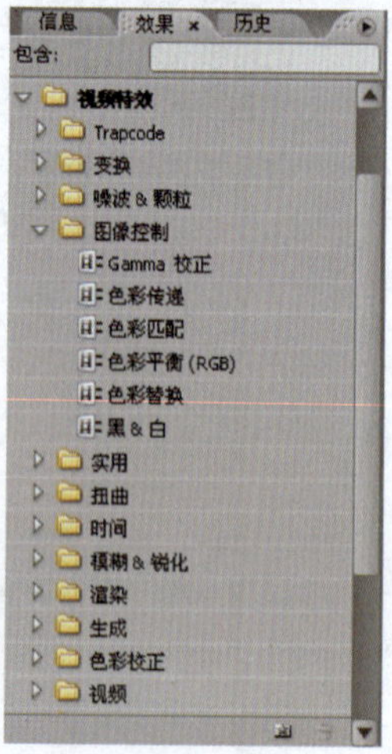

图 3—48　特效文件

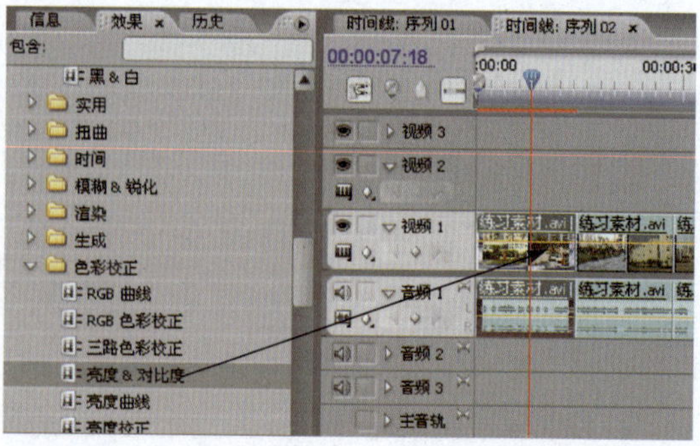

图 3—49　将特效拖动到视频轨道中

(4) 在效果控制窗口中展开“亮度 & 对比度”参数，调节“亮度”与“对比度”参数，直到效果满意为止，如图 3—50 所示。

图 3—50　效果控制窗口

(5) 要想删除视频特效，可在效果控制窗口中用鼠标右键单击要删除的特效，从弹出的快捷菜单中选择“清除”菜单项，即可删除该视频特效。

3.2.6　色键

色键（抠像）在影视节目制作中用来完成特殊画布的叠加与合成，是电视播出的一种特技切换方式。它能把演播室单色幕布（常用蓝色幕布）前表演的演员镶嵌到另一背景中。

色键是键控的一种形式。使图像中某一部分透明，将所选颜色或亮度从图像中去除，从而使去掉颜色的图像部分透出背景，没有去掉颜色的部分依旧保留原来的图像，以达到合成的目的，这一处理过程就叫做**键控**。Premiere 提供 14 种键控方式，可通过这 14 种方式为素材创建透明效果，下面以差异扣像为例介绍键控特效。

差异蒙板键的蒙板效果可以通过对比指定的静止图像和素材片段，除去素材片段中与静止图像相对应的部分区域。这种蒙板效果可以用来去除静态背景，并用其他的静态或动态的背景画面替换。可以通过输出未包含动态主体的静态场景中的一帧作为蒙板。为了取得最好的效果，摄像机应静止不动。应用差异蒙板键的方法如下：

(1) 导入“laola61”、“laola63”和“laola62”素材，将素材“laola63”添加到“视频 1”轨道上，将素材“laola61”添加到其上方的“视频 2”轨道上，将素材“laola62”添加到“视频 3”轨道上，如图 3—51 所示。

(2) 保证用于比较轨道的素材不可见（将“视频 3”轨道上的👁关闭）。

(3) 在效果窗口中，展开“视频特效→键”选项，将其中的“差异蒙板键”特效拖放到时间线窗口中的素材片段“laola61”上。

(4) 在效果控制窗口中，展开“差异蒙板键”效果，在“差异层”选择“视频 3”，如图 3—52 所示。

- 查看：指定在合成图像窗口中显示的图像视图。
- 差异层：用于键控比较的静止背景。

● 如果层大小不同：如果对比层的尺寸与当前层不同，对其进行相应处理，这里使其居中显示或进行拉伸处理。

● 匹配宽容度：控制透明颜色的容差度，该数值比较两层间的颜色匹配程度。较低的数值产生透明较少，较高的数值产生透明较多。

● 匹配柔化：调节透明区域与不透明区域的柔和度。

● 差异前模糊：通过比较对两个层做细微的模糊清除图像的杂点，取值范围为 0～1000。

(5) 拖动“匹配宽容度”滑块调整宽容程度，直到效果基本满意。拖动“匹配柔化”及“差异前模糊”滑块，对比较粗糙的边缘进行柔化和模糊，效果如图 3—53 所示。

图 3—51　素材在时间线上的排列

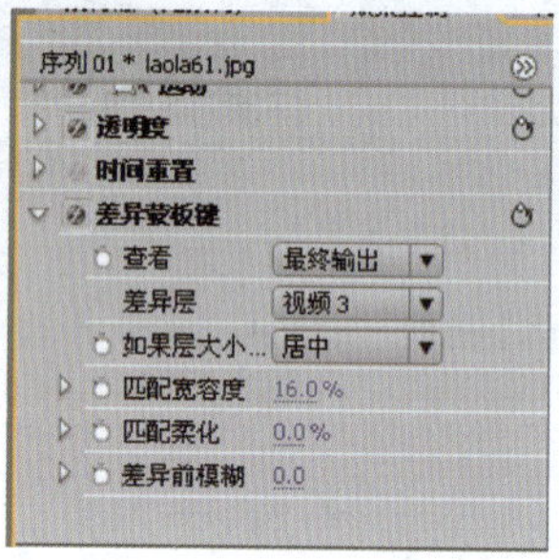

图 3—52　差异蒙板键

图 3—53　合成效果

3.2.7　输出影片

在 Premiere 中，不但可以输出 AVI、MOV 等基本的视频格式，还可以输出为 WMA、RM、MPEG 等多媒体文件格式。

(1) 执行菜单命令“文件→输出→Adobe Media Encoder”，打开“Export Settings（输出设置）”对话框。

(2) 在右侧的“Format（输出格式）”选项组中单击“格式”下拉列表框，选择 MPEG2 选项。

(3) 单击“Range（工作范围）”下拉列表框，选择“Work Area（工作区域）”选项。

(4) 单击“Preset（预置）”下拉列表框，选择“PALDV 高品质”选项，准备输出高品质的 PAL 制 DVD 视频，如图 3—54 所示，单击“OK”按钮。

(5) 打开“保存文件”对话框，输入 DVD 视频文件的名称“汽车博览”，视频格式为默认的 mpg 格式，单击“保存”按钮，开始输出，如图 3—55 所示。

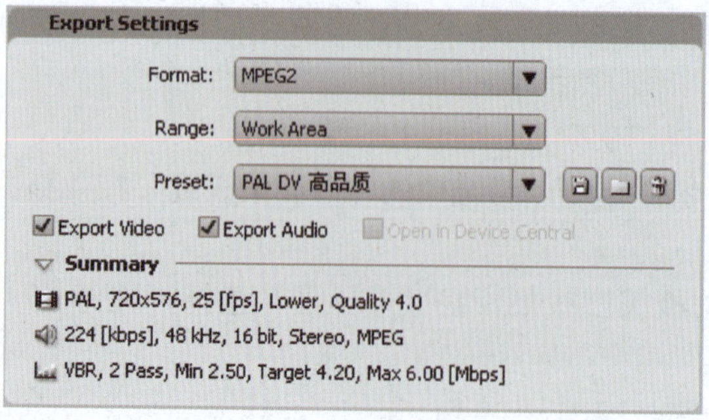

图 3—54　输出设置

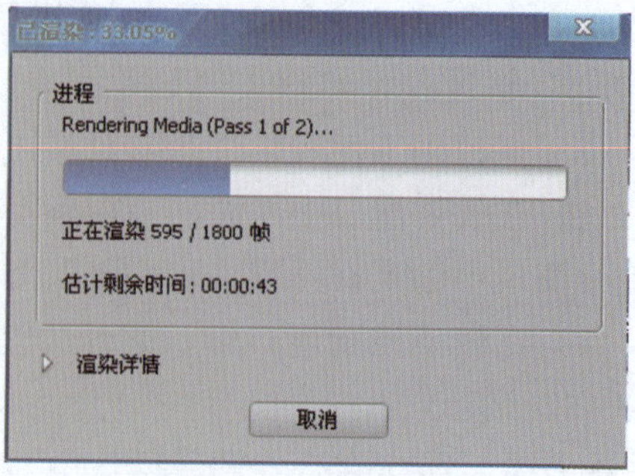

图 3—55　渲染影片

任务 3.3　用 Edius 编辑视频

问题的情景及实现

Edius 是 Canopus 有史以来推出的最强大的非线性编辑软件。它以实时、多轨道、HD/SD 混合格式编辑、合成、色度键、字幕编辑和时间线输出能力，为所有的视频获得格式提供了无缝的实时工作流程。Edius 为编辑人员提供实时的、HD/SD 混合格式编辑（包括 HD、HDV、DV、MPEG-2、无损和非压缩视频）。

3.3.1　片段的剪辑与编辑

通过前面的介绍，我们对 Edius 已经有了一点了解。下面介绍 Edius 制作影视节目的基本过程，从而初步展现 Edius 强大的功能和优良的性能。

1. 创建一个新节目

操作步骤如下：

(1) 启动 Edius，打开“界面配置”对话框，单击“新建预设”按钮，打开“工程设置”对话框，在“输出格式”中选择 720×576 25P over 50i 4:3，如图 3—56 所示，单击“确定”按钮。

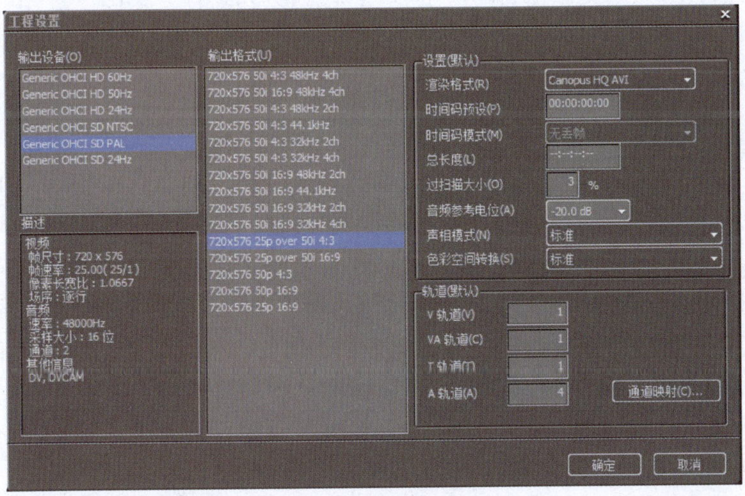

图 3—56　工程设置

(2) 打开“新建预设”对话框，单击“图标文件名”文本框右边的▢按钮。在“打开”对话框中选择一个图标文件，单击“打开→确定”按钮。

(3) 单击“开始→确定”按钮，进入 Edius 编辑界面。

2. 输入原始片段

新建立的工程是没有内容的，因此需要向根目录窗口中输入原始片段（按〈B〉键可打开根目录窗口），如同盖房子需要准备水泥、钢筋等建筑材料一样。

(1) 单击根目录窗口中的“添加文件”▢按钮或按〈Ctrl+O〉组合键或用鼠标右键单击根目录窗口中的空白处，从弹出的快捷菜单中选择“添加文件”菜单项。

（2）打开视频文件夹，选择其中的“练习素材 . avi”文件，单击“打开”按钮，该文件即被输入到项目窗口，它的名称、媒体类型、持续时间、画面大小等信息都显示在项目窗口中。

（3）重复上述步骤，将文件 music. mp3 输入到根目录窗口中。

3. 命名片段

将文件输入到项目窗口以后，Edius 自动依照输入文件名为建立的片段命名。但有时为了使用方便，需要给它们另起个名字。特别是类似于“校园风光 . avi”的情形，起一个有意义的名字就更重要了。为“练习素材 . avi”片段更名的步骤如下：

（1）在根目录窗口中用鼠标右键单击要更名的片段，从弹出的快捷菜单中选择“重命名素材”菜单项或单击片段名，片段名变成了一个文本输入框与另一种颜色。

（2）在文本框中输入“校园风光 . avi”。按〈Enter〉键，完成修改。根目录窗口中相应的“练习素材 . avi”被改为“校园风光 . avi”。

（3）用同样的方法，将“music. mp3”片段更名为“music1. mp3”。

4. 检查片段内容

片段准备完毕以后，通常要打开并播放它，以便选择其内容。

将鼠标光标移入根目录窗口，指向“校园风光 . avi”的图标或名称，按下鼠标左键拖动“校园风光 . avi”的图标至录制窗口中，此时鼠标光标变成小手形状，松开鼠标，或者在根目录窗口中双击“校园风光 . avi”，录制窗口的显示内容被“校园风光 . avi”的首帧画面取代，单击“播放”按钮，播放“校园风光 . avi”。

5. 素材的剪辑

如果只需要将素材的某部分用于节目，就需要截取部分画面。在实际工作中，这是常常遇到的问题。这个过程被称为原始素材的剪辑，它通过设置的入点和出点来实现。

（1）单击“播放”按钮，播放当前片段，到入点时单击“停止”按钮，或拖动帧滑块，将片段定位到入点。若欲精确定位，可使用“前一帧”或“后一帧”按钮。单击“设定入点”按钮，则当前帧成为新的入点，“校园风光 . avi”将从帧所在的位置开始引用。滚动条的相应位置上显示入点标志，该帧画面的左上侧同时也显示入点标志。

（2）单击“播放”按钮，播放当前片段，到出点时单击“停止”按钮，或拖动帧滑块，将片段定位到出点。若欲精确定位，可使用“后一帧”或“前一帧”按钮。单击“设定出点”按钮，则当前位置成为新的出点。“校园风光 . avi”将仅使用到此帧为止。在滚动条的相应位置上显示出点标志，该帧画面的右上侧同时显示标志，如图 3—57 所示。

（3）移动时间线窗口的“当前时间指示器”到要加入片段的位置，单击“覆盖到时间线”按钮，或者将鼠标光标移入素材源监视器窗口，按下鼠标左键拖动所选片段到时间线窗口指定的位置，松开鼠标左键，这样入点和出点之间的画面就加到时间线窗口上了，如图 3—58 所示。

（4）一个素材可反复使用，重复上述步骤，读者可以按照编导的意图将文件“校园风光 . avi”所需要的部分添加到时间线窗口上。经过上述处理的片段，在时间线窗口中，仅使用入点和出点之间的画面，还可再做调整。

也可将项目窗口中的片段直接拖到时间线窗口上，然后在时间线窗口中再做调整。

图 3—57 确定出点

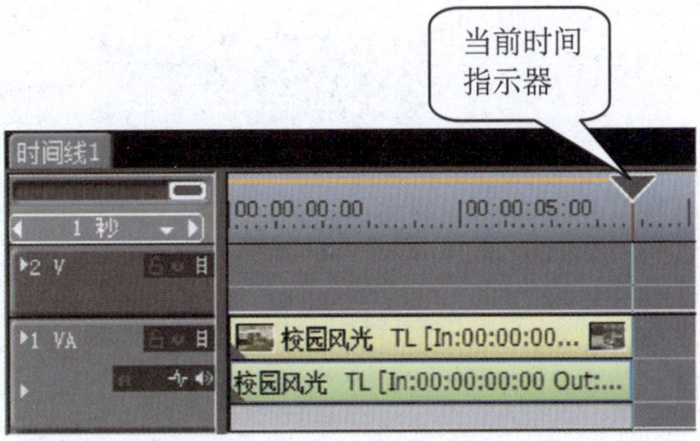

图 3—58 插入时间线

6. 片段的基本编辑

在时间线窗口中，按照时间线顺序组织起来的多个片段，就是节目。对节目的编辑操作如下：

(1) 选择片段：对片段所做的一切编辑操作都是建立在对片段的选择的基础之上的，选择片段的方法如下：

① 单击时间线窗口上的某个片段，即可将该片段选中。

② 在按住〈Shift〉键的同时单击需要选择的片段，可以同时选中多个片段。

(2) 片段的分割：素材被添加到时间线窗口后，有可能需要进行分割操作。如果需要将某个片段进行分割，可将“当前时间指示器”移动到需要分割的位置，选中该片段，单击“添加剪切点”按钮，将其一分为二。

(3) 片段的删除：用鼠标右键单击需要删除的片段，从弹出的快捷菜单中选择“删除”或“波纹剪切”菜单项；或者选择需要删除的片段，按〈Delete〉键，即可将片段删除。

(4) 调整片段的持续时间：将鼠标光标移向某一片段的右边界，光标变成左右箭头状，按下鼠标左键并左右拖动，片段持续时间随之改变，释放鼠标左键则确认。但不管如何变化，对于非静止图像而言，时间均不能超过其原文件持续时间。时间线窗口的顶部是时间标尺，组接到该窗口的片段，按时间标尺显示相应的长度。

7. 增加/删除轨道

在轨道控制区上单击鼠标右键，从弹出的快捷菜单中选择“添加→上轨添加”或“下轨添加”菜单项，打开“添加轨道”对话框，选择视频轨道类型，确定增加轨道数量，如图 3—59 所示，单击“确定”按钮。

选择目标轨道，在轨道控制区上单击鼠标右键，从弹出的快捷菜单中选择“删除”菜单项，完成轨道删除。

8. 改变片段的播放速度

在 Edius 中可以改变片段的播放速度，也就是说，将改变片段原来的帧速率、片段的持续时间，但会使一些画面被遗漏或重复。

选择时间线窗口的某一片段，按快捷键〈Alt+E〉，打开“素材速度”对话框，在“比率”右侧对应的文本框中输入 50.00，如图 3—60 所示，单击“确定”按钮，确认退出。此时，片段持续时间自动增加，以适应新的播放速度。

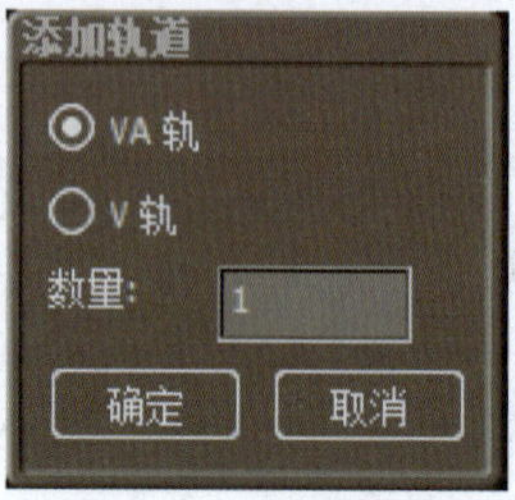

图 3—59　添加轨道

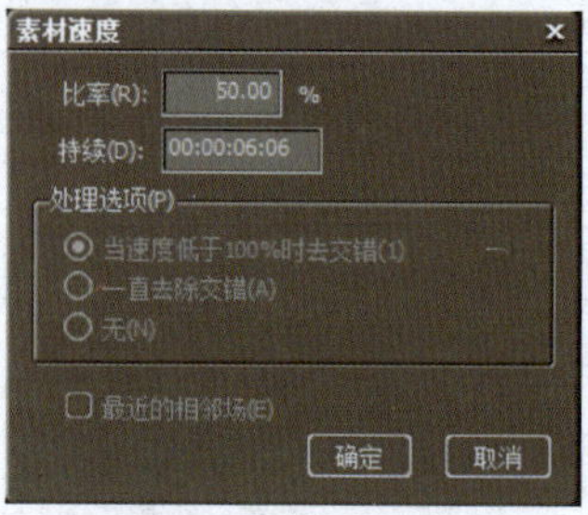

图 3—60　素材速度

在 Edius 中，还可以设置静态图像导入时的默认长度。执行菜单命令“设置→程序设置”，打开“设置”对话框，选择“程序设置→持续时间”，在静帧的“持续”后面的文本框内重新输入静态图像的持续时间，如图 3—61 所示，单击“确定”按钮，这样以后导入的图像都会使用这个长度。

9. 同步配音乐

在根目录窗口中，选择片段“music. mp3”，用鼠标将其拖放至时间线窗口中的 1A 轨道上，并与视频轨道的左边界对齐。将“当前时间指针”移动到音乐剪切点，单击“添加剪切点”按钮将其剪断，多余的部分删除，调整它的持续时间与已编好的影像节目同宽。

10. 轨道录音

单击“2A”音频轨道，选择录音轨道。在时间线窗口的上方单击“切换同期录音显示”按钮，打开“同期录音”对话框。选择“麦克风”，调整录音“音量”，如图 3—62 所示，单击“开始”按钮，开始录音。录音结束后单击“结束→是→关闭”按钮，完成录音。

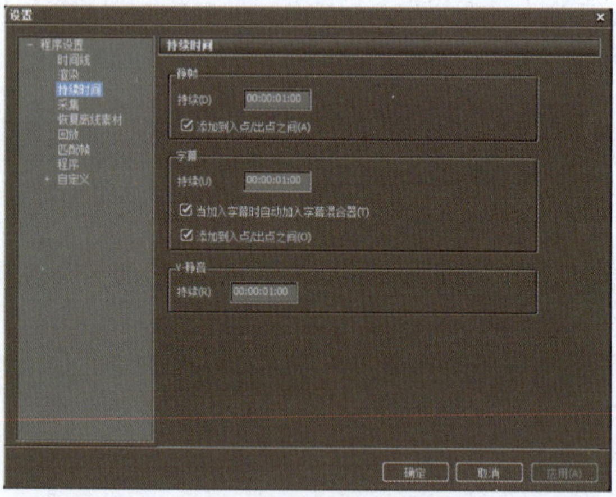

图 3—61　持续时间设置

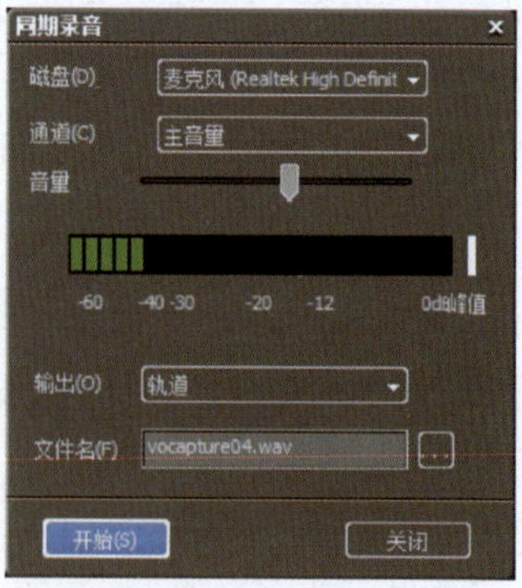

图 3—62　“同期录音”对话框

11. 保存节目

将我们的各片段所做的有效编辑操作以及现有各片段的指针全部保存在节目文件中，同时还保存了屏幕中各窗口的位置和大小。节目的扩展名为 .ezp，在编辑过程中应定时保存节目。

执行菜单命令“文件→另存为”，打开“另存为”对话框，选择保存节目文件的驱动器及文件夹，输入文件名，单击“保存”按钮，节目被保存。

提示： 保存节目时，由于没有保存节目中所使用到的原始片段，所以片段文件一经使用，在没有生成最终影片之前切勿将其删除。

3.3.2　使用转场

如果节目的各片段间均是简单的首尾相接，那么一定很单调。在很多娱乐节目和科教节目中，都大量使用了转换，产生了较好的效果。Edius 提供多达 38 种转场效果，按照分类不同，分别放置在不同的文件夹中。

（1）在特效窗口中展开“转场→3D”选项，如图 3—63 所示，将其中的“球体”转场添加到 1 AV 轨道的素材上，并放在两个片段的结合处，释放鼠标左健，它们将自动调节自身的持续时间，以适应设置好的时间。

（2）鼠标右键单击要改变持续时间的转场，从弹出的快捷菜单中选择“持续时间”菜单项，打开“持续时间”对话框，在“持续”文本框中输入数字，如“50”帧即 2 秒，如图 3—64 所示。

（3）在信息窗口中选择“球体”转场，单击“删除” 按钮，即可删除该转场，如图 3—65 所示。

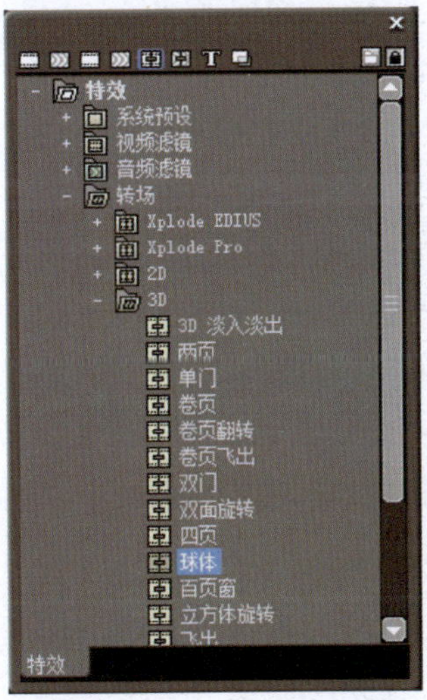

图 3—63　特效转场

图 3—64　转场持续时间

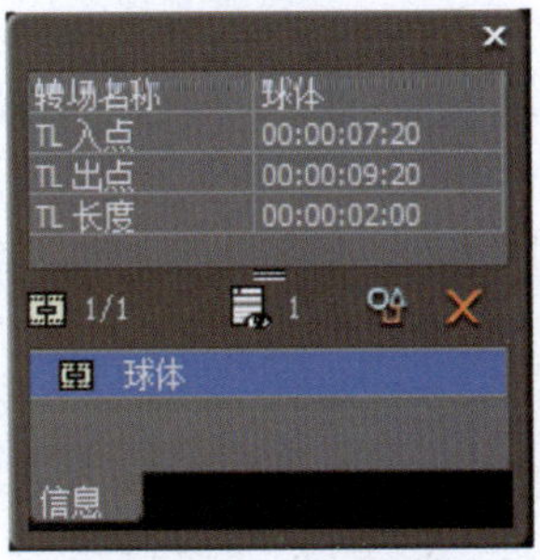

图 3—65　信息窗口

（4）双击信息面板的“球体”转场，打开“球体”窗口，调整其设置，如图 3—66 所示。

3.3.3　滚动字幕的制作

Edius 高质量的字幕功能使用起来得心应手。根据对象类型不同，Edius 的字幕创作系统主要由文字和图形两部分构成。制作好的字幕放置在“1T”轨道上与其上方素材进行合成。

图 3—66　预设窗口

（1）单击时间线窗口中的“创建字幕”按钮，从弹出的快捷菜单中选择 Quick Titler 菜单项，在指定字幕轨道的时间线指针位置上添加一个字幕，打开字幕编辑器窗口，此时界面右侧的设置窗口显示为“背景属性”，在下面的“字幕类型”的下拉列表中选择“滚动（上滚）”，如图 3—67 所示。

图 3—67　字幕编辑器窗口

（2）为了方便多行字幕的制作，可以将 TXT 格式文件的文本内容直接导入到编辑窗口中。执行菜单命令“插入→文本→文件”，在“打开”对话框中找到所需要的文本文件，单击“打开”按钮。

（3）可看到文字已经被导入到编辑窗口中，一般情况下默认的字体都比较大，在界面右侧的“文字属性”设置窗口中，在“字体”选项的下拉列表中选择所需要的字体，在“尺寸”选项列表中选择所需的字体大小。在设置窗口的“变形”选项中，调节“字距”后的滑块，设置所需的文字间距，单击界面左侧工具栏中的“水平居中”按钮，完成文字框的水平居中定位，如图 3—68 所示。

图3—68　滚动字幕

(4) 单击“关闭→是”按钮，关闭字幕窗口，字幕已被添加到时间线中，删掉自动添加的字幕特技，通过更改字幕的持续时间（12秒）调节字幕上滚的速度。

(5) 用鼠标右键单击1T轨道名称区域，从弹出的快捷菜单中选择“添加→添加到后面”菜单项，打开“添加轨道”对话框，默认数量设置，单击“确定”按钮，添加2T轨道。

(6) 将时间线指针放置到需要添加字幕的位置（9秒），单击时间线工作栏中的“创建字幕”按钮T，从弹出的快捷菜单中选择“在T2轨中添加字幕”菜单项，此时自动在时间线指针位置添加一段字幕并进入字幕编辑器。

(7) 在编辑窗口输入制作单位及制作年月日，在字体选项的下拉列表中选择所需的字体，在尺寸选项列表中选择所需的字体大小，如图3—69所示。

图3—69　静态字幕

(8) 单击“关闭→是”按钮，关闭字幕窗口，字幕已被添加到时间线中，删掉自动添加的字幕特技，通过更改字幕的持续时间（6秒）调节字幕的持续时间。

(9) 展开“特效→字幕混合→飞像”，将“向上飞入”拖曳到静态字幕的入点，调节其长度为2秒，如图3—70所示。

(10) 预演影片，可以对字幕中不合适的地方进行调整，直到满意。

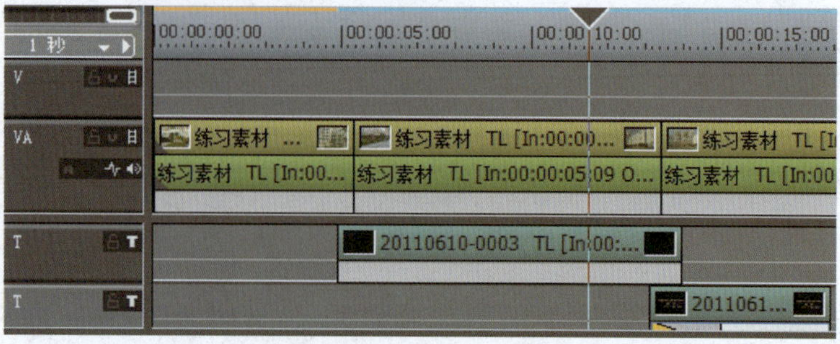

图 3—70　字幕时间线位置

3.3.4　视频特效

视频特效是非线性编辑系统中很重要的一大功能，使用视频特效能够使一个影视片段拥有更加丰富多彩的视觉效果。

Edius 包含 28 种视频滤镜、8 种音频滤镜效果，这些效果命令包含在特效窗口中，将其拖放到时间线的音频或视频素材上并在信息面板中双击，可以在相应的对话框中调整效果参数。在 Edius 中，可以为任何视频轨道的视频素材使用一个或者多个视频特效，以创建出各式各样的艺术效果。

(1) 在特效窗口中，单击“视频滤镜”左侧＋号扩展标志，可看到一个“视频滤镜”文件夹，单击文件夹左侧＋号的扩展标志，就可展开该文件夹中包含的特效文件，如图 3—71 所示。

(2) 在特效窗口中，展开“视频特效→颜色校正”特效，将其中的“彩色平衡”滤镜拖放到“1VA”轨道的片段上。

(3) 在信息窗口中双击“彩色平衡”，打开“彩色平衡”对话框，调整其参数，如图 3—72 所示，直到效果满意为止，单击“确定”按钮。

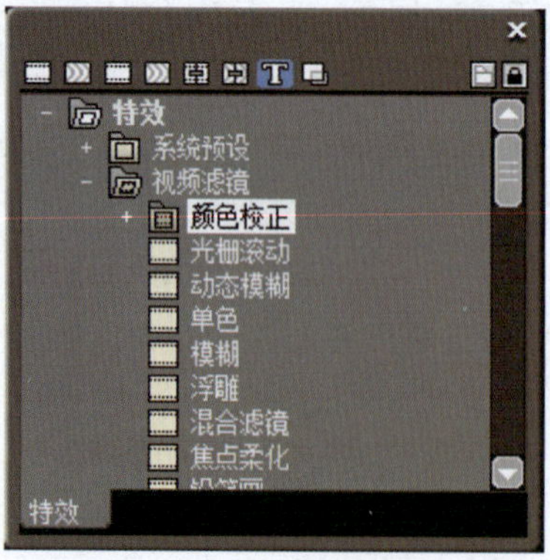

图 3—71　视频滤镜

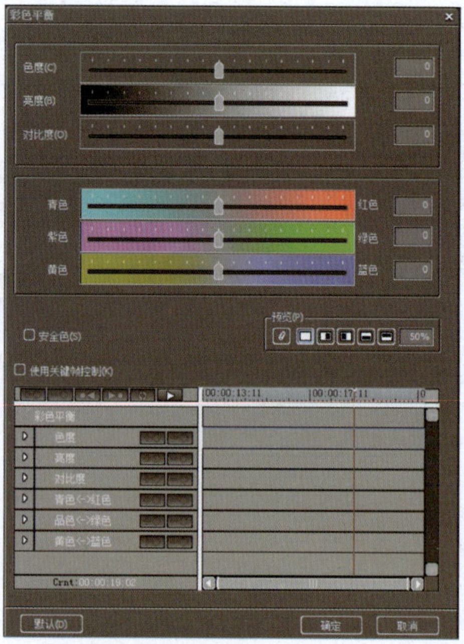

图 3—72　彩色平衡

要想删除视频特效，则在信息窗口中选中要删除的特效，单击“清除”按钮，即可删除该视频特效。

1. 键

Edius 提供 20 种键控方式，下面以“色度键”为例介绍键控特效。“色度键”抠像效果可以设定素材片段中的哪个颜色区域变为透明。对于背景色不是十分规范的单色镜头场景十分有效。

（1）导入“校园风光”和“色度扣像”素材，将“校园风光”素材剪辑 5 秒的片段添加到“1VA”轨道上，将“色度扣像”素材添加到其上方的“2V”轨道上。

（2）在特效窗口中，展开“键”选项，将其中的“色度键”特效拖放到时间线窗口中的素材“色度扣像”上。

（3）在信息窗口中，双击“色度键”选项，打开“色度键”对话框，调整取消颜色中的“范围”和“强度”的值，直到扣像效果满意为止，单击“确定”按钮。

2. 淡出与淡入的制作

淡出与淡入的制作步骤如下：

（1）在时间线面板中导入两个片段，并将其放置在“1V”轨道上。单击轨道名称左边的三角形按钮，展开“1V”视频轨道。单击“混合器”按钮，将其激活，如图 3—73 所示。

（2）将鼠标放在“透明度”线条上，鼠标变成符号，在淡出和淡入的位置上单击，加入两个关键帧（片段尾和头有默认关键帧）。

（3）拖起前片段终点和后片段始点的关键帧到最低点位置上，如图 3—74 所示，这样素材就出现了淡入的效果。

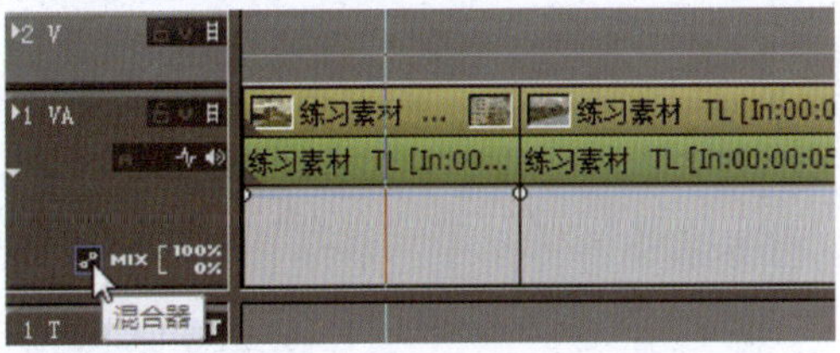

图 3—73 展开视频轨道

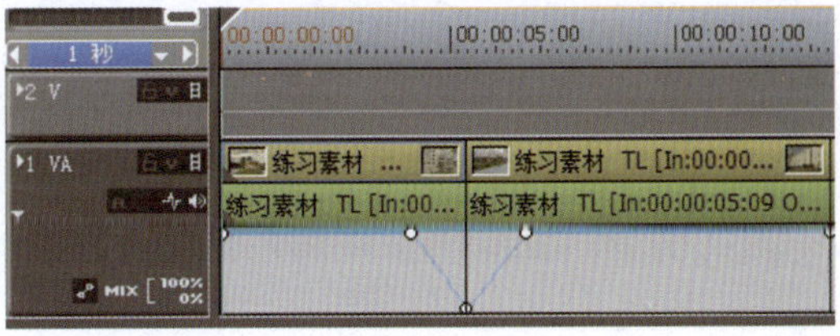

图 3—74 淡出与淡入

3. 区域

区域跟踪效果的制作步骤如下：

（1）在特效面板中，展开“视频特效”特效，将其中的“区域”滤镜拖放到“1VA”轨道的片段上。

（2）在信息面板中双击“区域”，打开“区域”对话框，将时间线定位到素材的开始，在“区域”滤镜设置窗口的“内部”标签中的“滤镜”下拉列表中选择“马赛克”，在“显示”区域中将矩形框定位到要跟踪的人物脸部，如图 3—75 所示。

（3）切换到“移动路径”标签，单击“移动路径”复选框，启用移动路径功能，单击“添加”按钮，将当前矩形区域位置添加到关键帧列表中，如图 3—76 所示。

（4）移动时间线进行浏览，根据画面变化来改变矩形区域的位置和大小，使矩形区域始终覆盖在被跟踪人物脸部，通过单击“添加”按钮将每一次的矩形位置变化添加到关键帧列表中。

（5）单击“确定”按钮，区域跟踪效果制作完成。

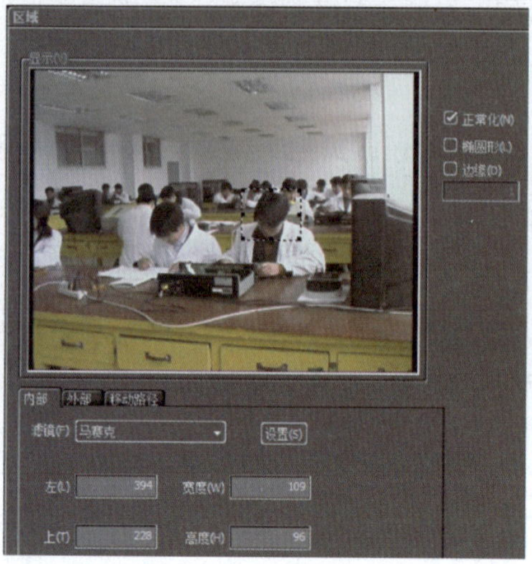

图 3—75　内部设置

图 3—76　移动路径设置

3.3.5　输出

在 Edius 中，不但可以输出 AVI、MOV 等基本的视频格式，还可以输出为 WMA，RM、MPEG 等多媒体文件格式。输出 DV AVI 操作如下：

（1）单击节目监视器右下角的“输出”按钮，从弹出的快捷菜单中选择“输出到文件”菜单项，打开“选择输出插件”对话框，选择 DV AVI，如图 3—77 所示，单击“确定”按钮。

（2）打开“DV AVI”对话框，选择保存文件的文件夹和名称，如图 3—78 所示，单击“保存”按钮。

（3）打开“渲染”对话框，如图 3—79 所示，开始渲染。

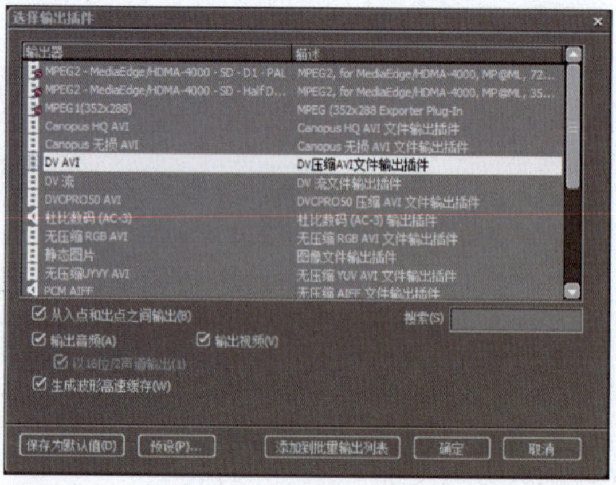

图 3—77　选择输出插件

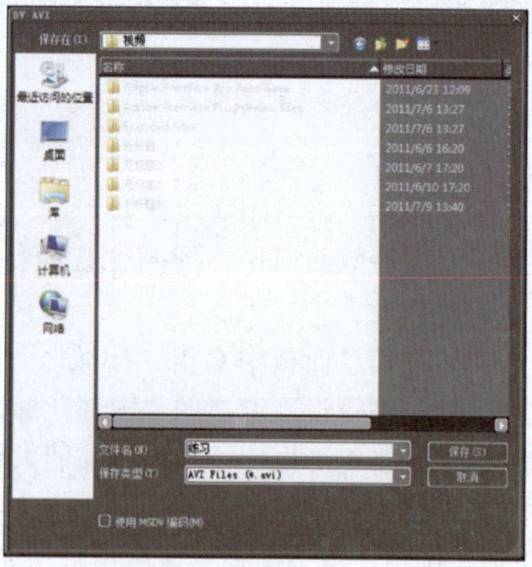

图 3—78　“DV AVI”对话框

图 3—79　渲染

项目实训 3

实训目的：通过本实训使学生进一步掌握卡拉 OK、电视记录片的制作，并且能在实际的项目中运用 Premiere Pro CS3、Edius 制作各种各样的影视作品。

实训 1　制作卡拉 OK 影碟

制作卡拉 OK 影碟和制作普通影碟没有什么区别，但卡拉 OK 的字幕需要变色，也就是要随着歌曲的推进，逐字地变色以引导演唱者演唱。这样的字幕如果手工来制作非常麻烦，工作量也相当大，不过读者可以使用专业的卡拉 OK 字幕制作工具——KBuilder Tools 来制作字幕，然后使用 Premiere 进行视频编辑及合成。项目参考操作步骤如下：

1. 使用 KBuilder Tools 制作卡拉 OK 字幕

KBuilder Tools 又叫小灰熊字幕软件，它的最新版本（KBuilder 3. 5）需要和 Premiere 配合起来使用，KBuilder 在安装时会要求安装一个 KBuilder for Premiere 的插件，选择安装目录如 D:\Program Files\Adobe\Adobe Premiere Pro CS3\Plug-ins\en_US，安装完成就会打开 Select Default Character Set 窗口，双击 Simplified Chinese Characters（GB2312）简体中文字符，打开 Kbuilder Tools 窗口，这样 Premiere 就可以导入用 KBuilder 制作的卡拉 OK 字幕描述脚本文件，将脚本文件放入到视频轨之上即可生成带有字幕的卡拉 OK 影片。

执行菜单命令“帮助→注册 KBuilder”，打开“打开”对话框，在 KBuilder 安装文件夹选择 user. dat，单击“打开”按钮，打开“Register KBuilder”对话框，选择安装文件夹中的 sn. txt 文件将注册码复制到“注册码”文本框内，如图 3—80 所示，单击“确定”按钮，返回 KBuilder Tools 窗口。

制作卡拉 OK 字幕之前先要准备好歌曲的歌词文本及相应的音频、视频媒体文件。歌词文本多数都可以从网上查找，也可以用记事本程序手工输入。歌词最好先用记事本程序编辑好，并且每句歌词单独成行，如图 3—81 所示。

媒体文件可以是 MP3、WAV、WMA 格式的原唱歌曲文件及包含该歌曲的 MPEG、AVI 视频文件，除了原唱歌曲文件外，还要找到与原唱配套的伴奏文件。如果是伴奏和原唱没有分离的歌曲，可使用 Audition 来消除歌曲中的原唱声音。

（1）执行菜单命令“文件→打开”，选择“小城故事 . txt”文件，单击“打开”按钮，窗口中自动加上三行代码，如图 3—82 所示。字幕编辑框有两种状态，一种是编辑状态，在这种状态下可以编辑歌词文本；另一种是取时状态，在这种状态下可以设置每行歌词的起始时间以及字幕中每个字（单词）的变色时间。这两种状态之间可以通过按〈F2〉键相互切换。在编辑状态时，编辑框的背景色是白色的。在取时状态，编辑框的背景色则是灰色的，而插入点光标当前行的字幕效果也会显示在编辑框上方。

图 3—80 Register KBuilder

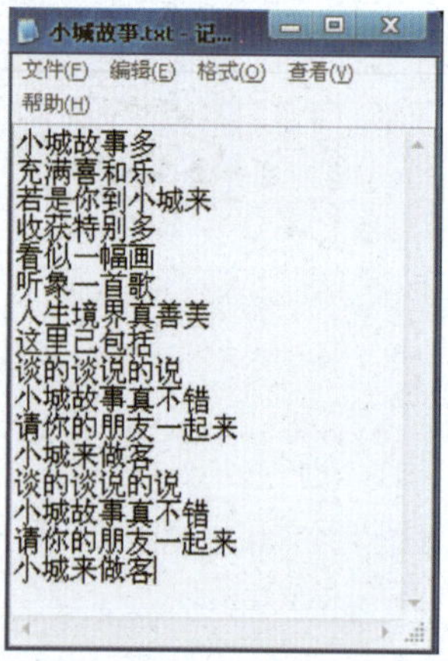

图 3—81 多媒体播放器

（2）执行菜单命令“文件→打开多媒体文件”，单击“打开”按钮，导入包含原唱歌曲的音频或视频文件，如“小城故事.mpg”。导入成功后会弹出一个“多媒体播放器”窗口，单击该窗口即可播放或暂停播放媒体文件，如图 3—82 所示。

（3）执行菜单命令“文件→选项设置”，打开“参数设置”对话框。在这里可以设置字幕的颜色、边框厚度、视频图像、字幕对齐方式及字体等内容。如果要设置字体，可单击“字体”栏中的“字例 ABCabc”按钮，如图 3—83 所示，然后即可在打开的“字体”对话框中进行具体的设置。通常字体使用宋体或幼圆，字体大小一般可设置为 36 或 40，边框厚度可设置为 2～3，图像大小中的宽度设置为 720，高度设置为自动高度即可。

图 3—82 歌词复制并粘贴

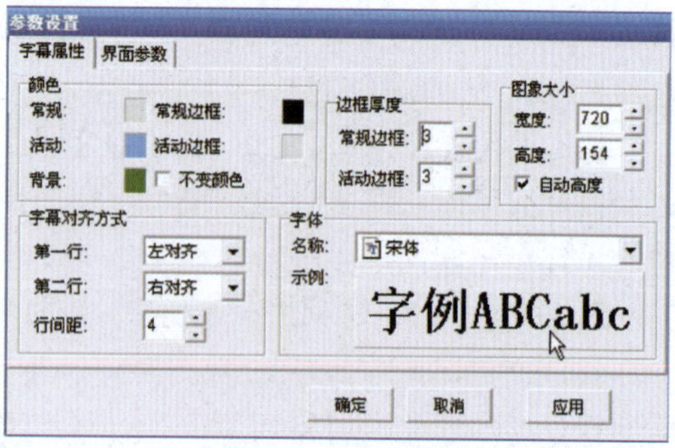

图 3—83 参数设置

（4）为了使生成的字幕效果更好，可在桌面空白处单击鼠标右键，从弹出的快捷菜单中选择“属性”菜单命令，打开“显示属性”对话框，在“外观”选项卡中单击“效果”按钮，打开“效果”对话框，选择“使用下列方式将使屏幕字体边缘平滑”复选框，并在下拉列表中选择“清晰”方式。这样制作出的字幕边缘平滑，效果更好。

生成脚本文件之前，每一句歌词和每一个字都要生成相应的时间代码。时间代码的生成需要在取时状态下进行。

（5）在取时状态下将光标定位在第一句歌词上。单击媒体播放器窗口进行播放，在第一句歌的第一个字唱出来的同时，按空格键可使字幕的第一个字变色，接下来每出现一个字的时候按一下键，这样字幕就会配合歌曲逐字进行变色，如图3—84所示。

注：编辑时最好按音乐的节奏来敲击键盘。另外，最好事先将歌曲多听几遍，对歌曲要相当熟悉，这样才能做到准确无误。

（6）时间代码生成好之后，就可以单击工具栏中的“卡拉OK预览”按钮，打开“卡拉OK预览”窗口进行播放预览，如图3—85所示。

图3—84 生成脚本文件

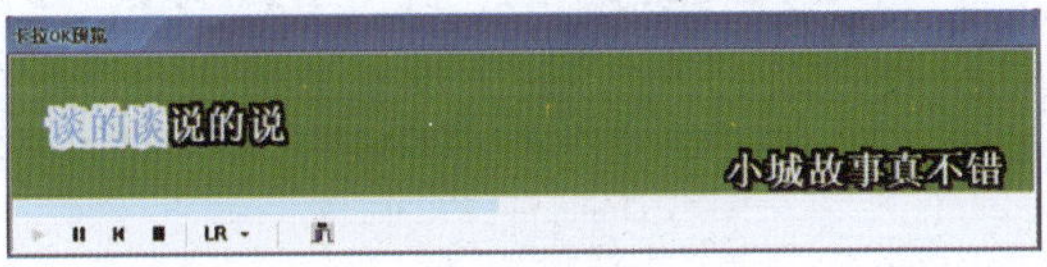

图3—85 卡拉OK预览

（7）执行菜单命令“文件→歌词脚本语法检查”，对脚本中的代码进行检测，检测无误后可执行菜单命令“文件→另存为”，将它命名保存为ksc字幕描述脚本文件。

2. 用Premiere编辑视频与合成字幕

（1）在Premiere中新建一个工程文件，然后用鼠标右键单击项目窗口中的空白处，从弹出的快捷菜单中选择“导入”菜单命令，打开“导入”对话框，可以看到在Premiere可导入的文件列表中多了一项“KBuilder Scripts File（*.ksc）”，如图3—86所示，也就是通过KBuilder插件，使Premiere支持了KBuilder字幕描述脚本文件。此时，我们可以把准备好的视频、音频文件及KSC字幕文件逐一导入到项目窗口的素材列表中。

（2）将翻唱歌曲拖放到“音频1”轨道上，字幕脚本文件拖入到“视频3”轨道上。各轨道上的素材要从左边对齐，如图3—87所示。

（3）在源监视器窗口中按照电视画面编辑技巧，依次设置素材的入点和出点，并添加到时间线的“视频1”轨道中，与起始位置对齐，具体设置如表3—1所示。在“视频1”轨道的位置如图3—88所示。

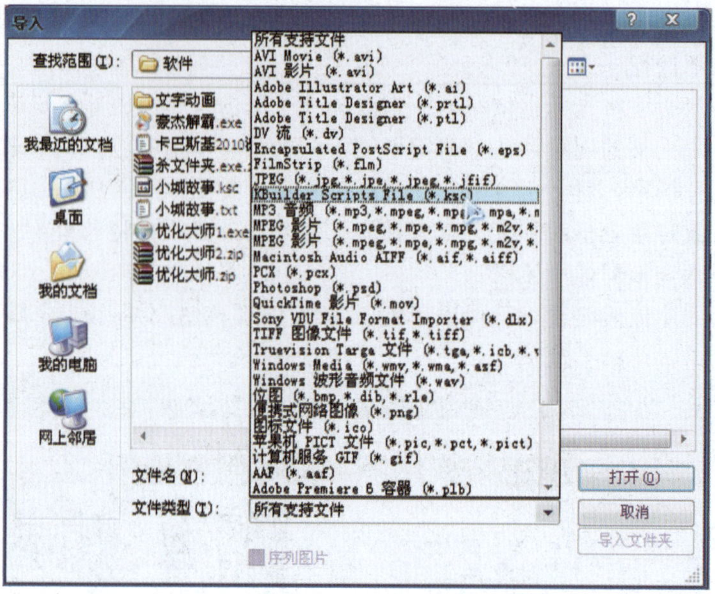

图 3—86　输入

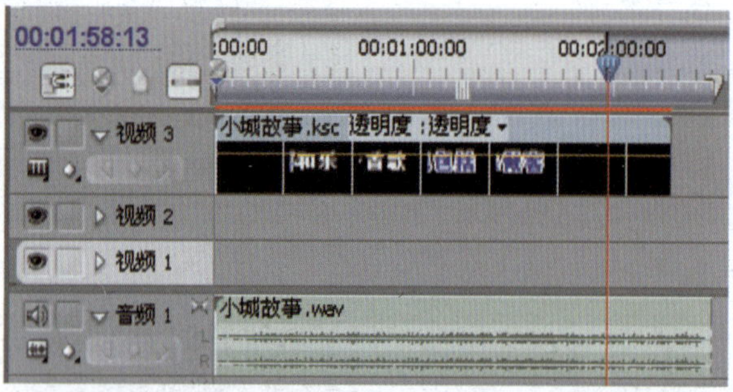

图 3—87　时间线

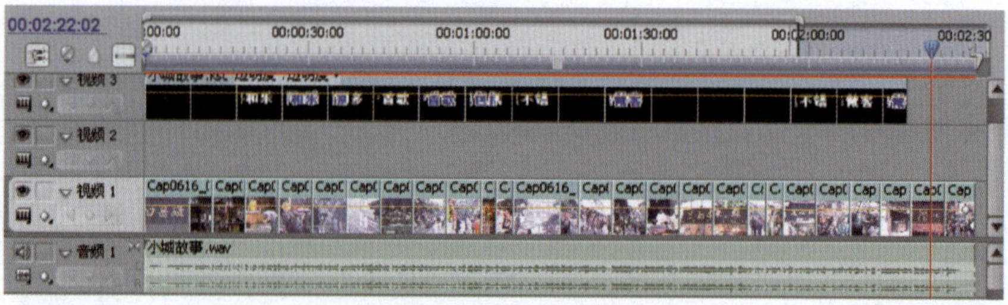

图 3—88　添加多个片段

表 3—1　设置视频片段

视频片段序号	入　点	出　点
片段 1	22：20	35：07
片段 2	1：00：22	1：06：23
片段 3	7：37：00	7：42：24
片段 4	1：54：10	2：00：13
片段 5	8：33：21	8：40：02

续前表

视频片段序号	入　点	出　点
片段6	9：46：10	9：52：14
片段7	3：27：12	3：33：09
片段8	11：23：14	11：29：16
片段9	18：25：13	18：31：15
片段10	14：58：04	15：00：22
片段11	15：42：18	15：45：14
片段12	15：03：05	15：15：05
片段13	17：57：12	18：03：04
片段14	8：45：05	8：51：09
片段15	18：57：19	19：03：15
片段16	6：09：09	6：15：15
片段17	19：36：09	19：42：08
片段18	20：07：04	20：10：13
片段19	21：10：05	21：13：06
片段20	21：51：00	21：56：21
片段21	22：18：14	22：24：14
片段22	22：47：21	22：53：10
片段23	09：24：08	9：29：19
片段24	12：28：22	12：34：24
片段25	24：50：13	24：55：20

(4) 单击“视频1”轨道左边的“折叠/展开轨道”按钮，展开“视频1”轨道，在工具箱中选择“钢笔工具”，按〈Ctrl〉键，鼠标在“钢笔工具”图标附近出现加号，在2：28：11、2：30：00的位置上单击，加入两个关键帧。

(5) 放开〈Ctrl〉键，拖终点的关键帧到最低点位置上，这样素材就出现了淡出的效果。

(6) 执行菜单命令“字幕→新建字幕→默认静态字幕”，打开“新建字幕”对话框，在“名称”文本框内输入“小城故事”，单击“确定”按钮。

(7) 在字幕窗口上单击，输入“小城故事 作词 庄奴 作曲 汤尼 原唱 邓丽君”等文字。

(8) 当前默认为英文字体，选择“小城故事”，单击上方水平工具栏中的经典行...的小三角形，从弹出的快捷菜单中选择“经典粗黑简”，字体大小为80。

(9) 在字幕属性窗口中，单击“色彩”右边的色彩块，打开“彩色拾取”对话框，并将“色彩”设置为D64C4C，单击“确定”按钮。

(10) 单击“描边→外侧边→添加”按钮，添加外侧边，并将“大小”设置为10。

(11) 选择“作词 庄奴 作曲 汤尼 原唱 邓丽君”，单击上方水平工具栏中的经典行...的小三角形，从弹出的快捷菜单中选择KaiTi _ 3212，字体大小为40，如图3—89所示。

(12) 单击“基于当前字幕新建字幕”按钮，打开“新建字幕”对话框，在“名称”文本框内输入“重电影视”，单击“确定”按钮。

(13) 删除“小城故事 作词 庄奴 作曲 汤尼 原唱 邓丽君”字幕，输入“重电影视”，选择“圆矩形工具”，绘制一个图形，如图3—90所示。

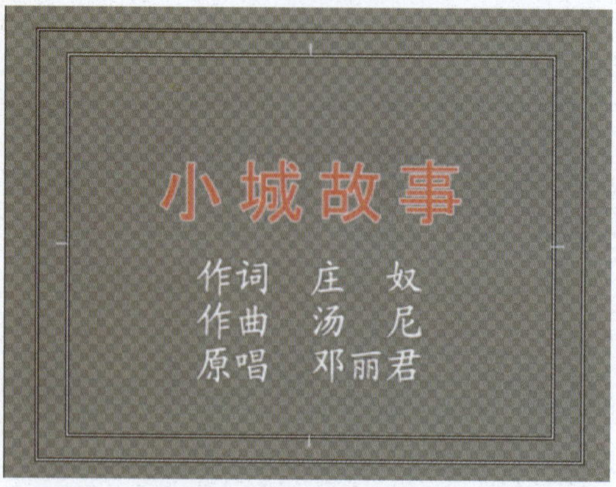

图 3—89　片头字幕

图 3—90　制作单位标志

（14）关闭字幕设置窗口，在时间线窗口中将当前时间指针定位到 0：24 位置。

（15）将“小城故事”字幕添加到“视频 2”轨道中，使其开始位置与当前时间指针对齐，长度为 7：06 秒。

（16）在效果窗口中展开“视频切换→划像”选项，将其中的“菱形”特技添加到“小城故事”字幕的起始位置，使标题逐步显现，将特技长度调整为 2 秒。

（17）在效果窗口中展开“视频切换→3D 运动”选项，将“翻转离开”特技添加到“小城故事”字幕的结束位置。

（18）在时间线窗口中将当前时间指针定位到 1：31：01 位置。

（19）将“重电影视”字幕添加到“视频 2”轨道中，使其开始位置与当前时间指针对齐，长度为 6 秒。

（20）在效果窗口中展开“视频切换→擦除”选项，将“划格擦除”特技添加到“重电影视”字幕的起始位置，使标题逐步显现，如图 3—91 所示。

（21）在效果窗口中展开“视频切换→划像”选项，将“开头划像”特技添加到“重电影视”字幕的结束位置，如图 3—92 所示。

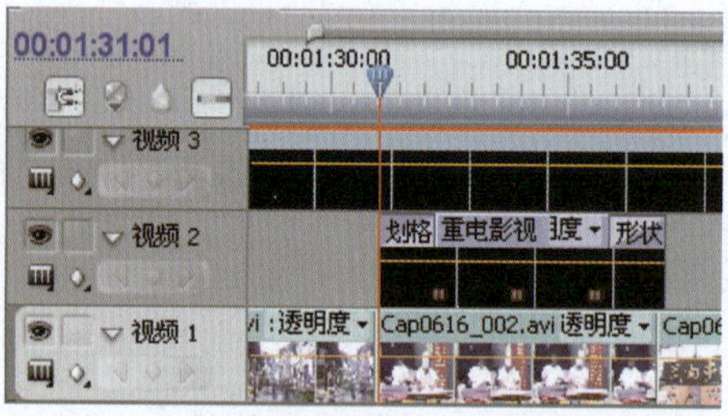

图 3—91　标志中间位置

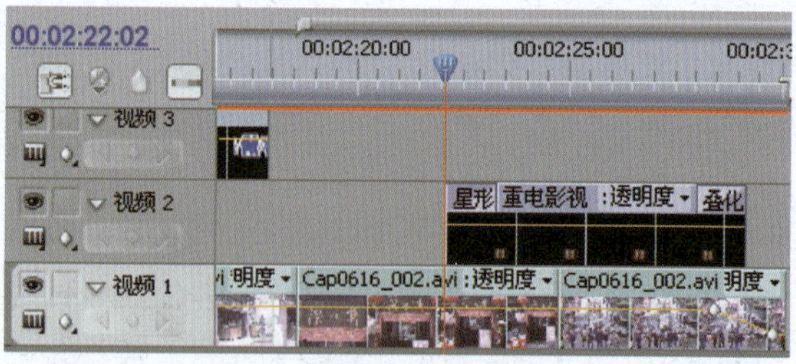

图 3—92　标志结束位置

（22）在时间线窗口中将当前时间指针定位到 2：22：02 位置。

（23）将“重电影视”字幕添加到“视频 2”轨道中，使其开始位置与当前时间指针对齐，长度为 7 秒。

（24）在效果窗口中展开“视频切换→划像”选项，将其中的“星形划像”特技添加到“重电影视”字幕的起始位置，使标题逐步显现。

（25）在效果窗口中展开“视频切换→叠化”选项，将其中的“叠化”特技添加到“重电影视”字幕的结束位置。素材在时间线上的排列，如图 3—93 所示。

（26）在节目监视器窗口中单击“播放”按钮进行预览，如果满意就可以将文件输出了。输出时可使用 Adobe Media Encoder 将文件编码为 MPEG1/2 文件，这样，一个包含变色字幕、翻唱歌曲音轨的 MPEG 文件就制作出来了，它可以很方便地刻录成 VCD 或 DVD。

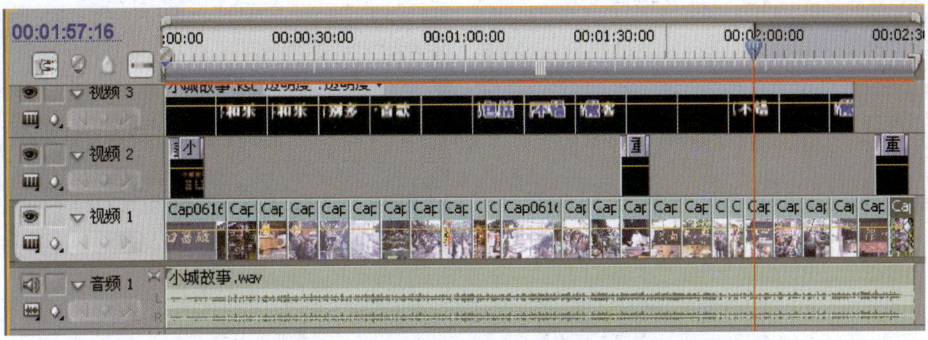

图 3—93　素材在时间线上的排列

实训 2　制作涠洲岛风光视频

涠洲岛位于广西北海市正南面 21 海里的海面上，距北海市区 36 海里，是中国最年轻的火山岛，也是广西最大的海岛。2011 年 5 月 16 日，传媒艺术系影视广告专业的学生到这里进行采风实训，现将采风时拍摄涠洲岛的美丽的风景视频编辑在一起，通过添加转场、添加标题字幕及音频等，可以制作出采风记录片宣传涠洲岛。

电视记录片解说词要注意解说与节目内容的贴切性，与其他电视表现手段的相融性，画面、音乐、效果声、字幕和解说词应组合为有机的整体。要处理好解说词与画面的关系，不必重复已展示的画面，说明画面没有或不可能说明的问题。考虑到电视观众需要时间消化、吸收、回味画面提供的信息，解说词要有较多的停顿和间歇。为确保解说与画面相配，可把解说词单独录下来，然后再与画面组合。项目参考操作步骤如下：

1. 导入素材

（1）启动 Edius，打开“新建工程”对话框，单击“新建预置”按钮，打开“工程设置”对话框，在“输出格式”中选择 720×576 25P over 50i 4：3，如图 3—94 所示，单击“确定”按钮。

（2）返回“新建工程”对话框，如图 3—95 所示，选择新建的工程设置，单击“开始”按钮，打开“工程名称设置”对话框，设置如图 3—96 所示。

（3）单击“确定”按钮，进入 Edius 的工作界面。

（4）按〈B〉键，打开根目录窗口按〈Ctrl＋O〉组合键或用鼠标右键单击根目录右边窗口空白处，打开“打开”对话框，选择本书配套素材中“项目 3\综合实训\涠洲岛风光\素材”目录下的素材：涠洲岛.mpg、9.jpg、11.jpg、14.jpg、44(1).jpg、46 (1).jpg、47(1).jpg、48(1).jpg、53(1).jpg、54(1).jpg、地质公园 1.jpg，如图 3—97 所示。

（5）单击“打开”按钮，将所选的素材导入到根目录窗口中。

（6）在根目录窗口双击“涠洲岛”素材，将其在录制窗口中打开，如图 3—98 所示。

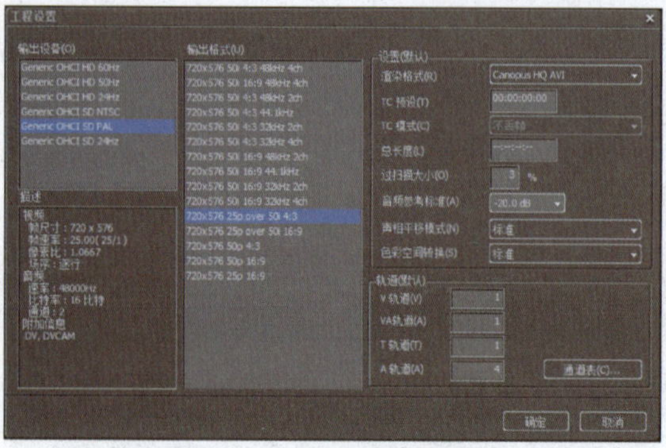

图 3—94 工程设置

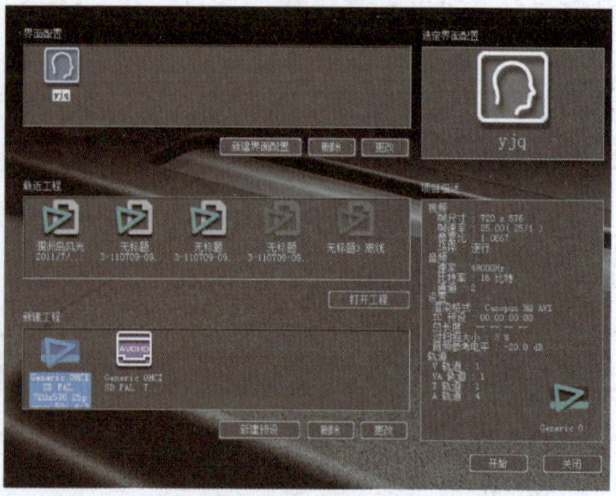

图 3—95 新建工程

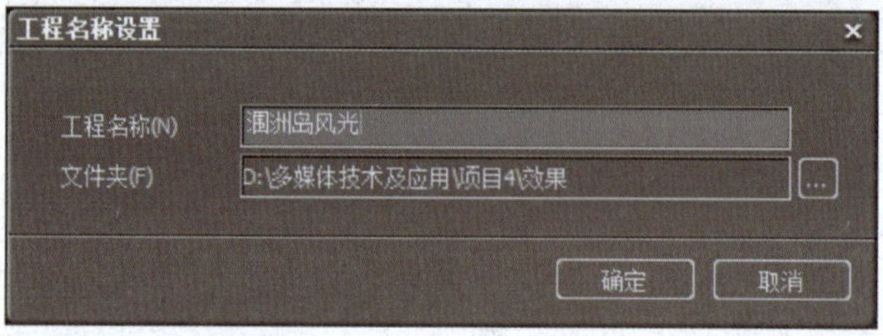

图 3—96 工程名称设置

图 3—97 导入

图 3—98 录制窗口

2. 片头制作

（1）在录制窗口中选择入点 34：25：11 及出点 34：33：07，将其拖到时间线的 2V 轨道上，并与起始位置对齐。

（2）单击“创建字幕”按钮，从弹出的快捷菜单中选择 TitleMotionPro 菜单项，打开 TitleMotionPro 字幕设计器，在字幕窗口中输入“涠洲岛风光”，参数设置如图 3—99 所示。

（3）单击“颜色/纹理”选项卡，设置文字的颜色为蓝色，如图 3—100 所示，字幕的最终效果如图 3—101 所示。

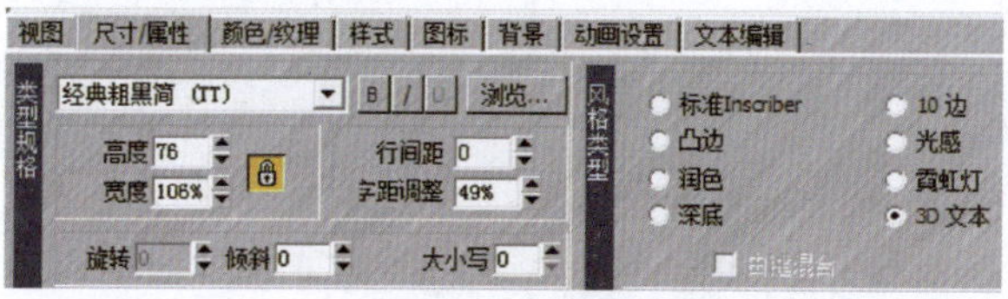

图 3—99　尺寸/属性设置

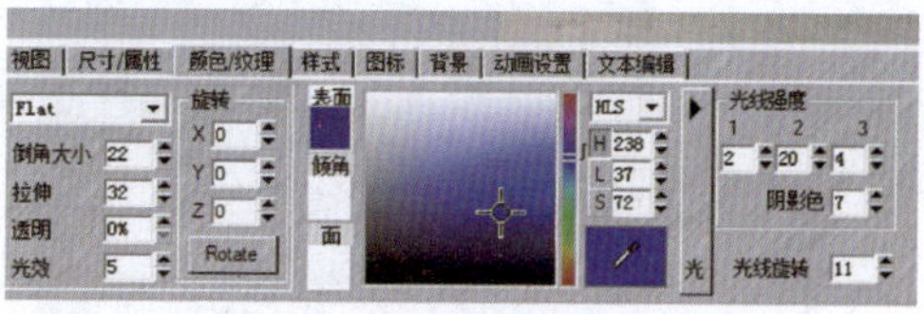

图 3—100　颜色/纹理设置

（4）单击“关闭”按钮，从弹出的“保存更改档案?”对话框中单击“是”按钮。

（5）将刚制作好的字幕拖到 1T 轨道上，与起始位置对齐，长度 4 秒 14，在特效窗口中选择“字幕混合→划像→向右划像”，拖到标题字幕的起始位置，并设置其长度为 1 秒。

（6）在特效窗口中选择“字幕混合→软划像→向左软划像”，拖到标题字幕的结束位置，并设置其长度为 1 秒，如图 3—102 所示。

图 3—101　字幕效果

图 3—102　字幕添加转场效果

3. 录音

（1）插入话筒，单击“切换同期声录音显示”按钮，打开“同期录音”对话框，如图 3—103 所示，单击“开始”按钮，5 秒钟之后，开始录音。

（2）录音完成，单击“关闭”按钮，打开“使用此波形文件?”对话框，如图 3—104 所示，如果录音不满意，则单击“否”按钮，重新录制，如果满意，则单击“是”按钮，使用此波形文件。

（3）录音时可以一次录制完成，也可以分段录制，本实训采用分段录制。将录制的音频分别命名为“涠洲岛位于广西”、“涠洲岛是火山”、“天主教堂”、“火山口”、“滴水丹屏”和“五彩滩”。

（4）如果录制的声音不均衡，可添加“特效→音频滤镜→音量电位与均衡”进行音量大小的调整。

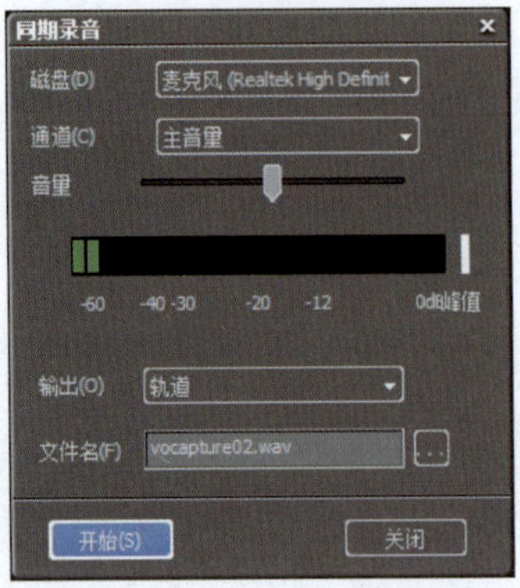

图 3—103　同期录音

图 3—104　“使用此波形文件?”对话框

4. 正片制作

第 1 部分： 涠洲岛的地理位置，通过剪辑成若干片段来完成解说词字幕等的制作。

(1) 将“涠洲岛位于广西 . wav”音频放置在 1A 轨道上，并与标题字幕的结束位置对齐。

(2) 在录制窗口中按照电视画面编辑技巧和声画对位原则，依次设置素材的入点和出点，并添加到时间线的 2V 轨道中，与前一片段对齐，具体设置如表 3—2 所示；在 2V 轨道的位置如图 3—105 所示。

表 3—2　　设置视频片段

视频片段序号	入　点	出　点
片段 1	33：22：24	33：27：01
片段 2	38：53：05	38：56：05
片段 3	27：10：18	27：12：18
片段 4	32：16：12	32：19：02
片段 5	32：43：14	32：48：10
片段 6	39：58：20	40：01：10
片段 7	2：09：03	2：11：21
片段 8	4：43：17	4：46：19
片段 9	17：19：22	17：25：14
片段 10	18：30：19	18：33：13
片段 11	18：24：02	18：28：12
片段 12	3：44：17	3：47：18
片段 13	35：54：24	35：58：18
片段 14	40：46：22	40：49：14
片段 15	37：41：10	37：47：21

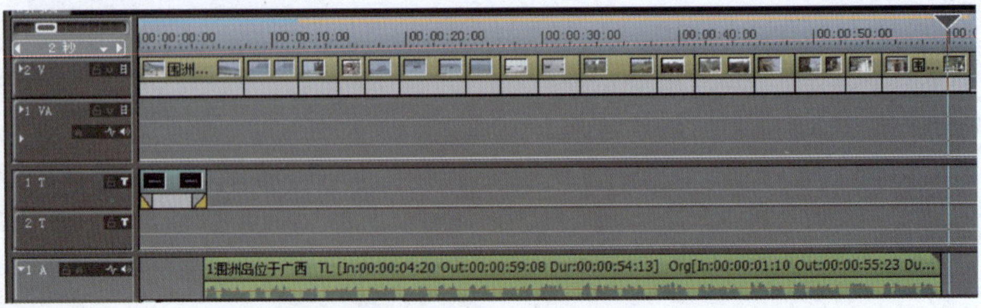

图 3—105　添加多个片段

（3）单击“创建字幕”按钮，从弹出的快捷菜单中选择 TitleMotionPro 菜单项，打开 TitleMotionPro 字幕设计器，将位置设置为（064,484），基线为 511。

（4）将解说词的第一句复制到其中，标点符号删除，在“尺寸/属性”选项卡中，设置“高度”为 35，字体为“经典粗黑简”。“尺寸/属性”选项卡设置如图 3—106 所示。

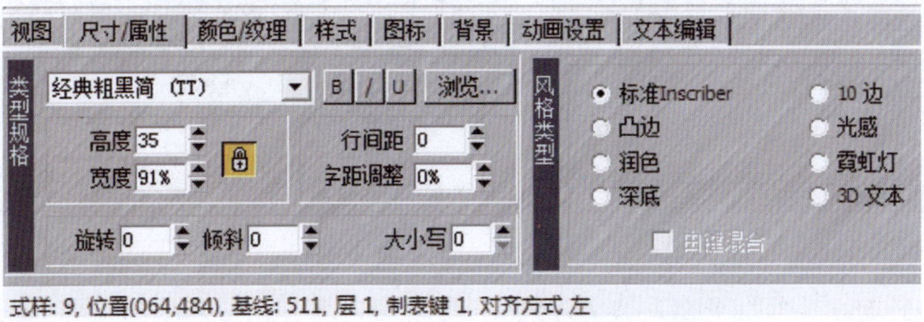

图 3—106　“尺寸/属性”选项卡

（5）给字幕加上轮廓和阴影，“颜色/纹理”选项卡设置如图 3—107 所示，字幕效果如图 3—108 所示。

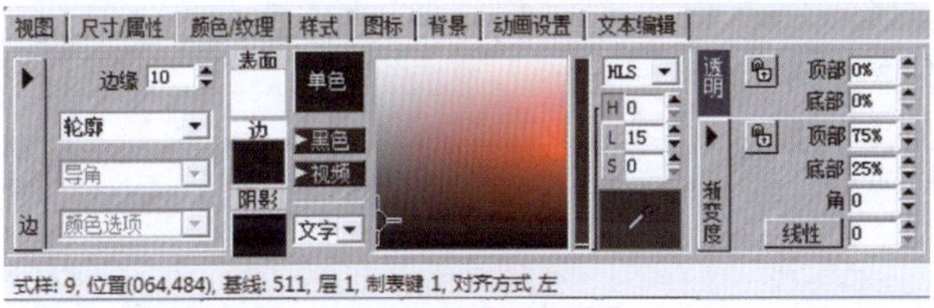

图 3—107　“颜色/纹理”选项卡

图 3—108　第一句字幕效果

（6）制作完一句字幕后，执行菜单命令“文件→另存并退出”，打开“另存为”对话框，在“名称”文本框内输入“1”，单击“确定”按钮。

本例解说词为“涠洲岛位于北部湾中部，广西壮族自治区北海市南方，是中国最大、地质年龄最年轻的火山岛。该岛北临广西北海市，东望雷州半岛，东南与斜阳岛毗邻，南与海南岛隔海相望，西边面向越南。涠洲岛南北方向的长度为 6.5 千米，东西方向宽 6 千米，总面积 24.74 平方千米，岛的最高海拔 79 米。涠洲岛上居住着 2000 多户人家，1.6 万多人口，其中 75%以上是客家人。”

（7）双击“1”，打开 TitleMotionPro 字幕设计器，将第二句字幕复制并覆盖第一句字幕，如图 3—109 所示。重复第（6）～（7）步，依此类推，直到第一部分解说词制作完成为止。

（8）将解说词“1”字幕添加到“1T”轨道中，使开始位置与标题结束位置对齐，并适当调节字幕的长度与解说词声音一致。

（9）将解说词“2～10”字幕依次添加到“1T”轨道中，使开始位置与前一段结束位置对齐，并适当调节字幕的长度与解说词声音一致，如图 3—110 所示。

图 3—109　第二句字幕效果

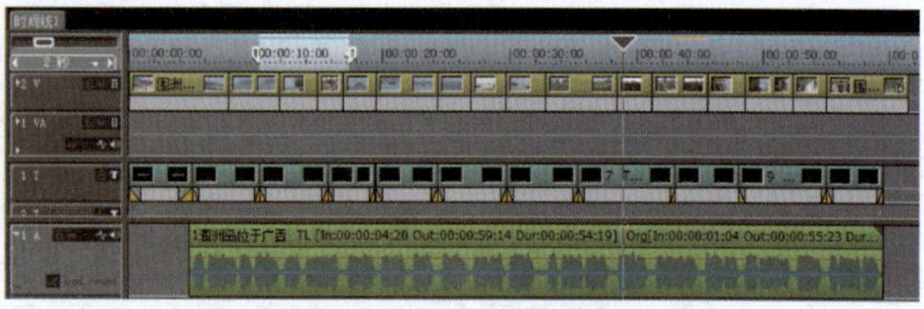

图 3—110　时间线窗口

（10）执行菜单命令“文件→保存工程”，保存项目文件，正片的第一部分制作完成。

第 2 部分： 涠洲岛的地貌，通过剪辑若干片段，完成解说词字幕等制作。

（11）将时间指针拖放到 1∶01∶01 位置，再将音频“涠洲岛是火山 . wav”拖放到时间线 1A 轨道上并与时间指针对齐。

（12）在录制窗口中按照电视画面编辑技巧和声画对位原则，依次设置素材的入点和出点，并添加到时间线的 2V 轨道中，与片段 16 的末端对齐，具体设置如表 3—3 所示，在 2V 轨道的位置如图 3—111 所示。

表 3—3　设置视频片段

视频片段序号	入　点	出　点
片段 17	30∶23∶04	30∶28∶12
片段 18	29∶38∶11	29∶40∶22
片段 19	28∶09∶20	28∶12∶00
片段 20	30∶02∶01	30∶06∶06
片段 21	1∶34∶13	1∶40∶17
14(位置)	1∶21∶21	1∶25∶00
片段 23	15∶27∶15	15∶33∶22
片段 24	24∶09∶22	24∶17∶22
片段 25	9∶25∶07	9∶27∶13
片段 26	22∶50∶19	22∶54∶13
片段 27	27∶03∶10	27∶06∶19
片段 28	27∶22∶13	27∶26∶14
44(1)	1∶51∶12	1∶54∶07
片段 30	34∶39∶08	34∶42∶20
片段 31	27∶40∶06	27∶47∶05
片段 32	31∶18∶22	31∶22∶06
片段 33	17∶43∶13	17∶48∶11
片段 34	13∶35∶09	13∶37∶24
41	2∶15∶15	2∶17∶19
54(1)	2∶17∶19	2∶19∶12
53(1)	2∶19∶12	2∶21∶13
11	2∶21∶13	2∶25∶21
片段 39	4∶14∶02	4∶17∶09

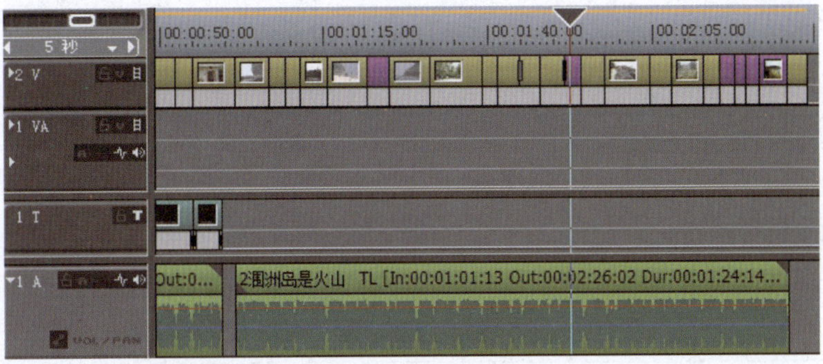

图 3—111　添加片段

（13）在效果窗口中展开“转场→2D”选项，将“滑动”特技添加到片段 26 与片段 27 之间，起到掩盖片段跳变转换作用。

（14）在效果窗口中展开“转场→2D”选项，将“淡化”特技添加到片段 28 与 29 之间，起到掩盖片段跳变转换作用。

（15）双击解说词“10”，打开 TitleMotionPro 字幕编辑器。将第二部分的第一句字幕复制并覆盖第一部分的最后一句字幕，标点符号删除。执行菜单命令“文件→另存并退出”，打开“另存为”对话框，在“名称”文本框内输入“11”，单击“确定”按钮。重复第(15)步，依此类推，直到第二部分的解说词制作完成为止。

本例解说词：“涠洲岛是火山喷发堆积而成的岛屿，有海蚀、海积及熔岩等景观，尤其南部的海蚀火山港湾更具特色。涠洲岛在 1994 年被评为省级旅游度假区。现在也是中国国家地质公园。

涠洲岛是中国最年轻的火山岛，也是广西最大的海岛。这里夏无酷暑，冬无严寒，是广西热量最丰富的地方。四周烟波浩淼，岛上植被茂密，风光秀美，尤以奇特的海蚀、海积地貌、火山熔岩及绚丽多姿的活珊瑚为最，素有南海“蓬莱岛”之称。涠洲岛与火山喷发堆积和珊瑚沉积融为一体，使岛南部的高峻险奇与北部的开阔平缓形成鲜明对比，其沿海海水碧蓝见底，海底活珊瑚、名贵海产瑰丽神奇，种类繁多。堪称人间天堂、蓬莱宝岛。”

（16）在时间线窗口中将当前时间指针定位到 1：01：01 位置。将解说词“11”字幕添加到 1T 轨道中，使其开始位置与当前时间指针对齐，并适当调节字幕的长度与解说词声音一致。

（17）将解说词“12～27”字幕依次添加到 1T 轨道中，使其开始位置与前一段结束位置对齐，并适当调节字幕的长度与解说词声音一致，如图 3—112 所示。

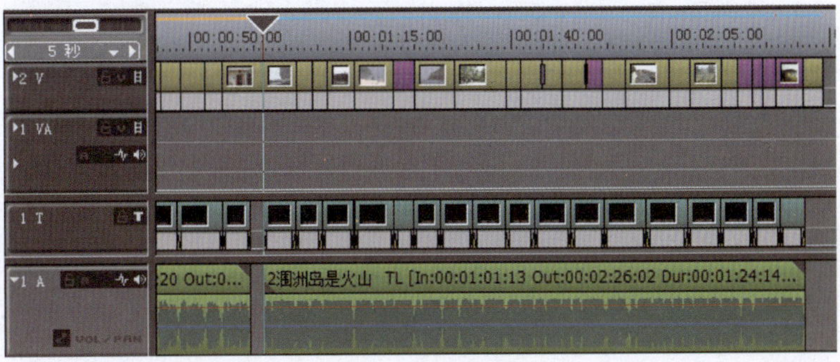

图 3—112　添加字幕

（18）执行菜单命令“文件→保存工程”，保存项目文件，正片的第 2 部分制作完成。

第 3 部分： 涠洲岛天主教堂，通过剪辑若干片段，完成解说词字幕等制作。

（19）将时间指针拖放到 2：29：09 位置，再将音频“天主教堂 . wav”拖放到时间线 1A 轨道上并与时间指针对齐。

（20）在录制窗口中按照电视画面编辑技巧和声画对位原则，依次设置素材的入点和出点，并添加到时间线的 2V 轨道中，与片段 39 的末端对齐，具体设置如表 3—4 所示，在 2V 轨道的位置如图 3—113 所示。

表 3—4　　设置视频片段

视频片段序号	入　　点	出　　点
片段 40	18：51：08	18：58：02
片段 41	19：04：15	19：11：01
片段 42	19：29：10	19：35：07
片段 43	19：44：02	19：49：02
片段 44	20：03：19	20：10：20
片段 45	20：16：01	20：22：19
片段 46	20：51：18	20：57：06
片段 47	19：56：03	20：01：17
片段 48	21：32：09	21：38：24
片段 49	38：24：20	38：29：17

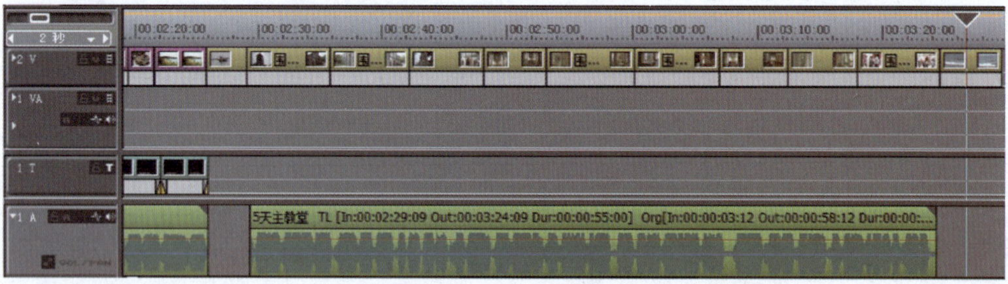

图 3—113　添加片段

（21）双击解说词“27”，打开 TitleMotionPro 字幕编辑器，将第三部分的第一句字幕复制并覆盖第二部分的最后一句字幕，标点符号删除。执行菜单命令“文件→另存并退出”，打开“另存为”对话框，在“名称”文本框内输入“28”，单击“确定”按钮。重复第(21)步，依此类推，直到第三部分的解说词制作完成为止。

本例解说词：“涠洲岛天主教堂是法国文艺复兴时期哥特式建筑，整个建筑群由教堂、男女修道院、医院、神父楼、育婴室等组成。当时还没有钢筋水泥，建筑材料全取自岛上的珊瑚、岩石、石灰拌海石花及竹木建造。一百多年来，涠洲岛天主教堂虽经历了无数风雨的冲刷，但仍保存完好。由于“文革”的扫“四旧”，除教堂和钟楼外，其余都已荡然无存了。迄今仍可供教徒们在教堂内弥撒祈祷和供后人观瞻。”

（22）在时间线窗口中将当前时间指针定位到 2：29：09 位置。将解说词“28”字幕添加到 1T 轨道中，使开始位置与当前时间指针对齐，并适当调节字幕的长度与解说词声音一致。

（23）将解说词“29～37”字幕依次添加到 1T 轨道中，使开始位置与前一段结束位置对齐，并适当调节字幕的长度与解说词声音一致，如图 3—114 所示。

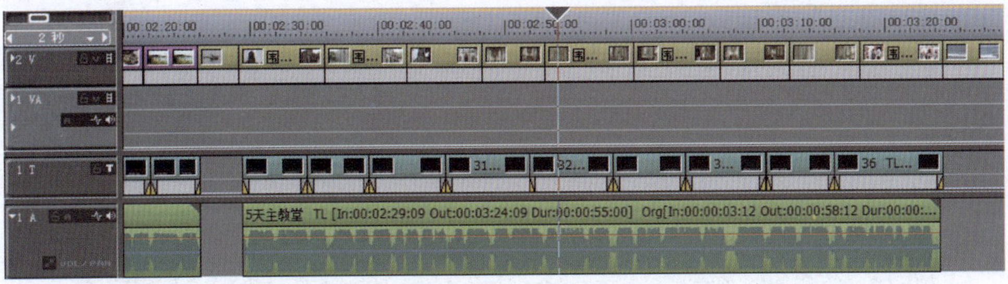

图 3—114 添加字幕

（24）执行菜单命令“文件→保存工程”，保存项目文件，正片的第3部分制作完成。

第4部分： 涠洲岛火山口，通过剪辑若干片段来完成解说词字幕制作。

（25）将时间指针拖放到3：29：19位置，再将音频“火山口.wav”拖放到时间线1A轨道上并与时间指针对齐。

（26）在源监视器窗口中按照电视画面编辑技巧和声画对位原则，依次设置素材的入点和出点，并添加到时间线的2V轨道中，与片段49的末端对齐，具体设置如表3—5所示，在“视频1”轨道的位置如图3—115所示。

表3—5 设置视频片段

视频片段序号	入 点	出 点
片段50	26：11：16	26：18：12
片段51	23：29：21	23：32：03
片段52	27：03：06	27：10：11
片段53	24：57：05	25：01：18
片段54	27：31：09	27：38：21
地质公园1	3：57：21	4：00：15
片段56	27：43：01	27：46：03
片段57	28：08：17	28：11：05
片段58	28：30：01	28：31：18
片段59	28：37：24	28：40：09
片段60	28：49：12	28：51：18
片段61	30：42：14	30：45：10
片段62	27：16：16	27：19：15
片段63	29：50：06	29：53：20
片段64	30：25：17	30：29：16
片段65	38：23：15	38：27：15
片段66	39：11：21	39：16：01
片段67	39：05：16	39：08：18
片段68	38：16：15	38：21：07
片段69	39：32：20	39：39：02

（27）双击解说词“37”，打开TitleMotionPro字幕编辑器，将第4部分的第一句字幕复制并覆盖第3部分的最后一句字幕，标点符号删除。执行菜单命令“文件→另存并退出”，打开“另存为”对话框，在“名称”文本框内输入“38”，单击“确定”按钮。重复第（27）步，依此类推，直到第4部分的解说词制作完成为止。

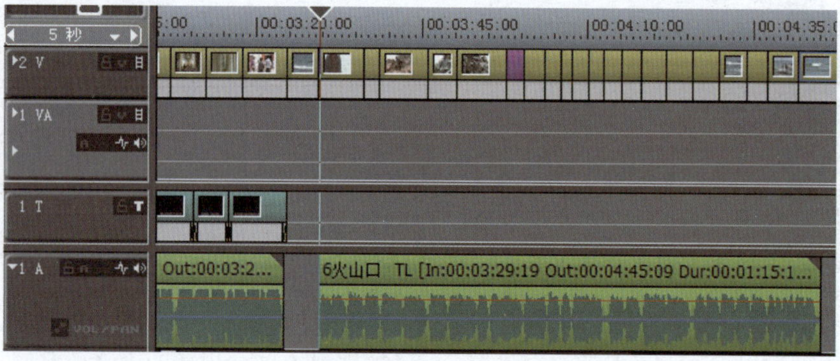

图 3—115　添加片段

本例解说词："火山口即火山喷发时的口子，在涠洲岛的西南边，在"鳄鱼"山脚下，因壮观的火山熔岩而出名，是涠洲岛上最主要的景区，2010 年 1 月 13 日，顺利通过了国家旅游局专家评审组审核评定，被国家旅游局评为国家 4A 级旅游景区。这里的火山岩石千姿百态，各种形状都有，奇妙极了，让人不得不感叹大自然的妙笔生花。火山口确实很美，岩层一层一层的，像关于火山喷发的科普书一样，在说着涠洲岛久远的故事。有风的时候，一浪涌着一浪，扑到岸边的岩石上腾起高高的白花，发出"轰轰"的响声。蓝天、白云、岩石、巨浪交相辉映，美不胜收。"

(28) 在时间线窗口中将当前时间指针定位到 3：29：19 位置。将解说词"38"字幕添加到 1T 轨道中，使其开始位置与当前时间指针对齐，并适当调节字幕的长度与解说词声音一致。

(29) 将解说词"39～51"字幕依次添加到 1T 轨道中，使其开始位置与前一段结束位置对齐，并适当调节字幕的长度与解说词声音一致，如图 3—116 所示。

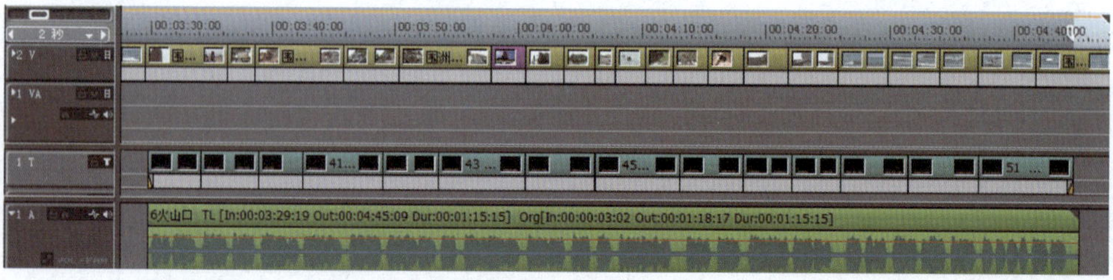

图 3—116　添加字幕

(30) 执行菜单命令"文件→保存工程"，保存项目文件，正片的第 4 部分制作完成。

第 5 部分： 涠洲岛滴水丹屏，通过剪辑若干片段来完成解说词字幕等制作。

(31) 将时间指针拖放到 4：48：01 位置，再将音频"火山口 . wav"拖放到时间线 1A 轨道上并与时间指针对齐。

(32) 在源监视器窗口中按照电视画面编辑技巧和声画对位原则，依次设置素材的入点和出点，并添加到时间线的 2V 轨道中，与片段 67 的末端对齐，具体设置如表 3—6 所示。

表 3—6　设置视频片段

视频片段序号	入　点	出　点
片段 68	3：56：08	4：01：05
片段 69	3：26：20	3：34：22
片段 70	3：44：13	3：46：21

续前表

视频片段序号	入　点	出　点
片段 71	2：46：21	2：49：24
片段 72	1：30：08	1：34：16
片段 73	1：17：17	1：23：08
片段 74	4：20：17	4：26：24
片段 75	35：40：00	35：49：02

(33) 双击解说词“51”，打开 TitleMotionPro 字幕编辑器，将第 5 部分的第一句字幕复制并覆盖第 4 部分的最后一句字幕，标点符号删除。执行菜单命令“文件→另存并退出”，打开“另存为”对话框，在“名称”文本框中输入“52”，单击“确定”按钮。重复此步骤操作，直到第 5 部分的解说词制作完成为止。

本例解说词：“滴水丹屏在涠洲岛滴水村南岸边，原名滴水岩。绝壁上部绿树成荫，壁上层间裂隙常有水溢出，一点点往下滴，如朱帘垂挂。滴水丹屏的海滩非常不错，靠近水边的沙子很细腻，中间铺满了碎珊瑚，再往岸边就是松树林。在这里游泳的人很多，他们在海里随着海浪的涌动时而跳跃，时而漂浮。”

(34) 在时间线窗口中将当前时间指针定位到 4：48：01 位置。将解说词“52”字幕添加到 1T 轨道中，使其开始位置与当前时间指针对齐，并适当调节字幕的长度与解说词声音一致。

(35) 将解说词“53～59”字幕添加到 1T 轨道中，使其开始位置与当前时间指针对齐，并适当调节字幕的长度与解说词声音一致，如图 3—117 所示。

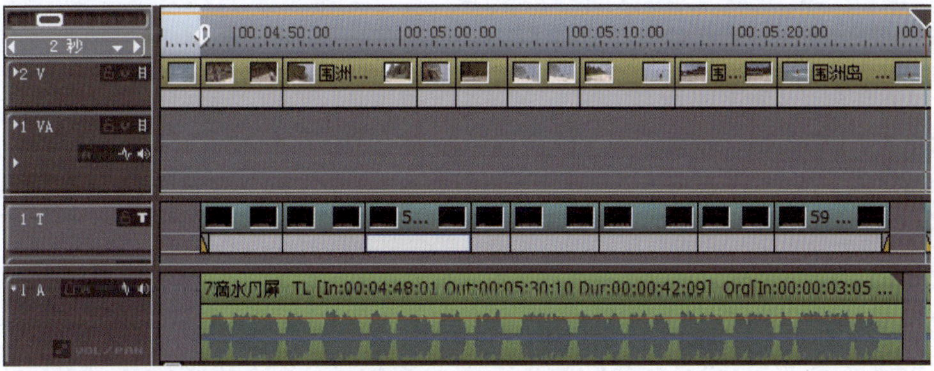

图 3—117　添加字幕

(36) 执行菜单命令“文件→保存”，保存项目文件，正片的第五部分制作完成。

第 6 部分： 涠洲岛五彩滩，通过剪辑若干片段、制作解说词字幕等完成。

(37) 将时间指针拖放到 5：31：19 位置，再将音频“火山口 . wav”拖放到时间线 1A 轨道上并与时间指针对齐。

(38) 在源监视器窗口中按照视频编辑和声画对位原则，依次设置素材的入点和出点，并添加到时间线的 2V 轨道中，与片段 75 的末端对齐，具体设置如表 3—7 所示。

表 3—7　设置视频片段

视频片段序号	入　点	出　点
片段 76	5：42：07	5：54：11
片段 77	5：54：13	5：58：05

续前表

视频片段序号	入 点	出 点
片段 78	11：58：22	12：02：12
片段 79	9：39：01	9：42：24
片段 80	16：38：13	16：41：19
片段 81	16：24：06	16：28：05
片段 82	9：03：14	9：09：08
片段 83	10：32：05	16：36：14
片段 84	11：07：16	11：12：01
片段 85	14：47：11	14：49：23
片段 86	11：19：01	11：22：08
9	6：13：01	6：15：03
片段 88	12：25：09	11：29：11
46（1）	6：19：05	6：24：04
47（1）	6：24：04	6：27：10
48（1）	6：27：10	6：29：22
片段 92	15：34：24	15：37：06
片段 93	12：48：02	12：50：13
片段 94	38：22：07	38：29：14

（39）双击解说词“59”，打开 TitleMotionPro 字幕编辑器，将第 6 部分的第一句字幕复制并覆盖第 5 部分的最后一句字幕，标点符号删除。执行菜单命令“文件→另存并退出”，打开“另存为”对话框，在“名称”文本框内输入“60”，单击“确定”按钮。重复第（38）步，以此类推，直到第 6 部分的解说词制作完成为止。

本例解说词：“五彩滩，原名芝麻滩，是因沙滩上有许多像芝麻一样的黑色的小石粒而出名。退潮后的芝麻滩格外漂亮，巨大的火山岩石一层一层的，在阳光的照射下特别的壮观。大片大片的火山熔岩裸露出来，特别的宽阔。许多地方虽然海水退了，但还是留下了大片的一洼洼水，在蓝天的映射下，一洼一洼的水在视线中也变成了蓝色，与裸露的岩石一起，很是迷人。远处蓝蓝的天和蓝蓝的海水成了一色，白白的云点缀蓝蓝的天，让天空更生动；海水时而很温柔地亲吻着火山岩石，时而遇到岩石便跳跃起来，飞溅成白色美丽的浪花。”

（40）在时间线窗口中将当前时间指针定位到 5：31：19 位置。将解说词“60”字幕添加到 1T 轨道中，使其开始位置与当前时间指针对齐，并适当调节字幕的长度与解说词声音一致。

（41）将解说词“61～73”字幕添加到 1T 轨道中，使其开始位置与当前时间指针对齐，并适当调节字幕的长度与解说词声音一致，如图 3—118 所示。

（42）最后删除自动添加的字幕特技。

（43）执行菜单命令“文件→保存工程”，保存项目文件，正片的第六部分制作完成。

5. 片尾制作

片尾制作的步骤如下：

（1）给片尾滚动字幕添加一个背景，选择片段为 31：54：36～31：58：14 和 32：53：10～33：01：05 添加到 2V 视频轨道上并与片段 94 对齐。

（2）单击时间线窗口上的“创建字幕”按钮，从弹出的快捷菜单中选择 Quick Titler 菜单项，在指定字幕轨道的时间线指针位置上添加字幕，打开字幕编辑器窗口，编辑界面右侧的“背景属性”，在“字幕类型”的下拉列表中选择“滚动（上滚）”，如图 3—119 所示。

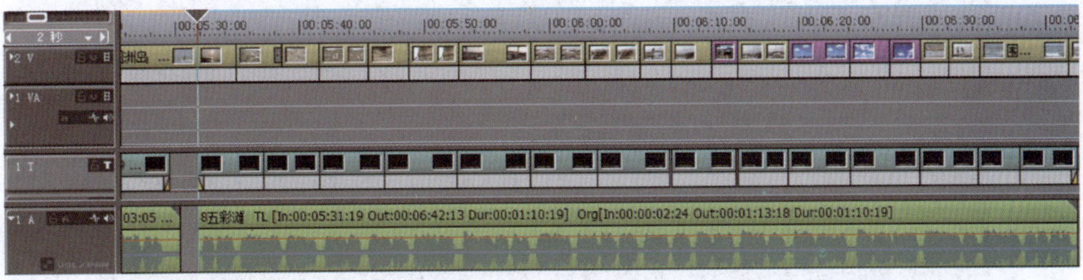

图 3—118 添加字幕

图 3—119 字幕编辑器窗口

（3）为了方便多行字幕的制作，可以将 TXT 格式的文本内容直接导入到编辑窗口中。执行菜单命令“插入→文本→文件”，在“打开”对话框中找到所需要的文本文件。

（4）可以看到文字已经被导入到编辑窗口中，一般情况下默认的字体都比较大，在界面右侧的“文字属性”设置窗口中，找到“字体”设置项目，在字体选项的下拉列表中选择所需要的字体，在大小选项列表中选择所需的字体大小。向上找到设置窗口的“变换”选项，调节“字距”后的滑块，设置所需的文字间距，单击界面左侧工具栏中的“水平居中”按钮，完成文字框的水平居中定位，如图 3—120 所示。

（5）单击“关闭→是”按钮，关闭字幕窗口，字幕已被添加到时间线中，删除自动添加的字幕特技，通过更改字幕的持续时间（12 秒）调节字幕上滚的速度。

（6）用鼠标右键单击 1T 轨道名称区域，从弹出的快捷菜单中选择“添加→添加到后面”菜单项，打开“添加轨道”对话框，默认数量设置，单击“确定”按钮，添加 2T 轨道。

（7）将时间线指针放置到需要添加字幕的位置（9 秒），单击时间线工作栏中的“创建字幕”按钮 T，从弹出的快捷菜单中选择“在 T2 轨中添加字幕”菜单项，此时自动在时间线指针位置添加一段字幕并进入字幕编辑器。

（8）在编辑窗口输入制作单位及制作年月日，在字体选项的下拉列表中选择所需的字体，在尺寸选项列表中选择所需的字体大小，如图 3—121 所示。

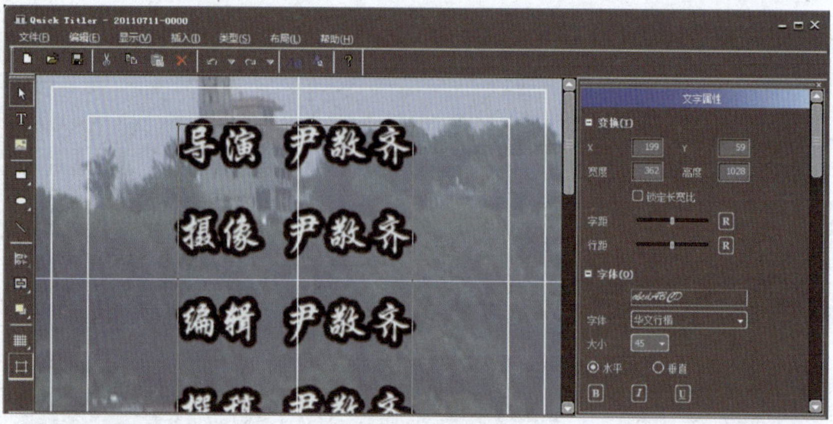

图 3—120 滚动字幕

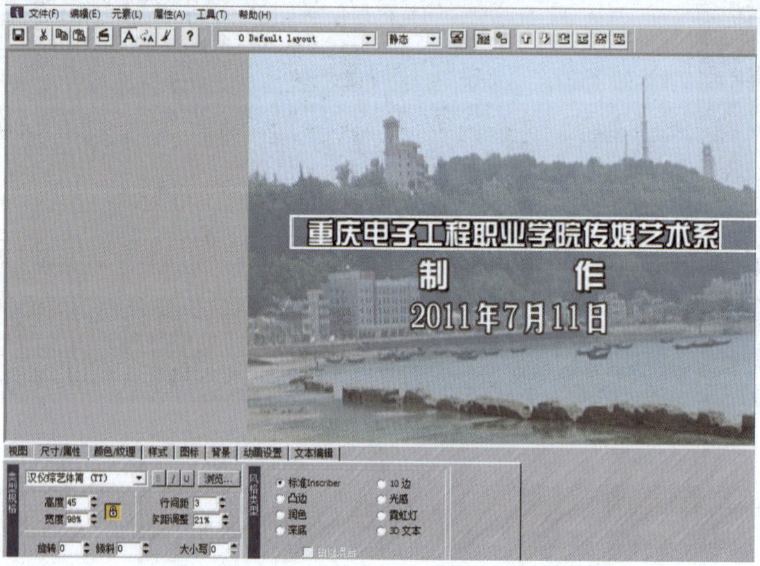

图 3—121 静态字幕

（9）单击“关闭→是”按钮，关闭字幕窗口，字幕已被添加到时间线中，删掉自动添加的字幕特技，通过更改字幕的持续时间（6 秒）调节字幕的持续时间。

（10）展开“特效→字幕混合→飞像”，将“向上飞入”拖曳到静态字幕的入点，调节其长度为 2 秒，如图 3—122 所示。

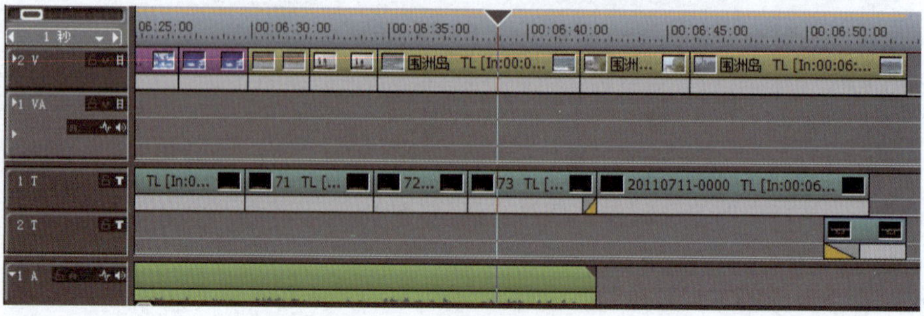

图 3—122 字幕时间线位置

（11）预演影片，可以对字幕中不合适的地方进行调整，直到满意。

6. 加入音乐

加入音乐的步骤如下：

（1）按〈B〉键，双击根目录窗口，按住〈Ctrl〉键，选择“月光小夜曲”、“绿岛小夜曲”和“爱的礼物”，单击“打开”按钮。

（2）在根目录窗口中将“月光小夜曲”拖到录制器窗口，分别将0：24和2：28：20设置为入点和出点。

（3）将时间指针定位在0位置，选择2A轨道，单击录制窗口中的“覆盖到时间线”按钮，加入音乐。

（4）单击2A轨道左边的小三角形按钮，展开2A轨道，单击按钮，在5：02、5：07和2：25：15的位置上单击，加入关键帧。

（5）拖5：07和2：25：15的关键帧到下一点位置，实现音频的音量减小。

（6）拖2：27：12的关键帧到最低处，实现声音的淡出，如图3—123所示。

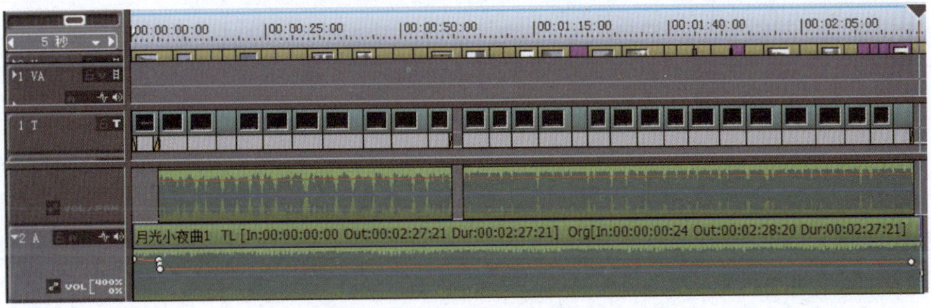

图3—123 添加并调整背景音乐

（7）在根目录窗口中将“绿岛小夜曲”拖到录制窗口，分别将0和2：18：23设置为入点和出点。

（8）将其拖到2A轨道中，与前一音频的结束点对齐，加入音乐。

（9）在2：29：09和4：42：09的位置上单击，加入两个关键帧。

（10）拖2：29：09和4：42：09的关键帧到下一点位置，实现音频的音量减小。

（11）拖起始点和结束点的关键帧到最低处，实现声音的淡入、淡出，如图3—124所示。

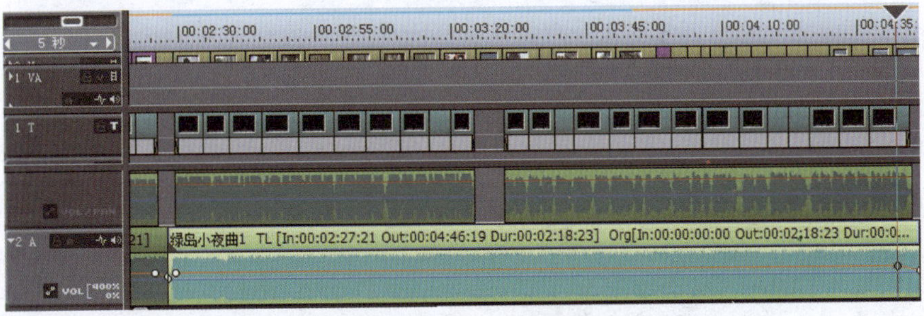

图3—124 添加并调整背景音乐

（12）在根目录窗口将“爱的礼物”拖到录制窗口，分别将0和2：06：21设置为入点和出点。

(13) 将其拖到 2A 轨道，与前一音频的结束点对齐，加入音乐。

(14) 在 4：48：14 和 6：50：01 的位置上单击，加入两个关键帧。

(15) 拖 4：48：14 和 6：50：01 的关键帧到下一点位置，实现音频的音量减小。

(16) 拖起始点和结束点的关键帧到最低处，实现声音的淡入、淡出，如图 3—125 所示。

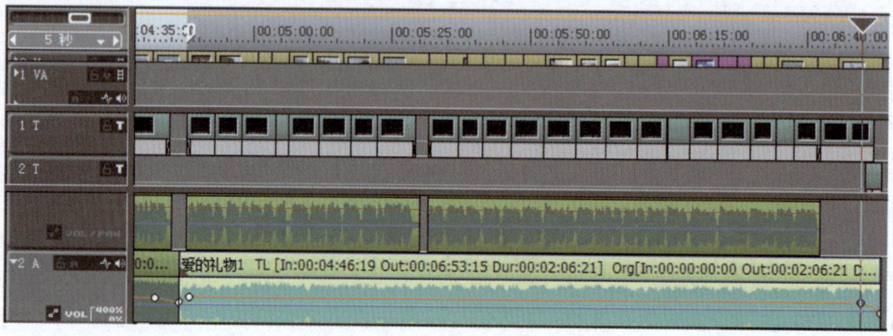

图 3—125　添加并调整背景音乐 2

7. 输出 DVD 文件并刻录

输出 DVD 文件并刻录的步骤如下：

(1) 单击“输出”按钮，从弹出的快捷菜单中选择“输出到文件”菜单项。

(2) 打开“选择、出插件”对话框，在输出器中选择“Canopus ProCoder Express For EDIUS Wizard”选项，单击“确定”按钮。

(3) 打开“Use the Wizard or Select a History Enter”对话框，选择“Use the ProCoder Express for EDIUS Wizard to Select a tar”单选按钮，单击“Next”按钮。

(4) 打开“Select Target”对话框，选择“DVD”单选按钮，单击“Next”按钮，如图 3—126 所示。

(5) 打开“DVD Format”对话框，选择“PAL”单选按钮，单击“Next”按钮。

(6) 打开“DVD File Type”对话框，选择“VOB to burn directly to DVD”单选按钮，单击“Next”按钮。

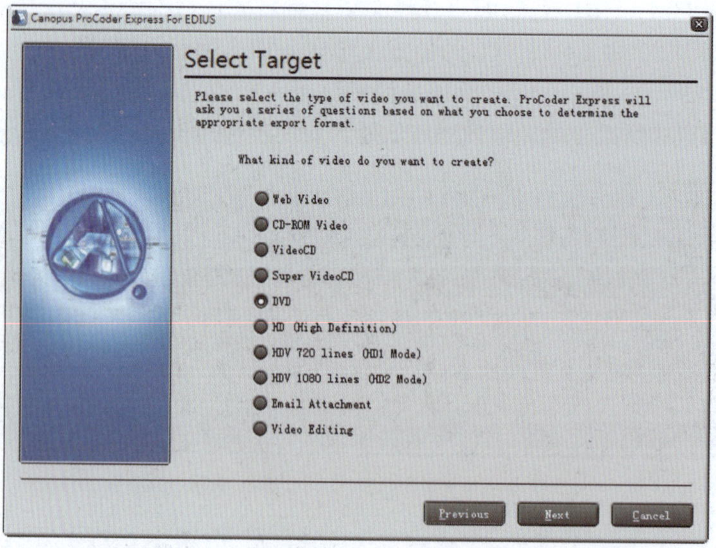

图 3—126　选择目标

（7）打开“DVD Encoding selection”对话框，选择“Constant bitrate（CBR）”单选按钮，单击“Next”按钮。

（8）打开“DVD Duration”对话框，选择“60 minutes”单选按钮，单击“Next”按钮。

（9）打开“DVD Optimization”对话框，选择“Optimize for quality”单选按钮，单击“Next”按钮。

（10）打开“Saving Your File”对话框，选择保存文件的文件夹和名称，单击“Next”按钮，如图 3—127 所示。

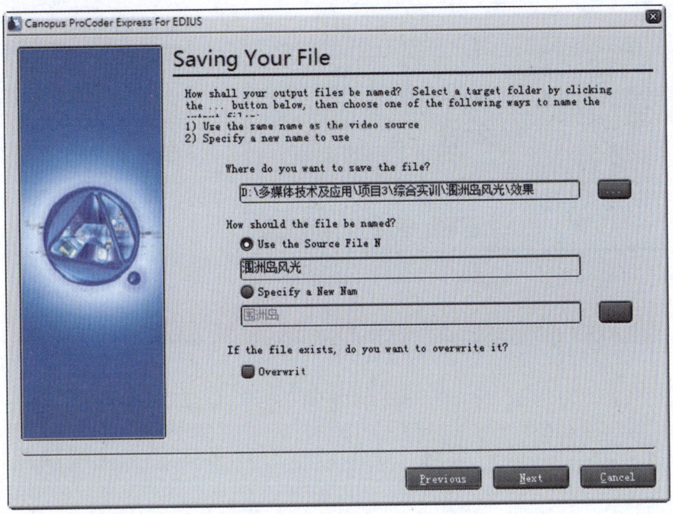

图 3—127　保存你的文件

（11）打开“Job Summary”对话框，如果格式不对，可单击“Advanced Output Settings”按钮，进入“Config”对话框进行设置，完成后单击“Close”按钮，单击“Convert”按钮。

（12）打开“Canopus ProCoder Express EDIUS”对话框，经过一段时间完成转换。

（13）打开“DVD BURNER”对话框，插入“DVD”空白光盘，单击“Next”按钮，如图 3—128 所示。

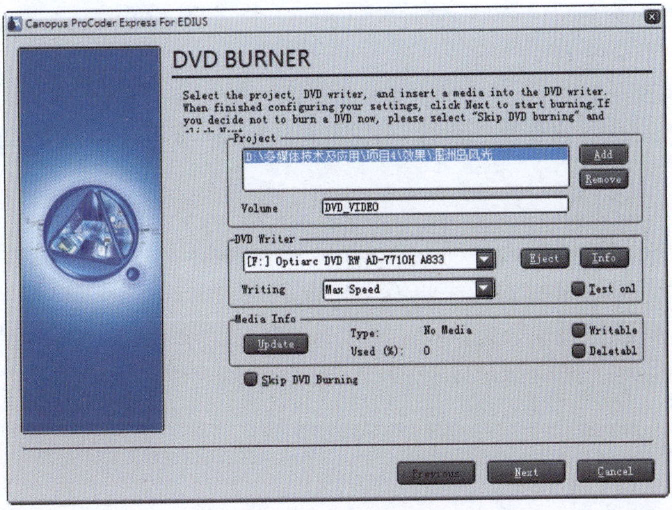

图 3—128　DVD 刻录

(14) 打开"DVD Burning Progress"对话框，开始刻录，如图 3—129 所示。刻录完成后，打开"Delete Source"对话框，如图 3—130 所示，单击"Yes"按钮。

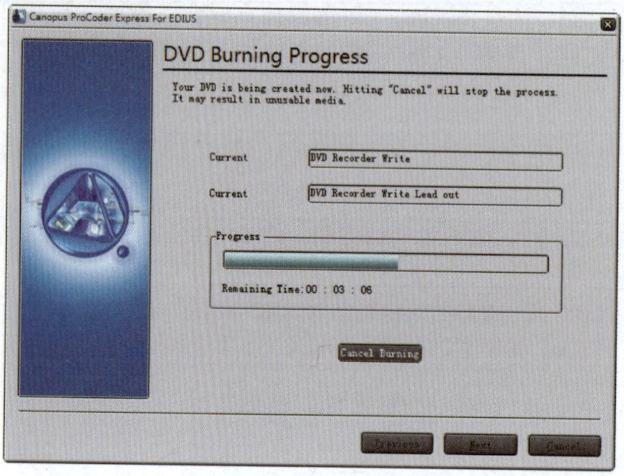

图 3—129 DVD 刻录过程

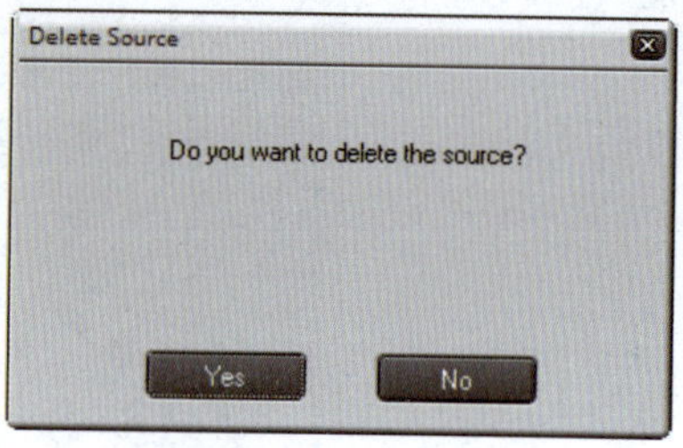

图 3—130 Delete Source

(15) 打开"Conversion Finished"对话框，单击"Finish"按钮，刻录结束。

项目小结 3

体会与评价：完成这个项目后得到什么结论？有什么体会？完成项目评价表，如表3—8所示。

表 3—8 综合实训项目

项目	内容	评价标准	得分	结论	体会
1	卡拉 OK	5			
2	涠洲岛视频	5			
	总评				

课后拓展实训 3

1. 制作卡拉 OK 歌曲

题目： 制作一个卡拉 OK 歌曲

规格： 窗口比例为 720×576，时间为一首歌的长度。

要求： 运用 Audition 制作翻唱歌曲、KBuilder Tools 制作卡拉 OK 字幕、Premiere 编辑视频合成卡拉 OK 歌曲。

2. 制作记录片

题目： 制作一个记录片

规格： 窗口比例为 720×576，时间为 5 分钟。

要求： 由学生自己拍摄视频素材，运用 Edius 制作简单片头、编辑视频、添加字幕、配音、制作滚动字幕片尾，最后刻录成 DVD 光盘。

习题 3

一、选择题

1. 视频采集卡支持多种视频源输入，下列哪些是视频采集卡支持的视频源？(　　)

A. 放像机　　B. 摄像机　　C. 影碟机　　D. CD-RW

2. 关于PAL制式影片帧速率的正确说法是（　　）。

A. 24fps　　B. 25fps　　C. 29.97fps　　D. 30fps

3. Premiere编辑的最小时间单位是（　　）。

A. 帧　　B. 秒　　C. 毫秒　　D. 分钟

4. 我国普遍采用的视频制式为（　　）。

A. PAL制　　B. NTSC制　　C. SECAM制　　D. 其他制式

5. Alpha通道是指在（　　）位真彩色基础上加上8位灰度通道。

A. 8　　B. 16　　C. 24　　D. 32

6. PAL制式帧尺寸为（　　）。

A. 720像素×576像素　　B. 640像素×480像素

C. 320像素×288像素　　D. 576像素×720像素

7. 构成动画的最小单位为（　　）。

A. 秒　　B. 画面　　C. 时基　　D. 帧

8. 项目窗口主要用于管理当前编辑中需要用到的（　　）。

A. 素材片段　　B. 工具　　C. 效果　　D. 视频文件

9. 效果控制窗口不用于控制素材的（　　）。

A. 运动　　B. 透明　　C. 切换　　D. 剪辑

10. 下面哪个选项不是导入素材的方法？（　　）

A. 执行菜单命令“文件→导入”或直接使用该菜单的快捷键〈Ctrl+I〉

B. 在项目窗口中的任意空白位置单击右键，从弹出的快捷菜单中选择“导入”菜单项

C. 直接在项目窗口中的空白位置双击即可

D. 在浏览器中拖入素材

11. 下面哪个选项可以改变播放长度？（　　）

A. 在时间线窗口中直接拖动素材

B. 更改素材的“持续时间”

C. 更改素材的“速度”

D. 更改“编辑→参数→常规”中的“静帧图像默认持续时间”

12. 默认情况下，为素材设定入点、出点的快键是（　　）。

A. I和O　　B. R和C　　C. ＜和＞　　D. ＋和－

13. 使用“缩放工具”时按（　　）键，可缩小显示。

A. Ctrl　　B. Shift　　C. Alt　　D. Tab

二、简答题

1. 为什么要对数字视频进行压缩？

2. 数字视频为什么可以压缩？

3. 什么是M-JPEG压缩？

4. 常见的数字视频格式有哪些？

5. 什么是视频卡？市场常见的视频卡有哪些？

项目 4　Flash 动画的制作

技能目标及知识目标

能应用 Flash 进行动画制作，使用 Flash 软件进行逐帧动画、形状补间动画、运动补间动画及脚本动画的制作。

了解 Flash 动画的基本概念，了解 Flash 的工作环境。

掌握 Flash 文字动画的制作。

掌握形状补间动画的制作，了解逐帧动画的制作。

掌握脚本动画的制作。

课前导读

动画是一幅幅静态图像的连续播放，也是一种重要媒体。用二维动画来表达某个事物更容易确认。我们把 Flash 动画当做一个任务。

某个事物用语言很难表达清楚，又没有视频和图像时，可以用动画来实现。我们可以将 Flash 动画分成几个任务来处理，第一个任务是认识 Flash 动画软件，第二个任务是制作 Flash 动画，第三个任务是完成 2 个项目实训。

任务 4.1　认识 Flash 动画软件

问题的情景及实现

Flash 是美国 Adobe 公司出品的集矢量图形编辑、动画创作和交互设计三大功能于一身的专业软件，主要应用于网页设计和多媒体创作等领域。主要完成对 Flash 动画的认识。

利用该软件制作的矢量图和动画具有以下特点：

- 文件尺寸小，特别适合网页设计。
- 由于是矢量图形，因此能无损放大，这是与点阵图形最大的区别。
- 有独特的过渡动画变形效果，比 GIF 动画更逼真。
- 有很强的用户交互功能。

- 以时间线为基础的动画编制和播放。
- 支持 Alpha 通道编辑。
- 采用信息流传送方式，可边下载边播放。

4.1.1　Flash 的基本概念

在创建和编辑动画时，常用到矢量图、位图、场景、层、帧和动画等术语，下面对其进进说明。

1. 矢量图和位图

根据显示原理的不同，计算机中的图形可以分为矢量图形和位图图形。

(1) **矢量图**是由计算机根据矢量数据计算后绘制而成的，它由线条和色块组成，其特点如下：

- 文件的大小与图形的复杂程度有关，但是与图形的尺寸无关。
- 图形的显示尺寸可以进行无极限缩放，缩放程度不影响图形的显示精度和效果。

(2) **位图**是由计算机显示器上的行扫描和列扫描点阵组成的，每个扫描点可以独立显示不同的色彩，其特点如下：

- 文件的大小由图形的尺寸和色彩深度来决定。
- 在同一分辨率下，图形的显示尺寸固定不变。

当图形的复杂程度不是很大时，采用矢量图形可以减少文件的大小，并且可以进行极限缩放。

2. 场景

场景是用于绘制、编辑和测试动画的地方，一个场景就是一段相对独立的动画。一个 Flash 动画，可以由一个场景组成，也可以由多个场景组成。若一个动画有多个场景，动画会按场景的顺序播放，若要改变动画的播放顺序可在场景中使用交互功能。

3. 层

层主要用于制作复杂 Flash 动画时，绘制图形、创建元件和动画片段等。在时间轴中动画的每一个动作都放置在一个 Flash 图层中，每层都包含一系列的帧，各层中帧的位置一一对应。Flash 中的图层与 Photoshop 和 CorelDraw 软件的图层功能一样。

4. 帧

帧是构成 Flash 动画的基本单位。每帧都对应动画的相应动作（如图形、音频、素材元件及嵌入对象）。在时间轴中，帧用时间轴上的小方格表示。Flash 中有三种帧：

关键帧（Key Frame）是指动画表演过程中具有关键性内容的帧，以一个黑色的实心小圆点来表示。

过渡帧（Frame）是两个关键帧之间或者关键帧与空帧之间的帧，以灰色表示，多增加一些过渡帧，可以使动画播放的时间长一些。

空帧（Blank Key Frame）中空无一物，从字面意思来理解的话，就是“空白关键帧”。

5. 动画

按 Flash 动画的制作方法和生成原理，可将 Flash 动画分为逐帧动画和渐变动画两种。

(1) **逐帧动画**由位于时间轴上同一层的一个连续的关键帧序列组成。每个关键帧都可独立编辑，并且在相邻关键帧中的图形变化不大。因此在播放时，因每个帧的内容不同而产生动画效果。利用逐帧动画，可以做出任意的动画效果，但每个关键帧中的内容都要手动编辑，因此工作量很大，而且作品文件也很大。除制作特殊的效果外，一般不用逐帧动画。

(2) 渐变动画。与逐帧动画相比**渐变动画**的渐变过程更连贯，文件更小且操作更方便。制作渐变动画时，只需建立动画片段的第一个关键帧画面和最后一个关键帧画面即可，中间的动作由 Flash 软件自动完成。

渐变动画又分为变形动画、移动渐变及颜色渐变等多种动画。

6. 交互

一个交互是由一个事件和引发的响应动作组成的，事件是产生交互的原因（如播放到时间轴上的指定帧或单击某个按钮），而响应是交互的结果或目的（如停止或继续动画的播放、跳转到另外一个场景等）。在 Flash 中可设置的交互操作有按钮操作、键盘按键交互、表单交互、弹出式菜单、下拉菜单、命令菜单和下拉列表框等。

4.1.2 Flash 的工作环境

第一次打开 Flash 时，所见到的是一个全新的界面。现在我们先来了解 Flash 的整个操作界面，如图 4—1 所示。

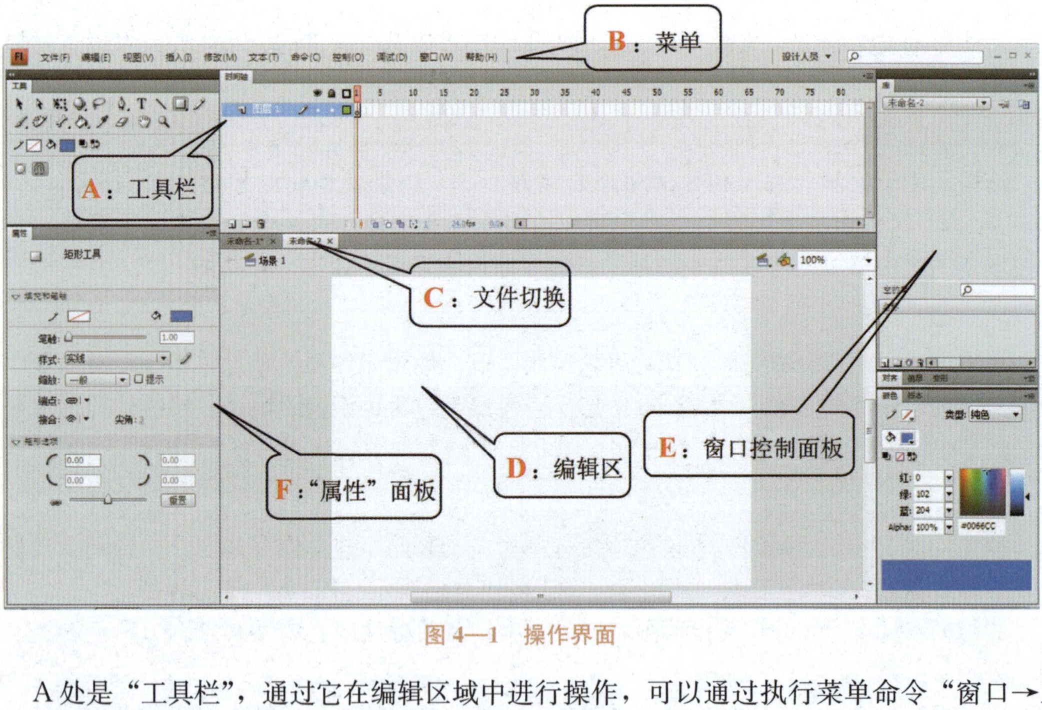

图 4—1　操作界面

A 处是“工具栏”，通过它在编辑区域中进行操作，可以通过执行菜单命令“窗口→工具”，或使用快捷键〈Ctrl+F2〉打开，如图 4—2 所示。“主工具栏”里面包含许多常用工具的快捷按钮，如“打开”、“保存”等，可以通过执行菜单命令“窗口→工具栏→主工具栏”打开，如图 4—3 所示。

C 处是“文件切换”，在这里可以单击“切换”打开多个文件，同时也可以切换一个文件中的不同场景。

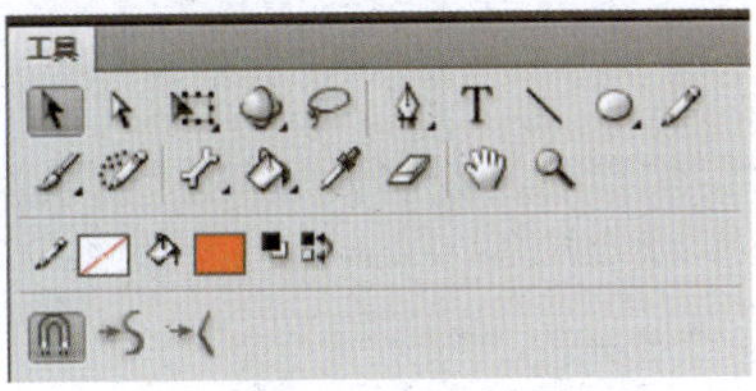

图 4—2　工具栏

图 4—3　主工具栏

E 处是“窗口控制面板”，可以将菜单“窗口”中需要的控制面板打开并拖到“窗口控制面板”中，按个人的使用习惯排列。

F 处是“属性”面板，它是 Flash 的智能化“属性”窗口，是 Adobe 公司产品的特色之一，它会根据不同对象显示不同的内容。通过执行菜单命令“窗口→属性”，或使用快捷键〈Ctrl＋F3〉都可以打开“属性”窗口，如图 4—4 所示。

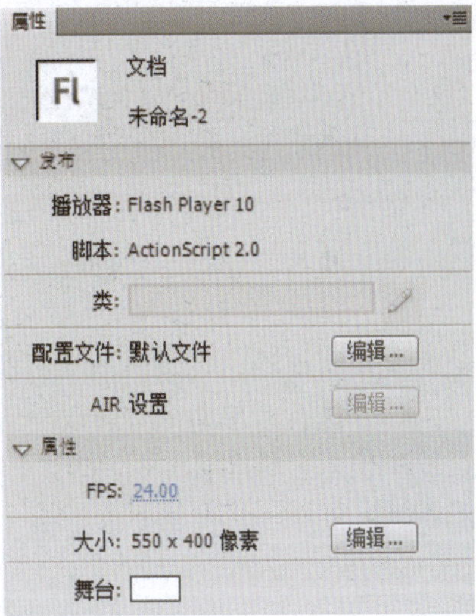

图 4—4　属性

Flash 是一种以时间轴（时间线）为根本的动画制作软件，也就是说，如果没有时间轴，一切都是空谈。**时间轴**是由“帧”构成的，虽然时间轴上可以有很多个图层，但这只是为了方便制作而设置的一个功能。因为当动画被播放的时候，显示的是播放头所在帧数的所有图层的内容。也就是说，当动画发布成 SWF 文件后，它只有一个图层。

任务 4.2　制作 Flash 动画

问题的情景及实现

Flash 动画包括逐帧动画、形状补间动画及运动补间动画，以及遮罩层和引导层的使用，从而实现简单动画的制作。最终效果如图 4—5 所示。

图 4—5　最终效果

4.2.1　实例：制作铬金属文字

通过制作边线和填充具有不同填充色的铬金属文字，掌握对文字边线和填充施加不同渐变色的方法。具体操作步骤如下：

(1) 启动 Flash 软件，新建一个 Flash 文件（ActionScript 2.0）。

（2）执行菜单命令“修改→文档”（快捷键〈Ctrl+J〉），从弹出的“文档属性”对话框中将背景色设置为深蓝色（#000066），然后单击“确定”按钮。

（3）选择工具箱上的“文本工具” T，设置参数如图 4—6 所示，然后在工作区中单击鼠标，输入文字“ELECTRONIC”。

（4）弹出“对齐”面板，将文字中心对齐，结果如图 4—7 所示。

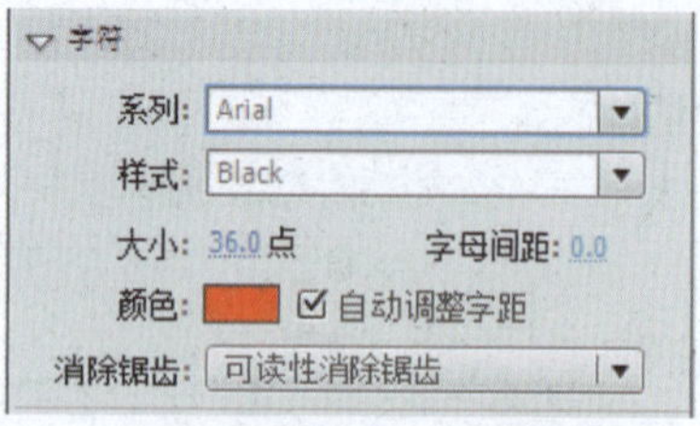

图 4—6 设置文字属性

图 4—7 输入文字

（5）执行菜单命令“修改→分离”（快捷键〈Ctrl+B〉）两次，将文字分离为图形。

（6）单击工具栏上的“墨水瓶工具”，将笔触颜色设置为，依次单击文字边框，此时文字周围将出现黑白渐变边框，如图 4—8 所示。

（7）执行菜单命令“修改→转换为元件”（快捷键〈F8〉），在打开的“转换为元件”对话框中输入元件名称 ele，如图 4—9 所示，单击“确定”按钮，进入 ele 元件的影片剪辑编辑模式，如图 4—10 所示。

图 4—8 对文字进行描边处理

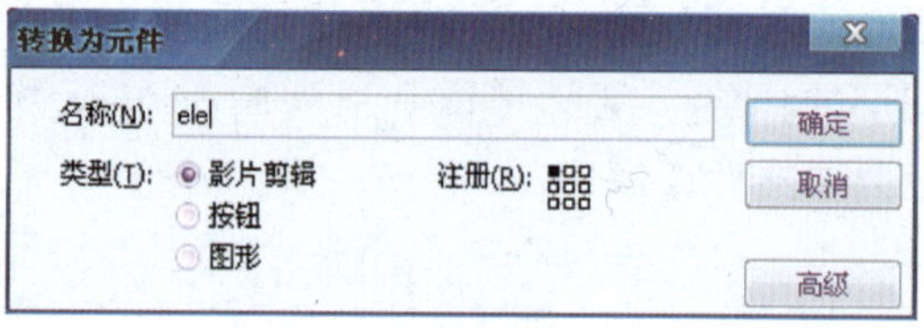

图 4—9 输入元件名称

（8）对文字边框进行处理。按〈Delete〉键删除 ele 元件，然后利用“选择工具”，框选所有的文字边框，在“属性”面板中将笔触高度改为 5，结果如图 4—11 所示。

图 4—10 转换为元件

图 4—11 将笔触高度改为 5

提示：由于将文字填充区域转换为元件，即使暂时删除了它，但以后我们还可以从库中随时调出 ele 元件。

（9）此时黑白渐变针对每一个字母，这是不正确的。为了解决这个问题下面选择工具栏上的“墨水瓶工具”，在文字边框上单击，对所有字母的边框进行统一的黑白渐变填充，如图 4—12 所示。

（10）此时渐变方向为从左到右，而我们需要的是从上到下，下面为了解决这个问题需要选择工具箱中的“渐变变形工具”，处理渐变方向，结果如图 4—13 所示。

图 4—12　对字母边框进行统一渐变填充

图 4—13　调整文字边框渐变方向

（11）对文字填充部分进行处理。执行菜单命令“窗口→库”（快捷键〈Ctrl+L〉），打开“库”窗口，如图 4—14 所示。然后双击 ele 元件，进入影片剪辑编辑状态。接着选择工具箱上的“颜料桶工具”，填充色设为，对文字进行填充，如图 4—15 所示。

图 4—14　“库”窗口

图 4—15　对文字进行填充

（12）利用工具栏中的“颜料桶工具”，对文字进行统一渐变颜色填充，如图 4—16 所示。

（13）利用工具箱上的“渐变变形工具”，处理文字渐变，如图 4—17 所示。

图 4—16　对文字进行统一渐变颜色填充

图 4—17　调整填充渐变方向

（14）单击时间窗口上方的场景 1按钮（快捷键〈Ctrl+E〉），返回场景编辑模式。

（15）将库中的 ele 元件拖到工作区中。选择工具箱上的“选择工具”，将调入的 ele 元件挪动到文字边框的中间，效果如图 4—5 所示。

（16）执行菜单命令“控制→测试影片”（快捷键〈Ctrl+Enter〉），即可看到效果。

4.2.2　实例：制作水滴落水动画

利用 Alpha 值来控制元件的不透明度，将线条转换为填充，柔化填充边缘并加入声音，实现水滴滴到水面，溅起水花并出现水波纹的效果，最终效果如图 4—18 所示。操作步骤如下：

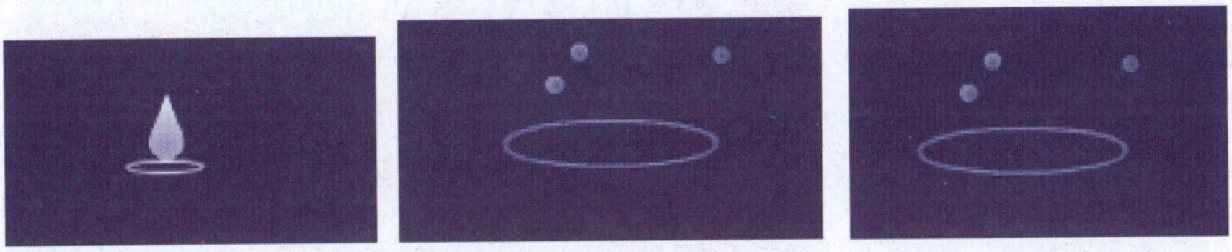

图 4—18　最终效果

（1）启动 Flash 软件，新建一个 Flash 文件（ActionScript 2.0）。

（2）执行菜单命令“修改→文档”（快捷键〈Ctrl+J〉），在打开的“文档属性”对话框中将背景色设置为深蓝色（#000099），单击“确定”按钮。

1. 制作一圈水波纹扩大的动画

制作一圈水波纹扩大的动画的步骤如下：

（1）执行菜单命令“插入→创建新元件”（快捷键〈Ctrl+F8〉），在打开的“创建新元件”对话框中的设置如图 4—19 所示，然后单击“确定”按钮，进入 qian 元件的图形编辑模式。

（2）选择工具箱上的“椭圆工具”，设置笔触高度为 2，笔触颜色为蓝白渐变，填充为无色，如图 4—20 所示，然后在工作区中绘制一个椭圆。接着在“信息”面板中设置椭圆大小为 30 像素×6 像素，效果如图 4—21 所示。

图 4—19 创建 qian 元件

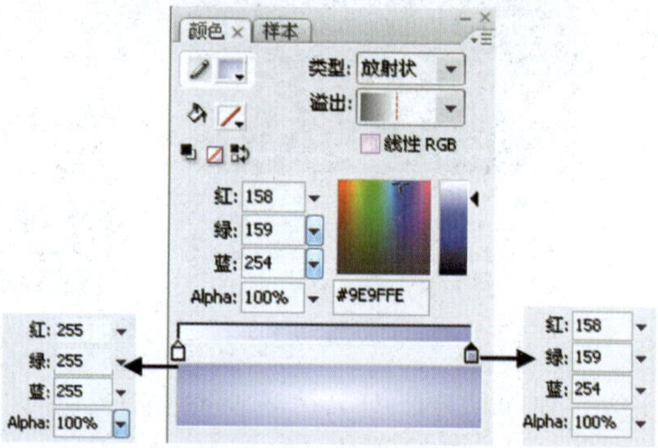

图 4—20 设置填充色

（3）选中椭圆线条，执行菜单命令“修改→形状→将线条转换为填充”，将其转换为填充区域。然后执行菜单命令“修改→形状→柔化填充边缘”，在打开的“柔化填充边缘”对话框中的设置如图 4—22 所示，单击“确定”按钮，效果如图 4—23 所示。

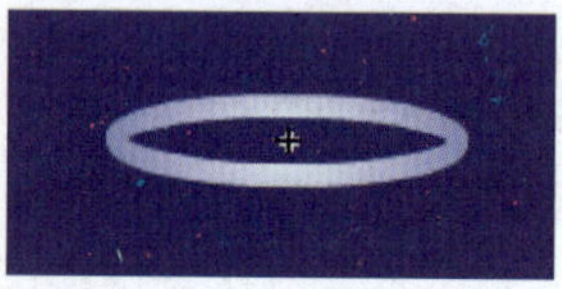

图 4—21 填充后效果

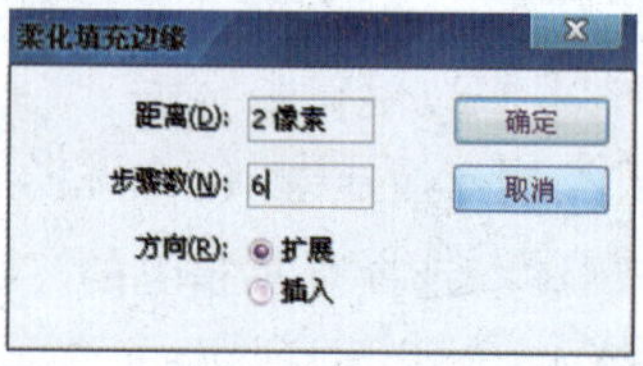

图 4—22 设置“柔化填充边缘”参数

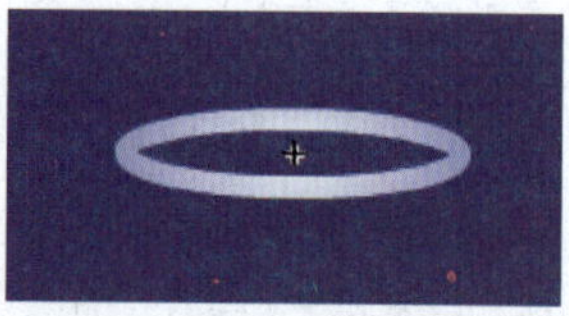

图 4—23 “柔化填充边缘”效果

（4）用鼠标右键单击时间轴的第 30 帧，从弹出的快捷菜单中选择“插入空白关键帧”（快捷键〈F7〉）菜单项，插入一个空白的关键帧。

（5）选择工具箱上的“椭圆工具”，设置笔触高度为 2，笔触颜色为蓝白渐变，填充为无色，然后在第 30 帧绘制一个椭圆，接着在“属性”面板中设置椭圆大小为 300 像素×70 像素，如图 4—24 所示。

（6）选中第 30 帧的椭圆线条，执行菜单命令“修改→形状→将线条转换为填充”，将其转换为填充区域。然后执行菜单命令“修改→形状→柔化填充边缘”，在打开的“柔化填充边缘”对话框中的设置如图 4—25 所示，单击“确定”按钮，效果如图 4—26 所示。

（7）用鼠标右键单击第 1～30 帧中的任意一帧，从弹出的快捷菜单中选择“创建补间形”菜单项，创建形状动画。

（8）按键盘上的〈Enter〉键，即可看到水波由小变大的效果。

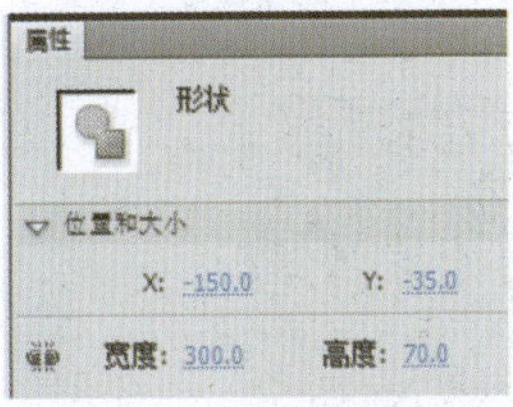

图 4—24　设置椭圆大小

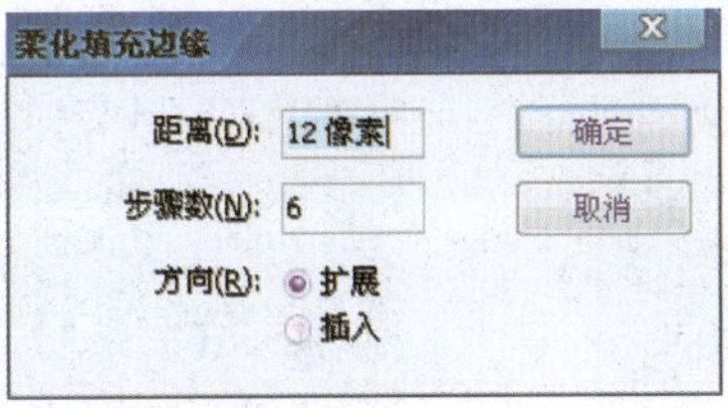

图 4—25　设置参数

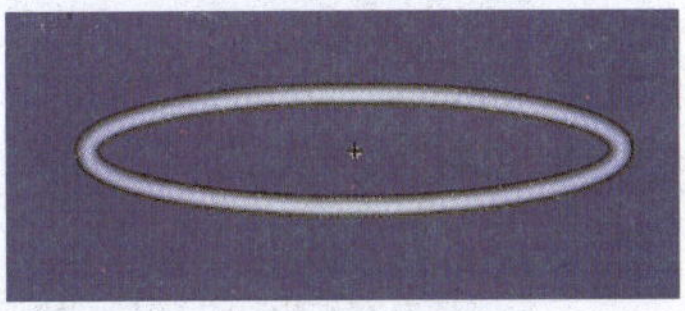

图 4—26　“柔化填充边缘”效果

2. 制作水滴图形

制作水滴图形的步骤如下：

（1）执行菜单命令“插入→创建新元件”命令，在打开的“创建新元件”对话框中的设置如图 4—27 所示，然后单击“确定”按钮，进入 shuidi 元件的图形编辑模式。

（2）选择工具箱上的“椭圆工具”，设置笔触高度为 1，笔触颜色为无色，填充为蓝白放射状渐变，然后按住〈Shift〉键在工作区中绘制一个正圆形，如图 4—28 所示。

（3）选择工具箱上的“选择工具”，按住〈Ctrl〉键，在圆形上端拖动鼠标，使圆形上方出现一个尖角，如图 4—29 所示。释放〈Ctrl〉键后拖曳尖角两侧的弧形线，使圆形变为水滴形，如图 4—30 所示。

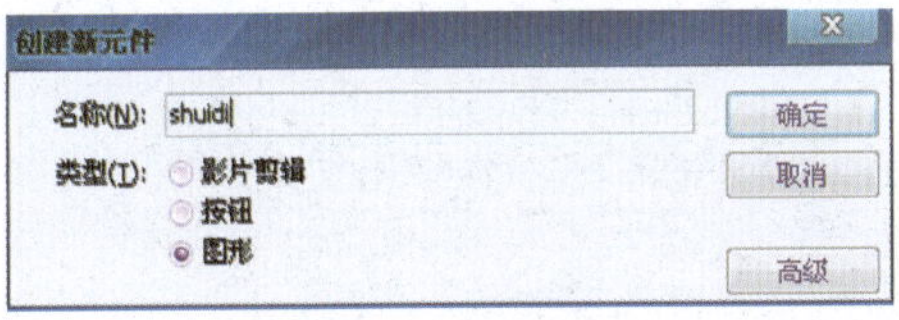

图 4—27　创建 shuidi 元件

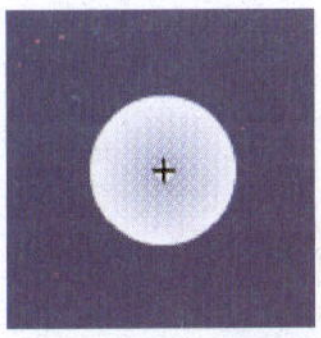

图 4—28　绘制正圆形

图 4—29　制作出尖角

（4）为了使水滴更形象，下面选择工具箱上的“颜料桶工具”，在水滴右侧单击，使颜色渐变偏离中心，如图 4—31 所示。至此水滴制作完毕。

图 4—30　调整为水滴形状

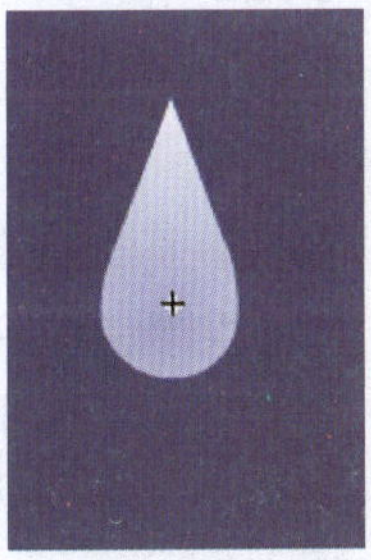

图 4—31　使颜色渐变偏离中心

3. 合成场景

（1）单击“场景 1” 场景 1 按钮回到“场景 1”，从“库”窗口将 shuidi 元件拖到工作区中，如图 4—32 所示。

(2) 用鼠标右键单击第 7 帧，从弹出的快捷菜单中选择“插入关键帧”菜单项，插入一个关键帧。然后配合键盘上的〈Shift〉键，向下拖动 shuidi 元件，如图 4—33 所示。

图 4—32　将 shuidi 元件拖到工作区中

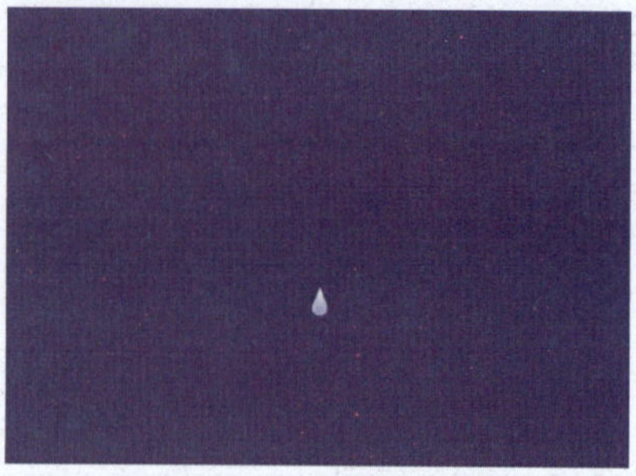

图 4—33　在第 7 帧将 shuidi 元件向下拖动

(3) 用鼠标右键单击第 1～7 帧的任意一帧，从弹出的快捷菜单中选择“创建补间动画”菜单项。

(4) 单击“插入图层”按钮，新建“图层 2”。用鼠标右键单击“图层 2”的第 7 帧，从弹出的快捷菜单中选择“插入空白关键帧”菜单项，接着从库中将 qian 元件拖入工作区，放置位置如图 4—34 所示。

(5) 用鼠标右键单击“图层 2”的第 36 帧，从弹出的快捷菜单中选择“插入关键帧”(快捷键〈F6〉) 菜单项，插入一个关键帧。然后单击第 36 帧工作区中的 qian 元件，在“属性”面板中将 Alpha 值设置为 0%，如图 4—35 所示。

图 4—34　将 qian 元件拖入工作区

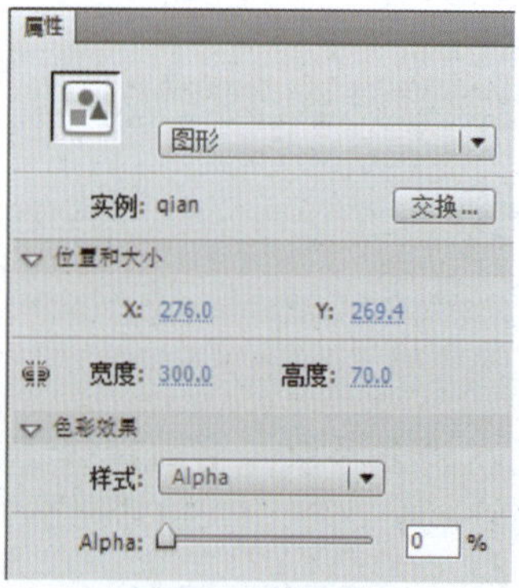

图 4—35　在第 36 帧将 Alpha 值设置为 0%

(6) 用鼠标右键单击第 7～36 帧中的任意一帧，从弹出的快捷菜单中选择“创建补间动画”菜单项，此时水波在放大的同时将逐渐消失。

(7) 连续单击“新建图层”按钮 4 次，新建 4 个图层。然后按住键盘上的〈Shift〉键，同时选中这 4 个图层。接着用鼠标右键单击，从弹出的快捷菜单中选择“删除帧”菜单项。

(8) 在“图层 2”的第 7～36 帧拖动鼠标，从而选中这 30 帧。然后用鼠标右键单击，从弹出的快捷菜单中选择“复制帧”菜单项，接着用鼠标右键单击“图层 3”的第 13 帧，从弹出的快捷菜单中选择“粘贴帧”菜单项。

(9) 同理，分别在“图层 4”的第 19 帧，“图层 5”的第 25 帧和“图层 6”的第 31 帧粘贴帧，效果如图 4—36 所示。

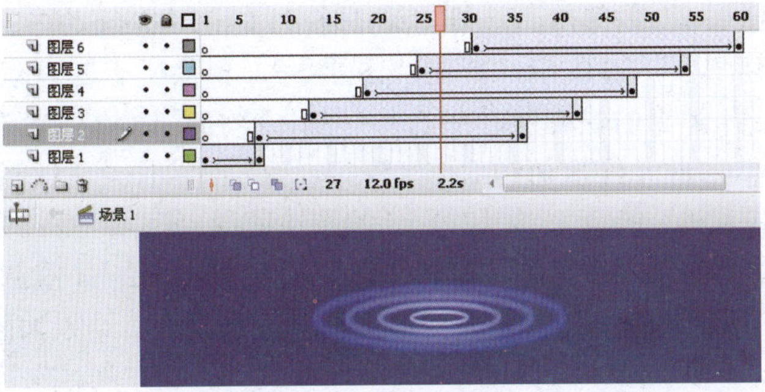

图 4—36　图层分布

(10) 按〈Enter〉键预览动画，即可看到水滴落下荡开涟漪的动画。

(11) 制作水滴落到水面后溅起水珠的效果。执行菜单命令“插入→新建元件”，在打开的“创建新元件”对话框中的设置如图 4—37 所示，然后单击“确定”按钮，进入 shuizhu 元件的图形编辑模式。

(12) 选择工具箱上的“椭圆工具”，设置笔触颜色为无色，填充为蓝白放射状渐变，然后在工作区中绘制一个圆形。

(13) 单击 场景 1 按钮，回到“场景 1”，然后单击“新建图层”按钮，新建“图层 7”，并删除所有帧。接着用鼠标右键单击“图层 7”的第 8 帧，从弹出的快捷菜单中选择“插入空白关键帧”（快捷键〈F7〉）菜单项，插入一个关键帧。最后从库中将 shuizhu 元件拖动到工作区中，放置位置如图 4—38 所示。

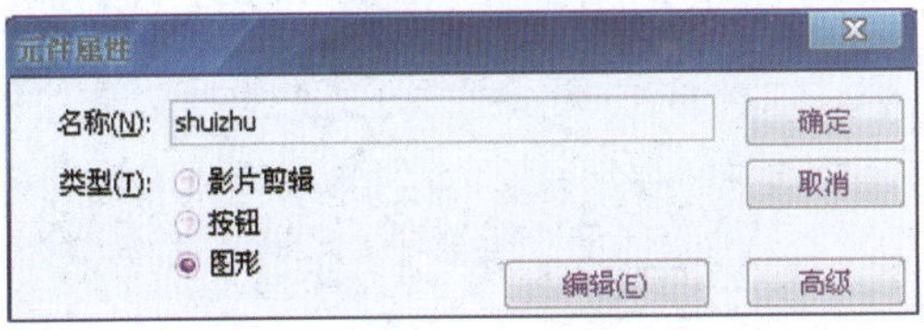

图 4—37　创建 shuizhu 元件

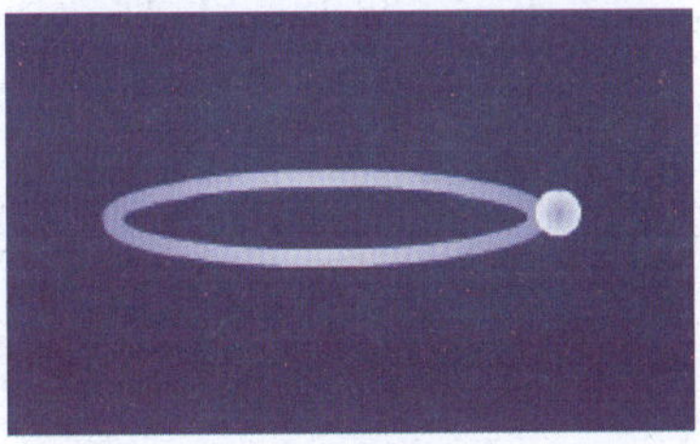

图 4—38　将 shuizhu 元件拖动到工作区中

(14) 分别在“图层 7”的第 12 帧和第 14 帧按快捷键〈F6〉，插入关键帧。然后单击第 12 帧，选中工作区中的 shuizhu 元件，在“属性”面板中将 Alpha 值调为 50%。接着将其向斜上方移动，并利用工具箱上的“任意变形工具”适当放大，效果如图 4—39 所示。

(15) 单击“图层 7”的第 14 帧，选中工作区中的 shuizhu 元件，在“属性”面板中将 Alpha 值调为 0%。接着将其向斜下方移动，如图 4—40 所示。

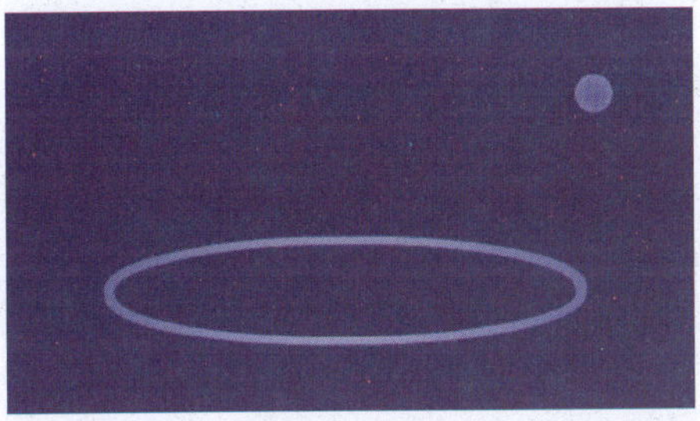

图 4—39　在第 12 帧调整 shuizhu 元件

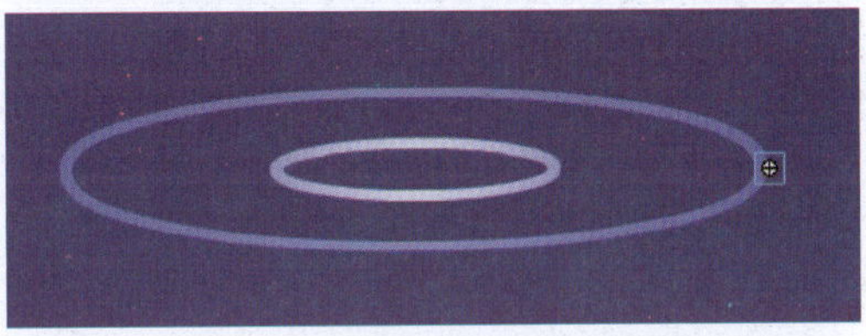

图 4—40　将 shuizhu 元件的 Alpha 值调为 0%

(16) 分别在“图层 7”的第 8～12 帧、第 12～14 帧创建补间动画。

(17) 单击“新建图层”按钮，新建“图层 8”，删除所有帧。然后用鼠标右键单击“图层 8”的第 8 帧，从弹出的快捷菜单中选择“插入空白关键帧”菜单项，插入一个关键帧。最后从库中将 shuizhu 元件拖动到工作区中，放置位置如图 4—41 所示。

(18) 分别在“图层 8”的第 13 帧和第 16 帧按快捷键〈F6〉，插入关键帧。然后单击第 13 帧，选中工作区中的 shuizhu 元件，在“属性”面板中将 Alpha 值调为 50%。接着将其向斜上方移动，并利用工具箱上的“任意变形工具”适当放大，结果如图 4—42 所示。最后单击“图层 8”的第 16 帧，选中工作区中的 shuizhu 元件，在“属性”面板中将 Alpha 值调为 0%。接着将其向斜下方移动，效果如图 4—43 所示。

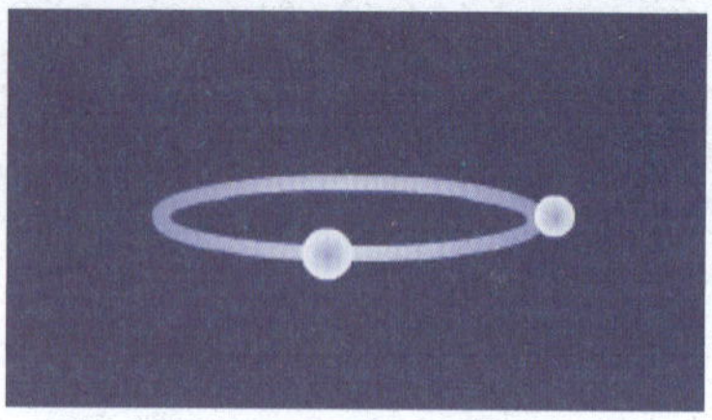

图 4—41　将 shuizhu 元件拖动到工作区中

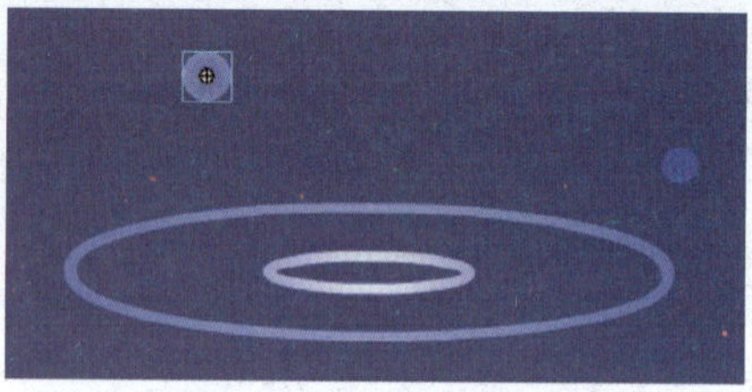

图 4—42　在第 13 帧调整 shuizhu 元件

(19) 分别在“图层 8”的第 8～13 帧，第 13～16 帧创建补间动画。

(20) 单击“新建图层”按钮，新建“图层 9”，删除所有帧。接着用鼠标右键单击“图层 9”的第 8 帧，从弹出的快捷菜单中选择“插入空白关键帧”菜单项，插入一个关键帧。最后从库中将 shuizhu 元件拖动到工作区中，放置位置如图 4—44 所示。

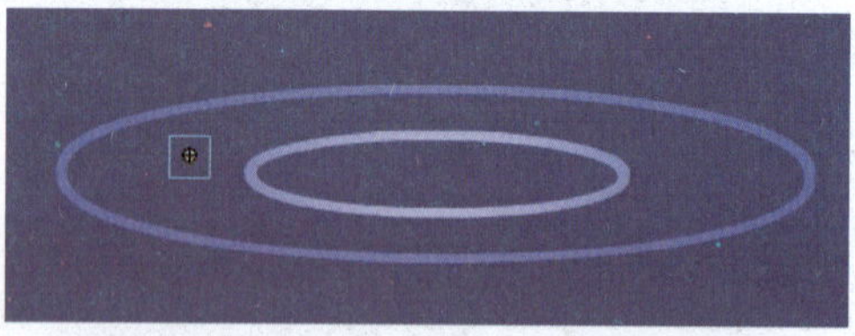

图 4—43　将第 16 帧 shuizhu 元件的 Alpha 值设为 0%

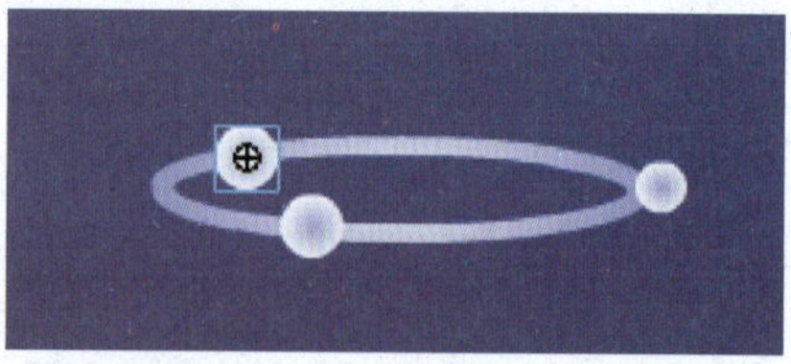

图 4—44　将 shuizhu 元件拖入“图层 9”的第 8 帧

(21) 分别在“图层 9”的第 13 帧和第 16 帧按快捷键〈F6〉，插入关键帧。然后将“图层 9”的第 13 帧 shuizhu 元件移动到图 4—45 所示的位置，并将它的 Alpha 值设为 50%，使之半透明。接着将“图层 9”的第 16 帧 shuizhu 元件移动到图 4—46 所示的位置，并将它的 Alpha 值设为 0%，使之全透明。

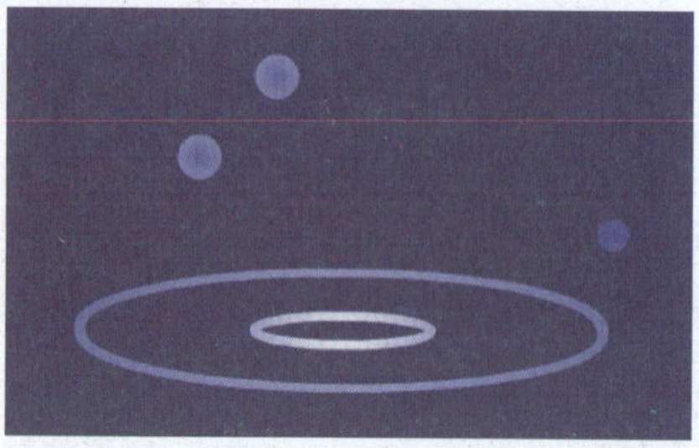

图 4—45　在“图层 9”的第 13 帧调整 di 元件

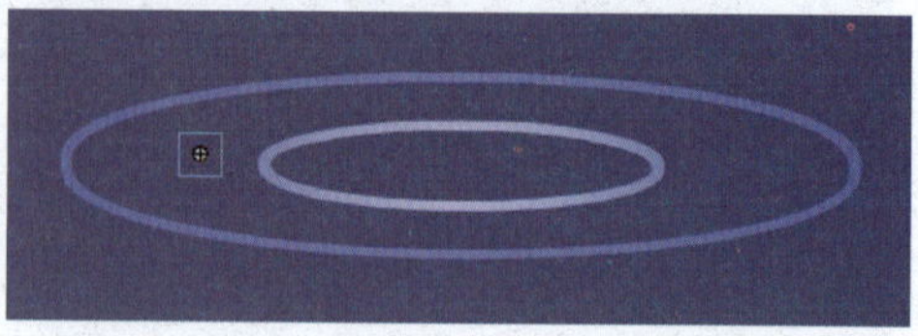

图 4—46　将“图层 9”第 16 帧 di 元件的 Alpha 值设为 0%

（22）分别在“图层 9”的第 8～13 帧和第 13～16 帧创建补间动画，此时时间轴如图 4—47所示。

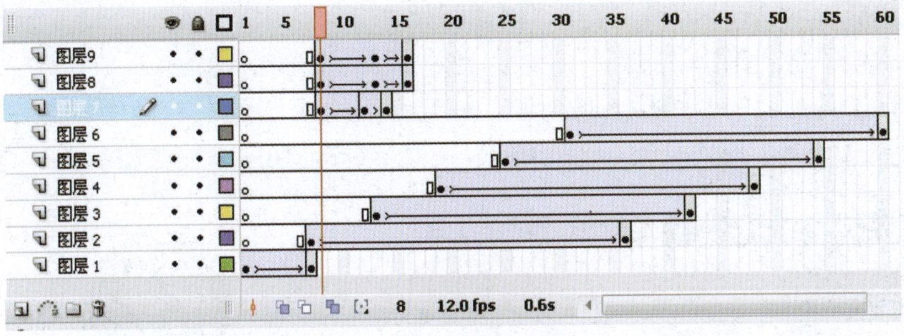

图 4—47　时间轴分布

（23）导入水滴落下时的声音。执行菜单命令“文件→导入到库”，从打开的“导入到库”对话框中选择滴水声“02. wav”文件。接着单击“图层 9”的第 9 帧，从库中将“02. wav”拖入工作区即可，此时时间轴如图 4—48 所示。

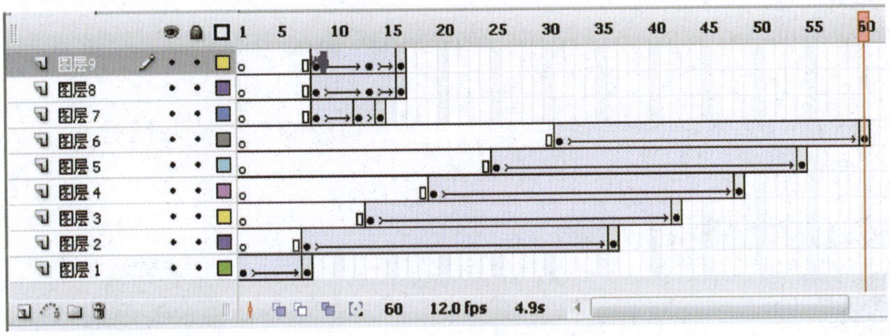

图 4—48　时间轴分布

（24）至此整个动画制作完成，下面执行菜单命令“控制→测试影片”，打开播放器，即可观看到水滴落下溅起水花荡开涟漪的动画效果。

4. 2. 3　实例：制作小球跟随鼠标移动

利用 stop、on（rollover）和 gotoAndPlay 常用语句，制作小球跟随鼠标移动的效果。最终效果如图 4—49 所示。启动 Flash 软件，新建一个 Flash 文件（ActionScript 2. 0）。具体操作步骤如下：

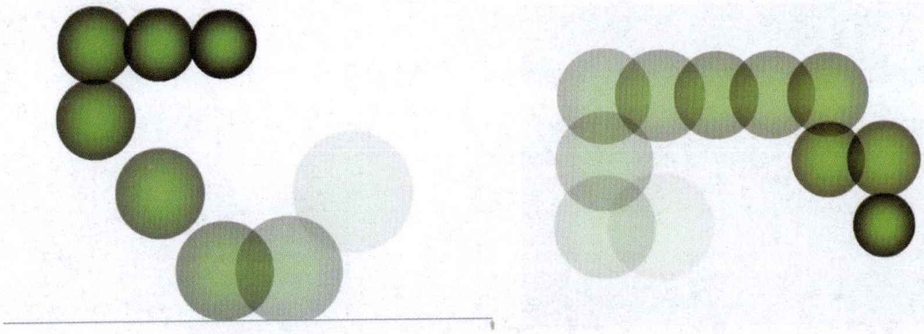

图 4—49　最终效果

1. 创建图形元件

创建图形元件的步骤如下：

（1）按快捷键〈Ctrl+F8〉，打开“创建新元件”对话框，“类型”设置为“图形”，如图 4—50 所示，单击“确定”按钮，进入“元件 1”的图形编辑模式。

（2）选择工具箱上的“椭圆工具”，填充色设为黑绿放射状渐变填充，边线色设为，然后配合〈Shift〉键，绘制一个正圆形，中心对齐，如图 4—51 所示。

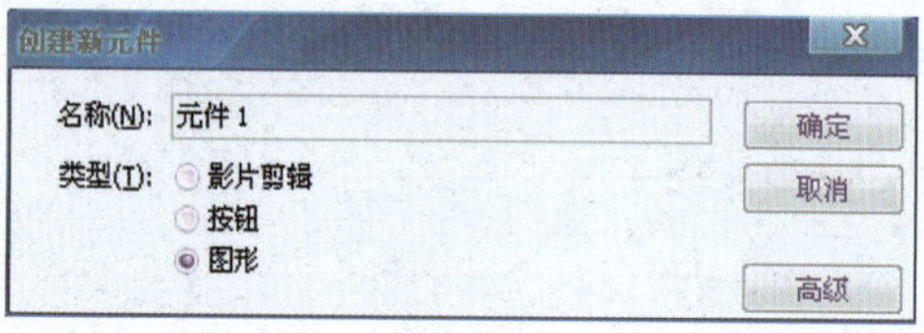

图 4—50　创建“元件 1”

图 4—51　绘制正圆形

2. 创建按钮元件

创建按钮元件的步骤如下：

（1）按快捷键〈Ctrl+F8〉，打开“创建新元件”对话框，“类型”设置为“按钮”，如图 4—52 所示，单击“确定”按钮，进入“元件 2”的按钮编辑模式。

（2）在时间轴“单击”处按快捷键〈F7〉，插入空白的关键帧，然后从库中将“元件 1”拖入“单击”处，如图 4—53 所示，中心对齐。

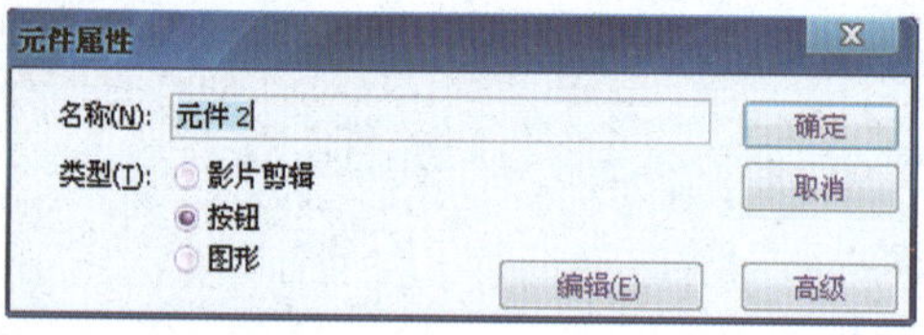

图 4—52　创建“元件 2”

图 4—53　从库中将“元件 1”拖入“单击”处

3. 创建影片剪辑元件

创建影片剪辑元件的步骤如下：

（1）按快捷键〈Ctrl+F8〉，打开“创建新元件”对话框，“类型”设置为“影片剪辑”，如图 4—54 所示，单击“确定”按钮，进入“元件 3”的按钮编辑模式。

（2）单击第 1 帧，从库中将“元件 2”拖入工作区，中心对齐。

（3）单击第 2 帧，按快捷键〈F7〉，插入空白的关键帧，然后从库中将“元件 1”拖入工作区并中心对齐。接着在第 15 帧，按快捷键〈F6〉，插入关键帧，用工具箱上的“任意变形工具”将其放大，并在“属性”面板中将 Alpha 值设为 0%，如图 4—55 所示。

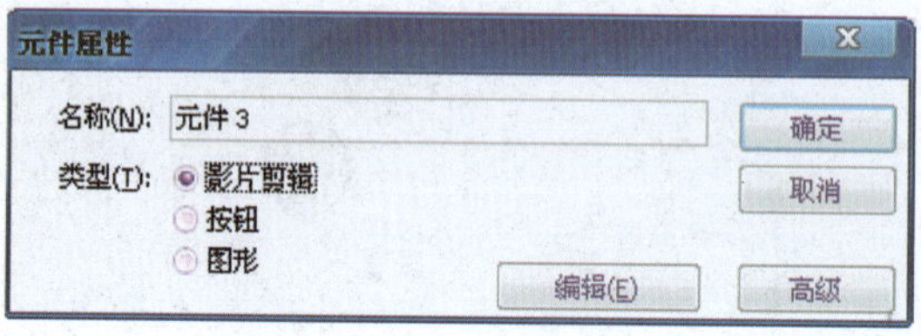

图 4—54　创建“元件 3”

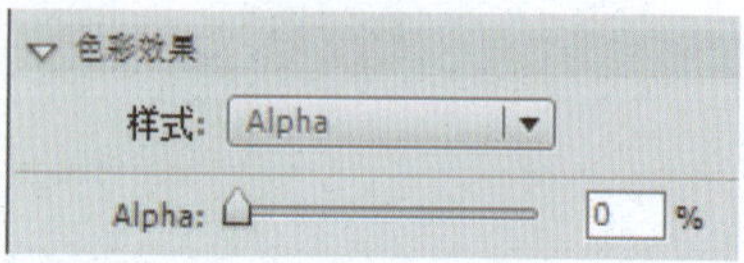

图 4—55　设置“元件 1”的 Alpha 为 0%

（4）用鼠标右键单击第 2 帧，从弹出的快捷菜单中选择“创建补间动画”菜单项，此时时间轴如图 4—56 所示。

（5）单击时间轴的第 1 帧，然后在“动作”面板中输入：

```
stop(    );
```

说明：这段语句用于控制动画不自动播放。

（6）在第 1 帧选中工作区中的按钮元件，然后在“动作”面板中输入：

```
On(rollOver){
gotoAndPlay(2)
}
```

说明：这段语句用于控制当鼠标划过的时候开始播放时间轴的第 2 帧，即小球从小变大并逐渐消失的效果。

4. 合成场景

合成场景的步骤如下：

（1）单击场景 1，回到“场景 1”，从库中将“元件 3”拖入场景，然后配合〈Alt〉键复制“元件 3”，并将它们对齐，结果如图 4—57 所示。

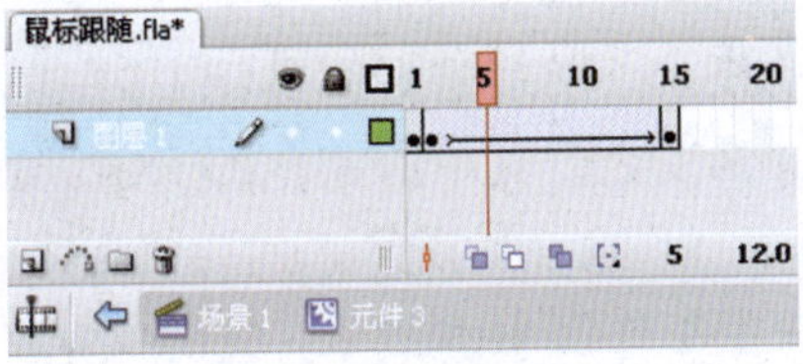

图 4—56　时间轴分布

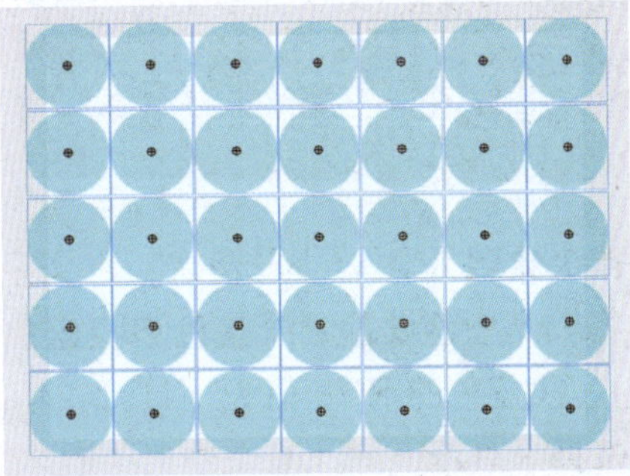

图 4—57　复制并对齐“元件 3”

（2）按〈Ctrl+Enter〉组合键，打开播放器，即可测试效果。

4.2.4　实例：制作洋葱皮效果的旋转文字

利用 Alpha 值来控制元件的不透明度，对文字边线和填充施加不同渐变色的方法。制作文字旋转的洋葱皮效果，最终效果如图 4—58 所示。具体操作步骤如下：

图 4—58　最终效果

（1）启动 Flash 软件，新建一个 Flash 文件（ActionScript 2.0）。

（2）执行菜单命令“修改→文档”，在打开的“文档属性”对话框中设置文档尺寸为400像素×300像素，背景色为淡紫色（#9966ff），然后单击“确定”按钮。

（3）执行菜单命令“插入→新建元件”，在打开的“创建新元件”对话框中输入图形元件的名称为 dept。单击“确定”按钮，进入 dept 图形元件的编辑模式。

（4）选择工具箱中的“文本工具” T，在“属性”面板中设置文本类型为静态文本，系列为 Arial，样式为 Bold Italic，字号为 36，文本颜色为黑色，然后在工作区中输入文字“Media Transmission Dept”。

（5）按快捷键〈Ctrl+K〉，调出“对齐”面板，将文字水平和垂直方向中心对齐，效果如图 4—59 所示。

（6）选择工具箱中的“任意变形工具”，选中工作区中的文字。将左右两端的方块向里拖动，使文字间距变窄，如图 4—60 所示。

图 4—59　将文字中心对齐

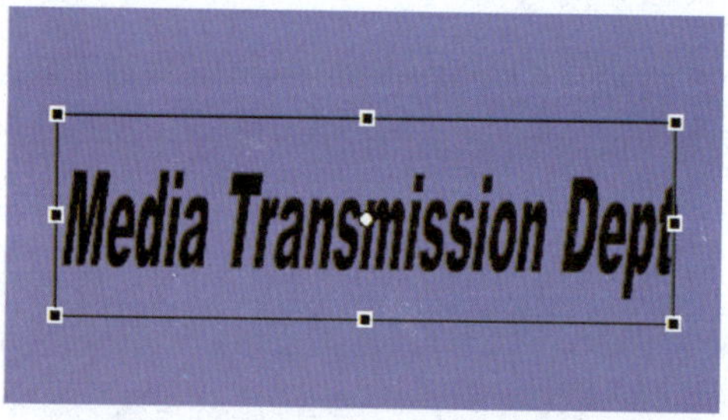

图 4—60　使文字间距变窄

（7）按快捷键〈Ctrl+B〉两次，将文字分离为图形。然后选择工具箱中的“颜料桶工具”，将填充颜色设置成深蓝色和浅蓝色相间的渐变色。其中深蓝色的 RGB 值为（20，100，230），浅蓝色的 RGB 值为（110，240，250），如图 4—61 所示，然后填充文字。

（8）选择工具箱上的“渐变变形工具”，选中工作区中的文字，这时文字的左右两侧将出现两条竖线，将鼠标移到右方竖线的上端，鼠标将变成 4 个旋转的小箭头，按住鼠标并向下拖动，两条竖线将绕中心旋转，这时所有的文字都变成倾斜的渐变色，如图 4—62 所示。

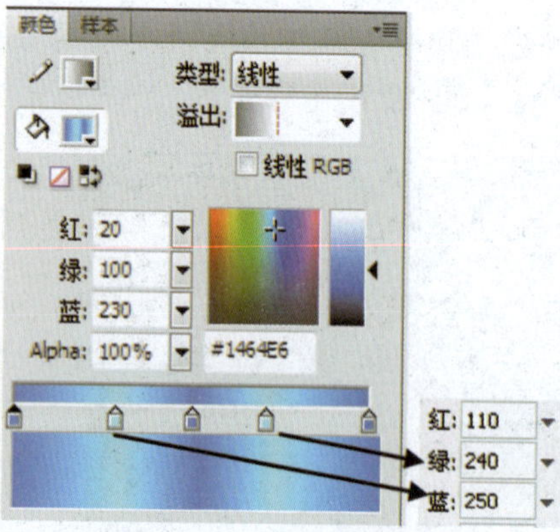

图 4—61　设置渐变色

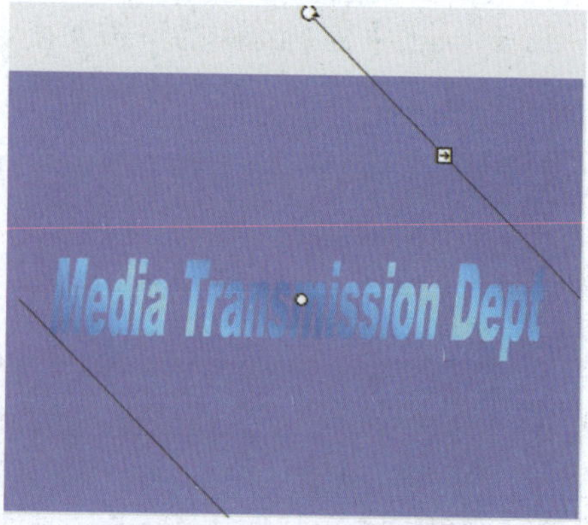

图 4—62　对文字进行处理

（9）选中工作区中的文字，按〈Ctrl＋C〉键，将“图层 1”的文字复制到剪贴板中。按快捷键〈Ctrl＋F8〉，默认图形元件的“名称”为“元件 1”。单击“确定”按钮，进入“元件 1”图形元件的编辑模式，再执行菜单命令“编辑→粘贴到当前位置”，粘贴前面复制的彩色渐变字。

（10）选择工具箱中的“墨水瓶工具”，然后在“属性”面板中设置笔触颜色为深蓝色（＃0000ff），笔触高度为 2，依次单击文字的外围，此时文字将出现边框，结果如图 4—63所示。

（11）依次双击文字外围的边框，选中所有的边框，然后执行菜单命令“修改→形状→将线条转换为填充”，将文字边框转变成填充区域。

（12）选择工具箱中的“墨水瓶工具”，然后在“属性”面板中设置笔触颜色为白色，笔触高度为 1，依次单击文字的内侧，使文字出现白色内边框，结果如图 4—64 所示。

图 4—63　给文字添加蓝色边框

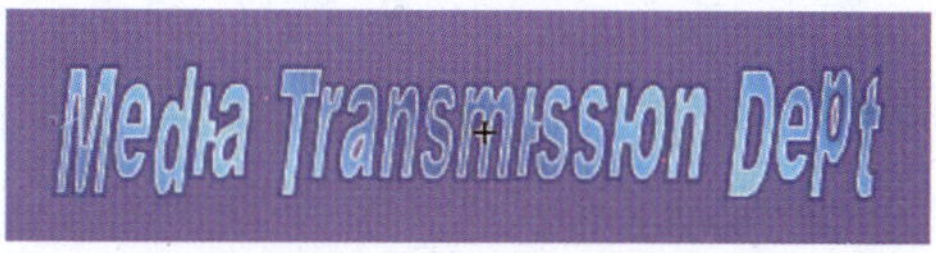

图 4—64　给文字添加白色边框

（13）单击工作区左上方的场景 1，返回“场景 1”（快捷键〈Ctrl＋E〉）。将 object 图形元件拖入工作区中。

（14）单击“图层 1”的第 50 帧，按快捷键〈F6〉，插入关键帧，用鼠标右键单击“图层 1”的第 1 帧，从弹出的快捷菜单中选择“创建传统补间”菜单项，在“属性”的旋转下拉列表框中选择“逆时针”选项，在文本框中输入“1”，如图 4—65 所示。设置后在两帧间的文字将逆时针旋转 1 圈。

（15）单击时间轴下方的“插入图层”按钮 8 次，在“图层 1”的上面添加 8 个图层，再将“图层 1”移到 8 个图层的上方。

（16）在“图层 9”的第 3 帧处，按快捷键〈F7〉，插入空白关键帧，并从“库”面板中选择 dept 图形元件，将它拖到工作区中，并与“图层 1”的中心重合，如图 4—66 所示。

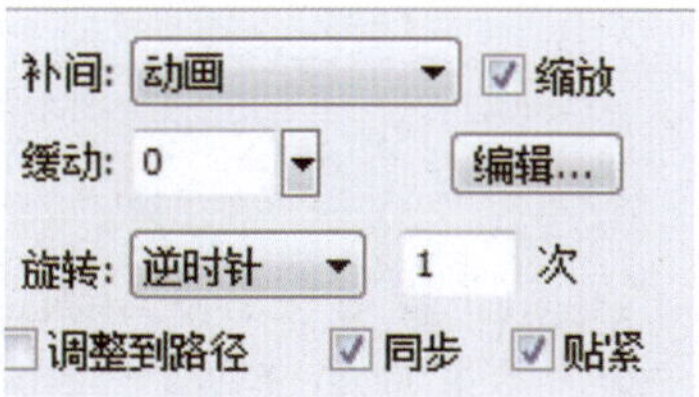

图 4—65　设置逆时针旋转一次

图 4—66　在第 3 帧将 dept 图形元件中心对齐

（17）在“图层 9”的第 53 帧处，按快捷键〈F6〉，插入一个关键帧，单击第 3 帧。然后在工作区下方的“属性”面板的补间下拉列表框中选择“动画”选项，在旋转下拉列表框中选择“逆时针”选项，在文本框中输入“1”。

（18）按住〈Shift〉键，单击“图层 8”和“图层 2”，将“图层 2”到“图层 8”中的所有帧选中。右键单击其中任意一帧，在弹出的快捷菜单中选择“删除帧”命令，将它们全部删除。

(19) 选中“图层 9”两个关键帧之间的所有帧，然后右键单击其中任意一帧，从弹出的快捷菜单中选择“复制帧”菜单项。

(20) 在“图层 8”的第 5 帧处，按快捷键〈F7〉，插入空白关键帧，然后右键单击第 5 帧，在弹出的快捷菜单中选择“粘贴帧”选项。

(21) 同理，依次在“图层 7”的第 7 帧，“图层 6”的第 9 帧，“图层 5”的第 11 帧，“图层 4”的第 13 帧，“图层 3”的第 15 帧，“图层 2”的第 17 帧按快捷键〈F7〉，分别插入空白关键帧，并复制“图层 9”中的所有帧，这时将产生文字依次出现并旋转、消失的动画效果。

(22) 为了产生洋葱皮的渐变透明效果，还需要使图层产生透明效果。选择“图层 9”的第 3 帧，然后在“属性”面板的颜色下拉列表框中选择 Alpha 选项，并设置数值为 89%，如图 4—67 所示。单击第 53 帧，将 dept 实例的 Alpha 同样设置成 89%。

(23) 同理，将“图层 8”到“图层 2”中 dept 实例的 Alpha 依次设置成 78%、67%、56%、45%、34%、23%和 12%，使它们的透明度依次增大。

(24) 为了使“图层 1”保持可见，单击“图层 1”的第 68 帧，按快捷键〈F5〉，插入普通帧，此时时间轴如图 4—68 所示。

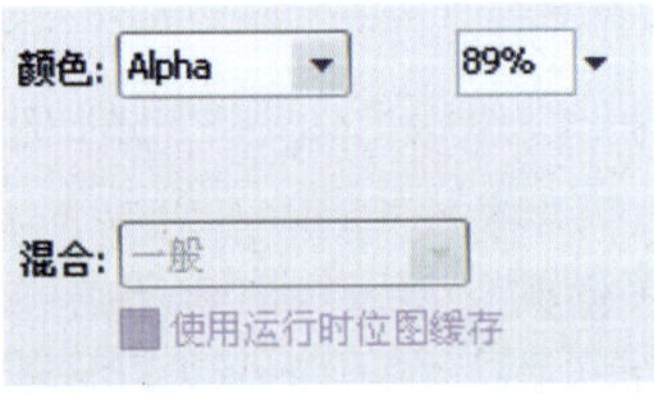

图 4—67　设置 Alpha 为 89%

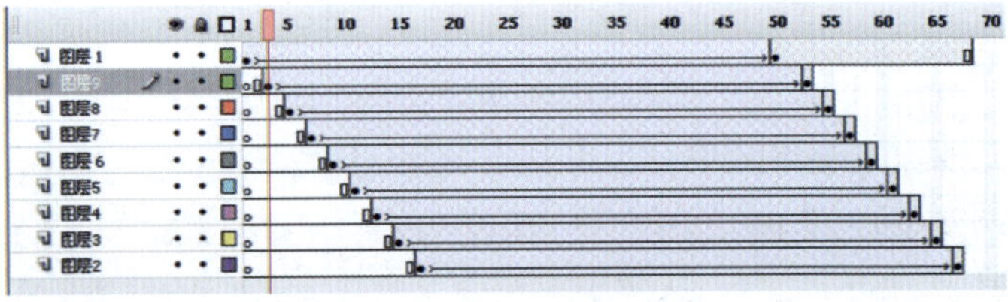

图 4—68　时间轴分布

(25) 执行菜单命令“控制→测试影片”(快捷键〈Ctrl+Enter〉)，打开播放器窗口，即可看到旋转的洋葱皮效果。

项目实训 4

实训目的：通过本实训项目使学生能进一步掌握脚本动画的制作，并且能在实际项目中运用脚本制作较复杂的动画。

实训 1　时尚汽车

制作给汽车对象上色的动画效果。界面中摆放着一辆别致的汽车，你可以为汽车喷上自己喜欢的颜色。只要在 R、G、B 三原色中选择相应的色值，即可在方块中预览设置的颜色，满意后只要单击“喷色”按钮，即可看到汽车颜色发生相应的变化。应用 onClipEvent、setRGB 等常用语言实现颜色的变化，最终效果如图 4—69 所示。项目参考操作步骤如下：

(1) 启动 Flash CS4 软件，新建一个 Flash 文件 (ActionScript 2.0)。

(2) 按快捷键〈Ctrl+J〉，在打开的“文档属性”对话框中将工作区的宽度设置为 550 像素，高度设置为 400 像素，背景颜色默认为黑色，播放速度设置为 30fps，如图 4—70 所示，单击“确定”按钮。

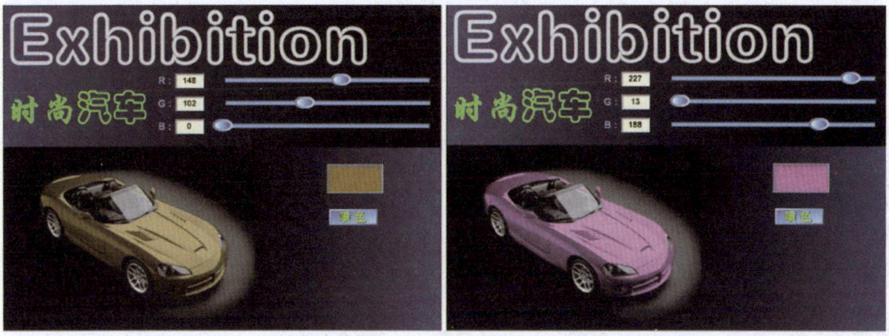

图 4—69　最终效果

（3）按快捷键〈Ctrl+F8〉，在打开的“新建”对话框中输入“fader knob button”，“类型”选择“按钮”，单击“确定”按钮，进入元件 fader knob button 的按钮编辑模式。

（4）选择工具箱中的“椭圆工具”，笔触颜色为，填充色在“颜色”面板中的设置如图 4—71 所示，在工作区中绘制出如图 4—72 所示的椭圆。

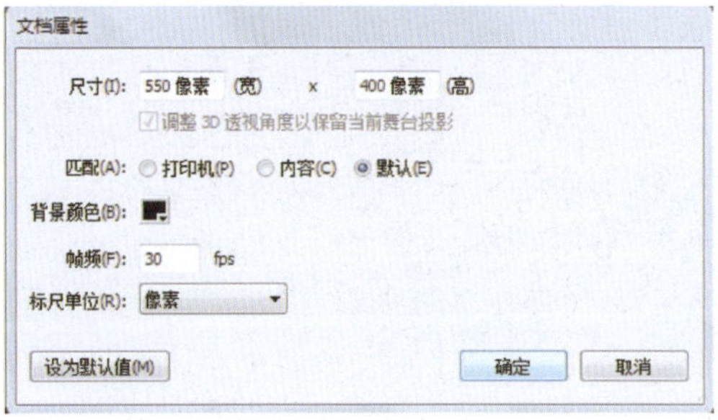

图 4—70　设置文档属性

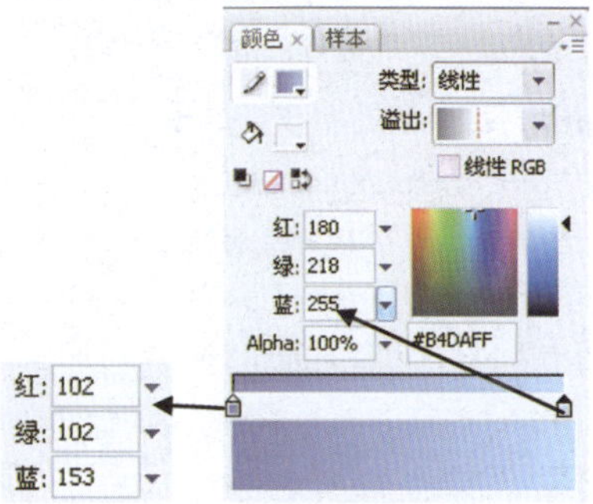

图 4—71　设置填充色

（5）继续选择“椭圆工具”，在“颜色”面板中的设置如图 4—73 所示，在工作区中绘制出如图 4—74 所示的椭圆。

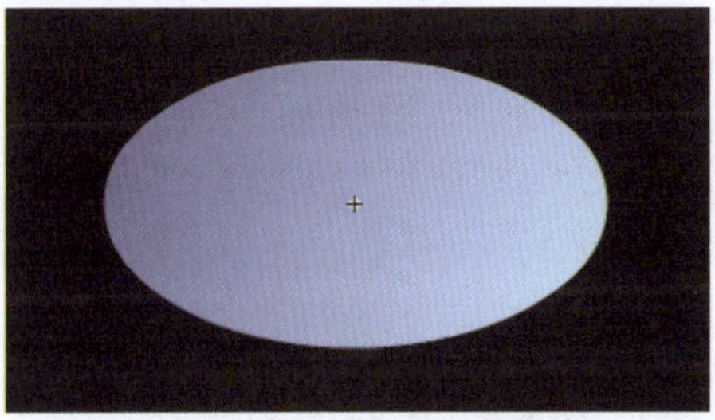

图 4—72　绘制椭圆

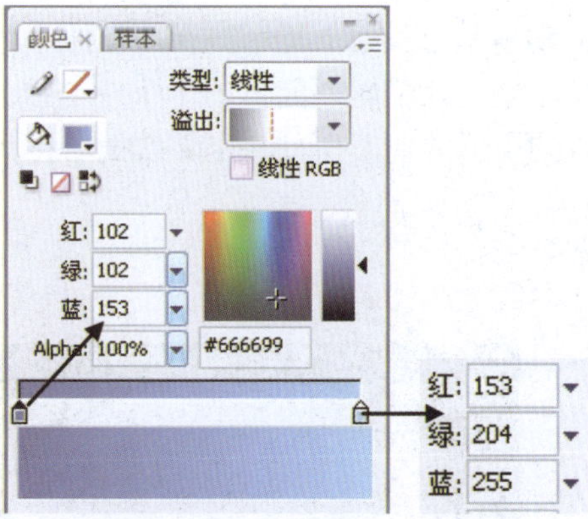

图 4—73　设置填充色

（6）绘制按钮的中心部分。继续选择椭圆工具，在“颜色”面板中的设置如图 4—75 所示，在工作区中绘制出如图 4—76 所示的椭圆。

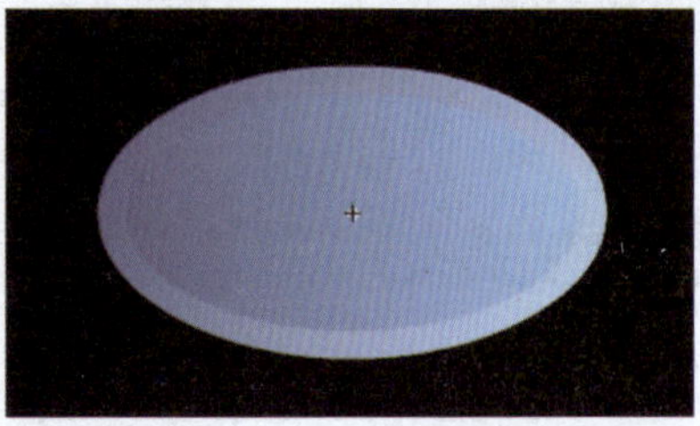

图 4—74　绘制椭圆

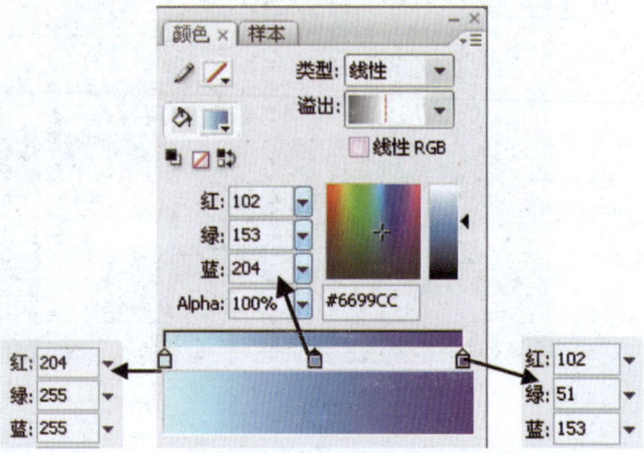

图 4—75　设置填充色

（7）按快捷键〈Ctrl+F8〉，在打开的“创建新元件”对话框中输入“Fader knob”元件，“类型”选择“影片剪辑”，单击“确定”按钮，进入元件 Fader knob 的影片剪辑编辑模式。

（8）从“库”面板中，将按钮元件 Fader knob button 拖放到工作区中，然后选择元件 fader knob，在“动作”窗口中输入：

```
on(press){
  _root.dragging = true;
  startDrag("",false,left,top,right,bottom);
}
on(release,releaseOutside){
  _root.dragging = false;
  stopDrag(    );
}
```

（9）按快捷键〈Ctrl+F8〉，在打开的“创建新元件”对话框中输入“Fader”，“类型”选择“影片剪辑”，单击“确定”按钮，进入元件 Fader 的影片剪辑编辑模式。

（10）选择工具箱中的“矩形工具”□，笔触颜色设为＃003366，填充色在“颜色”面板中的设置如图 4—77 所示。在工作区中绘制宽为 255 像素的细条矩形，如图 4—78 所示，矩形的左上角处于影片剪辑的十字中心线。接着将“库”面板中的影片剪辑 Fader knob 元件拖放到矩形的左上角，并定义实例名称为 knob。

图 4—76　绘制椭圆

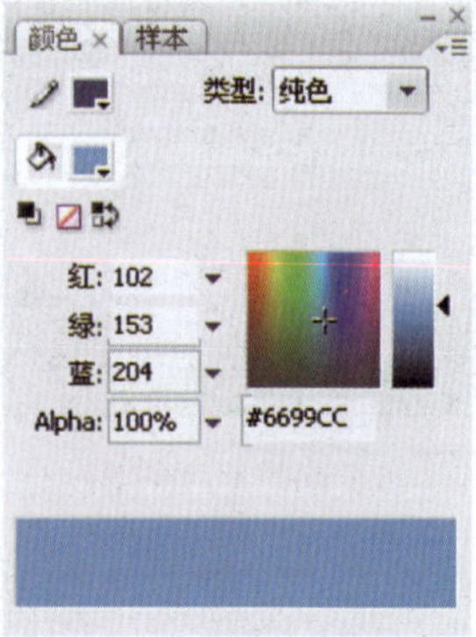

图 4—77　设置填充色

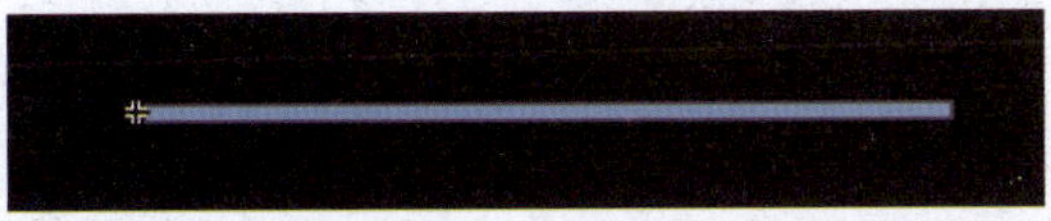

图 4—78 绘制细长矩形

最后用鼠标右键单击 Fader knob 元件，从弹出的快捷菜单中选择“动作”菜单项，在“动作”窗口中输入：

```
oonClipEvent(load){
top = _y;
bottom = _y;
left = _x;
right = _x + 255;
}
```

(11) 按快捷键〈Ctrl+F8〉，在“创建新元件”对话框中输入“proview _color”，“类型”选择“影片剪辑”，单击“确定”按钮，进入元件 proview _color 的影片剪辑编辑模式。

(12) 选择工具箱中的“矩形工具”，笔触颜色设为，填充色设为＃FFFFCC，然后在工作区中绘制矩形，如图 4—79 所示。

(13) 按快捷键〈Ctrl+F8〉，在“创建新元件”对话框中输入“apply”，“类型”选择“按钮”，单击“确定”按钮，进入 apply 元件的按钮编辑模式。

(14) 选择工具箱中的“矩形工具”，在工作区中绘制出如图 4—80 所示的矩形，具体方法与前面的按钮元件相似。然后新建图层，选择工具箱中的“文本工具” T，在工作区中输入文字“喷色”，结果如图 4—81 所示。

(15) 按快捷键〈Ctrl+F8〉，在“创建新元件”对话框中输入“car_color”，“类型”选择“影片剪辑”，单击“确定”按钮，进入元件 car _ color 的影片剪辑编辑模式。

图 4—79 绘制矩形

图 4—80 在 apply 元件中绘制矩形

图 4—81 输入文字

(16) 选择工具箱中的“矩形工具”，笔触颜色设为，填充色设为＃FF0000，然后在工作区中绘制矩形，如图 4—82 所示。

(17) 按快捷键〈Ctrl+E〉，回到“场景 1”，将图层名称更改为 Bg，利用矩形工具绘制与工作区尺寸大小相等的矩形，并以蓝黑线性渐变作为填充；同时利用文本工具在工作区上创建文字块“Exhibition 时尚汽车”，如图 4—83 所示。

(18) 添加新层 car _ color。将“库”面板中的影片剪辑 car _ color 元件拖放到工作区的左下角，并在属性栏中设置影片剪辑 car _ color 的实例名称为 car。

图 4—82　绘制矩形

图 4—83　输入文字

(19) 添加 Car 层，按快捷键〈Ctrl+R〉，导入“配套素材 5.7 时尚汽车→汽车 . png”，并使之覆盖在影片剪辑 car _ color 实例上，如图 4—84 所示。

(20) 添加 proview _ color 层。将“库”面板中的 proview _ color 影片剪辑元件拖放到工作区右侧，如图 4—85 所示，在属性栏中定义实例名称为 proview。

图 4—84　导入图片

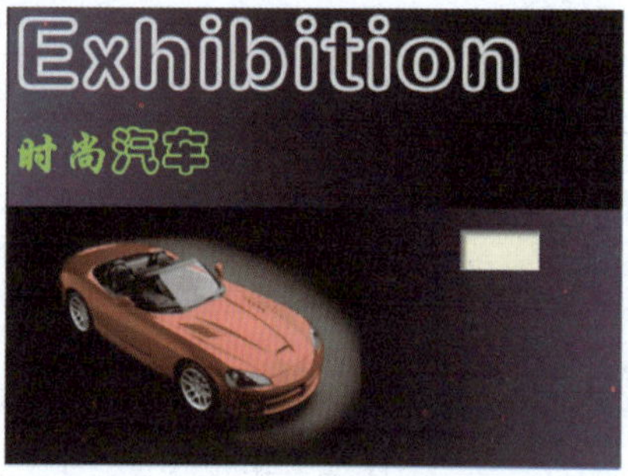

图 4—85　将元件拖入工作区并命名实例名

提示：由于 PNG 图像 car 局部透明，因此将会看到下方影片剪辑 car _ color 实例的颜色，同时也是汽车能够成功完成喷色的重要途径。

(21) 添加 color _ picker 层。将“库”面板中的 apply 按钮元件拖放到 proview _ color 实例的下方，并设置实例名称为 applybtn。利用“文本工具”T 在工作区上创建文字块 R:、G:、B:，使之纵向排列，分别表示组成颜色的三原色红、绿、蓝。

(22) 创建具有一定宽度的动态文本域，输入数值 255，置于文字块“R:”的右侧，在属性栏中定义该文本域的变量名称为 color _ 1，然后将“库”面板中的影片剪辑 proview _ color 元件拖放到文字域的下方，以衬托文本域中数值的显示。

(23) 将“库”面板中的 fader 元件拖放到文字域的右侧，并在属性栏中定义实例名称为 fader _ 1。

(24) 同理，在文字块 G: 的右侧添加文本域，变量名称为 color _ 2，影片剪辑实例名称为 fader _ 2；在文字块 B: 右侧添加文本域变量名称为 color _ 3，影片剪辑实例名称为 fader _ 3，如图 4—86 所示。

(25) 添加 Actions 层，在“动作”面板中输入如下代码：

```
carColor = new Color(car);
preColor = new Color(preview);
_root.onEnterFrame = function(){
  preColor.setRGB(rgb);
  for(i=1;i<=3;i++){
    fader = _root["fader_"+i].knob;
    if(dragging){
    _root["color_"+i] = fader._x;
    } else {
    fader._x = _root["color_"+i];
    }
  }
    rgb = (color_1<<16 | color_2<<8 | color_3);
  };
  applybtn.onRelease = function(){
  carColor.setRGB(rgb);
  };
```

（26）按快捷键〈Ctrl+Enter〉打开播放器窗口，即可测试效果。

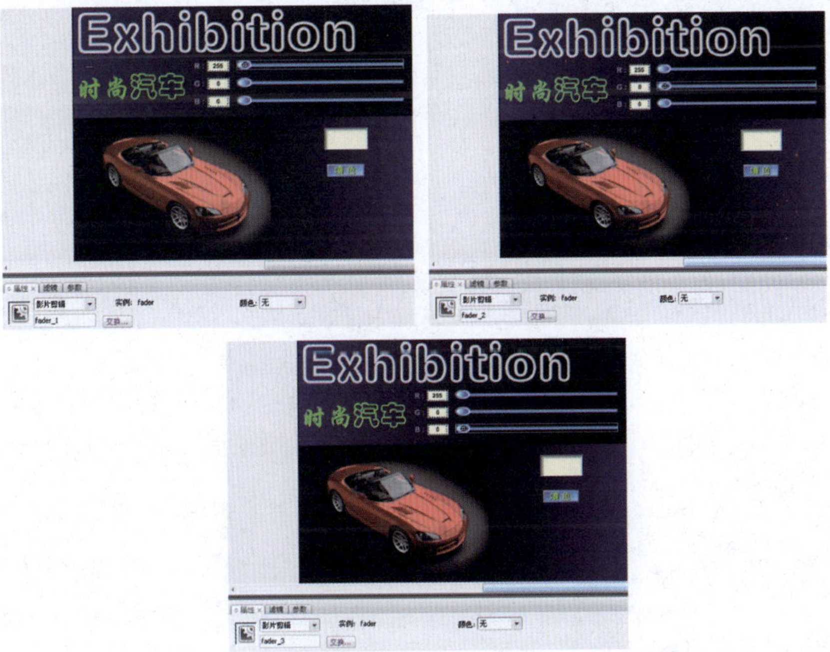

图 4—86　命名实例名

实训 2　爆竹声

制作燃烧的爆竹伴随着爆炸声炸开不断落下的效果，应用 _rotation、_alpha、random、attachMovie、if、gotoAndPlay 等常用语句实现，效果如图 4—87 所示。项目参考操作步骤如下：

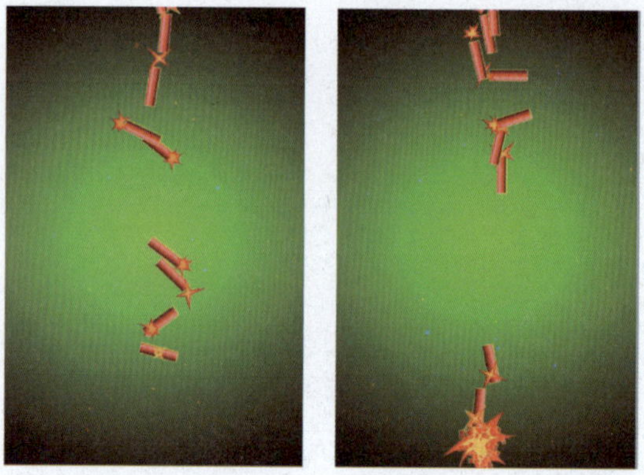

图 4—87　爆竹声

（1）启动 Flash 软件，新建一个 Flash 文件（ActionScript 2.0）。

（2）按快捷键〈Ctrl+J〉，在弹出的“文档属性”对话框中设置，如图 4—88 所示，单击“确定”按钮。

（3）创建“爆竹”元件。

① 按快捷键〈Ctrl+F8〉，在弹出的“创建新元件”对话框中设置，如图 4—89 所示，然后单击“确定”按钮，进入“爆竹”元件的图形编辑模式。

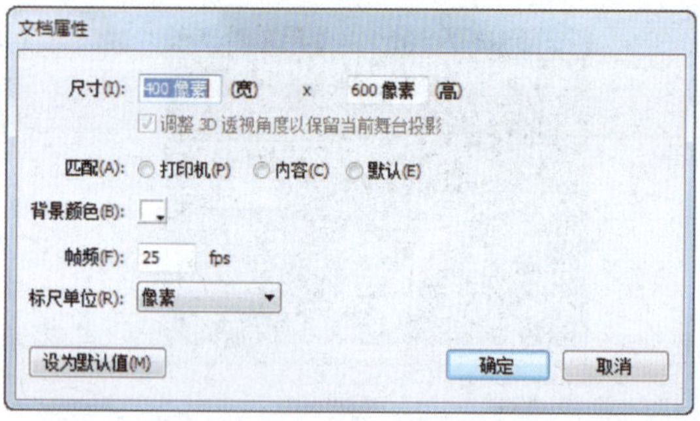

图 4—88　设置文档属性

图 4—89　创建“爆炸”元件

② 在“爆竹”元件中，利用工具箱上的 q（矩形工具），笔触颜色设为，在“颜色”面板中设置填充色，如图 4—90 所示，然后在工作区上绘制矩形，效果如图 4—91 所示。

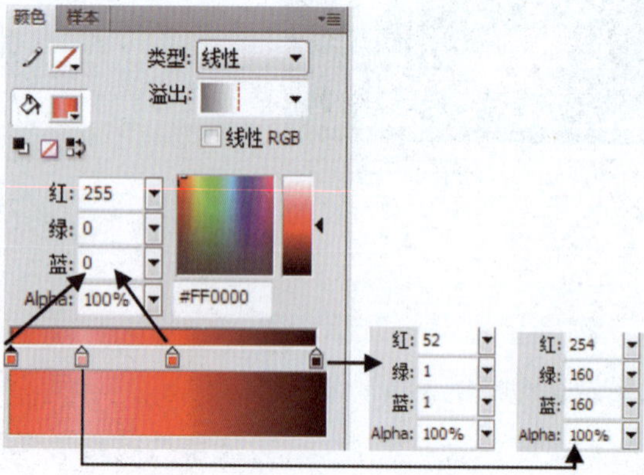

图 4—90　设置填充色

图 4—91　绘制矩形

（4）创建“火花”元件。

① 按快捷键〈Ctrl＋F8〉，在打开的“创建新元件”对话框中设置，如图 4—92 所示，然后单击“确定”按钮，进入“火花”元件的影片剪辑编辑模式。

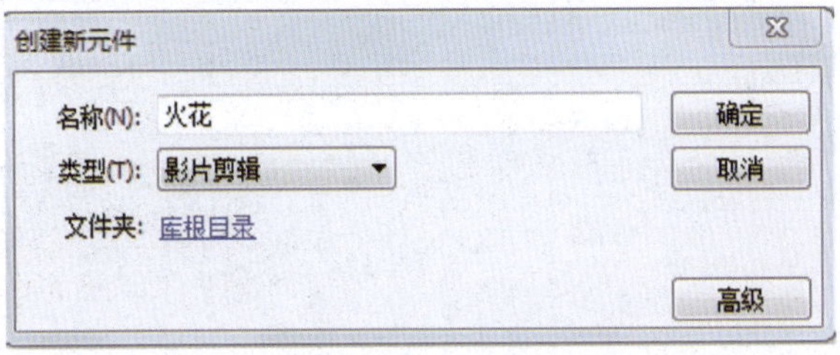

图 4—92　创建“火花”元件

② 在时间轴的第 2～5 帧，按快捷键〈F7〉，插入空白的关键帧。分别在第 1～5 帧上绘制图形，结果如图 4—93 所示。此时时间轴如图 4—94 所示。

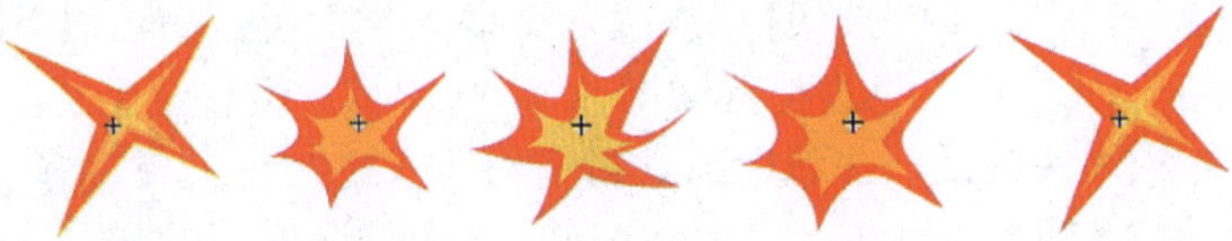

图 4—93　分别在第 1～5 帧上绘制图形

（5）创建“爆竹剪辑”元件。

① 按快捷键〈Ctrl＋F8〉，在打开的“创建新元件”对话框中设置，如图 4—95 所示，然后单击“确定”按钮，进入“爆竹剪辑”元件的影片剪辑编辑模式。

图 4—94　时间轴分布

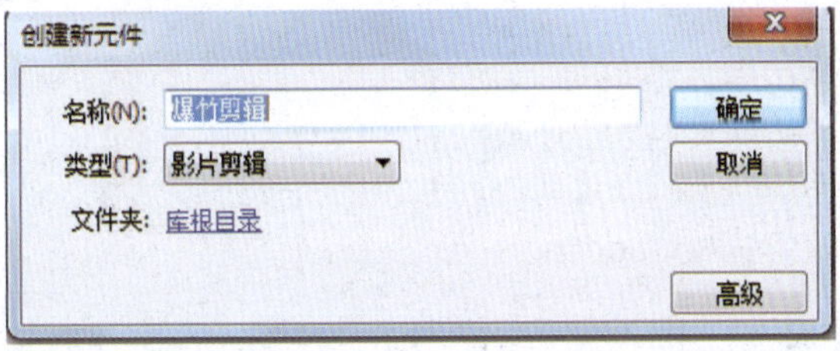

图 4—95　创建“爆竹剪辑”元件

② 在“库”面板中右键单击“爆竹剪辑”元件，在弹出的快捷菜单中选择“属性”菜单项，然后在打开的“元件属性”对话框中单击“高级”按钮，展开“链接”选项进行设置，如图 4—96 所示。

说明：在“链接属性”中设置的目的是为了在以后语句中调用。

③ 将“爆竹”元件拖入“爆竹剪辑”元件中，分别在“图层 1”的第 4 帧和第 6 帧按快捷键〈F6〉，插入关键帧。接着单击第 6 帧，选择视图中的“爆竹”元件，在“属性”面板中将 Alpha 设定为 0%，如图 4—97 所示。最后在第 4～6 帧之间创建动画补间动画。

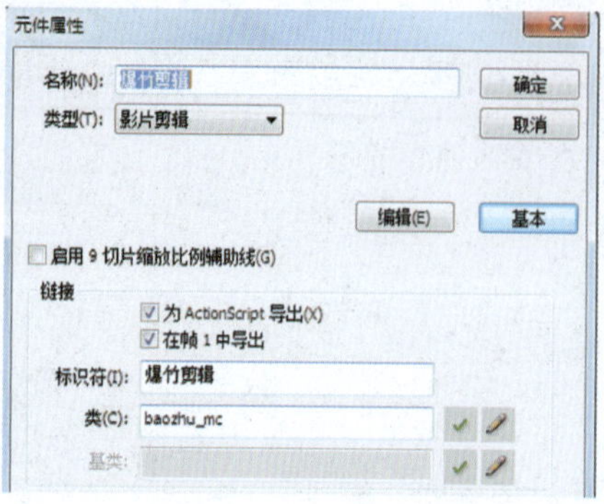

图 4—96　设置“链接属性”

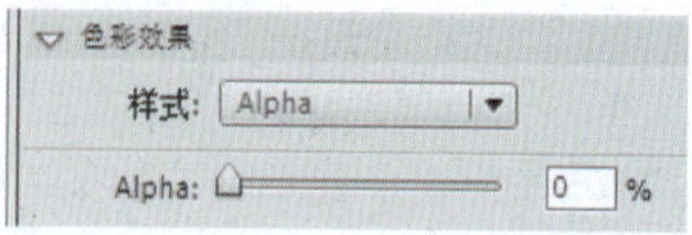

图 4—97　设置“爆竹”元件的 Alpha 值

④ 新建“图层 2”，将“火花”元件拖入“爆竹剪辑”元件中，并将实例名命名为 fire，如图 4—98 所示。选择“图层 2”的第 4～6 帧，按快捷键〈Shift＋F5〉将它们删除，效果如图 4—99 所示。

⑤ 新建“图层 3”，在第 4 帧按快捷键〈F7〉，插入空白关键帧，然后将“火花”元件再次拖入“爆竹剪辑”元件中，放置位置如图 4—100 所示。接着分别在第 4、7 帧和第 10 帧按快捷键〈F6〉，插入关键帧，并利用工具箱上的“任意变形工具”将第 7 帧的“火花”元件旋转放大；将第 10 帧的“火花”元件的 Alpha 的数值设为 0%。最后在“图层 3”的第 4～10 帧之间创建动画补间动画，此时时间轴如图 4—101 所示。

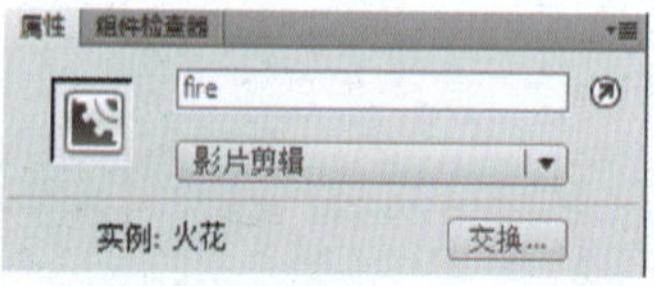

图 4—98　命名实例名

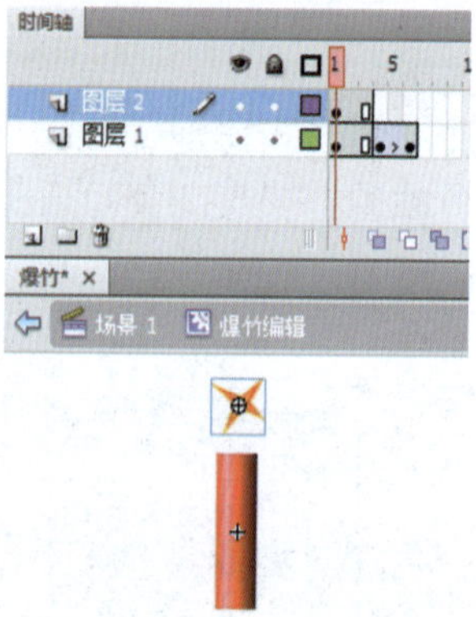

图 4—99　时间轴分布及效果

图 4—100　放置“火花”元件

⑥ 新建“图层 4”，在第 5 帧按快捷键〈F7〉，插入空白的关键帧，然后按快捷键〈Ctrl＋R〉，导入本书配套素材中的“爆炸.wav”声音文件。接着将其拖入“图层 3”，并在第 20 帧处按快捷键〈F5〉，此时时间轴如图 4—102 所示。

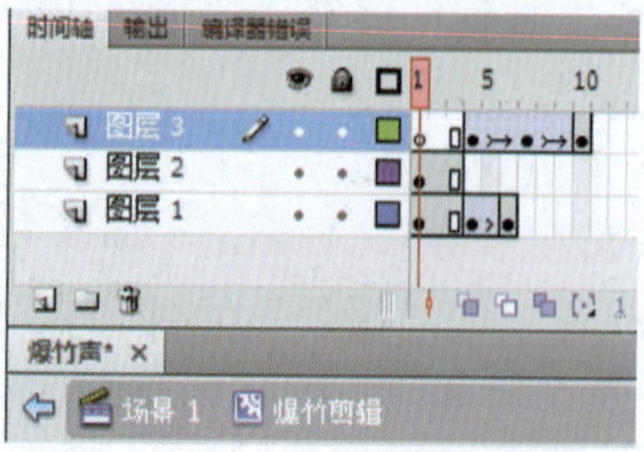

图 4—101　时间轴分布

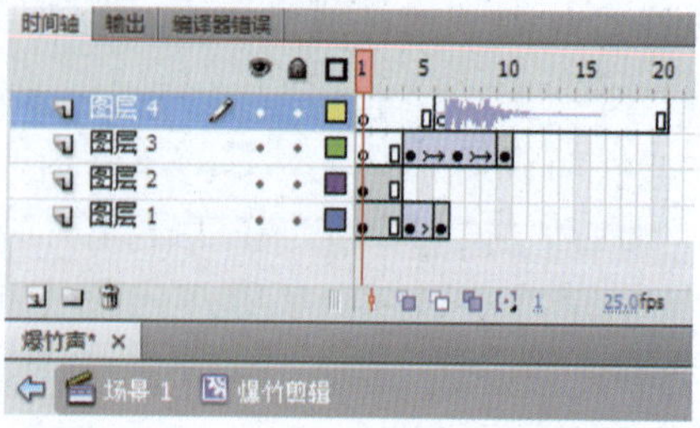

图 4—102　添加声音后时间轴分布

⑦ 新建 action 图层，单击第 1 帧，在“动作”面板中输入下面语句：

```
fire.sp = random(2) + 1;
```

说明：这段语句用于控制导火线的燃烧速度。

⑧ 在 action 图层的第 2 帧按快捷键〈F7〉，插入空白的关键帧，在“动作”面板中输入下面语句：

```
fire._y += fire.sp;        //导火线逐步燃烧
```

⑨ 在 action 图层的第 3 帧按快捷键〈F7〉，插入空白的关键帧，在“动作”面板中输入下面语句：

```
if(fire._y< - 23){
    gotoAndPlay(2);
    }else{
    fire.removeMovieClip();
        }
```

说明：这段语句用于控制导火线燃烧尽。

⑩ 在 action 图层的第 4 帧按快捷键〈P7〉，插入空白的关键帧，在“动作”面板中输入下面语句：

```
    psn1 = random(10) + 20;
    for(i = 1;i<psn1;i ++ ){
            attachMovie("piecemc","psmc" + i,i + 10);
            eval("psmc" + i)._rotation = i * 360/psn1;
            eval("psmc" + i)._xscale = eval("psmc" + i)._yscale = 80 + random(71);
    }
```

说明：这段语句用于控制炸开的纸片动画复制。

⑪ 在 action 图层的第 20 帧按快捷键〈F7〉，插入空白的关键帧，在“动作”面板中输入下面语句：

```
stop();
_parent.removeMovieClip();
```

说明：这段语句用于炸掉后删除整个父类动画，此时时间轴如图 4—103 所示。

(6) 创建“碎片”元件。按快捷键〈Ctrl+F8〉，创建“碎片”影片剪辑元件，然后利用工具栏中的 (矩形工具)，在工作区中绘制正方形，如图 4—104 所示。

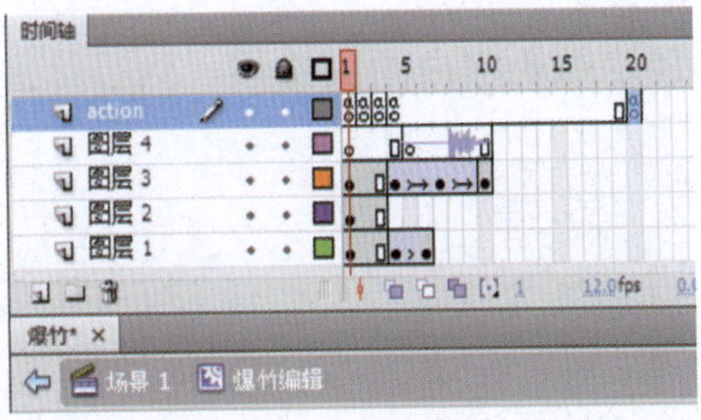

图 4—103　时间轴分布

图 4—104　绘制正方形

(7) 创建“碎片剪辑”元件。

① 按快捷键〈Ctrl+F8〉，打开“创建新元件”对话框，然后单击“高级”按钮，展开“链接”窗口，设置如图 4—105 所示。

② 将“碎片”元件拖入“碎片剪辑”元件中，并中心对齐。将实例名命名为 ps，如图 4—106 所示。接着在第 3 帧按快捷键〈F5〉，将“图层 1”的帧数延长到第 3 帧。

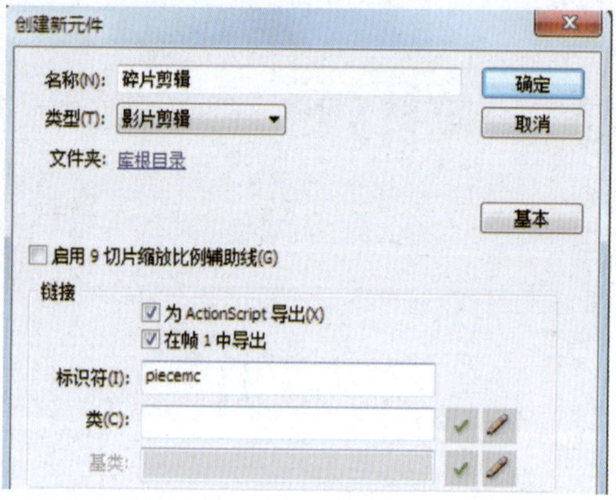

图 4—105 创建“碎片剪辑”元件

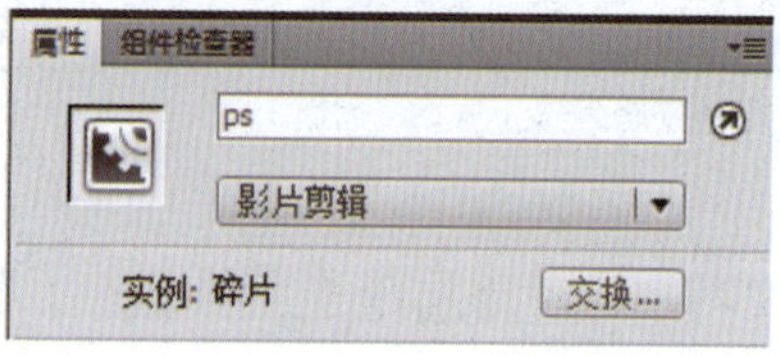

图 4—106 命名实例名

③ 新建“图层 2”，单击第 1 帧，在“动作”面板中输入下面语句：

```
ps._x = 0;
ps._rotation = random(90);
ps.ex = random(100) + 100;
ps.sp = random(10) + 10;
ps.rsp = random(20) - 10;
ps._xscale = 50 + random(100);
ps._yscale = 50 + random(100);
ps._rotation = random(90);
```

说明：这段语句用于获得实例 ps 的 _rotation、_xscale、_yscale 的随机数。

④ 在“图层 2”的第 2 帧按快捷键〈F7〉，插入空白的关键帧，然后单击第 2 帧，在“动作”面板中输入下面语句：

```
ps._x + = ps.sp;
ps._alpha = (1 - ps._x/ps.ex) * 100;
ps._rotation += ps.rsp;
```

⑤ 在“图层 2”的第 3 帧按快捷键〈F7〉，插入空白的关键帧，然后单击第 3 帧，在“动作”面板中输入下面语句：

```
if(ps._x>= ps.ex){
stop();
}else{
gotoAndPlay(2);
    }
```

此时时间轴如图 4—107 所示。

(8) 创建“坠落剪辑”元件。

① 按快捷键〈Ctrl+F8〉，在弹出的“创建新元件”对话框中设置，如图 4—108 所示，然后单击“确定”按钮，进入“坠落剪辑”元件的影片剪辑编辑模式。

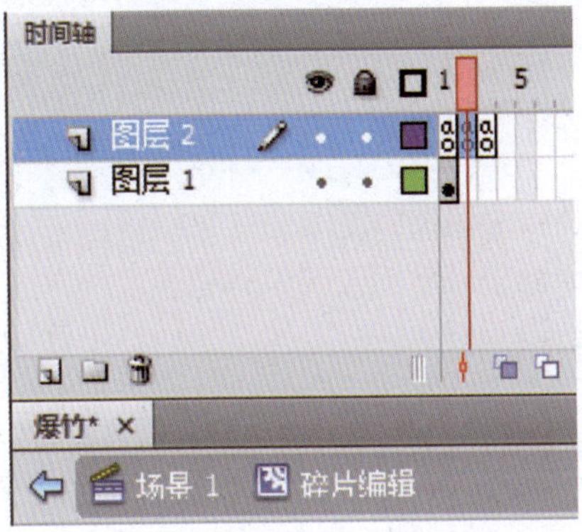

图 4—107　“碎片剪辑”元件时间轴分布

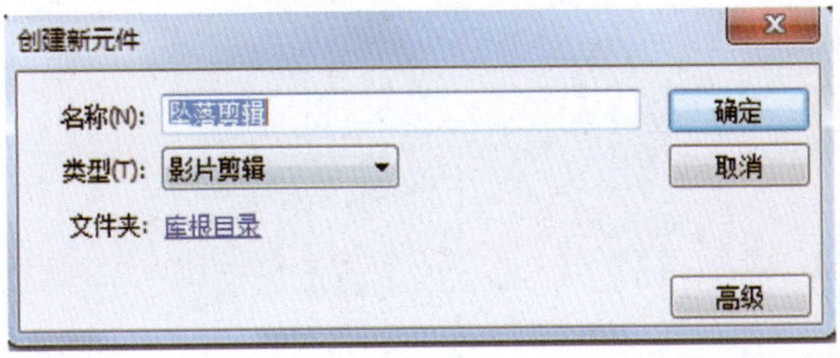

图 4—108　创建“坠落剪辑”元件

② 单击第 1 帧，然后在“动作”面板中输入下面语句：

```
attachMovie("baozhu_mc","pao0",10);
pao0._xscale = pao0._yscale = 60;
pao0.rsp = random(20) - 10;          //下落的旋转参数
pao0.sp = random(6) + 6;             //下落的速度参数
```

说明：这段语句用于控制爆竹下落的旋转和速度参数。

③ 在第 2 帧按快捷键〈F7〉，插入空白的关键帧。然后单击第 2 帧，在“动作”面板中输入下面语句：

```
pao0._y += pao0.sp;
pao0.sp += 1;                        //加速下落
pao0._rotation += pao0.rsp;
```

说明：这段语句用于控制爆竹的加速下落。

④ 在第 3 帧按快捷键〈F7〉，插入空白的关键帧。然后单击第 3 帧，在“动作”面板中输入下面语句：

```
gotoAndPlay(2);
```

此时时间轴如图 4—109 所示。

(9) 创建“main _ MC”元件。

① 按快捷键〈Ctrl+F8〉，在弹出的“创建新元件”对话框中设置，如图 4—110 所示，然后单击“确定”按钮，进入“main _ MC”元件的影片剪辑编辑模式。

② 单击第 1 帧，然后在“动作”面板中输入下面语句：

```
if(random(3) == 1){          //这段语句用于产生 1/3 的出现率

i + +;
attachMovie("drop_mc","dropp" + i,i + 100);
```

```
eval("dropp" + i)._x = random(50) - 25;          // + 25>出现位置的 x> - 25
eval("dropp" + i)._y = 0;
}
```

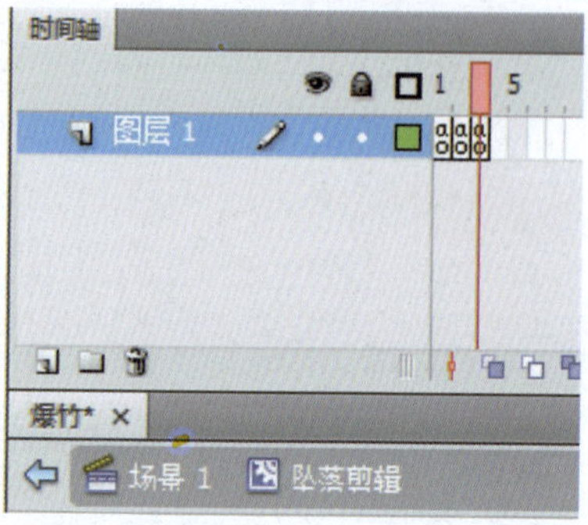

图 4—109 “坠落剪辑”元件的时间轴分布

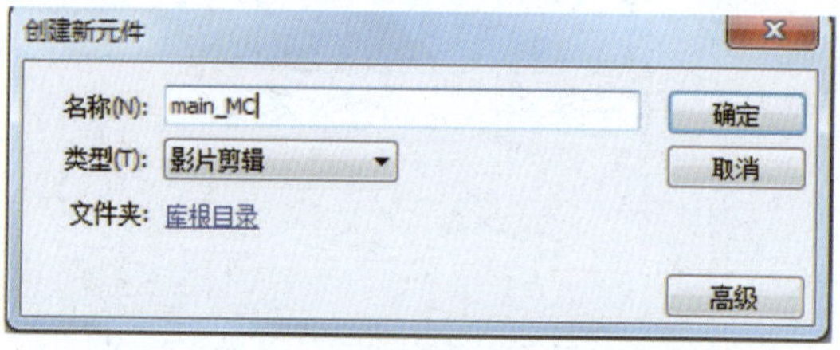

图 4—110 创建“main _ MC”元件

③ 在第 2 帧按快捷键〈F7〉，在“动作”面板中输入下面语句：

```
gotoAndPlay(1);
```

（10）合成场景。

① 按快捷键〈Ctrl＋E〉，回到“场景 1”，然后将“main _ MC”元件拖入场景，放置位置如图 4—111 所示，以便使爆竹从上方落下。

② 至此整个动画制作完成，为了美观，下面利用工具箱上的“矩形工具”绘制一个带有放射状渐变色的矩形作为背景，然后按快捷键〈Ctrl＋Enter〉，打开播放器，即可观看效果。

图 4—111 在“场景 1”中放置“main MC”元件

项目小结 4

体会与评价：完成这个项目后得到什么结论？有什么体会？完成项目评价表，如表4—1所示。

表 4—1　　综合实训项目

项目	内容	评价标准	得分	结论	体会
1	时尚汽车	3			
2	爆竹声	2			
	总评				

课后拓展实训 4

1. 制作工作区上跳动的文字效果，如图 4—112 所示。参数可参考本书配套素材“项目 4 \ 拓展练习 4 \ 练习 1 \ 舞台效果 . fla”文件。

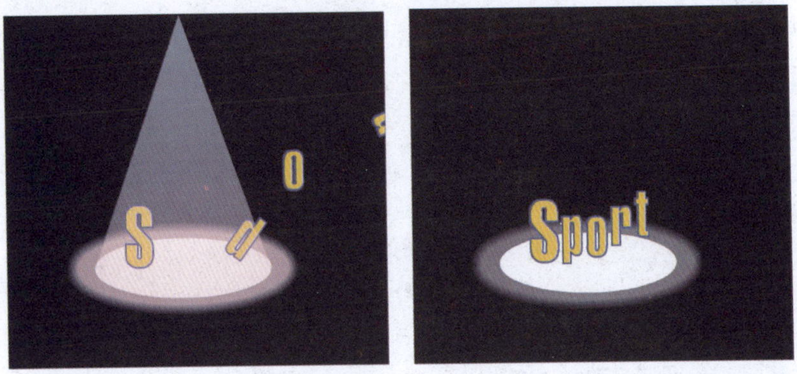

图 4—112　练习 1

2. 制作一个蜡烛燃烧并滴蜡的效果，如图 4—113 所示。参数可参考本书配套素材“项目 4\拓展练习 4\练习 2\闪烁的蜡光 . fla”文件。

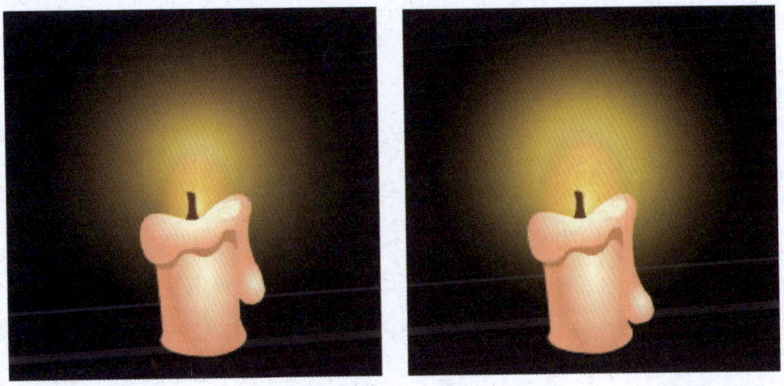

图 4—113　练习 2

习题 4

一、选择题

1. Flash 不可以在 Macintosh 平台上运行。(　　)

A. 正确　　B. 错误

2. Flash 影片频率最大可以设置到多少？(　　)

A. 99　　B. 100　　C. 120　　D. 150

3. 对于在网络上播放动画来说，最合适的帧频率是（　　）。

A. 每秒 24 帧　　B. 每秒 12 帧　　C. 每秒 25 帧　　D. 每秒 16 帧

4. 如果要让 Flash 同时对若干个对象产生渐变动画，则必须将这些对象放置在不同的层中。(　　)

A. 正确　　B. 错误

5. 矢量图形是用来描述图像的是(　　)。

A. 直线　　B. 曲线　　C. 色块　　D. A 和 B 都正确

6. 在设置电影属性时，设置电影播放的速度为 12fps，那么在电影测试时，时间轴上显示的电影播放速度可能是(　　)。

A. 等于 12fps　　B. 小于 12fps
C. 大于 12fps　　D. 大于、小于 12fps 均有可能

7. 在 Flash 中，要绘制精确的直线或曲线路径，可以使用(　　)。
A. 钢笔工具　　B. 铅笔工具　　C. 刷子工具　　D. A 和 B 都正确

8. 在 Flash 中，要绘制基本的几何形状，可以使用的绘图工具是(　　)。
A. 直线　　B. 椭圆　　C. 圆　　D. 矩形

9. 以下各种关于图形元件的叙述，正确的是(　　)。
A. 用来创建可重复使用的，并依赖于主电影时间轴的动画片段
B. 用来创建可重复使用的，但不依赖于主电影时间轴的动画片段
C. 以在图形元件中使用声音
D. 以在图形元件中使用交互式控件

10. 以下关于使用元件的优点的叙述，正确的是(　　)。
A. 使用元件可以使电影的编辑更加简单化
B. 使用元件可以使发布文件的大小显著地缩减
C. 使用元件可以使电影的播放速度加快
D. 以上均是

11. 在移动对象时，在按方向键的同时按住〈Shift〉键可大幅度移动对象，每次移动距离为(　　)。
A. 1 像素　　B. 4 像素　　C. 6 像素　　D. 10 像素

二、简答题

1. 简述二维动画的制作过程。
2. 关键帧和一般帧有什么不同?
3. 如何调整动画的播放速度?
4. Flash 的不同层之间的关系是什么?

项目5　多媒体课件的制作

技能目标及知识目标

能使用 Authorware 的各种功能，实现动画制作、交互响应、流程控制、框架与导航等多媒体课件制作。

掌握 Authorware 各种动画的制作。

掌握 11 种交互响应的制作，了解交互响应使用的场合。

掌握流程控制的使用，了解流程控制使用的场合。

掌握框架与导航的使用，了解框架与导航的使用场合。

课前导读

在多媒体课件制作中，有很多文字动画、物体动画，它们交互响应，流程控制；框架与导航效果出现在多媒体课件上，使多媒体课件的出现形式多种多样，画面不再呆板，对受众来说更容易接受，我们把多媒体课件制作当做一个任务。

作为一个多媒体平台，它几乎能够读取其他所有开发工具制作出的成果，并且程序流程是可视的，可直接在屏幕上编辑文字、图像、动画和声音等媒体。Authorware 的出现，使得许多非专业人士都可以创作交互式多媒体软件。我们可以将多媒体课件制作分成几个任务来处理，第一个任务是动画制作，第二个任务是交互响应，第三个任务是流程控制，第四个任务是框架与导航，第五个任务是完成 2 个项目实训。

任务 5.1　动画制作

问题的情景及实现

多媒体程序最大的特征就是以动态的效果来吸引人的注意力，丰富多彩的动画设计往往比静态文字和图片更具有魅力。本任务主要完成如何使用 Authorware 自带的动画来快速制作动画。

5.1.1　指向固定点的动画

指向固定点的动画是 Authorware 动画中最简单的一种，即两点之间的动画。请看下面的例子，程序运行结果为文字“田园风光”从屏幕右下侧飞向屏幕左上侧。

（1）首先拖动两个显示图标到主流程线上分别来存放背景和文字，然后拖动一个移动图标到主流程线上来实现文字的移动，设计好的流程线如图 5—1 所示。

（2）双击“背景”图标，打开演示窗口，插入一幅风景图片，然后按〈Ctrl＋W〉组合键返回流程线。

（3）双击“文字”图标，插入文字“田园风光”，设置模式为“透明”，则文字的白色区域消失，如图 5—2 所示。

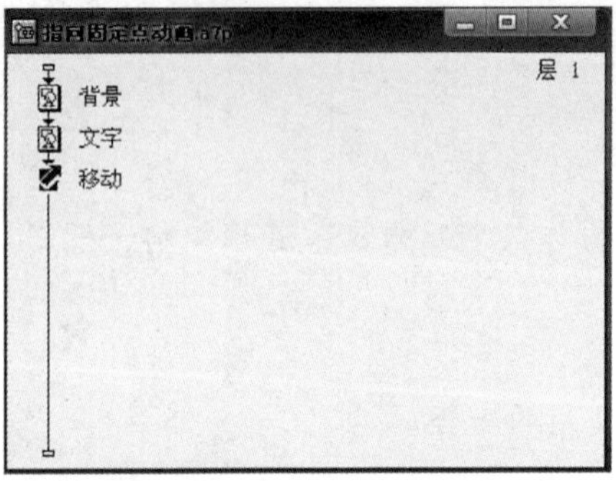

图 5—1　流程线

图 5—2　演示窗口

（4）返回流程线后双击“移动”图标，弹出“移动图标属性”对话框，系统默认动画“类型”为“指向固定点”。在“定时”文本框中输入“5”，表示整个飞行过程需要 5 秒钟。“目标”文本框中显示对象的二维坐标值，它是移动对象的初始位置。此时，用鼠标拖动蝴蝶到屏幕的左侧，可以发现“目标”文本框中的坐标随着变化为当前坐标值。当然也可以直接在 X 和 Y 的文本框中输入确定的值，如图 5—3 所示。

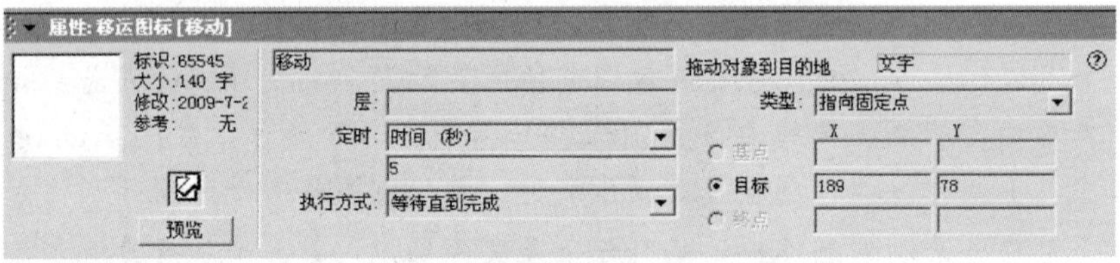

图 5—3　指向固定点属性的设置

（5）返回主流程线后，单击工具栏上的“运行”按钮，程序开始运行。程序运行结束后，按〈Ctrl＋Q〉组合键退出运行窗口，或者在运行窗口中单击“文件→退出”命令退出。

5.1.2　指向固定直线上的某点的动画

指向固定直线上的某点的动画是将对象从当前位置移动到一条直线上的通过计算得到的位置处。这种类型的动画需要指定对象移动的起点和终点，以及计算对象移动终点所依赖的直线。对象移动的起点就是该对象在演示窗口中的初始位置，终点是指对象在给定直线上的位置。这种类型的移动对象可以利用变量或表达式控制规定直线路径上的对象和位置。

下面是制作该动画的过程：在屏幕的左侧画一个箭头，屏幕的右侧制作一个靶子。程序的流程线设置如图 5—4 所示。

(1) 在流程线上双击“箭头”图标，打开演示窗口，在其中利用画线工具制作一个箭头。

(2) 在流程线上双击“靶子”图标，打开演示窗口，在其中利用圆工具及画线工具制作一个靶子。运行程序，如图 5—5 所示。

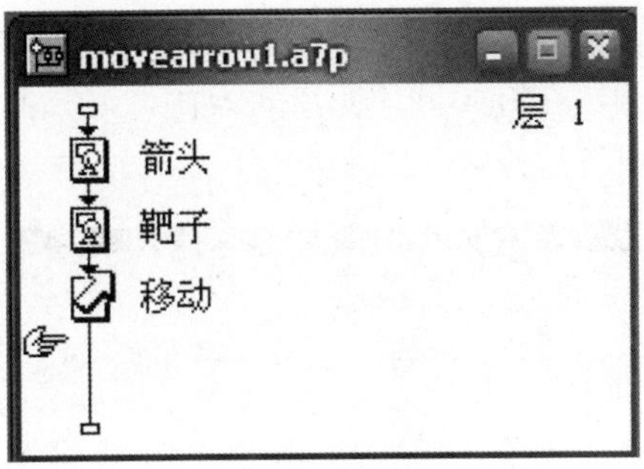

图 5—4　流程线

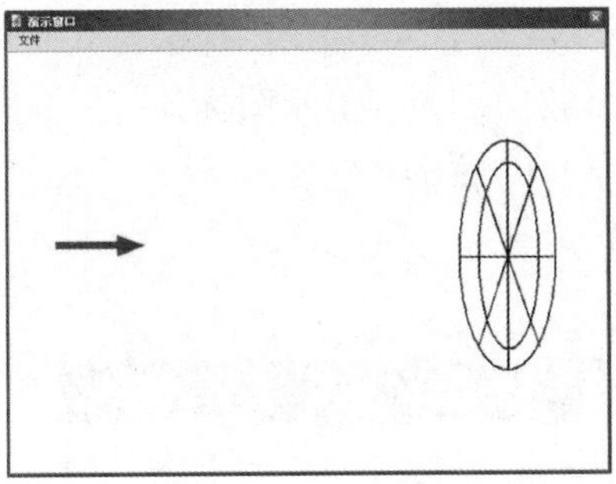

图 5—5　演示窗口

(3) 双击“移动”图标，在打开的“属性：移运图标”对话框中选择动画“类型”为“指向固定直线上的某点”，将箭头拖放到靶子的上方，在“基点”单选按钮的 X 文本框中输入“0”，如图 5—6 所示。

(4) 选择“终点”单选按钮，在 X 文本框中输入终点值“100”。此时，可以看到在箭头的起点和终点位置之间产生一条直线。这条直线为箭头运动的范围，箭头所到的终点只能在这条直线上，如图 5—7 所示。

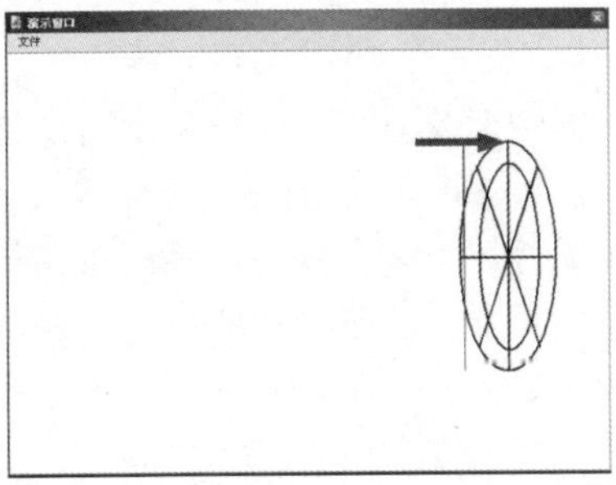

图 5—6　基点位置

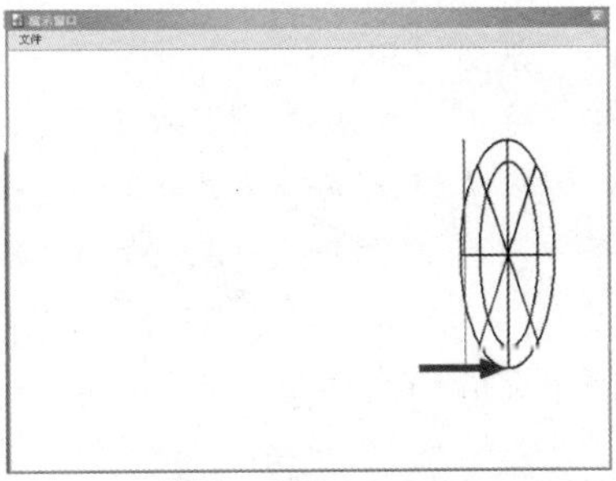

图 5—7　终点位置

(5) 选择“目标”单选按钮，在文本框中输入“random(0，100，1)”，其作用是随机决定箭头移动的终点在直线上的位置，如图 5—8 所示。

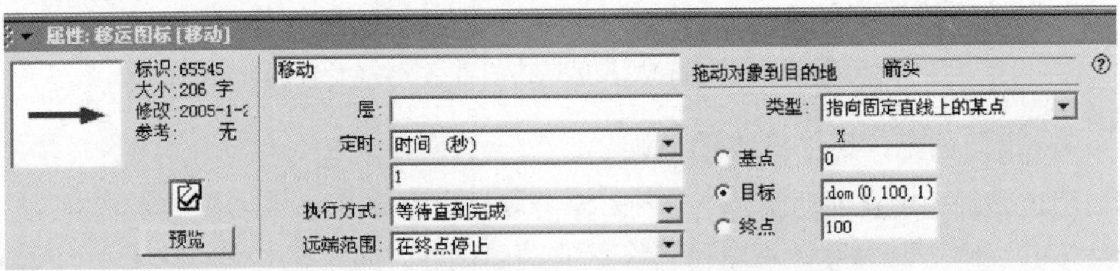

图 5—8　指向固定直线上的某点属性的设置

5.1.3 指向固定区域内的某点的动画

指向固定区域内的某点的动画的制作过程与点到直线动画方式的制作过程十分相似，不同之处仅在于：点到指定区域动画需要设置目标区域，而点到直线动画需要设置目标直线。指向固定区域内的某点的动画具体的制作过程如下：

（1）首先创建流程线，如图 5—9 所示。

（2）双击“台球”显示图标，打开演示窗口，在其中利用圆工具制作一个台球。

（3）双击“球台”显示图标，打开演示窗口，在其中利用圆工具及画线工具制作一个球台，如图 5—10 所示。

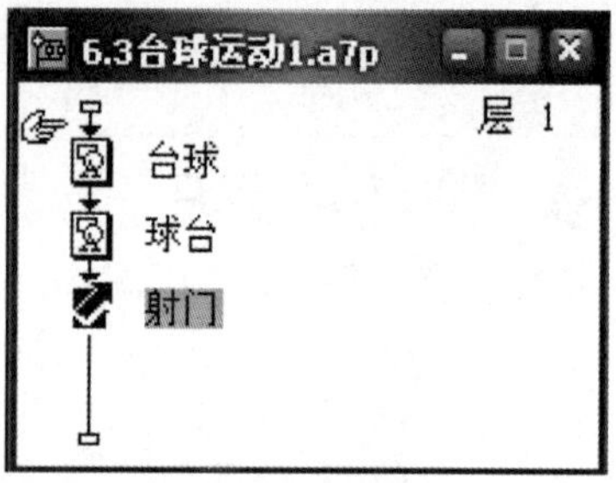

图 5—9 流程线

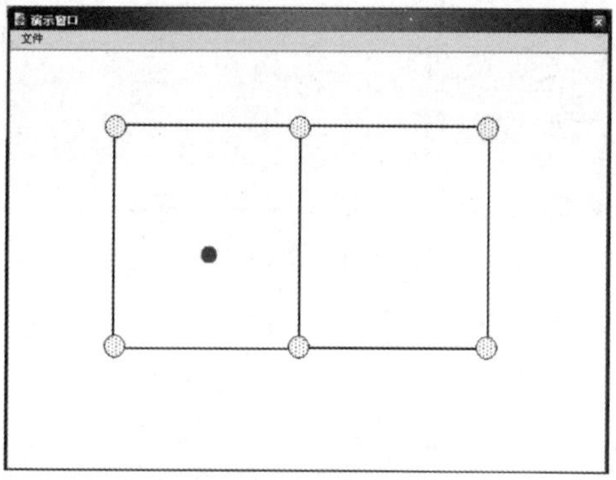

图 5—10 演示窗口

（4）双击“射门”移动图标，打开“属性：移动图标”对话框，在“定时”文本框中输入“0.5”秒。在“类型”下拉列表中选择动画类型“指向固定区域内的某点”。

（5）选择“基点”单选按钮，把台球拖放到球台的左上角，设置好基点。

（6）选择“终点”单选按钮，在 X 和 Y 文本框中分别输入 3 和 2，把台球拖放到球台的右下方。此时屏幕上显示出一个矩形框，此框即为台球移动的范围。

（7）选择“目标”单选按钮，在 X 和 Y 文本框中分别输入“Random(1,3,1)”和“Random(1,2,1)”，如图 5—11 所示。单击“运行”按钮，程序开始运行，台球移动的范围始终为点到指定区域的动画。

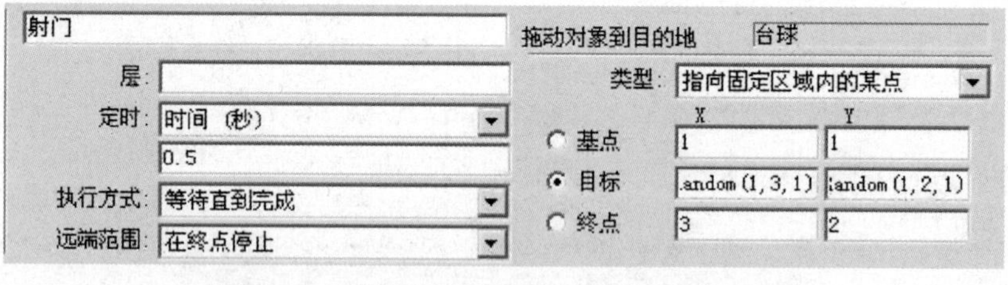

图 5—11 指向固定区域内的某点属性的设置

5.1.4 指向固定路径的终点的动画

指向固定路径的终点的动画是指移动对象沿着任意设计的运动路线移动到终点。下面通过一个具体的实例来说明沿任意路径到终点的动画制作，具体的内容是制作一个小球弹跳过程。

（1）根据提出的动画要求，创建如图 5—12 所示的流程线。

（2）双击“小球”图标，打开演示窗口，利用绘图工具绘制一个小球。

（3）双击“跳动”移动图标，选择“类型”下拉列表中的“指向固定路径的终点”选项，输入运动时间为 2 秒，如图 5—13 所示。

图 5—12　流程线

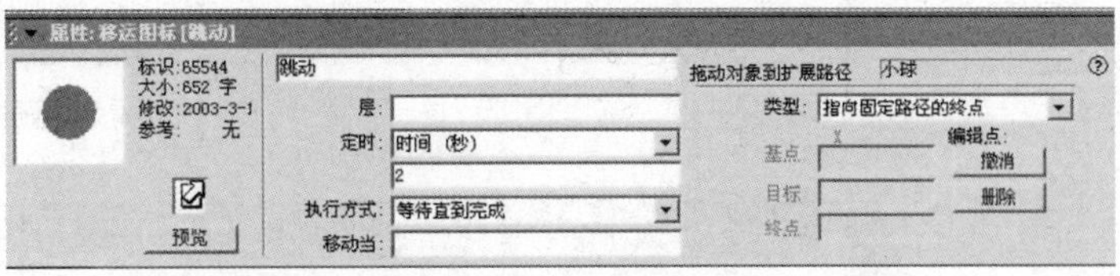

图 5—13　指向固定路径的终点属性的设置

（4）选择小球，此时光标下方出现一个三角标志。用鼠标把小球拖放到合适的位置，松开鼠标便产生了另一个三角标志。用同样的方法产生其他的结点，这些结点连接起来便形成了运动路径。

（5）双击路径上某一个三角标志，该三角标志会变成圆形标志，此时直线就会变为圆弧。三角代表该点两侧是用直线相连，圆形标志代表该点两侧是曲线圆滑过渡，设置效果如图 5—14 所示。设置完成后将此文件保存为 ball. A7p，然后就可以运行这个动画了。

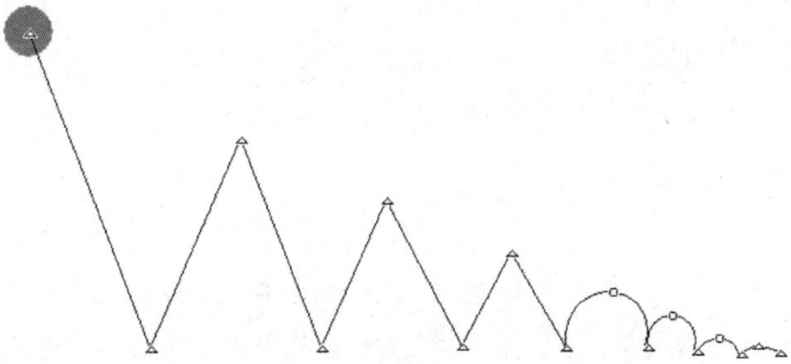

图 5—14　指向固定路径的终点的动画效果

5.1.5　指向固定路径上的任意点的动画

指向固定路径上的任意点的动画的设置与沿任意路径到终点的动画相似，区别在于，**指向固定路径上的任意点的动画**可以选择路径上的任意一点作为动画的目标点，而指向固定路径的终点的动画则是被移动的对象只能沿路径一次到达终点。

现在引用 ball. A7p 这个例子，对其进行相应的修改来制作投篮命中的那一精彩时刻。

（1）从硬盘中调出文件 ball. A7p，将它存为 ball1. A7p。然后拖放一个计算图标到“小球”和“跳动”之间，将其命名为“停止”，如图 5—15 所示。然后双击此图标，在打开的编辑框中输入“x：=70”，关闭此对话框时，提示设定 x 变量的初始值，设定为 0，单击“确定”按钮保存设置，如图 5—16 所示。

（2）双击“跳动”移动图标，设置动画“类型”为“指向固定路径上的任意点”，然后在“目标”文本框中输入新变量“x”，如图 5—17 所示。

图 5—15　流程图

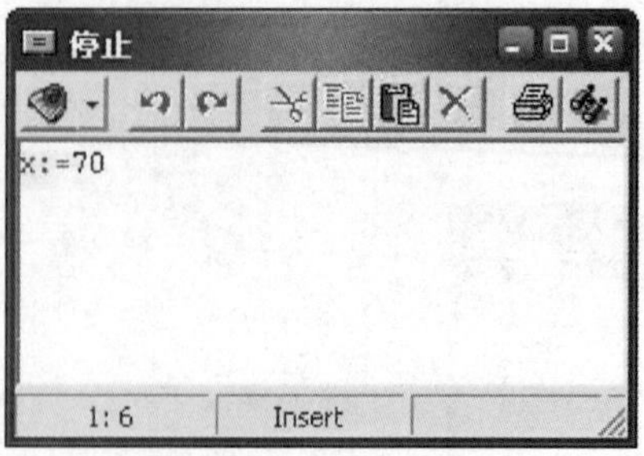

图 5—16　计算图标编辑框

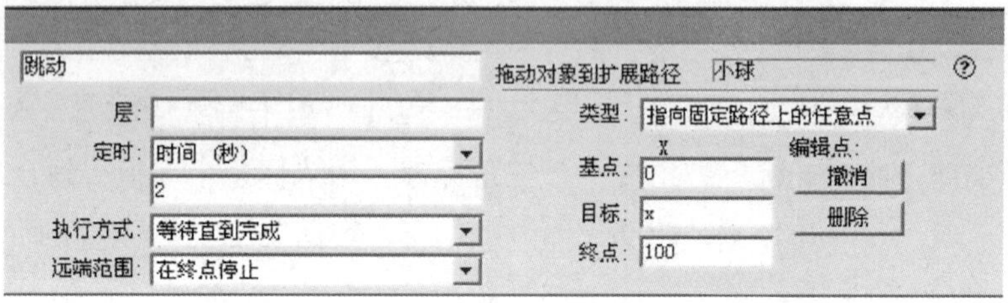

图 5—17　指向固定路径上的任意点属性的设置

（3）单击“运行”按钮运行程序，也可按〈Ctrl＋R〉组合键运行程序，小球在路径上 x=70 的位置处停止。

任务 5.2　交互响应

问题的情景及实现

多媒体是将图、文、声、像等各种媒体表达方式有机地结合到一起，并具有良好交互性的计算机技术。多媒体作品中的一个很重要的特点就是交互性，也就是说程序能够在用户的控制下运行。其目的是使计算机与用户进行沟通，互相能够对对方的指示做出反应，从而使计算机程序在用户可理解、可控制的情况下顺利运行。本任务主要完成利用 Authorware 制作交互图标为创作人员提供多种交互响应的方式。

1. 交互响应类型

拖动一个交互图标到流程线上，再拖动一个显示图标在其右侧，出现如图 5—18 所示的 11 种响应类型对话窗口。未命名的交互设计窗口如图 5—19 所示。

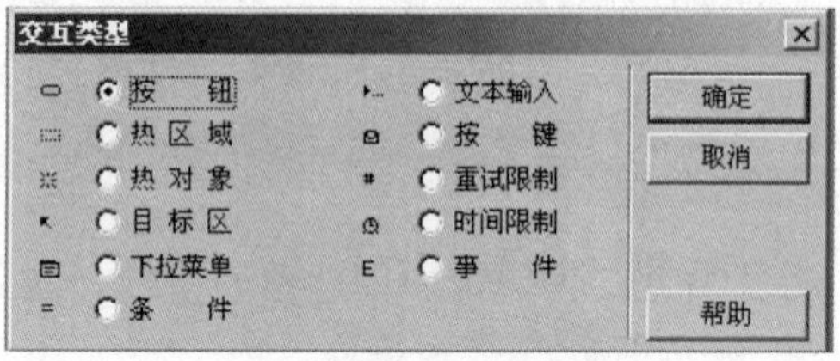

图 5—18　交互类型

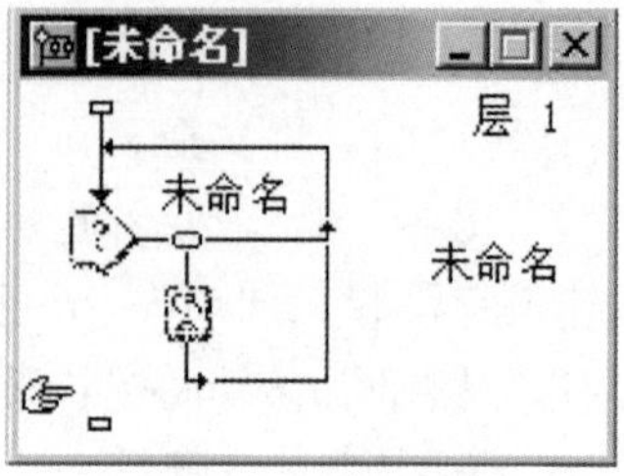

图 5—19　交互设计窗口

“按钮”响应：可以在显示窗口创建按钮，并且用此按钮与计算机进行交互，按钮的大小和位置以及名称都是可以改变的，还可以加上伴音。Authorware 提供了一些标准按钮，供用户任意选用。用户还可以自己设计和选取其他按钮。在程序执行过程中，单击按钮，计算机就会根据指令沿指定的流程线（响应分支）执行；常在课件中用来做选择按钮、退出按钮等。

“热区域”响应：可以在演示窗口创建一个不可见的矩形区域，采用交互的方法，可以在区域内单击、双击或者把鼠标指针放在区域内，程序就会沿该响应分支的流程线执行，区域的大小和位置是可以根据需要在演示窗口中任意调整的。

“热对象”响应：与“热区域”响应不同，该响应的对象是一个实实在在的对象，对象可以是任意形状的，这两种响应互为补充，大大提高了 Authorware 交互的可靠性、准确性。

“目标区”响应：用来移动对象，如果把对象移动到目标区域，程序就沿着指定的流程线执行。用户需要确定要移动的对象及其目标区域的位置。

“下拉菜单”响应：创建下拉菜单，控制程序的流向。

“按键”响应：对用户敲击键盘的事件进行响应。

“文本输入”响应：用它来创建一个用户可以输入字符的区域来改变程序的流程。常用于输入密码、回答问题等。

“重试限制”响应：限制用户与当前程序交互的尝试次数。当达到规定次数的交互时，就会执行相应的分支。常用它来制作测试题，当用户在规定次数内不能正确回答出正确答案时，就退出交互。

“时间限制”响应：如果用户在限定的时间内未能实现特定的交互，就按指定的流程执行。常用于限时输入。

“条件”响应：如果指定条件满足，则沿着指定的流程线执行。

“事件”响应：用于对触发事件进行响应。

2. 交互结构

交互结构是指交互作用的分支结构，它不仅仅是交互图标，而是由交互图标、分支类型、响应及分支流向组成的，如图 5—20 所示。其中“交互”设计图标是整个交互作用分支结构的入口。在“交互”设计图标中直接可以安排交互界面。

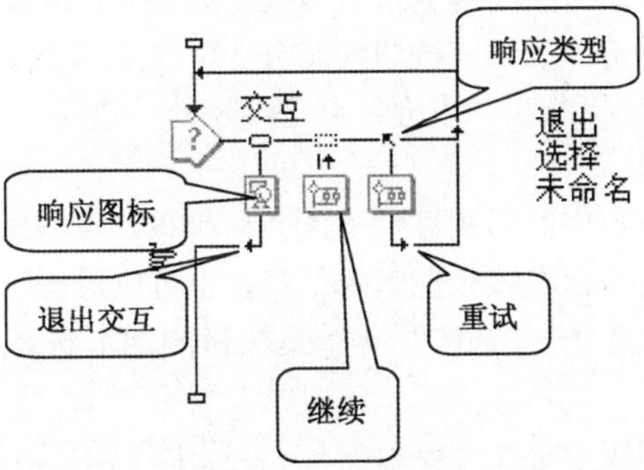

图 5—20　交互结构

5.2.1 按钮响应

默认情况下，按钮为长方形三维按钮，也有圆形的单选按钮，以及方形的复选按钮，用户可以设置长方形按钮的弹起、单击和鼠标经过三种状态，还可以为按钮添加声音效果。本实例将制作按钮响应效果，单击界面上的按钮则打开相应的内容，单击按钮时会发出声音。下面我们以一个实例来介绍按钮响应的设置方法。操作步骤如下：

（1）启动 Authorware，单击工具栏上的□按钮，新建一个文件，将其保存为"按钮响应"。

（2）执行菜单命令"修改→文件→属性"，打开"属性：文件"对话框，在"大小"下拉列表中选择"根据变量"，取消"显示标题栏"和"显示菜单栏"复选框的选定状态。

（3）拖动一个交互图标到流程线上，命名为"按钮组"，然后在其右侧添加一个群组图标，响应类型为"按钮"，命名为"海鱼"，如图 5—21 所示。

（4）单击"客机"群组图标上面的响应类型标记，打开"属性：交互图标"对话框，单击"鼠标"右侧的按钮，打开"鼠标指针"对话框，选择手形形状作为鼠标指针形状，如图 5—22 所示。

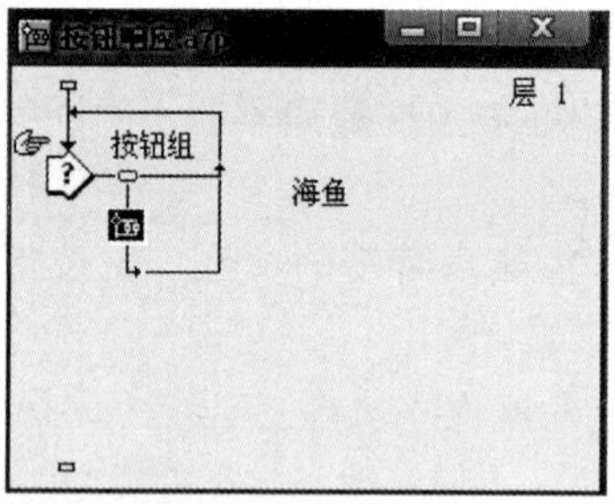

图 5—21　流程图

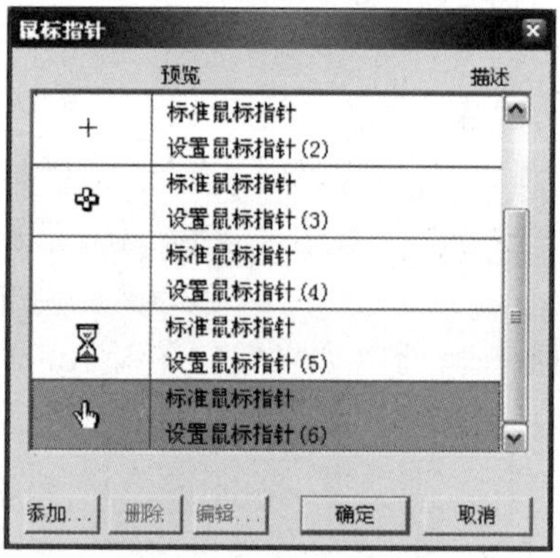

图 5—22　鼠标指针

（5）单击"确定"按钮，返回到属性设置对话框，打开"按钮"对话框，单击"添加"按钮，打开"按钮编辑"对话框，单击"图案"右侧的"导入"按钮，打开"导入哪个文件?"对话框，从中选择一个按钮形状（按钮可在其他软件，如 Photoshop 中制作完成），单击"导入"按钮，将其导入到"按钮编辑"对话框，如图 5—23 所示。

从"按钮编辑"对话框可以看出，按钮状态分为 4 类共 8 种。4 类分别为："未按"状态、"按下"状态、"在上"状态和"不允"状态；8 种是指每一类状态都有其对应的"常规"和"选中"两种状态。

在"状态"组合框中以列表的形式显示了这 8 种状态，单击选中其中某种状态之后，可以在按钮样式预览框中查看按钮在该状态下的外观，也可以对该状态下按钮使用的图像或标题进行编辑。在 8 种按钮状态中，"未按"状态是按钮的基本状态，其余 7 种状态可以设置为与基本状态相同。

（6）在"标签"下拉列表中选择"显示卷标"。选中标题文本，执行菜单命令"文本→字体"，将标题字体设置为黑体；执行菜单命令"文本→大小"将标题字号设置为 14 磅；执行菜单命令"窗口→显示工具盒→颜色"，打开"颜色"选择框，将标题文本的颜色设置为白色，调整按钮标题的位置，使其位于按钮图像的中心，如图 5—24 所示。

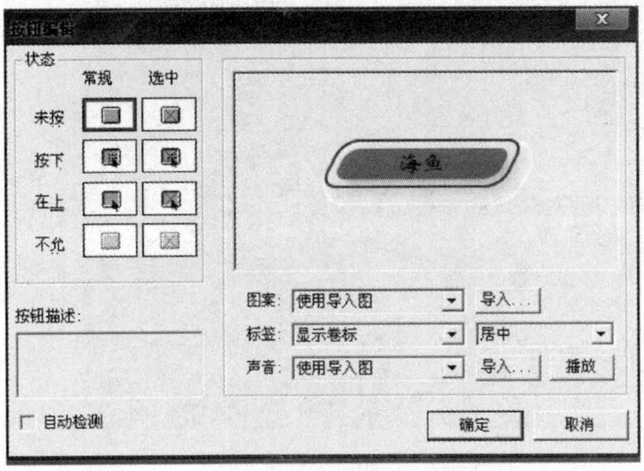

图 5—23 按钮编辑

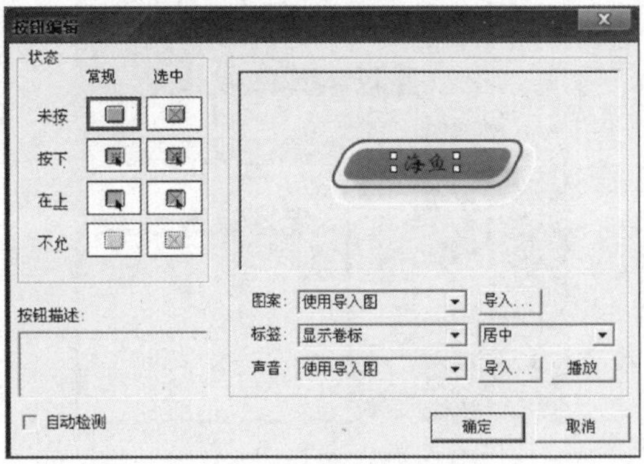

图 5—24 编辑标题文本

（7）单击“声音”后面的“导入”按钮，打开“导入哪个文件?”对话框，从中选择一个声音文件，单击“导入”按钮，返回到“按钮编辑”对话框。这样，单击按钮时会发出声音。单击“确定”按钮返回到“按钮”对话框，这样第一个按钮就设置好了。

（8）按照上面的方法再拖动两个群组图标和一个计算图标到流程线上，新添加的两个群组图标会延用第一个群组图标的属性。分别命名为“海鱼”、“海龟”“珊瑚”和“退出”，如图 5—25 所示。

（9）双击“海鱼”群组图标，打开二级流程图窗口，添加一个显示图标，命名为“海鱼”，双击该图标，打开演示窗口，从中输入海鱼图片，如图 5—26 所示。

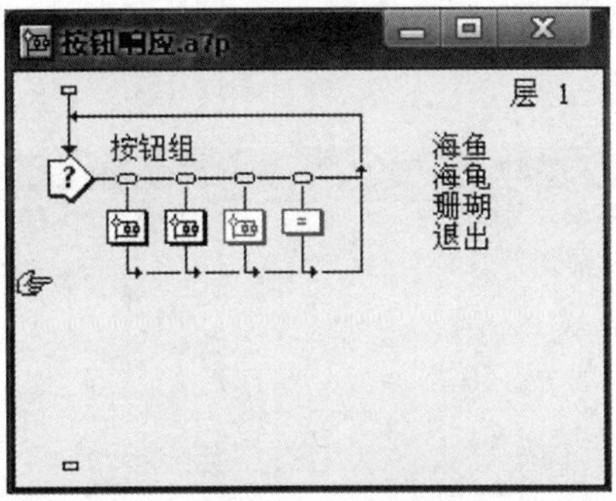

图 5—25 流程图

图 5—26 导入海鱼图片

（10）用同样的方法分别在“海龟”和“珊瑚”群组图标中添加显示图标，并在各自的演示窗口中输入图片。

（11）双击计算图标，打开代码窗口，输入下列代码：

```
Quit(0)
```

（12）设置完成后的流程图如图 5—27 所示。

（13）在流程线上双击交互图标，打开演示窗口，在演示窗口中输入文字“海底世界浏览”和“请单击相应按钮，浏览相应的图片”，并调整按钮的位置，如图 5—28 所示。

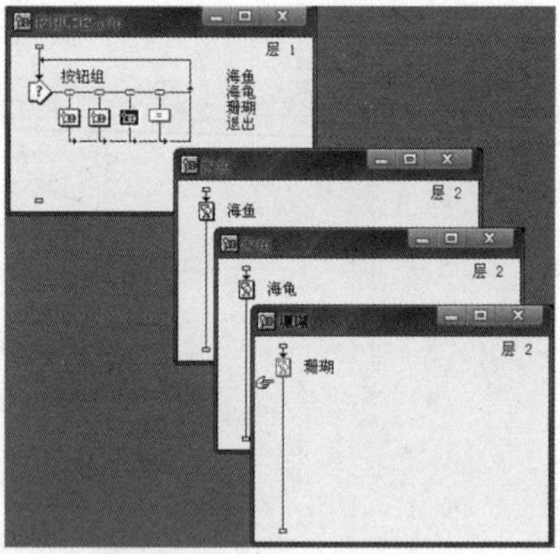

图 5—27 最后的流程图

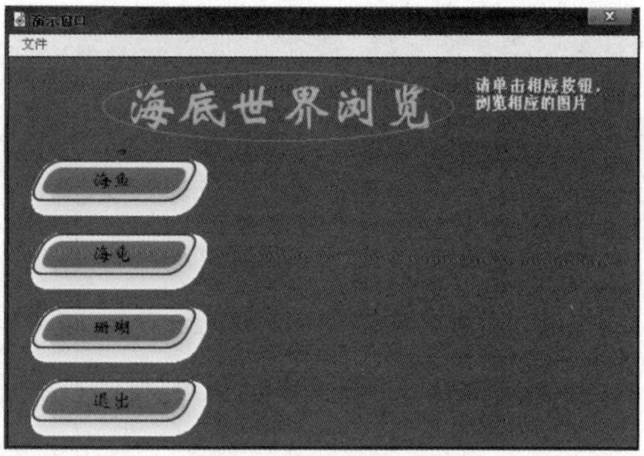

图 5—28 演示窗口

(14) 保存文件。单击工具栏上的 按钮可以看到效果，如图 5—29 所示。

5.2.2 热区域响应

热区域是演示窗口中的一个特殊的矩形区域，在该区域中，单击或双击鼠标或将指针指向指定区域就可以进入到相应的响应分支，其响应方式与按钮响应类似。本实例将通过制作热区域响应来实现交互的效果，当用户指向热区时会出现相应的画面。操作步骤如下：

(1) 启动 Authorware，单击工具栏上的 按钮，新建一个文件，将其保存为“热区响应”。

(2) 执行菜单命令“修改→文件→属性”，打开“属性：文件”对话框，在“大小”下拉列表中选择“根据变量”，取消“显示菜单栏”复选框的选定状态。

(3) 在流程线上添加一个声音图标，命名为“背景音乐”，双击该图标，打开“属性：声音图标”设置对话框，单击“导入”按钮，打开“导入哪个文件?”对话框，从中选择一个音乐文件，如图 5—30 所示。

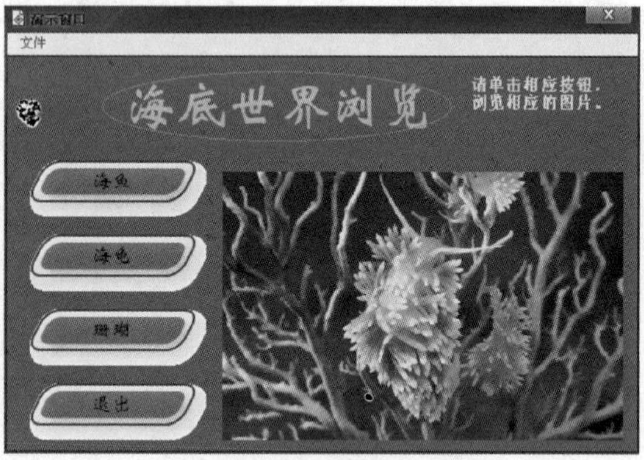

图 5—29 按钮实例效果

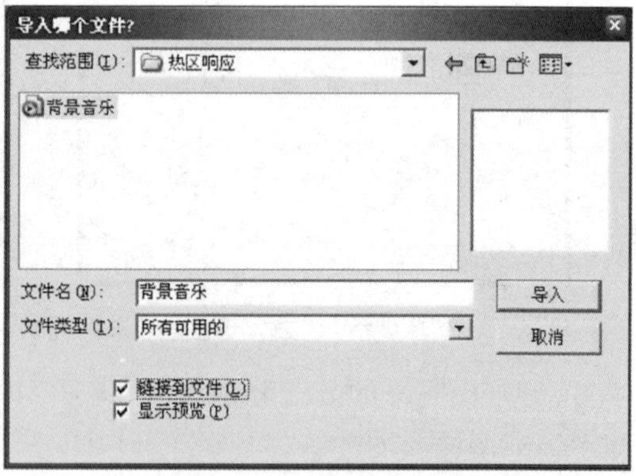

图 5—30 导入背景音乐

(4) 单击“导入”按钮，出现导入进度对话框，导入完成后，对话框自动关闭。单击“计时”选项卡，在“执行方式”下拉列表中选择“永久”，在“开始”文本框中输入“~SoundPlaying”，以使音乐能循环播放，如图 5—31 所示。

(5) 拖动一个显示图标到“背景音乐”图标下，命名为“背景”，双击该图标，打开演示窗口，单击工具栏上的 按钮，打开“导入哪个文件?”对话框，选择一幅图片文件，单击“导入”按钮，将选择的图片插入到演示窗口中，然后根据插入图片的大小调整演示窗口的大小，以使演示窗口和图片大小吻合，如图 5—32 所示。

（6）在流程线上添加一个交互图标，命名为“控制”，在其右侧添加一个群组图标，响应类型为“热区域”，命名为“阿尔法”，如图 5—33 所示。

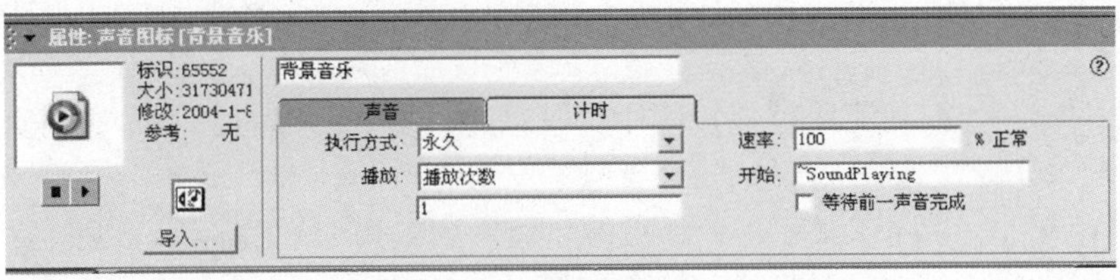

图 5—31　设置音乐文件的属性

图 5—32　背景图

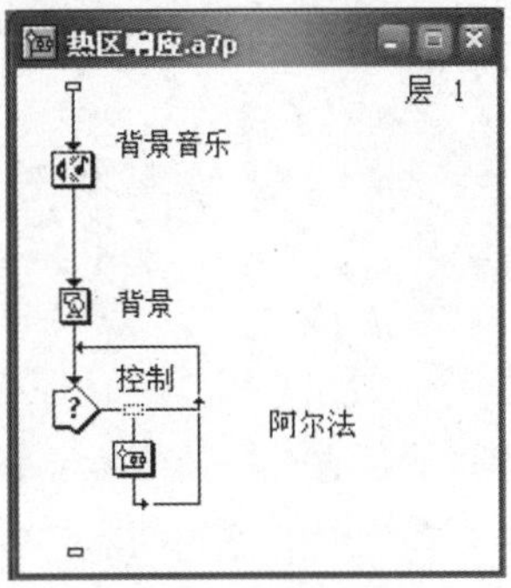

图 5—33　添加图标

（7）单击“阿尔法”群组图标上面的响应类型标记，打开属性设置对话框，在“匹配”下拉列表中选择“指针处于指定区域内”，然后单击“鼠标”右侧的按钮，在打开的“鼠标指针”对话框中选择鼠标的形状为手形，如图 5—34 所示。这样当鼠标移到热区时，就会变成手形。

（8）单击“确定”按钮，关闭对话框，属性设置对话框中的其他属性应用默认设置。双击“阿尔法”群组图标，打开二级流程图窗口，添加一个显示图标，命名为“阿尔法”，双击该图标，打开演示窗口，导入一幅图片，然后按照如图 5—35 所示输入文字。

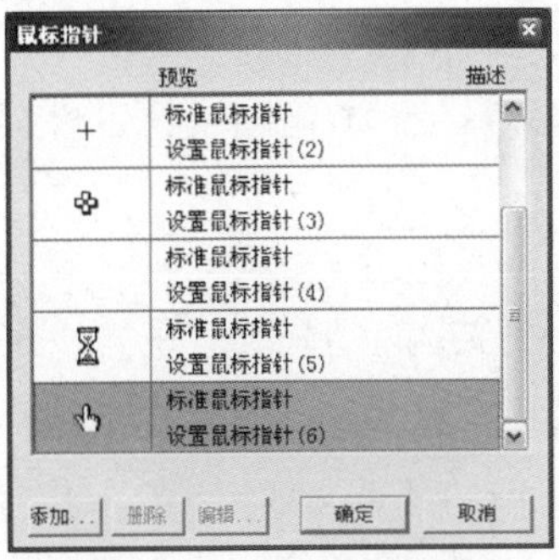

图 5—34　设置鼠标形状

图 5—35　导入图片并输入文字

（9）双击“背景”显示图标，打开演示窗口，单击“阿尔法”群组图标上面的响应类型标记，可发现演示窗口中出现热区，调整热区的大小和位置，使其正好位于背景上的第 1 个按钮上，如图 5—36 所示。

（10）按照上面的方法在“阿尔法”群组图标后面添加 5 个群组图标，并在各个群组图标上添加一个显示图标，然后设置各个显示图标中的内容。设置好的流程图如图 5—37 所示。返回主流程图窗口，双击“背景”显示图标，打开演示窗口，按住〈Shift〉键，双击“控制”交互图标，切换到演示窗口，使用工具箱中的“A”按钮，输入如图 5—38 所示的文字，字体为“黑体”，字号为“12”。

（11）保存文件。单击工具栏上的 ▶ 按钮可以看到效果，最后的流程图如图 5—39 所示。

图 5—36　调整热区的大小和位置

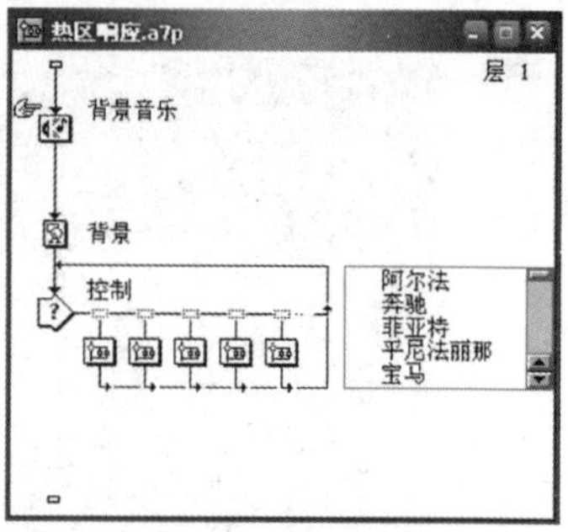

图 5—37　添加图标

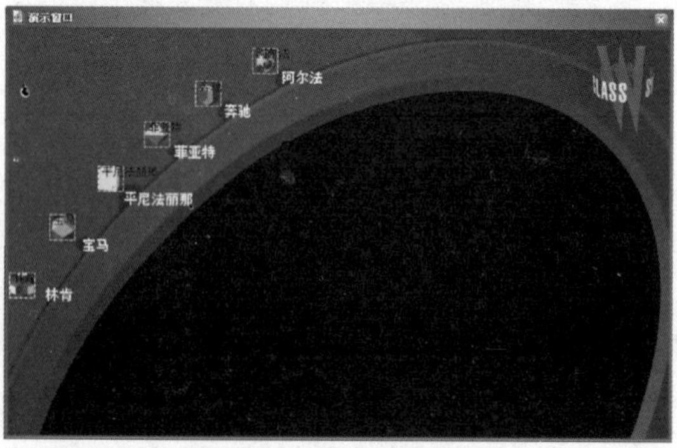

图 5—38　输入文字

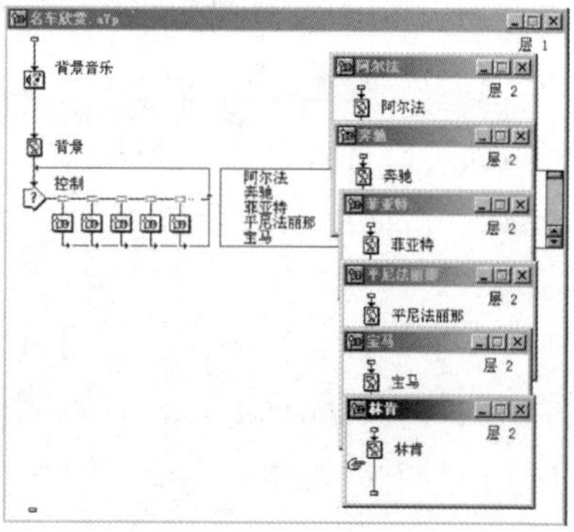

图 5—39　最后的流程图

5.2.3　热对象响应

热对象响应与热区域响应基本一样，不过对于它有两个特点：一是响应区域可以不是矩形区域；二是响应区域并不是固定的，还可以在演示窗口中移动。如果用户想使用任意形状的响应区域来响应操作，必须使用热对象响应。

热对象的响应区域可以是一个不规则的对象，或者是一个 Flash 动画等。当然也可以是用户绘制的其他形状的对象。本实例将通过制作热对象响应来实现交互的效果，当用户指向热对象时会出现相应的文字。操作步骤如下：

（1）启动 Authorware，新建一个文件，将其保存为“认识动物 .a7p”。

（2）在流程线上依次添加 4 个显示图标，分别命名为“狗”、“老虎”、“狮子”和“骆驼”，然后分别在各自的演示窗口中导入图像“狗”、“老虎”、“狮子”、“骆驼”，并放在合适的位置，如图 5—40 所示。

（3）在流程线上添加一个交互图标，将其命名为“选择图片”，然后在其右侧依次添加 4 个群组图标，响应类型均设置为“热对象”，将 4 个群组图标分别命名，如图 5—41 所示。

图 5—40　导入图片设置为“透明”模式

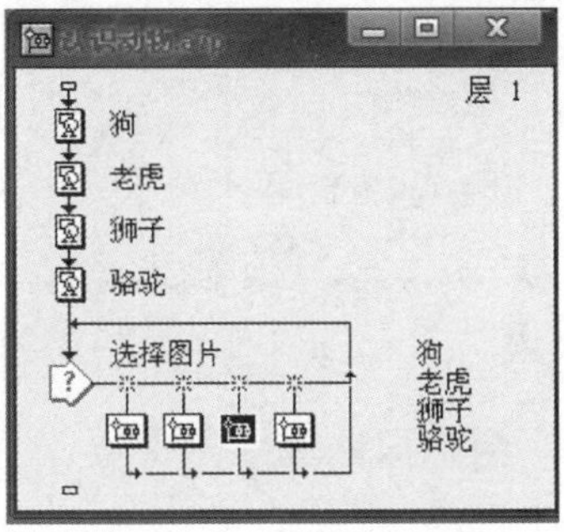

图 5—41　热区交互设置

（4）双击“狗”群组图标，打开二级流程图窗口，在上面添加一个显示图标，命名为“狗”，双击该图标，打开演示窗口，输入文字“狗”；同样双击“老虎”群组图标，打开二级流程图窗口，在上面添加一个显示图标，命名为“老虎”，双击该图标，打开演示窗口，输入文字“老虎”；“狮子”和“骆驼”群组图标的内容设置与前两种方法相同，如图 5—42 所示。

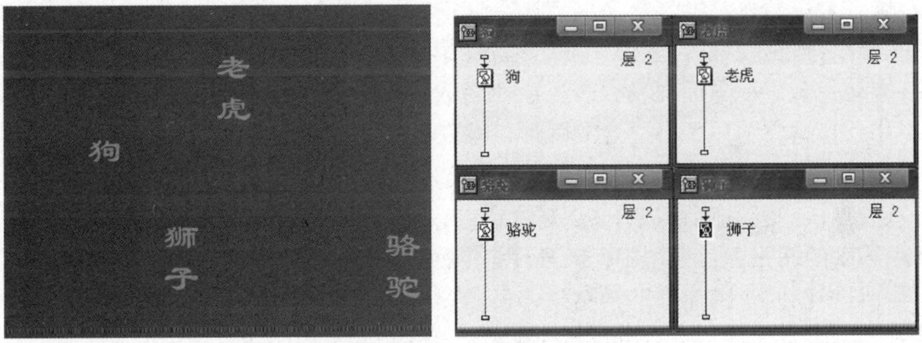

图 5—42　层 2 的显示图标

（5）双击“狗”热对象的响应图标，出现“热对象属性”对话框，如图 5—43 所示。单击演示窗口中的“狗”对象。表示将“热对象”设置为“狗”，“匹配”方式设置为“指针在对象上”，“鼠标”设置为“手形”。另外，响应选项卡中的内容保持不变。

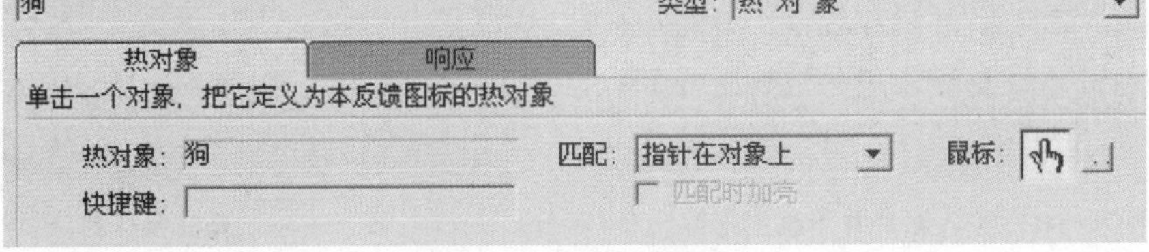

图 5—43　热对象属性

（6）用步骤(5) 的方法设置“老虎”、“狮子”和“骆驼”群组图标的热对象响应。

（7）保存文件。结构图如图 5—44 所示，单击工具栏上的“运行”按钮可以看到效果。

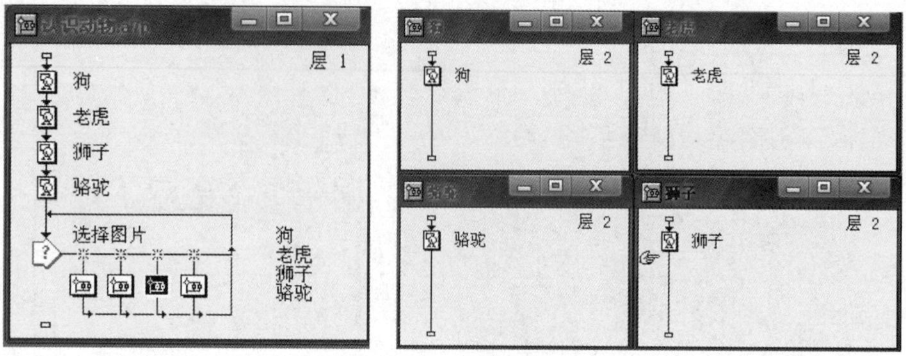

图 5—44　结构图

5.2.4　目标区响应

目标区响应类型主要应用于用户想将特定对象移动到指定区域的作用场合，使用目标区响应类型，可以制作出非常有趣的游戏，如拼图、小儿智力开发、看图识字等。

本实例制作一个简单的目标区响应效果。在运行程序时，可以拖动图片到合适的位置，如果正确，则停留在此位置，否则会返回到原来的位置。操作步骤如下：

（1）启动 Authorware，单击工具栏上的按钮，新建一个文件，将其保存为“目标区响应”。

（2）执行菜单命令“修改→文件→属性”，打开“属性：文件”对话框，在“大小”下拉列表中选择“根据变量”，取消“显示菜单栏”复选框的选定状态。

（3）拖动一个显示图标到流程图上，命名为“背景”，双击打开演示窗口，导入四张图片，绘制几个与响应图片大小适合的图形，并在其中输入提示文字，如图 5—45 所示。

（4）拖动一个群组图标到流程图的下方，命名为“各图像”，双击群组图标，打开群组图标设计窗口，然后拖动四个显示图标到二级流程线上，分别命名为“1”、“2”、“3”、“4”。其中导入的四张图片如图 5—46 所示，在每个显示图标中导入一个。可以用复制粘贴的方法将背景中的四张图片分别粘贴到各显示图标中。

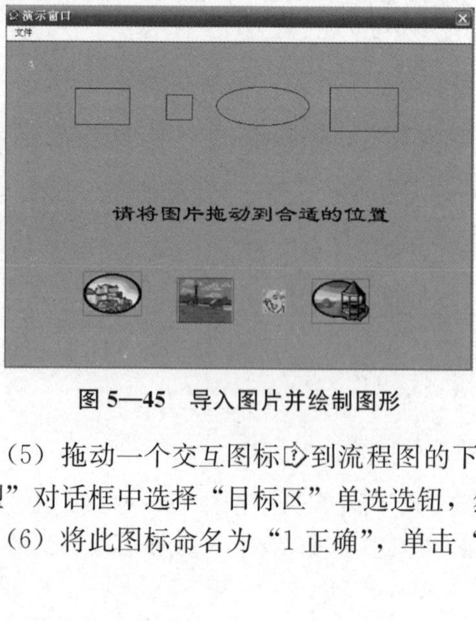

图 5—45　导入图片并绘制图形

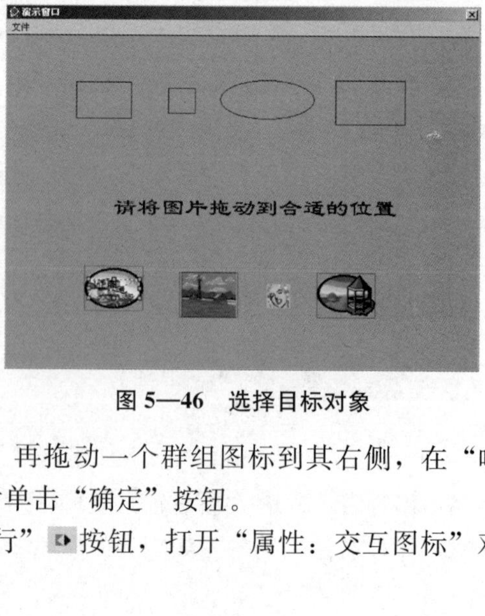

图 5—46　选择目标对象

（5）拖动一个交互图标到流程图的下方，再拖动一个群组图标到其右侧，在“响应类型”对话框中选择“目标区”单选选钮，然后单击“确定”按钮。

（6）将此图标命名为“1 正确”，单击“运行”按钮，打开“属性：交互图标”对话框和演示窗口，在演示窗口选择第一张图片作为目标对象，在“放下”下拉列表中选择“在中心定位”选项，如图 5—47 所示。

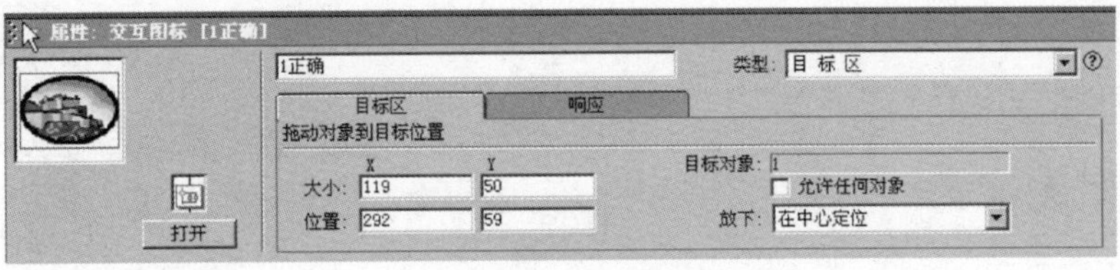

图 5—47　属性：交互图标

（7）单击“响应”选项卡，在“状态”下拉列表中选择“正确响应”选项，如图 5—48 所示。在演示窗口中将“1 正确”的目标区放置到正确的位置，如图 5—49 所示。

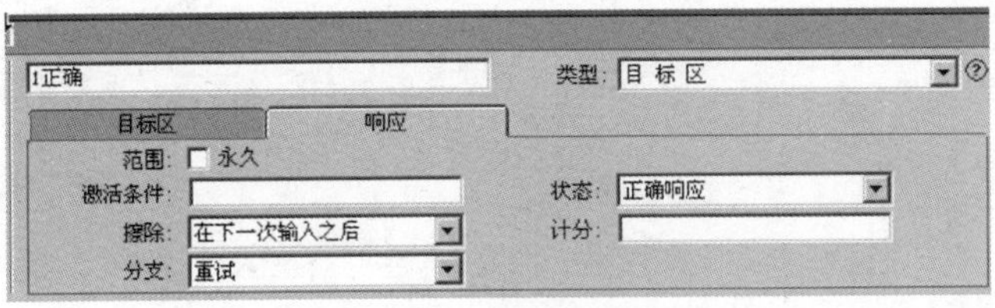

图 5—48　“响应”选项卡

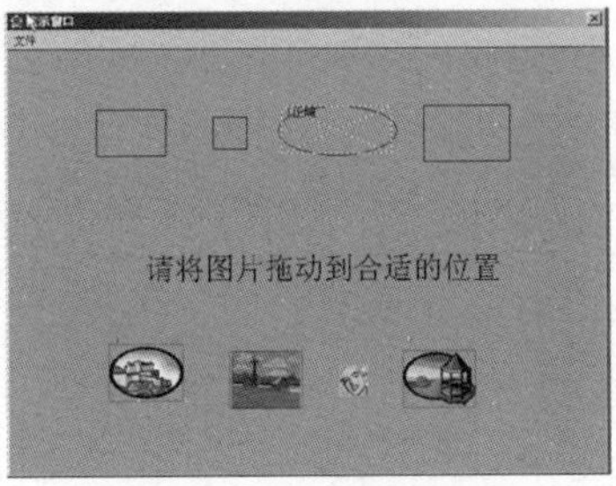

图 5—49　目标区 1

（8）再拖动三个群组图标到交互图标的最右侧，分别将其改名为“2 正确”、“3 正确”和“4 正确”。

（9）单击“运行”按钮，打开“属性：交互图标”对话框和演示窗口，在演示窗口中选择“2”作为响应对象，如图 5—50 所示，在演示窗口中修改目标区的位置和大小，其他设置保持默认如图 5—51 所示。由于我们已经放置了一个设置好的目标响应图标，所以再向其右侧放置图标会应用第一个响应图标的属性。用同样的方法设置“3 正确”和“4 正确”两个响应图标的属性设置。

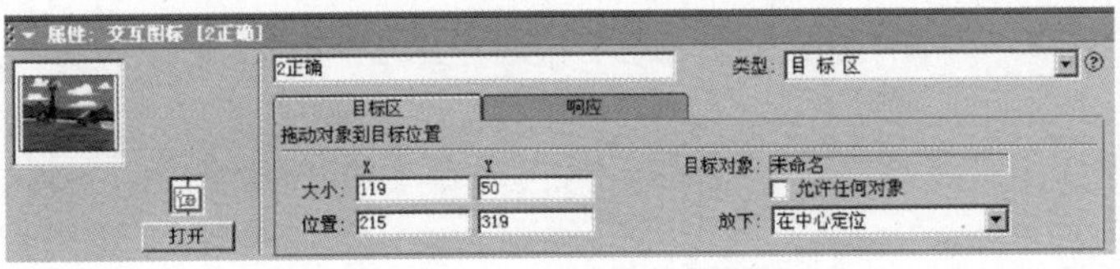

图 5—50　“目标区”选项卡

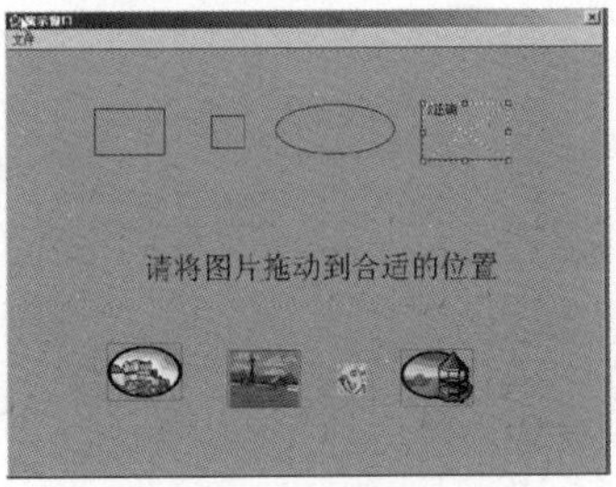

图 5—51　目标区 2

（10）拖动一个群组图标到交互图标的最右侧放置，命名为“错误”。单击“运行”按钮，打开“属性：交互图标”对话框和演示窗口，在“目标区”勾选“允许任何对象”复选框，在“放下”下拉列表中选择“返回”，如图 5—52 所示。在演示窗口中将错误响应的目标区放大至整个演示窗口，如图 5—53 所示。单击“响应”选项卡，在“状态”下拉列表中选择“错误响应”选项，如图 5—54 所示。到此为止，基本上制作完成，为了让用户拖动完所有的图片后可以重新开始，我们进行下面的操作。

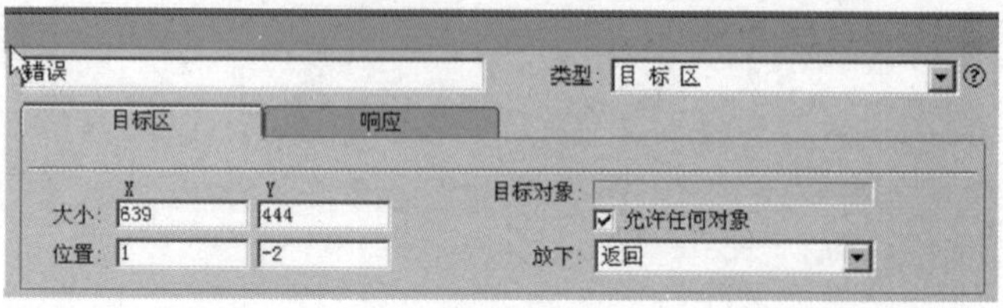

图 5—52　错误“目标区”选项卡

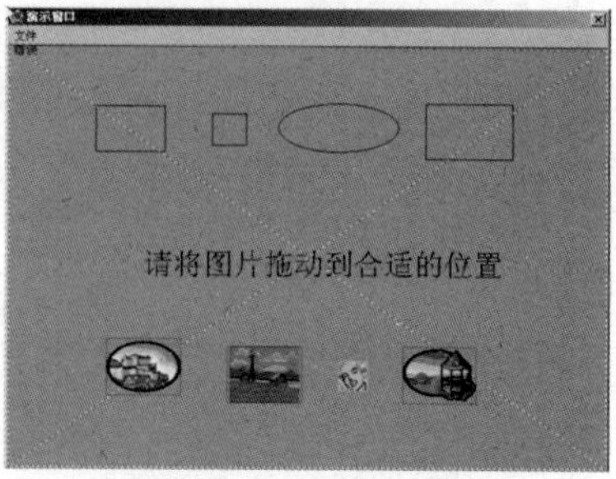

图 5—53　错误目标区

（11）拖动一个计算图标到交互图标的最右侧，命名为“重置”，单击响应类型标记，修改响应类型为“按钮”。然后按照前面介绍的知识设置它的属性对话框，如图 5—55 所示。

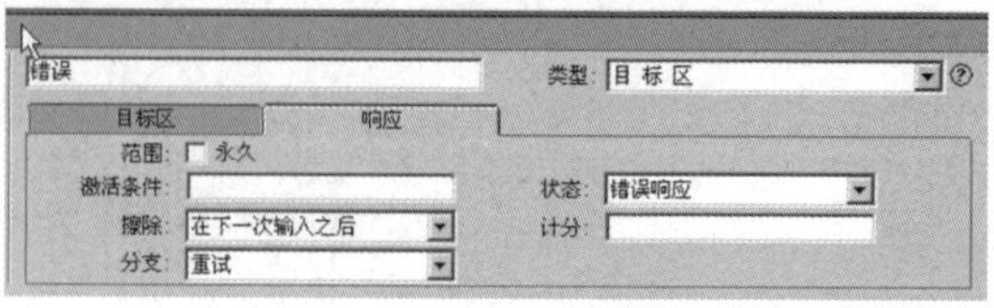

图 5—54　错误“响应”选项卡

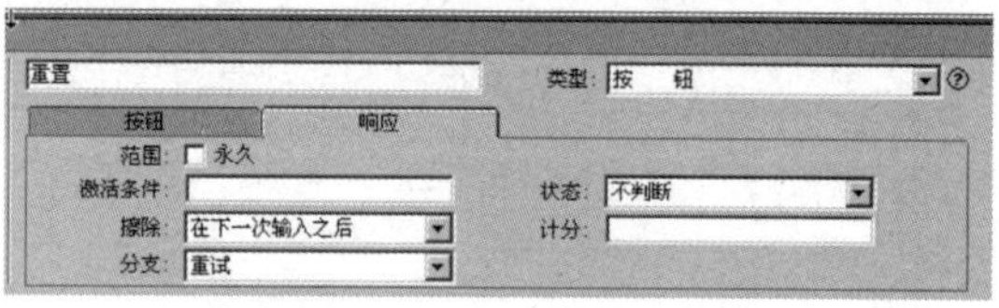

图 5—55　属性：交互图标重置

（12）双击“重置”响应图标，向它的计算窗口中输入 Restart( ) 语句，使程序从开始位置重新执行。

（13）单击“保存”按钮将所做的程序保存起来，最后的流程图如图 5—56 所示。单击工具栏中的“运行”按钮可以看到运行程序的最终效果。当我们将图片拖动到非正确的位置时，都会返回原来的位置；当拖放正确时，就会停留在当前位置。

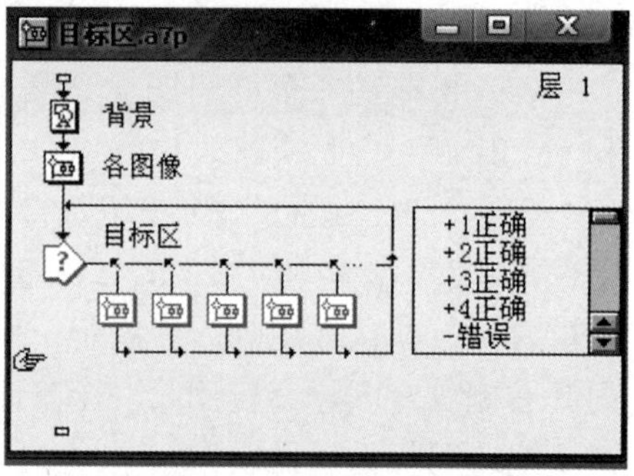

图 5—56　程序设计窗口

5.2.5　下拉菜单响应

下拉菜单是 Windows 操作系统和应用程序中广泛流行的界面形式，它不仅风格统一，而且操作方便、灵活，使用 Authorware 可以很方便地建立 Windows 风格的标准下拉菜单，适用于命令项较多，选择项可以按操作性质分组，能够随时响应的情况。

本实例将制作一个下拉菜单效果，菜单显示在演示窗口内，而且为永久响应类型。执行其中的菜单命令，会打开相应的界面。操作步骤如下：

（1）启动 Authorware，单击工具栏上的按钮，新建一个文件，将其保存为“下拉菜单响应”。

（2）执行菜单命令“修改→文件→属性”，打开“属性：文件”对话框，在“大小”下拉列表中选择“根据变量”，保留“显示标题栏”和“显示菜单栏”，如图 5—57 所示。

（3）拖动一个显示图标到流程线上，命名为“背景”。双击打开演示窗口，调整窗口大小，导入一幅图片，输入标题文字“单击下拉菜单看航展”，如图 5—58 所示。

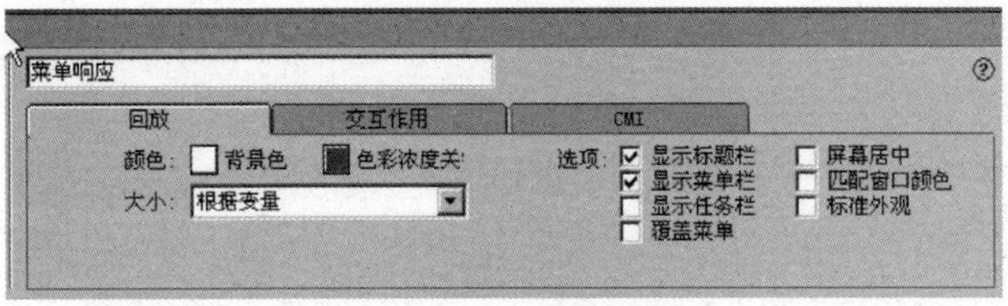

图 5—57　文件属性

图 5—58　演示窗口

（4）拖动一个交互图标到流程线上，命名为“飞机”。再拖动一个显示图标到交互图标右侧，从出现的对话窗口中选择“下拉菜单”交互类型，并命名这个分支为“飞机一”，如图 5—59 所示。

（5）双击显示图标，打开演示窗口，在演示窗口导入一幅飞机图片。此时运行程序，可以看到在演示窗口菜单栏上出现了“飞机”菜单，其中有一个“飞机一”的菜单项。单击该菜单项，可以看到飞机图片，如图 5—60 所示。

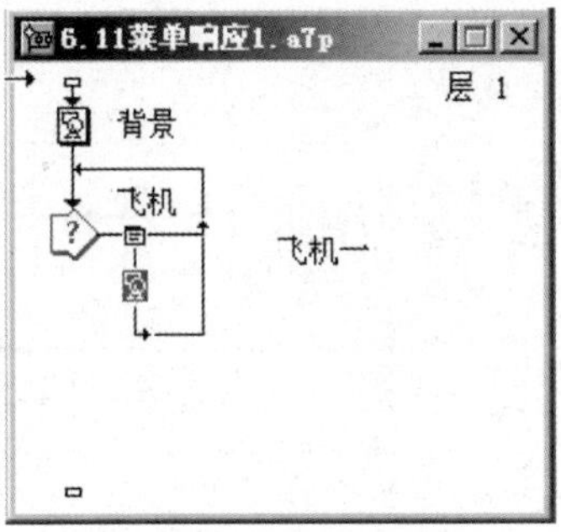

图 5—59　下拉菜单交互响应分支

图 5—60　飞机图片

（6）用同样的方法在交互图标的右侧依次拖入另两个显示图标，分别命名为：飞机二、飞机三，并分别导入相应的飞机图片。

（7）拖动一个计算图标到流程线上，为交互结构添加一个退出交互分支，采用下拉菜单方式，如图 5—61 所示。在计算图标内部输入内容为 Quit(　)。

（8）单击“保存”按钮将所做的程序保存起来。运行程序，演示窗口的题型菜单中包含了四个菜单项，如图 5—62 所示，单击“结束”菜单项可以结束程序运行。

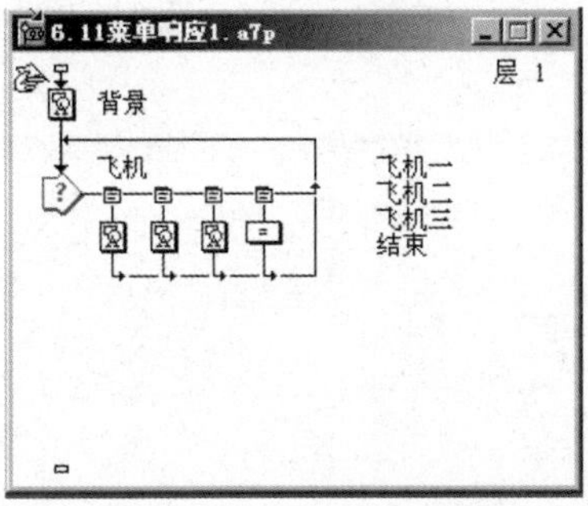

图 5—61　程序设计窗口

图 5—62　飞机菜单的菜单项

5.2.6 按键响应

按键响应是 Authorware 提供的另一种交互方式。使用此响应类型可以使用户通过键盘与多媒体程序进行交互，如通过字母键进行选择或通过方向键进行移动等。按键响应实际上是指用户按键盘上某个键时，系统会做出响应。

木实例通过按键盘的方向键来控制蝴蝶的飞行方向。下面介绍其具体制作方法，操作步骤如下：

（1）启动 Authorware，单击工具栏上的按钮，新建一个文件，将其保存为“按键响应”。

（2）执行菜单命令“修改→文件→属性”，打开“属性：文件”对话框，在“大小”下拉列表中选择“根据变量”，取消“显示菜单栏”复选框的选定状态。

（3）拖动一个显示图标到流程线上，命名为“蝴蝶”。双击打开演示窗口，导入蝴蝶的图片，如图 5—63 所示。

（4）按〈Ctrl+I〉组合键设置图标属性，“位置”设置为“在屏幕上”，“活动”设置为“在屏幕上”，如图 5—64 所示。

图 5—63　蝴蝶的演示窗口

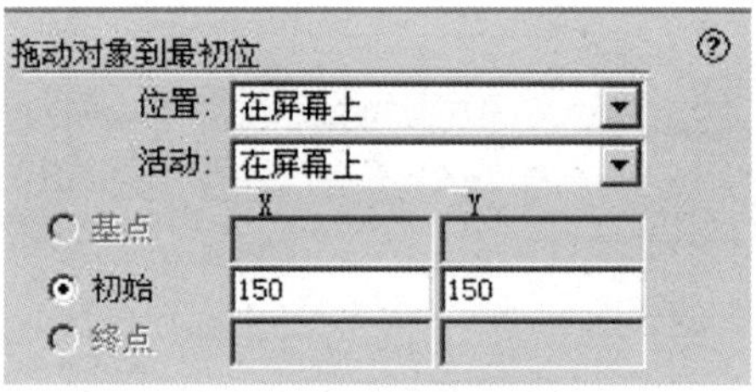

图 5—64　图标属性设置

（5）拖入一个移动图标到流程线上，命名为“移动”。单击打开属性对话框，单击蝴蝶图片为移动对象，“类型”设置为“指向固定区域内的某点”，“执行方式”为“永久”，“时间”为 0.1 秒。选择“基点”，然后拖动蝴蝶到左上角，X、Y 的值为（0，0），选择“终点”，X、Y 的值为（100，100），拖动蝴蝶到右下角，此时出现了一个矩形框，标明蝴蝶的移动区域。选择“目标”为（x，y）的变量值，如图 5—65 所示。

（6）拖动一个交互图标到流程线上，命名为“按键响应”。再拖入一个计算图标到交互图标的右侧，出现响应类型对话窗口，从中选中“按键”类型，然后关闭对话窗口，命名为“leftarrow”。

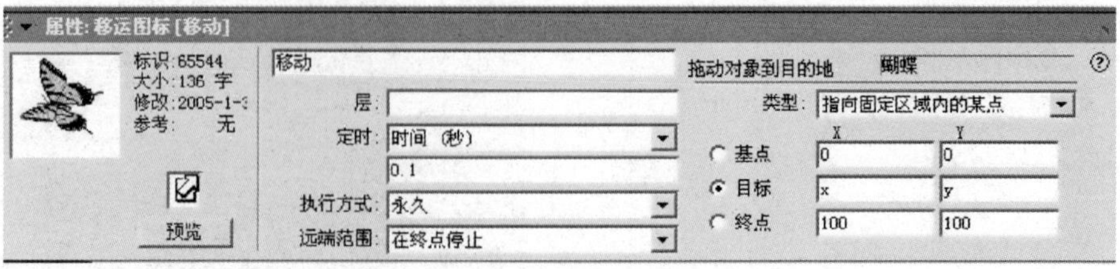

图 5—65　移动图标属性对话框

注意："leftarrow"是左方向键的默认名称，必须用这个词，系统才会识别左方向键的按下。

（7）双击计算图标，打开计算窗口，输入如图 5—66 所示的内容。定义变量 X、Y 的数值递减，并测试若 X 小于 0，就使之为 0，即 x 不能小于 0。"Test"是一个系统函数，作用是判断条件（括号中逗号前面的表达式）是否成立，若成立就执行后面的表达式，关闭计算窗口。

（8）用同样的方法建立其余几个"按键响应"分支和一个"退出"按钮，如图 5—67 所示。

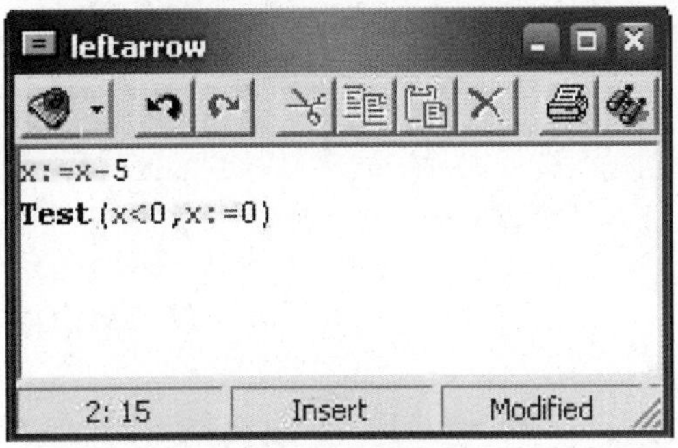

图 5—66　计算图标内容

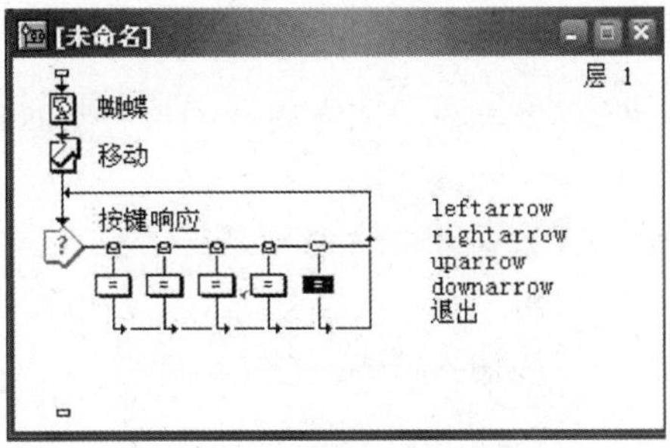

图 5—67　其他按键响应图标

（9）各分支的计算图标内容如表 5—1 所示。

表 5—1

leftarrow	rightarrow	uparrow	downarrow	退出
x：=x−5 Test（x<0，x：=0）	x：=x+5 Test（x>100，x：=100）	y：=y−5 Test（y<0，y：=0）	y：=y+5 Test（y>100，y：=100）	Quit（0）

（10）单击"保存"按钮将所做的程序保存起来。

5.2.7　文本输入响应

文本输入响应是指建立一个文本输入区，通过输入文本与程序进行交互，控制程序的走向；如果输入的文本与程序设置匹配则执行响应分支；如果不匹配，则不能发挥相应的功能。

本实例将利用文本输入交互响应，设计一个密码对话框，其效果是接收正确的输入，对于错误的输入给予提示，并且要求重新输入。打开素材库中的"密码输入与验证"，运行并观察效果，最后的流程图如图 5—68 所示。操作步骤如下：

（1）启动 Authorware，新建一个文件，将其保存为"密码输入与验证 1"。

（2）执行菜单命令"修改→文件→属性"，打开"属性：文件"对话框，在"大小"下拉列表中选择"根据变量"，取消"标题栏"和"菜单栏"复选框的选定状态，背景颜色自定义。

（3）在流程线上添加一个显示图标，命名为"背景"。双击该图标，打开演示窗口，用斜线工具绘制简单图形，并输入提示文字，如图 5—69 所示。

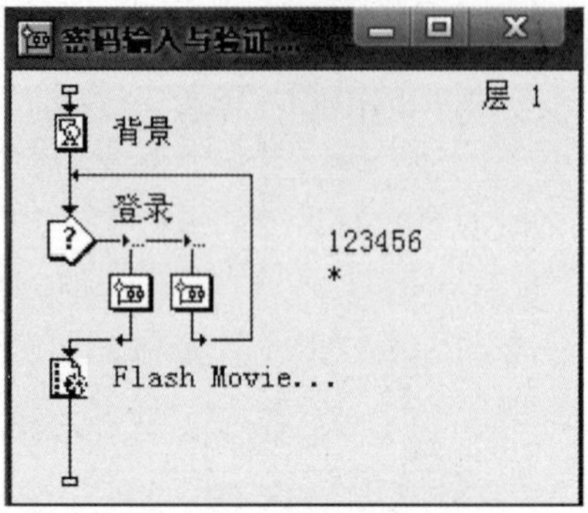

图 5—68　最后的流程图

图 5—69　显示图标

（4）在背景显示图标属性中设置过渡效果为“Dissolve，Bits”，如图 5—70 所示。

（5）在流程线上添加一个交互图标，命名为“登录”，在其右侧添加一个群组图标，响应类型设置为“文本输入”，命名为“123456”。

（6）双击“登录”交互图标，打开演示窗口，可以看到一个文本框，在文本框上面输入提示文字“请输入密码，按 Enter 键”，如图 5—71 所示。

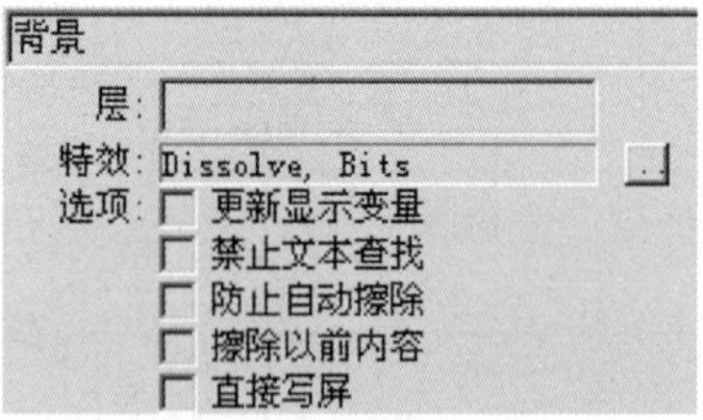

图 5—70　显示图标过渡效果

图 5—71　登录界面

（7）双击文本框，打开“属性：交互作用文本字段”对话框，在对话框中设置文本框的属性，如图 5—72 所示。

（8）返回到主流程图窗口，双击“123456”群组图标上面的响应类型标记，打开“属性设置”对话框，如图 5—73 所示。

（9）打开“响应”选项卡，在“擦除”下拉列表中选择“在下一次输入之后”，在“分支”下拉列表中选择“退出交互”，在“状态”下拉列表中选择“不判断”，如图 5—74 所示。

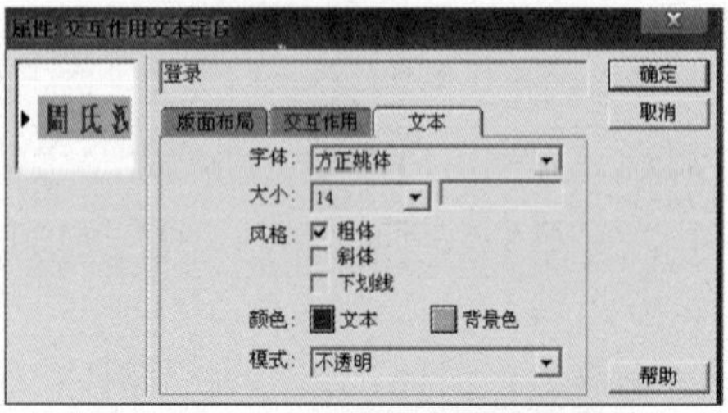

图 5—72　交互作用文本字段属性

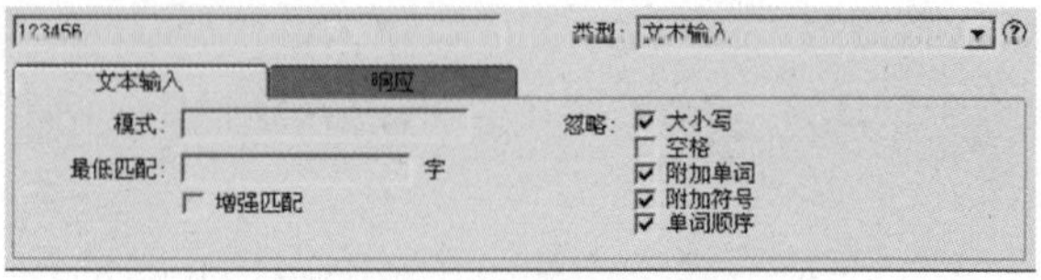

图 5—73　文本输入属性

（10）双击“123456”群组图标，打开二级流程图窗口，在流程线上依次添加显示图标、等待图标和擦除图标，按照图5—75所示命名。

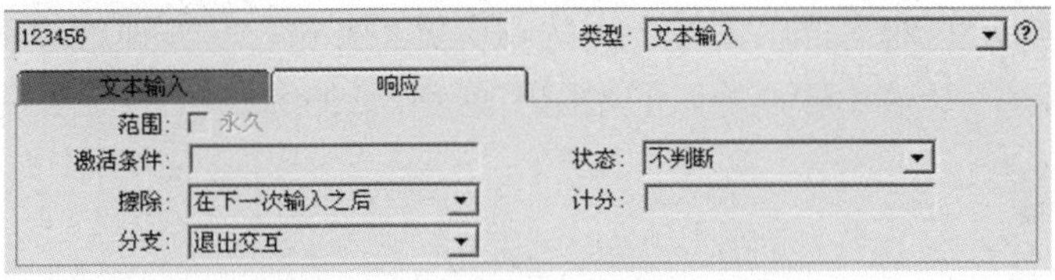

图5—74　“响应”选项卡的属性

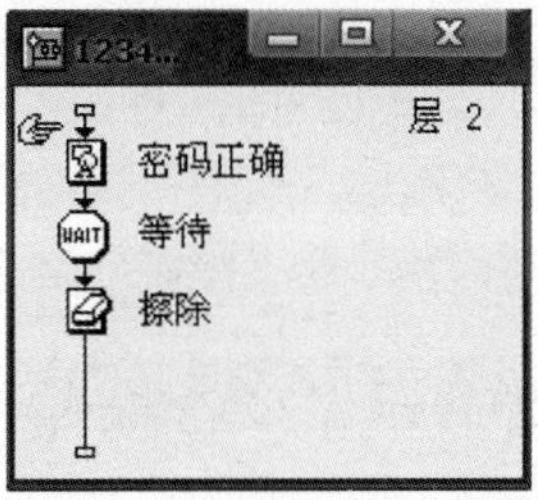

图5—75　二级群组图标的内容

（11）双击“密码正确”显示图标，打开演示窗口，输入“你已成功登录，请稍等”，设置其字体和字号。

（12）单击等待图标，在打开的属性设置对话框中进行设置，如图5—76所示。

（13）单击擦除图标，打开属性设置对话框，单击演示窗口中欲擦除的对象，即“你已成功登录，请稍等”。

（14）在“123456”群组图标右侧添加一个群组图标，命名为“*”，响应类型为“文本输入”，输入任何错误密码时，都会进入该分支。双击群组图标上面的标记，打开属性设置对话框进行默认设置。

（15）双击“*”群组图标，打开二级流程图窗口，在流程线上依次添加显示图标、等待图标和擦除图标。

（16）双击“错误提示”显示图标，输入提示文字“密码错误，请重新输入”，单击等待图标，进行设置，如图5—77所示。

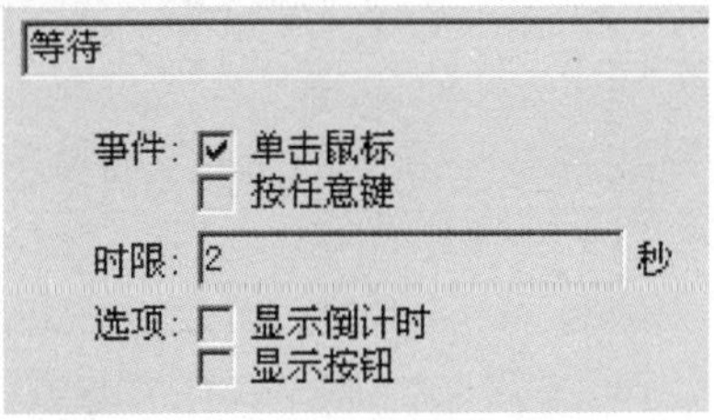

图5—76　“密码正确”等待属性

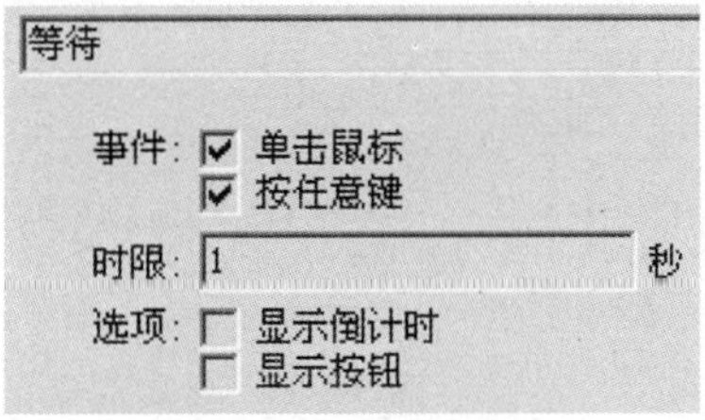

图5—77　*等待属性

（17）双击擦除图标，打开属性设置对话框，单击演示窗口欲擦除的对象，即“密码错误，请重新输入”。

（18）将“小手”指向流程图的下方，执行菜单命令“插入→媒体→Flash Movie”，打开“Flash Asset Properties”对话框。在此对话框中单击“Browse”按钮，从打开的“Open Shockwave Flash Movie”对话框中选择“拼图游戏.swf”动画文件，单击“打开”按钮，回到“Flash Asset Properties”对话框，其他选项保持默认设置，单击“OK”按钮。

（19）保存文件，单击工具栏上的“运行”按钮可以看到效果。

5.2.8　重试限制响应

重试限制响应预先设定一个最大重试极限，当交互达到最大次数时执行该分支。重试限制交互一般与其他交互配合使用，用于规定其他交互的执行次数，本实例为输入文本响应的密码输入设置，输入密码的最大重试次数为 3。

（1）单击工具栏上的“打开”按钮，打开“选择文件”对话框，打开文件“密码输入与验证 1. a7p”。

（2）在交互图标的右侧添加一个群组图标，响应类型设置为“重试限制”，将群组图标命名为“限制输入次数”，如图 5—78 所示。双击群组图标上面的响应类型标记，打开属性设置对话框，在“最大限制”文本框中输入 3，表示密码输入的限制次数为 3，如图 5—79 所示。

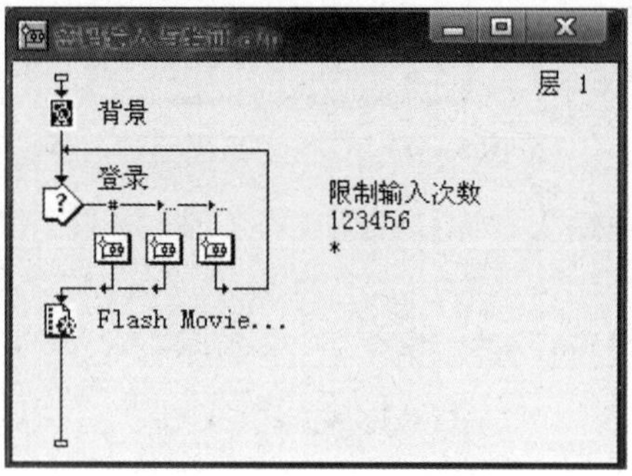

图 5—78　添加群组图标

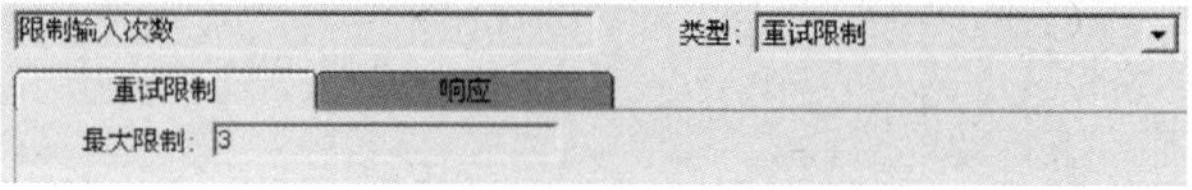

图 5—79　设置重试次数

（3）打开“响应”选项卡，按下列要求设置，在“擦除”下拉列表中选择“在下一次输入之后”，在“分支”下拉列表中选择“退出交互”，在“状态”下拉列表中选择“不判断”，如图 5—80 所示。

（4）双击“限制”群组图标，打开二级流程图窗口，依次添加显示、等待、擦除和计算等图标，并为它们重命名，如图 5—81 所示。

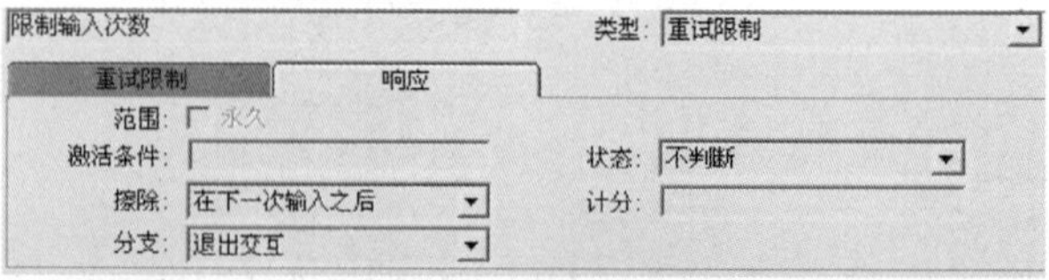

图 5—80　设置响应属性

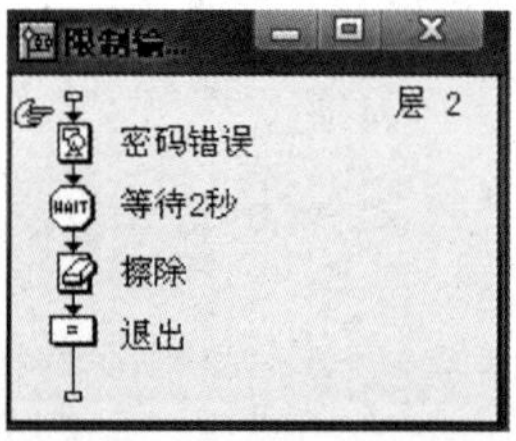

图 5—81　二级流程图

（5）双击“密码错误”显示图标，打开演示窗口，在窗口中输入“密码错误，不能进入!”，设置文字的字体和字号。双击等待图标，打开属性设置对话框，选定“事件”中的“单击鼠标”和“按任意键”复选框，在“时限”文本框中输入“2”，表示按下鼠标，或键盘任意键，或等待 2 秒后执行下一个图标的内容，如图 5—82 所示。

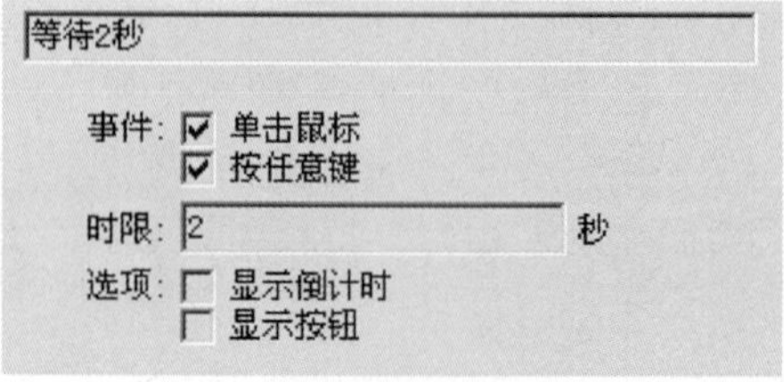

图 5—82　等待的属性设置

（6）双击擦除图标，打开属性设置对话框，单击演示窗口中欲擦除的对象，即“密码错误，不能进入!”。双击计算图标，打开代码窗口，输入代码：Quit(0)。

（7）保存文件，单击工具栏上的“运行”按钮可以看到效果。

5.2.9　限制时间响应

在多媒体应用软件中，通常要限制交互时间。**限制时间响应**关键是设置时间极限，设置计算时间的起点和时间中断后的计算方法，以及在执行该分支时如何计算时间。

本实例制作计算数学题的效果，程序运行时画面上随机出现一些题目，用户需要在固定的时间之内答题，不回答系统就会跳过这道题。操作步骤如下：

（1）启动 Authorware，新建一个文件，将其保存为“数学题.a7p”。

（2）执行菜单命令“修改→文件→属性”，打开“属性”对话框，在“尺寸”下拉列表中选择“变量”，取消“标题栏”和“菜单栏”复选框的选定状态。

（3）在流程线上添加一个计算图标，命名为“定义变量”，双击该图标，打开代码窗口，输入下列代码：

```
x: = 0
y: = 0
```

（4）在流程线上添加一个显示图标，命名为“背景”。双击显示图标，在背景上输入文字，如图 5—83 所示。

（5）在流程线上添加一个交互图标，命名为“算术题”，在其右侧添加两个群组图标，响应类型设置为“条件”，命名为 TRUE，另一个不命名，如图 5—84 所示。

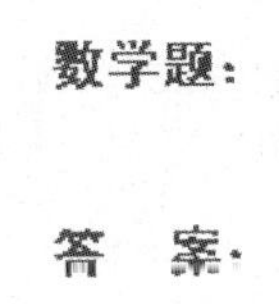

图 5—83　显示图标的内容

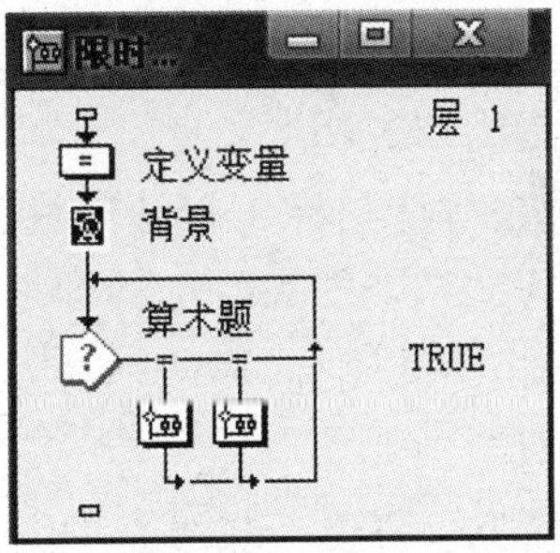

图 5—84　条件响应

（6）单击群组图标上面的响应类型标记，打开属性设置对话框，在“自动”下拉列表中选择“为真”，如图 5—85 所示。

（7）双击“TRUE”群组图标，打开二级流程图窗口，在流程线上添加一个计算图标，命名为“变量”，双击该图标，打开代码窗口，输入下列代码：

```
x: = Random(1,10,1)
y: = Random(1,10,1)
```

（8）在流程线上添加一个显示图标，命名为“题目”，双击该图标，打开演示窗口，输入“{x} * {y} =”，然后设置其字体、大小和位置，将显示模式设置为“透明”，如图 5—86 所示。

图 5—85　条件响应属性设置

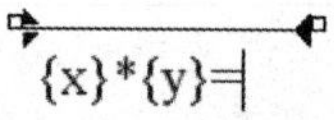

图 5—86　变量用大括号括起来

（9）在二级流程图窗口的“题目”显示图标下添加一个交互图标，命名为“答案”，在其右侧添加两个群组图标，一个响应类型设置“时间限制”，命名为“4 秒”。属性“中断”设置为“暂停，在返回时恢复计时”。另一个响应类型设置为“文本输入”，命名为“＊”，表示接受任何输入的字符。之后在交互图标的下面添加一个群组图标，命名为“正确”，如图 5—87 所示。

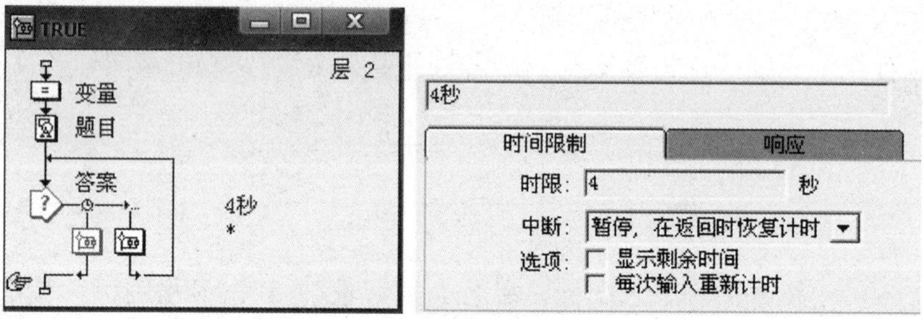

图 5—87　文本交互响应

（10）双击无命名群组图标，打开二级流程图窗口，依次添加显示图标、等待图标和擦除图标，按图 5—88 所示命名。

（11）双击“显示正确提示”显示图标，输入“回答正确!”，设置其字体、大小和位置，显示模式设置为“透明”。

（12）单击等待图标，打开属性设置对话框，取消所有复选框的选定状态，在“时限”文本框中输入“1”，即等待 1 秒钟之后擦除提示正确的信息。

（13）单击擦除图标，打开属性设置对话框，单击演示窗口中的“回答正确!”文字，将其作为擦除对象。

（14）返回到 TRUE 二级流程图窗口，双击“＊”群组图标，打开三级流程图窗口，依次添加计算、显示、等待和擦除等图标，并按图 5—89 所示命名。

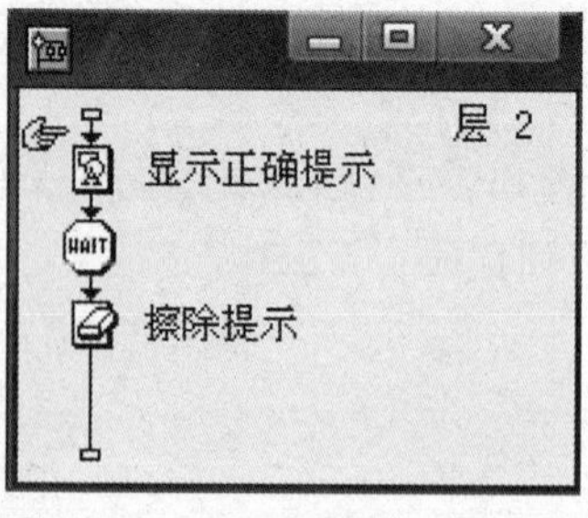

图 5—88　群组图标的正确响应

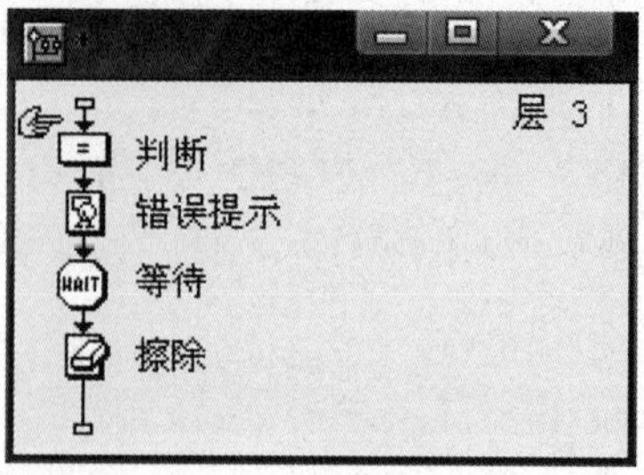

图 5—89　＊群组图标的内容

（15）双击“判断”计算图标，打开代码窗口，输入下列代码：

```
z: = NumEntry
if x * y = z then GoTo(IconID@"正确")
```

(16) 双击“错误提示”显示图标，打开演示窗口，输入“回答错误!”，设置其字体、大小和位置，显示模式设置为“透明”。

(17) 单击等待图标，打开属性设置对话框，取消所有复选框的选定状态，在“时限”文本框中输入“1”，即等待 1 秒钟之后擦除提示错误的信息。

(18) 单击擦除图标，打开属性设置对话框，单击演示窗口中的“回答错误!”文字，将其作为擦除对象。

(19) 双击主流程图窗口中的“背景”显示图标，打开演示窗口，按住〈Shift〉键，双击“TRUE”流程图窗口中的“答案”交互图标，切换到演示窗口，调整文本域的位置。

(20) 设置完成后的流程图如图 5—90 所示。

(21) 保存文件，单击工具栏上的“运行”按钮可以看到效果。

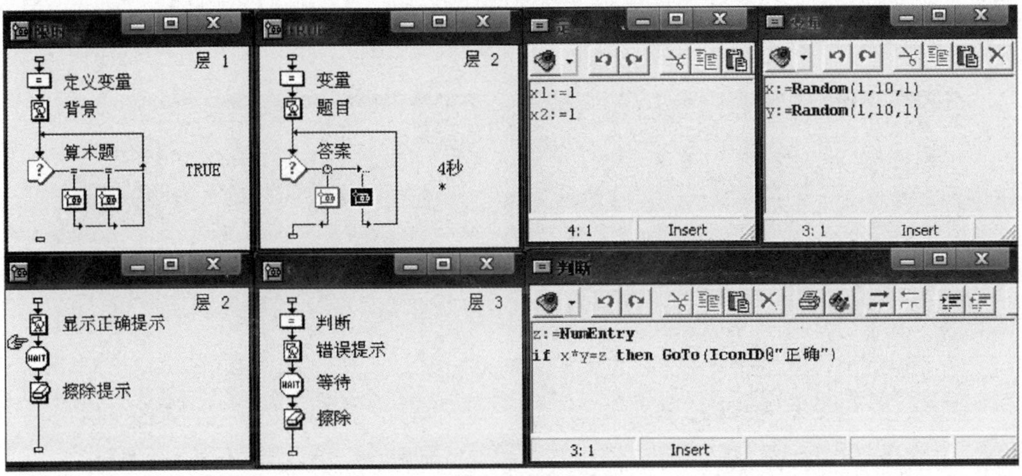

图 5—90　最后流程图

5.2.10　条件响应

条件响应是指在满足程序设定的响应条件后，不需要用户的参与，程序会自动沿相应的分支执行。本实例制作一个条件响应的效果，其效果是当运行程序后，一个商品在演示窗口中移动，当停下来时，显示让用户输入价格的输入框。随便输入一个数值（1～100 之间），系统会给出判断数值是大是小，用户根据提示信息重新输入数值，直到输入了正确的数值，如图 5—91 所示。操作步骤如下：

(1) 启动 Authorware，单击工具栏上的🗋按钮，新建一个文件，将其保存为“条件响应”。

(2) 执行菜单命令“修改→文件→属性”，打开“属性：文件”对话框，在“大小”下拉列表中选择“根据变量”，将文件的背景颜色设置为淡蓝色。

(3) 拖动一个计算图标到流程图上，命名为“随机数”，双击此计算图标，在打开的计算窗口中输入如图 5—92 所示的语句，它的作用是产生一个 1 到 100 之间的随机数。变量 K 用来存储用户猜价格的次数。

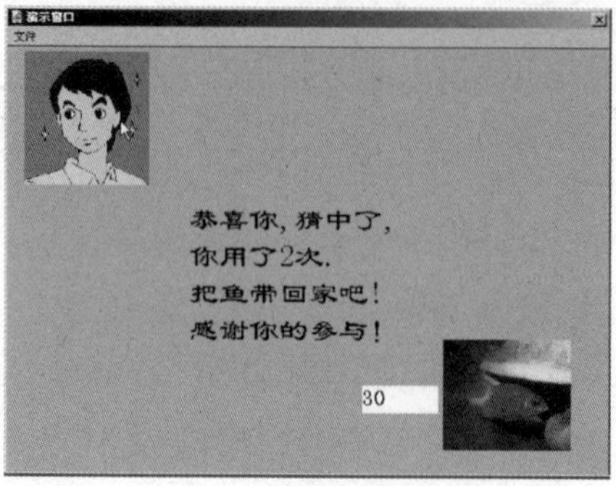

图 5—91　最后的效果

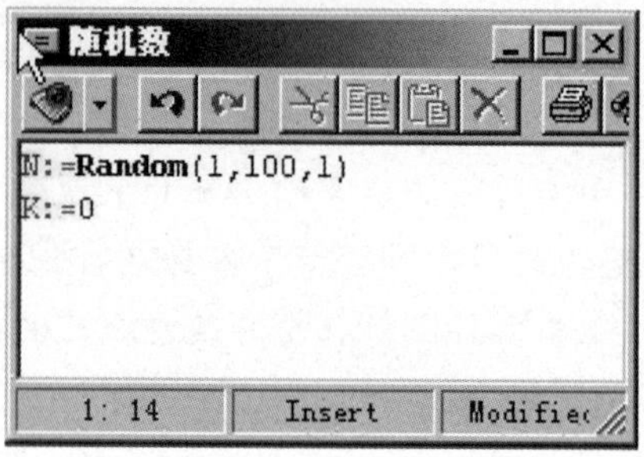

图 5—92　计算窗口

（4）拖动一个显示图标到流程图中，命名为“文字”，双击打开演示窗口，在演示窗口中输入文字，定义和应用某种风格，如图 5—93 所示。

（5）拖动一个显示图标到流程图中，命名为“物品”，双击打开它的演示窗口，导入一幅图片，如图 5—94 所示。

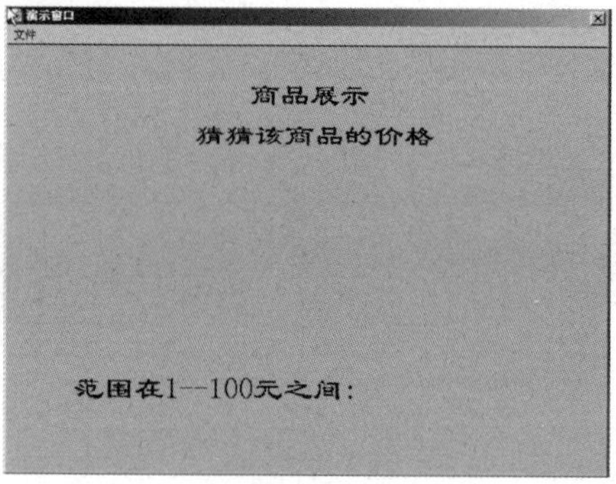

图 5—93　输入文字

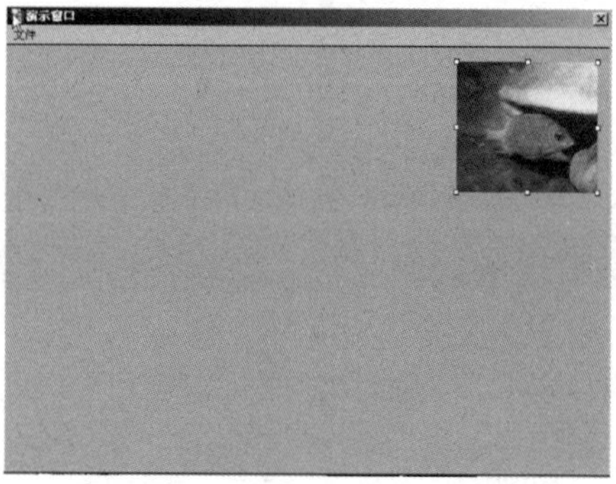

图 5—94　导入图片后的演示窗口

（6）拖动一个移动图标到流程图上，命名为“展示”。双击打开它的属性对话框，在其中的“类型”下拉列表中选择“指向固定路径的终点”选项，然后在演示窗口中单击物品作为移动对象，并创建它的路径，如图 5—95 所示。

（7）拖动一个交互图标到流程图的下方，命名为“交互”，再向它的右侧放置四个群组图标，分别命名为 NumEntry＝N、NumEntry＜N、NumEntry＞N 和“＊”，如图 5—96 所示。设置响应类型前三个为“条件响应”，最后一个为“文本输入”。这里一定要注意各个响应图标的分支流向。对于条件响应类型，要注意图标的命名，因为在此命名的名称将作为响应此分支的条件。

（8）双击 NumEntry＝N 的响应类型标记，打开“属性：交互图标”对话框，在“自动”下拉列表中选择“关”，其他设置如图 5—97 所示。如果流程图中的分支流向没有指向下方（如图 5—96 所示），则在“响应”选项卡中的“分支”下拉列表中选择“退出交互”选项。

（9）保证 NumEntry〈N 和 NumEntry〉N 两个响应类型的属性对话框中的“自动”选择“关”，在“响应”选项卡中的“分支”下拉列表中选择“重试”。

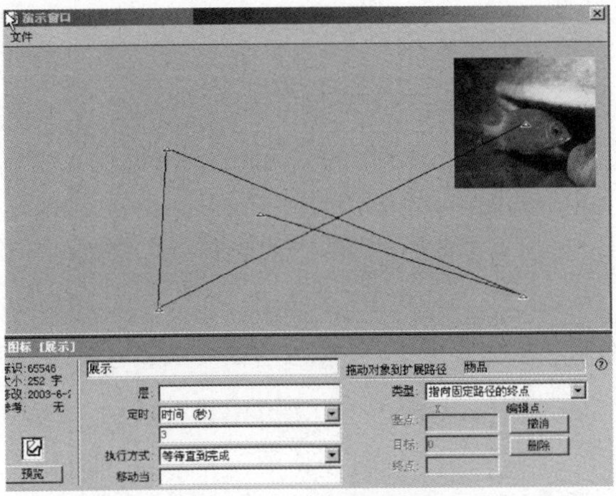

图 5—95　设置移动图标

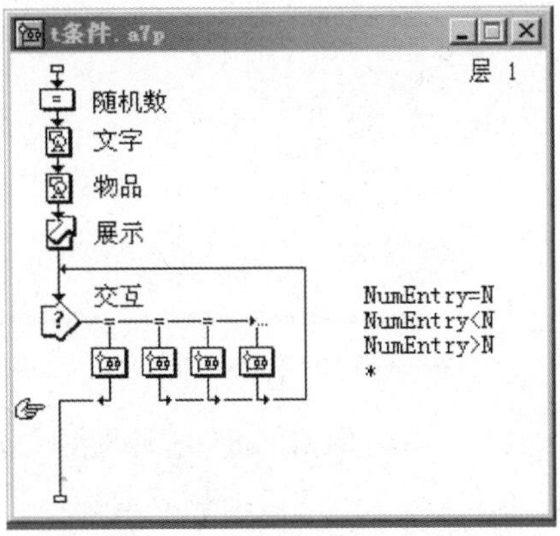

图 5—96　放置群组图标后的流程图

(10) 单击“＊”文本输入的响应类型标记，打开“属性：交互图标”对话框，进行如图 5—98 所示的设置。

(11) 双击交互图标，打开演示窗口，双击文本输入框，打开“属性：交互作用文本字段”对话框，单击其中的“交互作用”选项卡，保证选中“输入标记”复选框，如图 5—99所示。

图 5—97　属性：交互图标

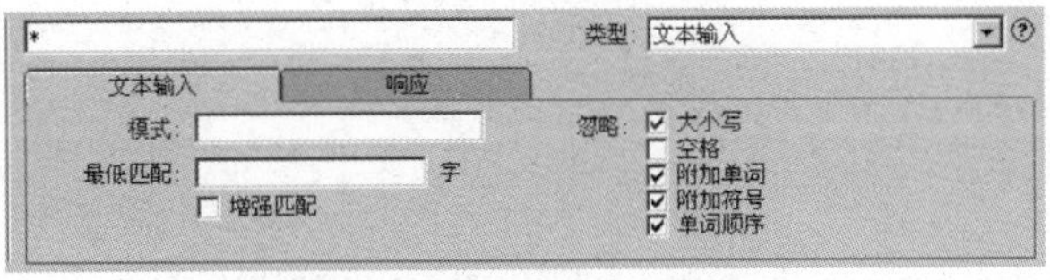

图 5—98　属性：交互图标

(12) 单击此对话框中的“文本”选项卡，设置字体格式如图 5—100 所示，然后单击“确定”按钮。

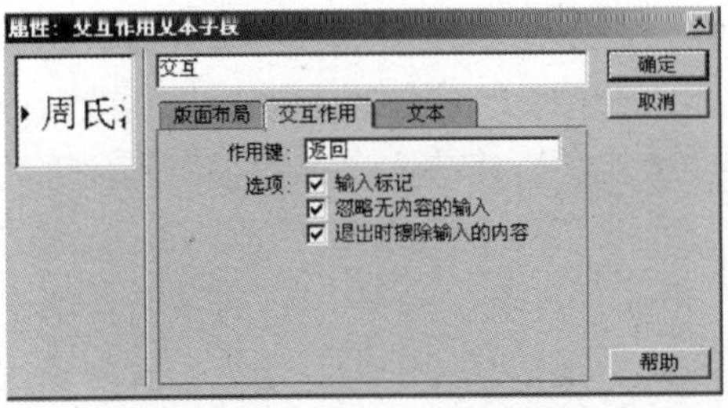

图 5—99　“交互作用”选项卡

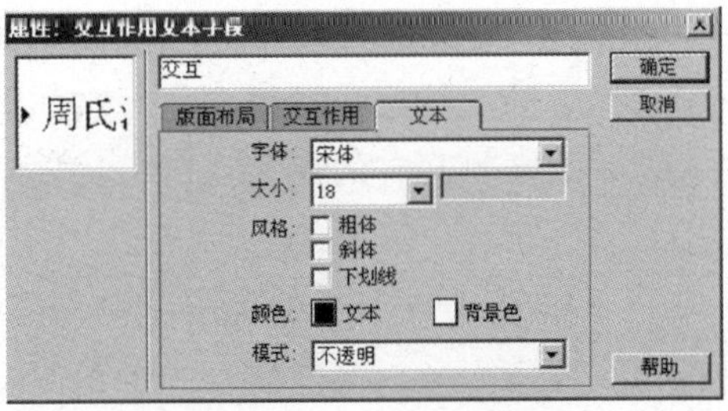

图 5—100　“文本”选项卡

(13) 双击 NumEntry＝N 群组响应图标，打开它的二级流程图，拖动三个图标到其中，如图 5—101 所示。

(14) 擦除图标用来擦除演示窗口中的所有内容（文字和物品）。双击“猜中”显示图标，向其中输入提示文字和“你用了｛K＋I｝次”，并且导入两幅图片，一幅用来点缀窗口，另一幅用来说明文字，如图 5—102 所示。

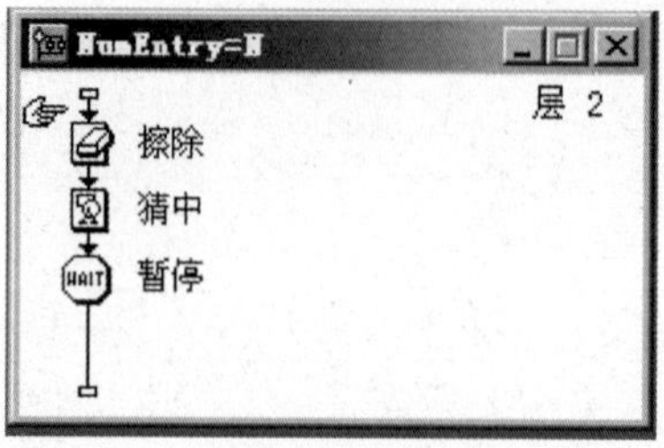

图 5—101　NumEntry=N 的二级流程图

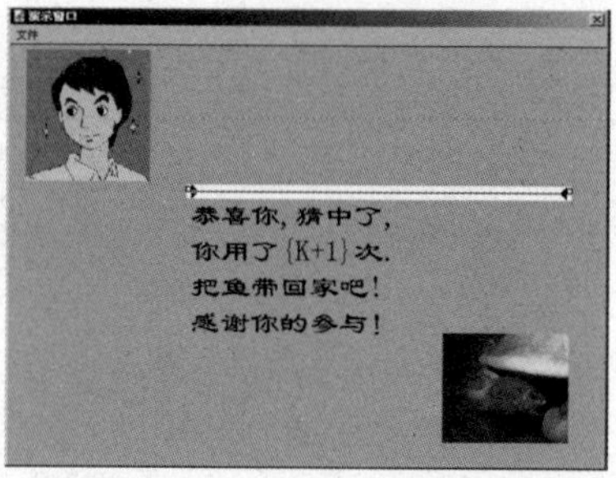

图 5—102　“猜中”的演示窗口

（15）暂停图标用来使程序暂停一段时间（5 秒），以便用户看清屏幕上的内容。然后双击 NumEntry<N 的群组响应图标，打开它的二级流程图。向其中拖放一个显示图标和一个计算图标，在显示图标的演示窗口中输入“太小了！”提示文字，并导入一幅图片，如图 5—103 所示。

（16）双击“计数”计算图标，在打开的计算窗口中输入“K：=K+1”，它的作用是为用户输入的次数计数。

（17）在此二级流程图中用鼠标圈选这两个图标，如图 5—104 所示，然后单击工具栏中的“复制”按钮。

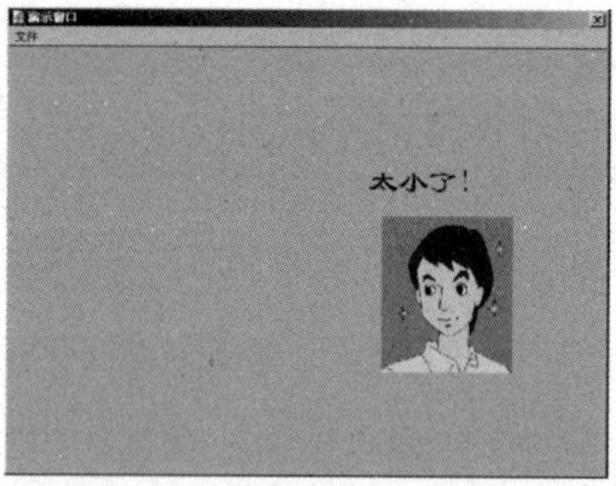

图 5—103　“太小了”演示窗口

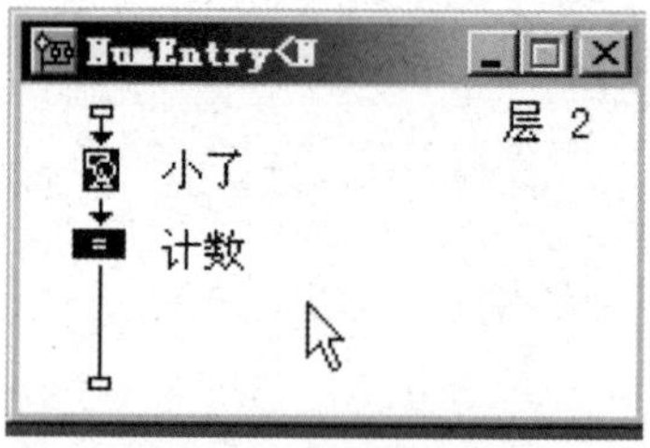

图 5—104　选中多个图标

（18）双击 NumEntry>N 群组响应图标，在此流程图上单击，使小手指向流程的上方，单击工具栏中的“粘贴”按钮，将复制的图标粘贴到此位置。将“太小了”显示图标改名为“太大了”，双击打开它的演示窗口，将提示文字“太小了”修改为“太大了”其他默认原来的状态。

（19）到此为止，我们的程序就制作完成了，单击“保存”按钮，将其保存，单击“运行”按钮。在文本输入框中输入一个数值，如果不对，则根据提示重新输入，直到输入正确的数值，显示如图 5—91 所示的界面。

5.2.11　事件响应

在 Authorware 中提供了一种即插即用的 ActiveX 控件，它们包括事件、属性及方法，能够大大提高开发速度，解决普通编辑方法很难解决的问题。**事件**即指发生的某件事，一些事件是由最终用户的操作导致的。本实例制作一个事件响应的效果，在运行时，单击相应的按钮就可以显示相应类型的图片，操作步骤如下：

（1）启动 Authorware，单击工具栏上的按钮，新建一个文件，将其保存为“事件响应”。

（2）执行菜单命令“修改→文件→属性”，打开“属性：文件”对话框，在“大小”下拉列表中选择“根据变量”。

（3）执行菜单命令“插入→控件→ActiveX...”，打开“Select ActiveX Control”对话框，在其中选择“Microsoft Forms 2.0 Command Button”按钮控件，如图 5—105 所示。

（4）单击“确定”按钮，打开如图 5—106 所示的“ActiveX Control Properties”对话框。在此对话框中可以设置控件的属性、方法等内容。然后单击此对话框中的“确定”按钮，将此控件图标的名称改为 1。

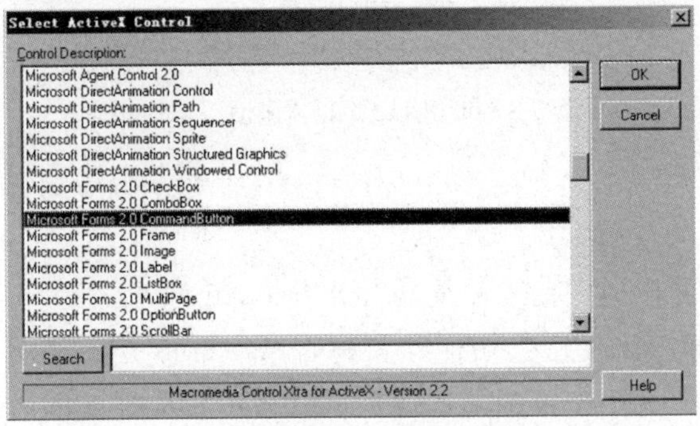

图 5—105　选择控件

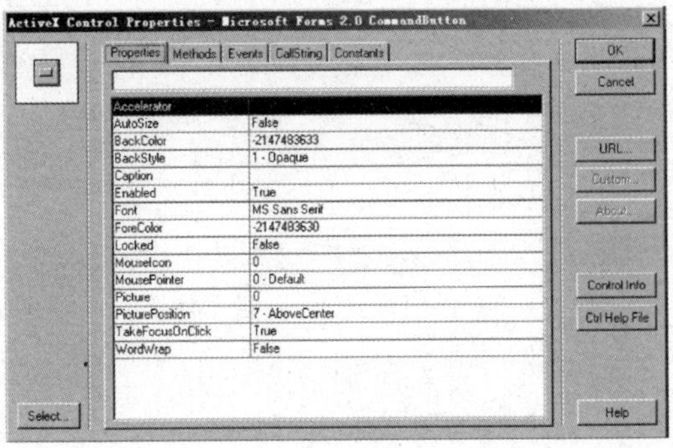

图 5—106　设置控件属性

（5）将此图标复制，并且向下粘贴三次，依次改名为 2、3、4。运行程序，按〈Ctrl+P〉组合键使程序暂停，调整它们的大小和位置（前面的按钮放在下方），如图5—107所示。

（6）拖动一个显示图标到流程图的下方，命名为“文字”，然后向它的演示窗口中输入提示文字，如图 5—108 所示。在输入后一定要调整它们的按钮位置。

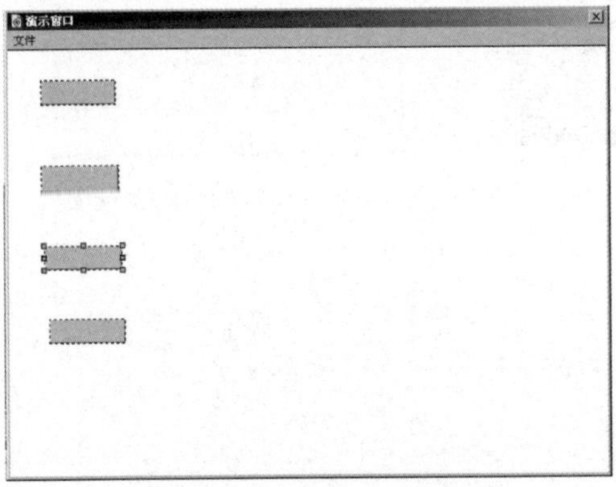

图 5—107　调整后的效果

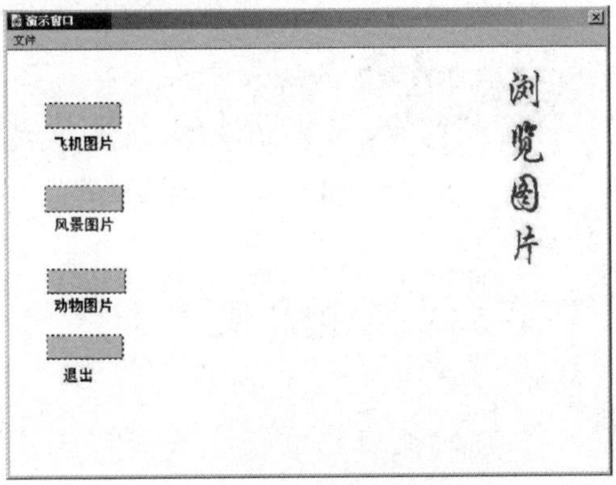

图 5—108　输入文字后的演示窗口

（7）拖动一个交互图标到流程图上，向其右侧拖动一个显示图标，在打开的“响应类型”对话框中选择“事件”，然后单击“确定”按钮。将响应图标命名为“图片 1”。

（8）单击“事件响应”类型标记，打开“属性：交互图标”对话框，在“发送”下拉列表中选择“图标 1”，然后在右边的“事”下拉列表中双击 Click（单击）事件，这时在“发送”和“事”前面会出现一个如图 5—109 所示的叉号，表示为当前图标选择了一个事件。

(9) 将此响应图标向交互图标的右侧再粘贴两次，分别改名为“图片 2”和“图片 3”。拖动一个计算响应图标到交互图标的最右侧，命名为“退出”。

(10) 单击“图片 2”的响应类型标记，打开“属性：交互图标”对话框，在“发送”下拉列表中选择“图标 2”，然后在“事”下拉列表中也双击 Click 作为“图标 2”的事件，如图 5—110 所示。

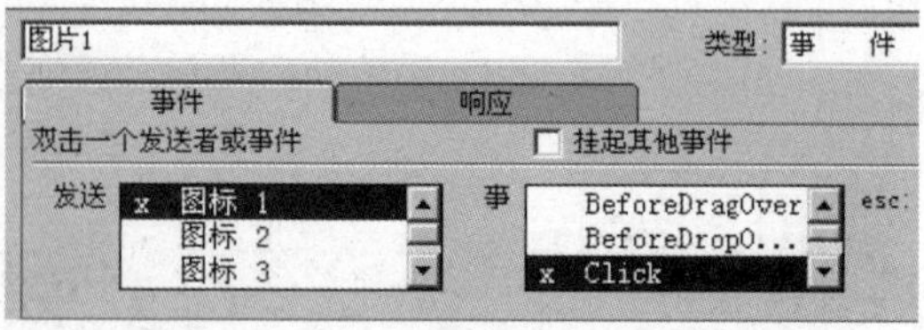

图 5—109　图片 1 的“属性：事件响应”

图 5—110　图片 2 的“属性：事件响应”

(11) 按同样的方法再设置“图标 3”和“图标 4”的事件。分别打开三个显示响应图标的演示窗口，然后分别导入如图 5—111 所示的三幅图片。

(12) 双击“退出”计算图标，在它的计算窗口中输入一条退出语句：Quit(0)。

(13) 分别调整图片的大小和位置，单击“保存”按钮保存文件，最后的流程图如图 5—112 所示。这时单击“运行”按钮，在演示窗口中单击某按钮，就会显示相应程序的图片，如果要退出程序，单击“退出”按钮即可。

图 5—111　三幅图片

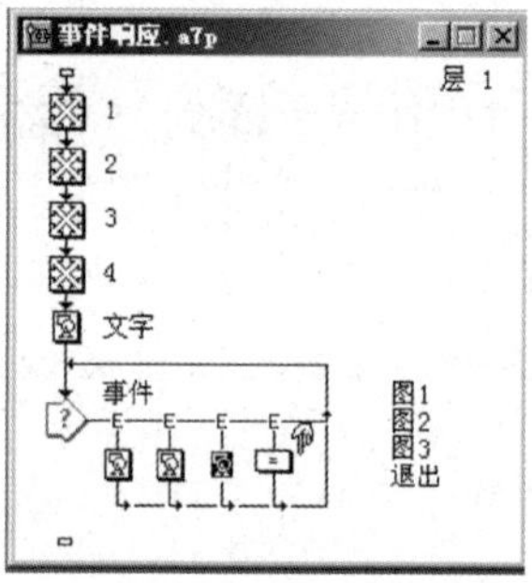

图 5—112　最后的流程图

任务 5.3　流程控制

问题的情景及实现

与交互图标相比，判断图标也属于母图标，它可以附带多个分支子图标，且每个分支只允许有一个子图标。本任务主要完成利用判断图标实现分支或循环功能。

5.3.1　判断图标

利用判断图标实现分支或循环功能，需要建立类似交互响应结构的决策判断结构。它由“判断”设计图标以及属于该设计图标的分支图标共同构成。分支图标所处的分支流程称为分支路径，每条分支路径都有一个与之相连的分支标记，如图 5—113 所示。

判断分支结构的构造方法与构造一个交互作用分支结构类似：首先向主流程线上拖放一个“判断”设计图标，然后，拖动其他设计图标到“判断”图标的右侧释放，该设计图标就成为一个分支图标。但判断分支结构与交互作用分支结构所起的作用不同，当程序执行到一个判断分支结构时，Authorware 将会按照“判断”图标的属性设置，自动决定分支路径的执行次序以及分支路径被执行的次数，而不是等待用户的交互操作。

在默认的情况下，Authorware 会自动将所有的分支图标按照从左到右的顺序各执行一次，然后退出判断分支结构，继续沿主流程线向下执行，是否擦除分支图标中的信息由分支路径的属性决定。

5.3.2　实例：1～100 的累加计算

打开素材库中的“累加计算 .a7p”，并运行，效果如图 5—114 所示，本程序的总流程图如图 5—115 所示。

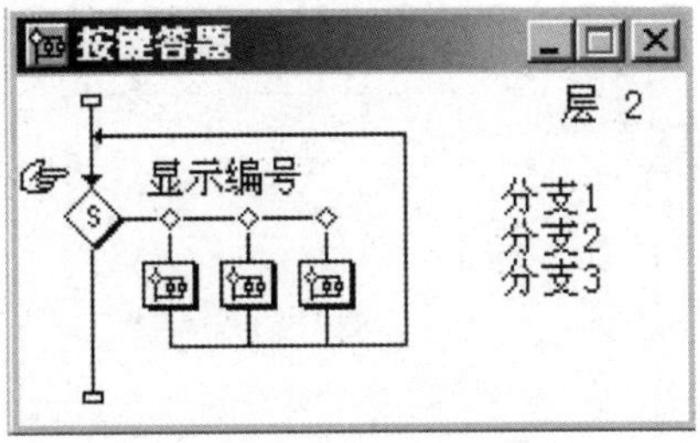

图 5—113　判断分支结构

图 5—114　运行效果

制作目的：熟悉分支结构中顺序分支路径的使用方法。

知识点：判断图标重复选项中的“固定的循环次数”和分支选项中的“顺序分支路径”及基本的编程能力。

注意事项：在最后的显示图标中，如果要显示变量的值，则加 {}，如 {S}。

制作步骤：

（1）首先拖动计算图标到主流程线上，并进行初始化，设置变量 i 和 s，如图 5—116 所示。

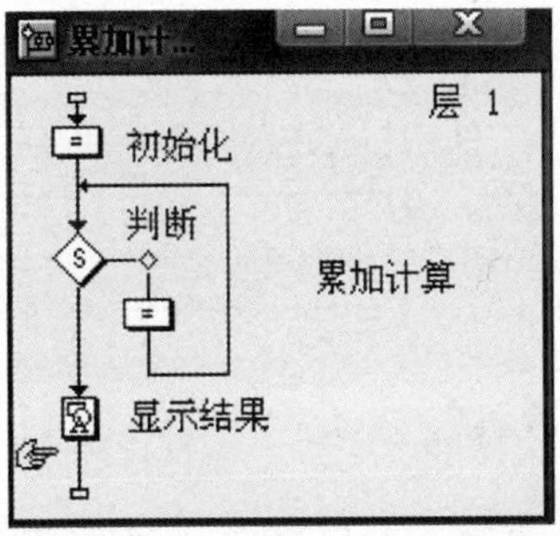

图 5—115　“累加计算 .a7p”的总流程图

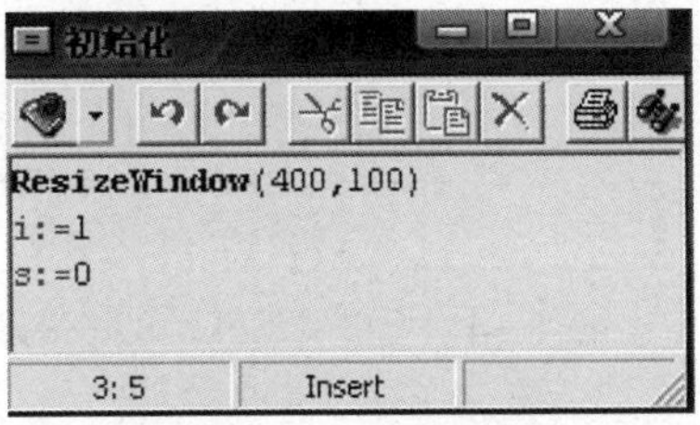

图 5—116　初始化窗口

（2）拖动判断图标至主流程线，设置其属性面板如图 5—117 所示，并将一个计算图标作为其分支路径，如图 5—118 所示。

（3）最后拖动显示图标至主流程线上，内容如图 5—119 所示。

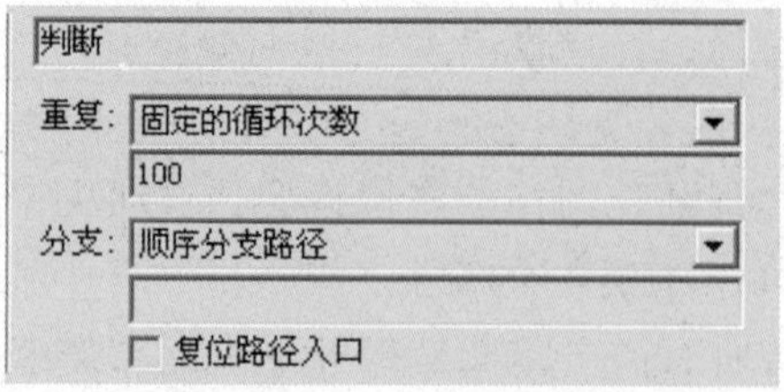

图 5—117　“属性：判断图标”面板

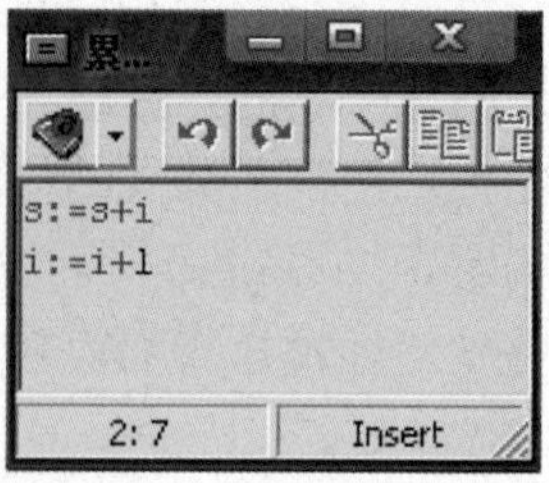

图 5—118　分支路径计算图标

（4）保存为“累加计算 . a7p”。

5.3.3　实例：制作掷骰子游戏

打开并运行素材库中的“掷骰子 . a7p”，这时演示窗口中显示出一个不停翻滚的骰子。当单击鼠标左键或按下任意键时，演示窗口将显示出那一刻骰子所处在的点数。图 5—120 是骰子停下来点数为 5 的界面，图 5—121 是“掷骰子 . a7p”的总流程图。

图 5—119　显示图标

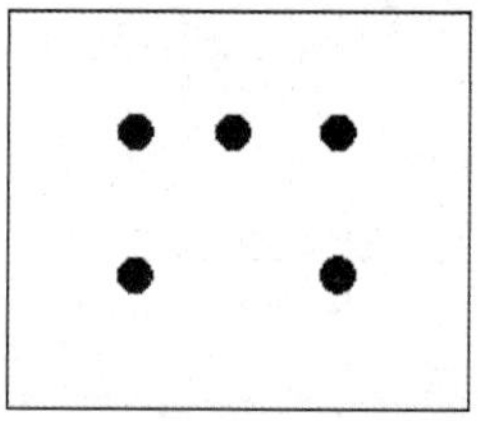

图 5—120　点数为 5 的运行结果

制作目的：熟悉分支结构中随机分支路径的使用方法。

知识点：判断图标重复选项中的“直到单击鼠标或按任意键”和分支选项中的“随机分支路径”及基本的绘图技能。

注意事项：每个分支路径的“擦除内容”选项都要设置成“不擦除”。

制作步骤：

（1）拖动一判断图标至主流程线上，并命名为“掷骰子”。双击此图标，按图 5—122 进行属性设置。

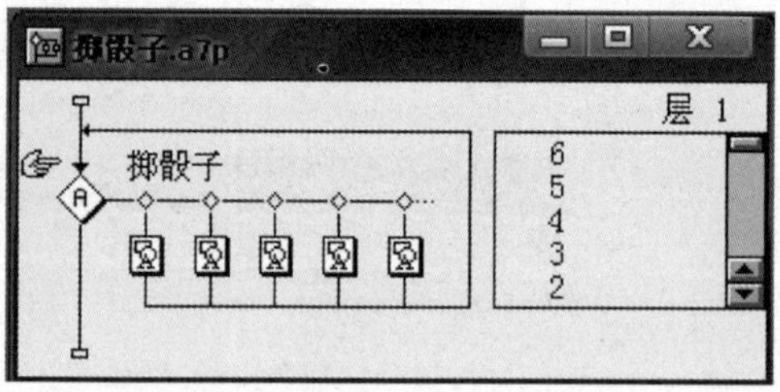

图 5—121　“掷骰子 . a7p”的总流程图

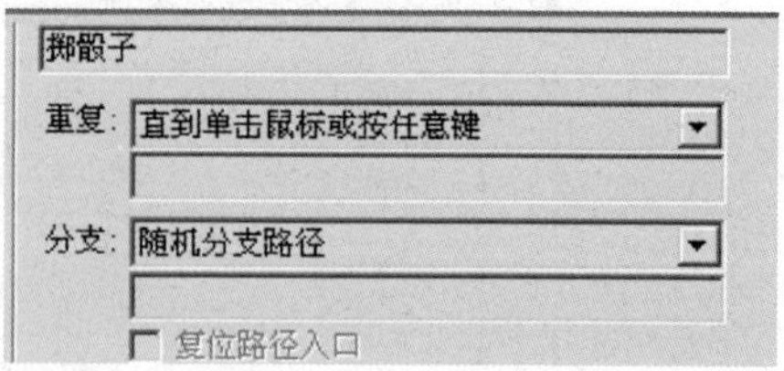

图 5—122　“属性：随机分支”面板

（2）分别拖动 6 个显示图标至判断图标的右边作为其分支图标，并按图 5—121 命名图标，各显示图标中的骰子设置如图 5—123 所示（可利用矩形工具和圆形工具进行绘制）。

（3）为了使用户在单击鼠标左键或按任意键时，前分支路径中的图形能够保留在屏幕中，应将每个分支路径的“擦除内容”选项都设置成“不擦除”，如图 5—124 所示。

（4）按〈Ctrl+S〉组合键保存该程序。

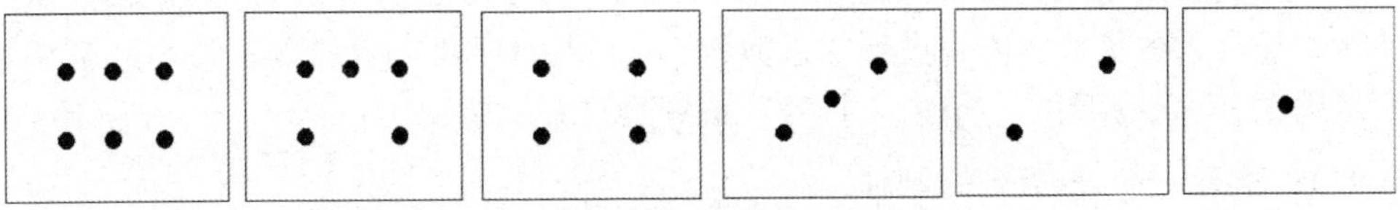

图 5—123　骰子的六面

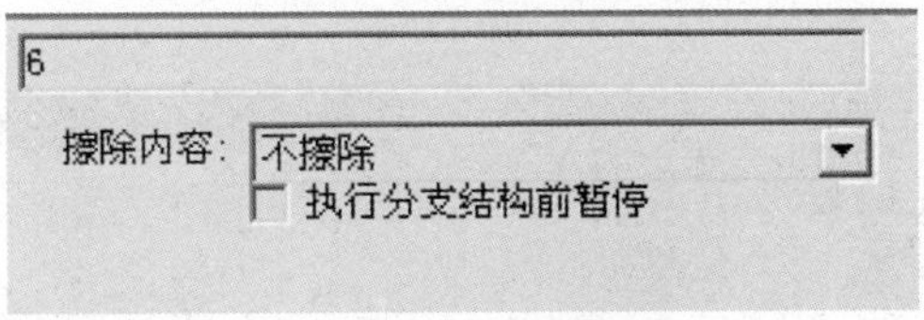

图 5—124　“属性：分支路径”面板

任务 5.4　框架与导航

问题的情景及实现

导航结构用于实现框架间的导航，以及电子图书、超媒体等功能。导航结构由“框架”设计图标、附属于“框架”设计图标的页图标和“导航”设计图标组成。其中“框架”设计图标的主要功能是建立程序的框架结构，其分支子图标即页图标由“导航”图标来调用。本任务主要完成程序转向或调用框架页，可以让用户在不同页之间任意跳转。

在设计窗口中双击“框架”设计图标，会出现一个框架窗口，如图 5—125 所示。框架窗口是一个特殊的设计窗口，窗格分隔线将其分为两个窗格上方的入口窗格和下方的出口窗格。当 Authorware 执行到一个“框架”图标时，在执行附属于它的第一个页图标之前会先执行入口窗格中的内容，如果在这准备了背景图片的话，该图片在用户浏览各页内容时会一直显示在演示窗口中；在退出框架时，Authorware 会执行框架窗口出口窗格中的内容，然后擦除在框架中显示的所有内容（包括各页中的内容及入口窗格中的内容），撤销所有的导航控制。程序每次进入或退出“框架”设计图标时可以把必须执行的内容（比如设置一些变量的初始值、恢复变量的原始值等）加入到框架窗口中。用鼠标拖动调整杆可以调整两个窗格的大小。按〈Ctrl〉键，单击“框架”设计图标或选中它后按鼠标右键选择“属性”，如图 5—126 所示。

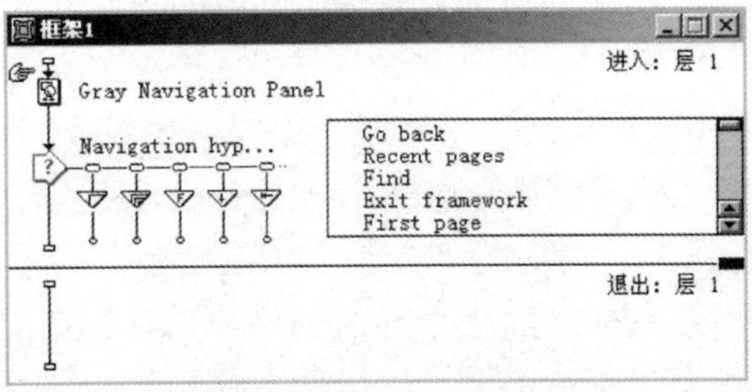

图 5—125　框架窗口

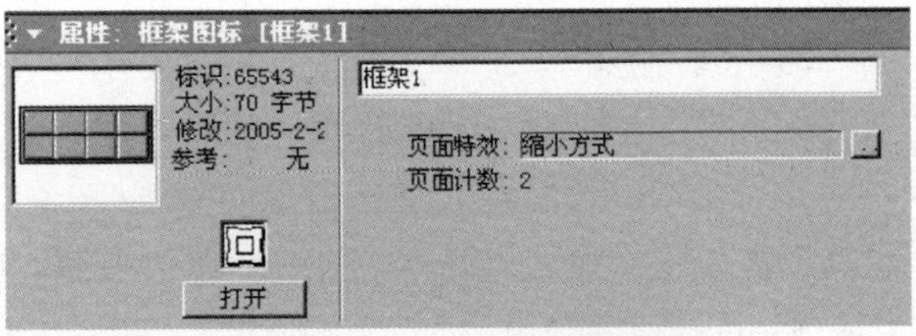

图 5—126　属性：框架图标

其中，左侧的预览框中显示出入口窗格中第一个包含显示对象的设计图标的内容。“页面特效”中显示为各页显示内容设置的过渡效果。“页面计数”后的数字显示此框架设计图标下共依附了多少个页图标。单击“打开”按钮会打开框架窗口。

5.4.1　实例：电子相册的制作

打开素材库中的“电子相册.a7p”，运行效果如图5—127所示，可以单击后页、前页、末页等浏览相册。本程序的总流程图如图5—128所示。

图5—127　运行效果图

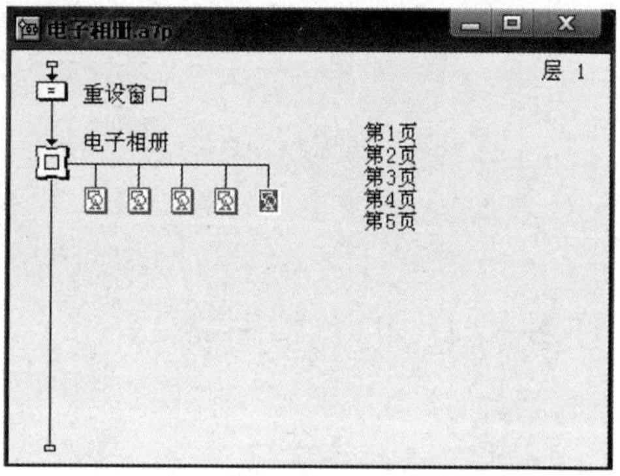

图5—128　“电子相册.a7p”的总流程图

制作目的：熟悉框架图标、导航图标的使用方法。

知识点：框架结构与自定义按钮。

注意事项：背景图片、GIF动画和交互控制图标的层分别为2、3、3。

制作步骤：

（1）在流程线上添加一个计算图标，命名为“重设窗口”。双击该图标，在其中输入语句“Resize Window(640，480)”，修改演示窗口的大小。

（2）在流程线上“重设窗口”图标的下方添加框架图标，命名为“电子相册”。

（3）在“电子相册”框架图标的右下方添加5个显示图标，构成分支，分别命名为“第1页”、“第2页”、“第3页”，“第4页”，“第5页”，这时从“电子相册素材”文件夹中分别导入图片01.jpg、02.jpg、03.jpg、04.jpg、05.jpg至这5个显示图标中。至此，程序的一级流程线完成，如图5—129所示。

（4）现在开始修改框架窗口流程线。双击流程线上的“电子相册”框架图标，打开框架窗口，把入口窗格中的所有内容全部删除，去除默认导航按钮，然后在其中重新添加内容。

（5）在框架入口窗格中添加一个显示图标，将其命名为“背景”。双击此图标，导入电子相册素材中的“bj.psd”图像作为背景图像，并在其属性面板中设置层为2，如图5—130所示。

（6）执行菜单命令“插入→媒体→GIF动画”，在“背景”图标下方导入“TIANS.GIF”动画，设置其属性面板，层设置为3，模式设置为透明，如图5—131所示。

（7）在“GIF动画”图标的下方添加一个交互图标，命名为“控制”。单击交互图标，在其属性面板中设置层为3。然后，在“控制”图标的右侧添加一个导航图标，选择按钮交互方式，并将导航图标命名为“首页”。用同样的方法，在“首页”图标的右侧再添加4个导航图标，然后分别命名为“前页”、“后页”、“末页”和“退出”。此时的框架流程线如图

5—132 所示。

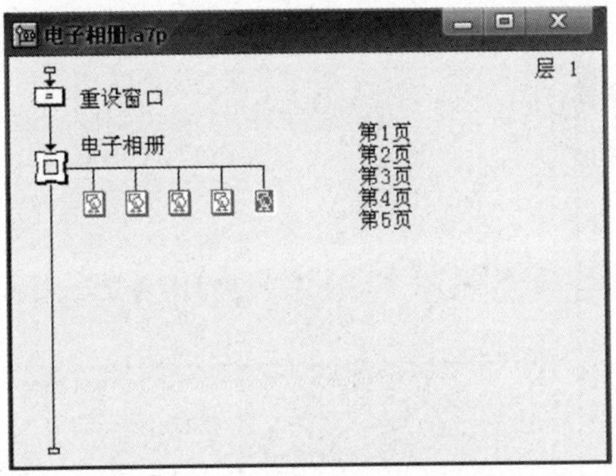

图 5—129　程序的一级流程图

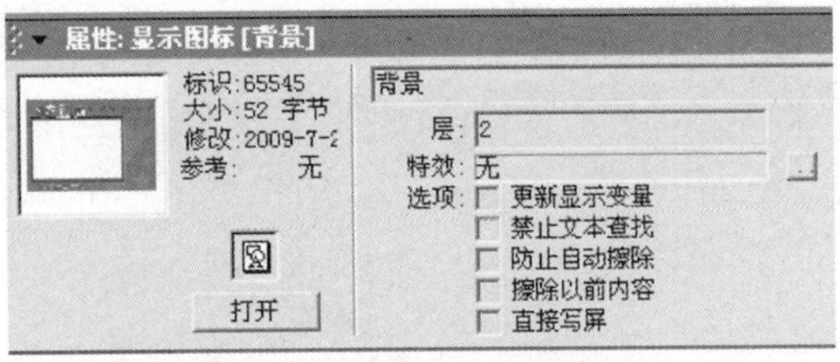

图 5—130　“属性：显示图标”的设置

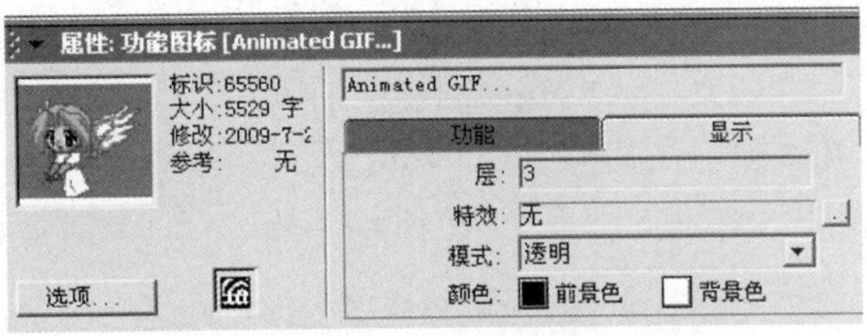

图 5—131　导入 GIF 动画的属性面板

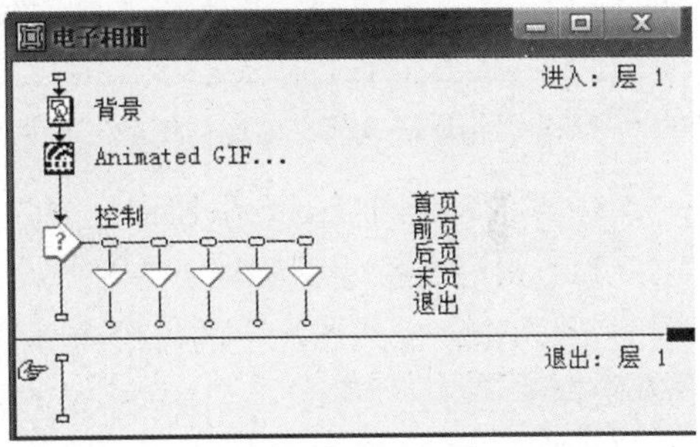

图 5—132　框架入口窗格中的内容

（8）单击“首页”导航图标，设置属性面板如图 5—133 所示，“目的地”选择“附近”，“页”选择“第一页”。使用同样的方法设置其他 4 个导航图标，“页”分别选择“前一页”、“下一页”、“最末页”、“退出框架/返回”。

（9）单击“首页”按钮响应类型标记，打开“属性：交互图标”对话框，如图 5—134 所示，单击“按钮→添加”按钮，打开“按钮编辑”对话框。选择状态列中的“未按”按钮，单击导入...按钮，导入电子相册素材中的“button _ 03. gif”图片，如图 5—135 所示。用同样的方法依次选择状态列中的“按下”、“在上”按钮，分别导入电子相册素材中的“button03-Over. gif”图片。

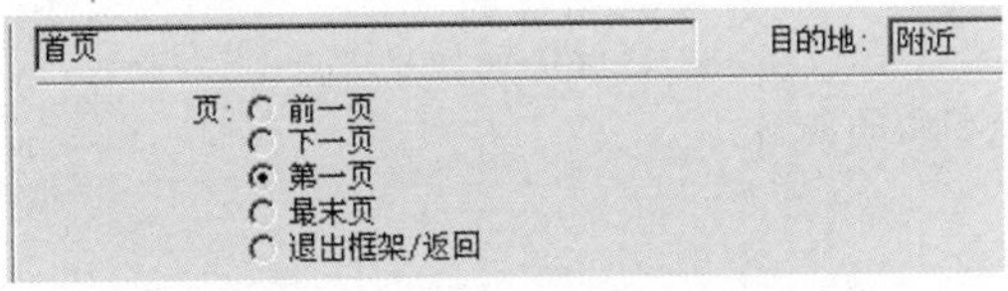

图 5—133　“首页”导航图标的设置

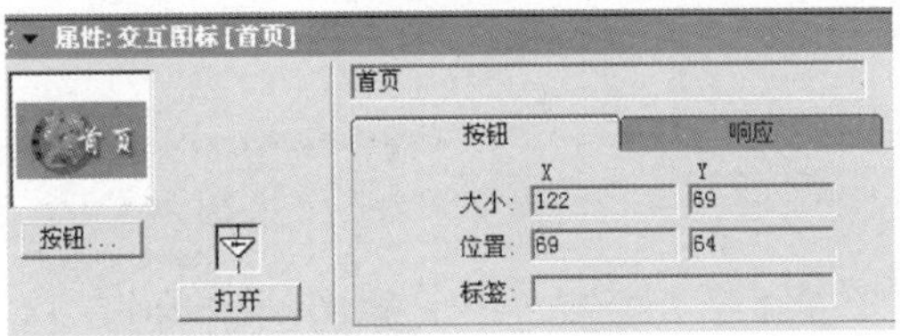

图 5—134　“属性：交互图标”对话框

用同样的方法，分别对其他 4 个按钮进行自定义，可在素材库中找按钮图片。

（10）现在我们开始在出口窗格中添加内容。首先添加一个计算图标，在其中添加“EraseAll(　)”函数。

（11）在计算图标的下方添加一个显示图标，命名为“退出界面”，导入“电子相册素材\JM. jpg”图片。

（12）在“退出界面”显示图标下方添加一个等待图标，命名为“等待”，属性面板如图5—136所示。

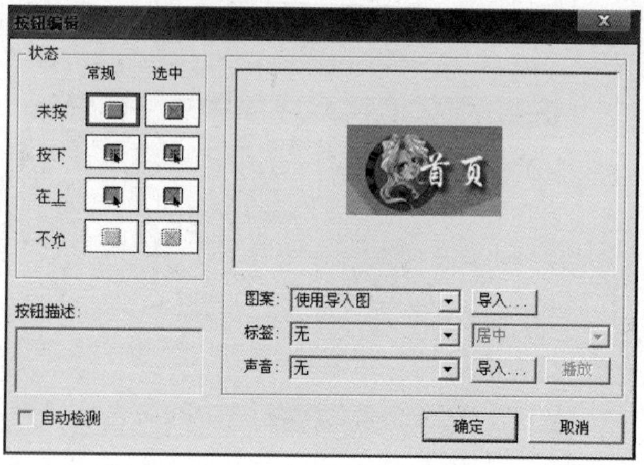

图5—135 “按钮编辑”对话框

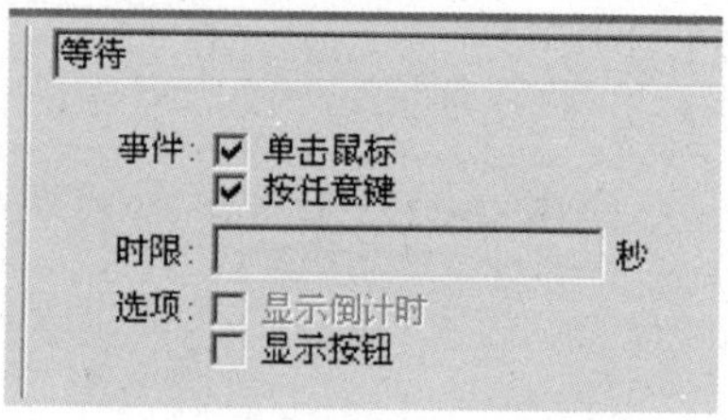

图5—136 等待图标的设置

（13）在等待图标下方添加一个擦除图标，用于擦除退出界面图标中的图片。

（14）最后在擦除图标的下方添加一个计算图标，在其中添加“quit(　)”函数。

到此为止，框架图标中的内容全部添加完毕，效果如图5—137所示。按〈Ctrl+S〉组合键保存该程序。

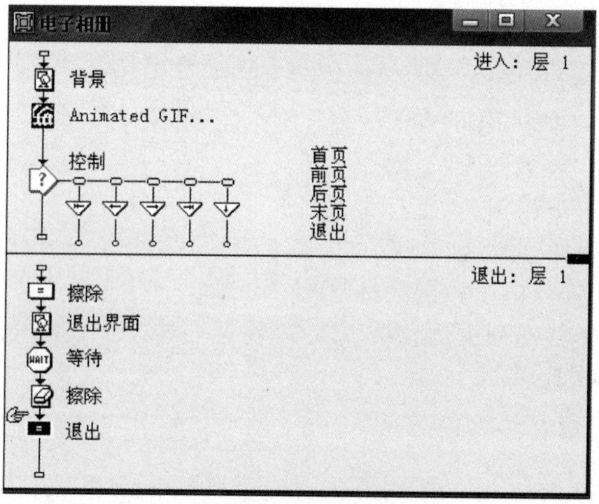

图5—137 框架窗口中的内容

5.4.2 实例：个人简历的制作

超文本是一种非连续的文件信息显示方式，当用鼠标单击超文本对象时，就会链接到与超文本相关的信息处。超文本和普通的文本都是文本，但有着本质的不同，普通文本只是用于显示信息，而超文本虽也有显示信息的功能，但其主要是进行链接，超文本的功能类似于按钮，单击它就可进入相应的内容。

打开素材库中的“个人简历.a7p”，运行效果如图5—138所示。本程序的总流程图如图5—139所示。

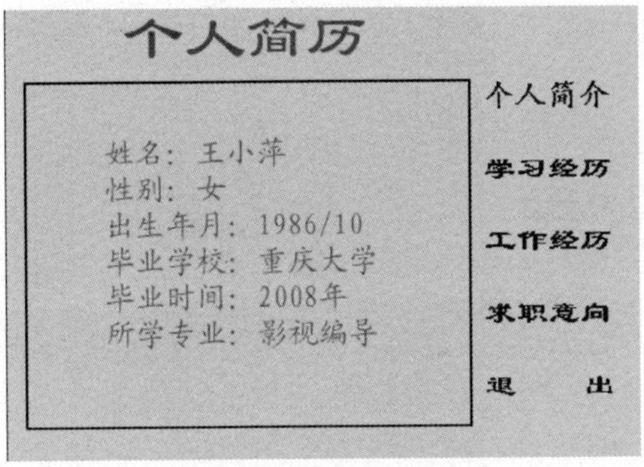

图 5—138　运行效果图

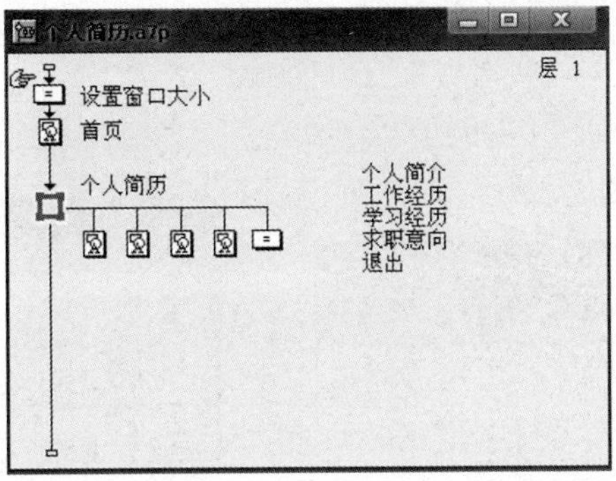

图 5—139　“个人简历 . a7p” 的总流程图

制作目的： 熟悉建立超文本链接的过程。

知识点： 框架图标、页图标、导航与超文本的联系。

注意事项： 本题采用的交互方式不是按钮而是超文本链接，所以框架窗口的入口窗格中的默认导航要删除。

制作步骤：

(1) 添加计算图标并设置演示窗口大小：ResizeWindow(500，350)。

(2) 添加显示图标至计算图标的下方，命名为“首页”，内容如图 5—140 所示。

(3) 在显示图标的下方添加一个框架图标，并建立 5 个页图标，分别命名为：个人简介、学习经历、工作经历、求职意向和退出。其中前四页为显示图标，最后一页为计算图标，并给这些页图标添加内容，如图 5—141、图 5—142 所示。

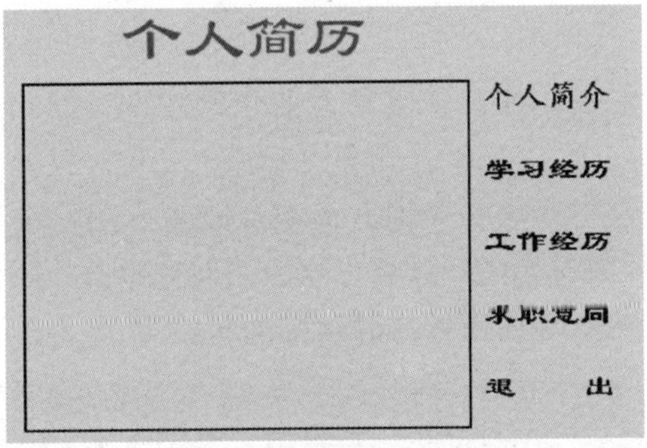

图 5—140　显示图标的内容

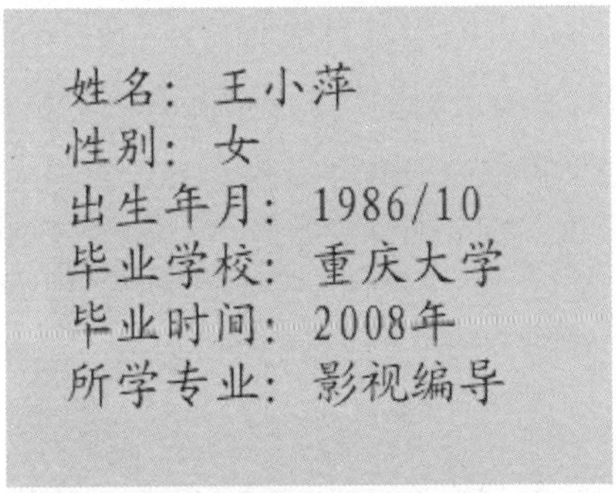

图 5—141　超文本个人简介链接的内容

(4) 双击框架图标，打开框架窗口，把入口窗格中的内容全部删除，如图 5—143 所示。

(5) 执行菜单命令“文本→定义样式”，打开“定义风格”对话框，进行样式的设置，如图 5—144 所示。设置好相应的字体、字号、颜色和交互方式后，选取“导航到”复选框，并单击进入导航标记，设置超文本所链接的页图标，如图 5—145 所示。最后，单击“完成”按钮结束。

(6) 打开“首页”显示图标，选取“个人简介”文本，执行菜单命令“文本→应用样式”，打开“应用样式”对话框，如图 5—146 所示，勾选“个人简介”样式。其他的文本做法也一样，分别应用各自的样式。

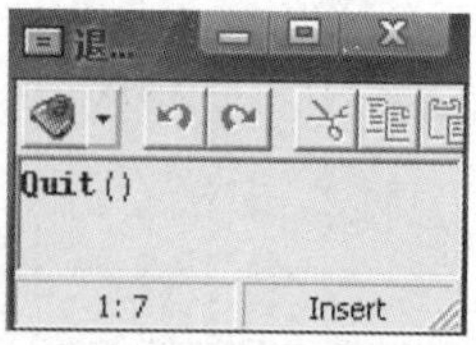

图 5—142　退出页图标的内容

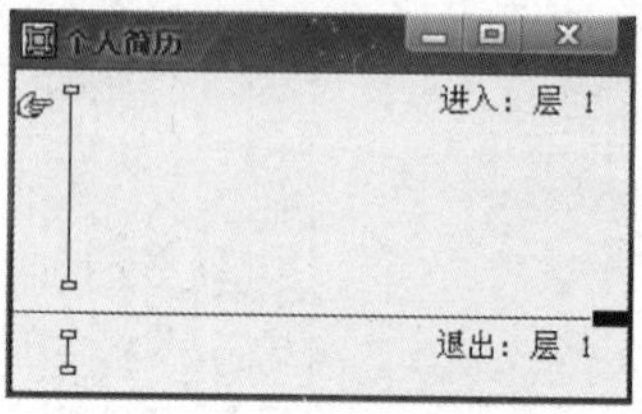

图 5—143　框架窗口

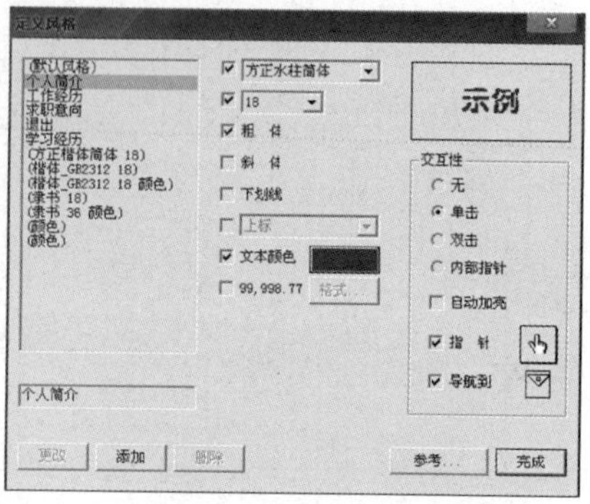

图 5—144　定义风格

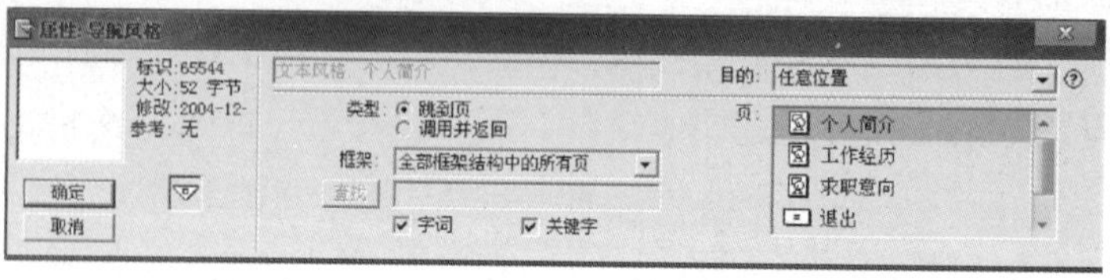

图 5—145　建立超文本与页图标之间的联系

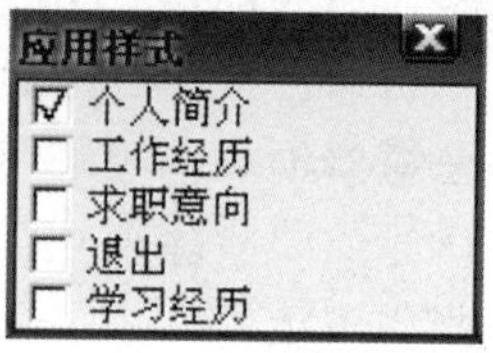

图 5—146　“应用样式”对话框

项目实训 5

实训目的：通过本实训使学生进一步掌握多媒体课件的制作，并且能在实际的项目中运用 Cover(　) 函数、交互图标与自定义按钮制作教学光盘。

实训 1　教学课件制作

Authorware 是一个多媒体整合工具，使用它可以制作出非常专业化的课件，因此它是广大中小学教师的良师益友。这里使用 Authorware 制作一个讲授 Authorware 常识的传统教学课件，整个课件设计了 4 个教学环节，分别是复习、新课、练习和欣赏。制作该课件时，主要运用了框架结构、导航图标以及基本函数等知识。运行程序后，通过单击不同的交互按钮，可以进入不同的教学环节。图 5—147 为运行该课件时的两个画面。

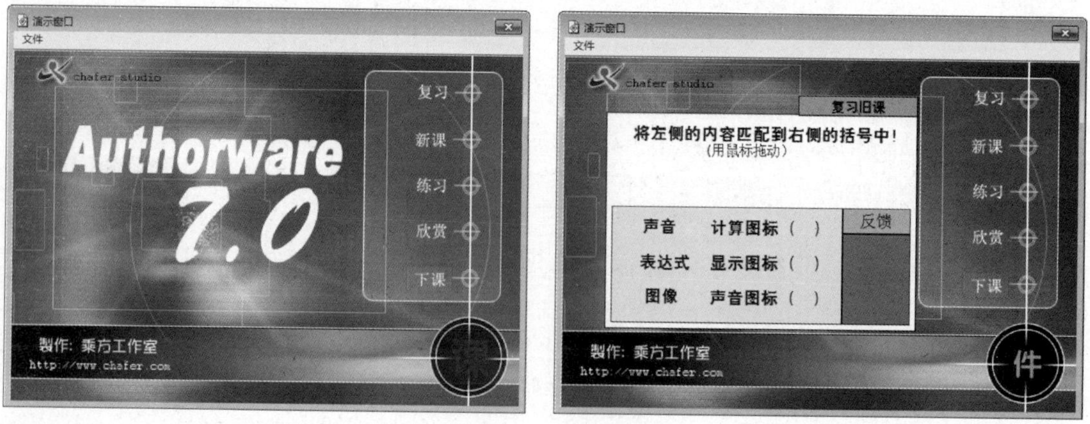

图 5—147　两个画面

本项目涉及的素材不多，其中程序界面由 Photoshop 软件完成；按钮图片由 Image Ready 制作，Flash 动画由 Flash MX 制作。该项目中的所有素材都处理完毕，存放在本书配套素材“项目 5\综合实训\素材\实训 1”目录中。

1. 主流程线的设计

主流程线的设计步骤如下：

（1）启动 Authorware，在打开的“新建”对话框中单击“取消”按钮，建立一个新文件。

（2）按〈Ctrl+I〉组合键，打开“属性：文件”窗口，设置各选项，如图 5—148 所示。

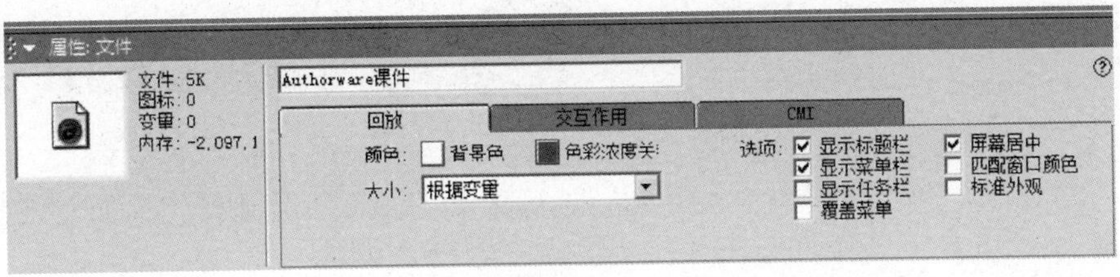

图 5—148　设置“属性：文件”选项

（3）在流程线上添加一个计算图标，将其命名为“重设窗口”。

（4）双击该图标，在打开的计算窗口中输入如图 5—149 所示的语句，该语句可以将演示窗口的大小设置为 600 像素×400 像素。

（5）关闭计算窗口，弹出一个信息提示对话框，询问是否保存所做的修改，如图 5—150 所示。

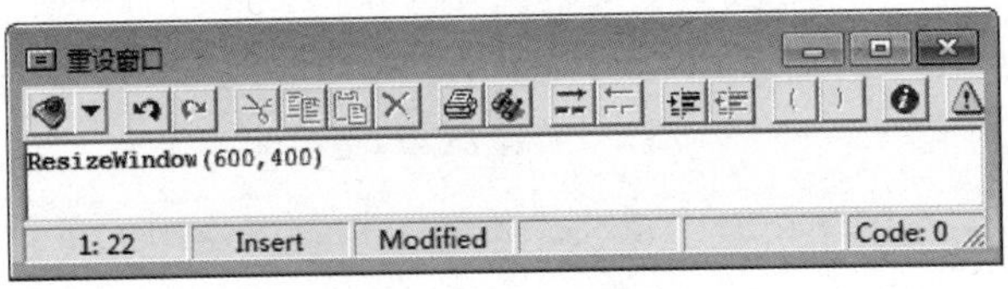

图 5—149　计算窗口

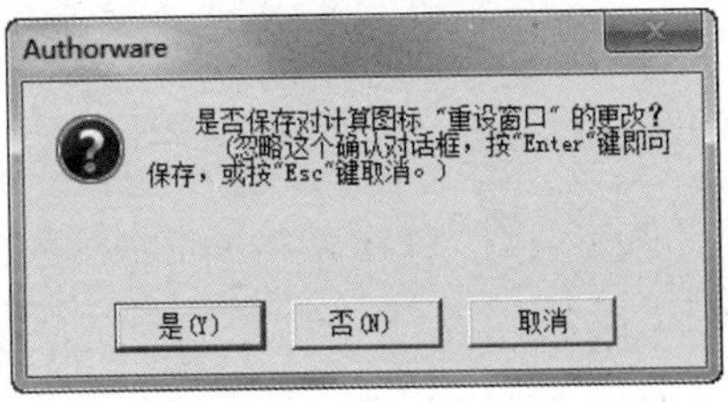

图 5—150　信息提示对话框

（6）单击“是”按钮确认操作，关闭计算窗口。

（7）在“重设窗口”图标的下方添加一个显示图标，命名为“背景”。

（8）双击“背景”图标，打开演示窗口。单击工具栏上的按钮，打开“导入哪个文件？”对话框，如图 5—151 所示。

（9）在该对话框中选择本书配套素材“项目 5\综合实训\素材”目录中的“back. jpg”图片，单击“导入”按钮，将图片导入演示窗口，如图 5—152 所示，然后关闭演示窗口。

（10）执行菜单命令“插入→媒体→Flash Movie”，打开“Flash Asset Properties”对话框，如图 5—153 所示。

（11）单击 Browse 按钮，在打开的“Open Shockwave Flash Movie”对话框中选择本书配套素材“项目 5\综合实训\素材”目录中的“标志 . swf”。单击“打开”按钮，返回“Flash Asset Properties”对话框，然后单击“OK”按钮，插入所选的 Flash 动画。

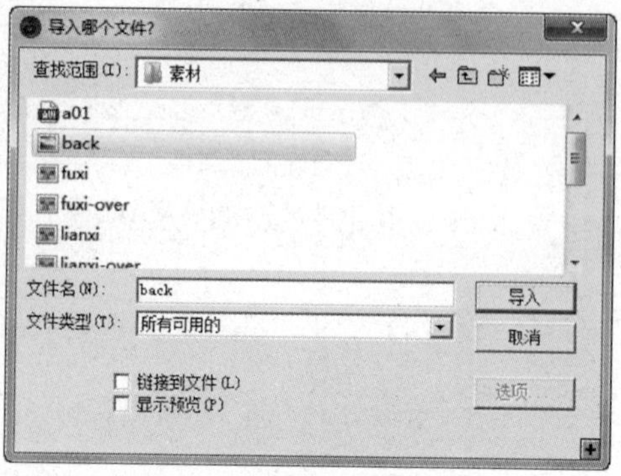

图 5—151　“导入哪个文件?”对话框

图 5—152　导入的图片

(12) 单击工具栏上的“运行”按钮，然后拖动 Flash 动画画面到界面右下角的圆环中，如图 5—154 所示。

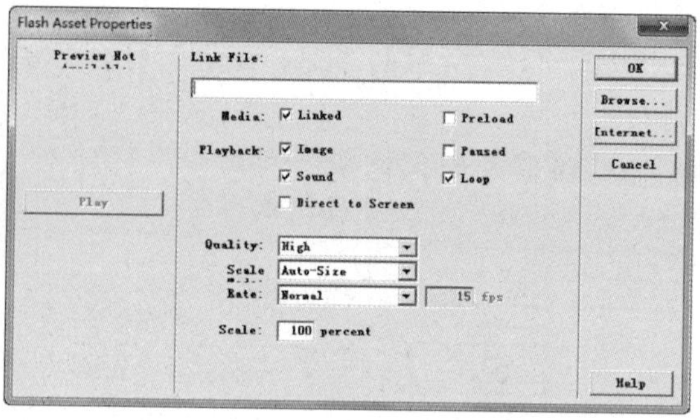

图 5—153　Flash Asset Properties 对话框

图 5—154　调整动画画面位置

(13) 单击演示窗口中的 Flash 动画图标，在打开的“属性：功能图标”窗口中设置选项，如图 5—155 所示。

(14) 关闭演示窗口，然后向“Flash Movie”图标的下方添加一个框架图标，命名为“控制”。

(15) 在“控制”框架图标的右侧添加 5 个群组图标，分别命名为“空”、“复习旧课”、“讲授新课”、“课后练习”和“请您欣赏”。

(16) 在“控制”框架图标的下方添加一个群组图标，命名为“尾声”。

(17) 在“尾声”群组图标的下方添加一个计算图标，命名为“退出”。至此，课件的主流程线制作完毕，如图 5—156 所示。

(18) 按〈Ctrl+S〉组合键，保存文件。

2. 框架图标的设计

框架图标的设计步骤如下：

(1) 双击流程线上的“控制”框架图标，打开“控制”框架结构流程线窗口，如图 5—157所示。

图 5—155　设置“属性：功能图标”的选项

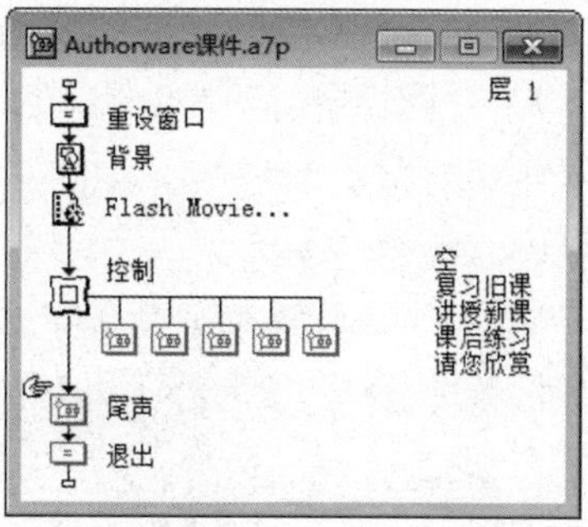

图 5—156　主流程线

（2）拖动鼠标选择框架结构流程线窗口中的所有内容，按〈Delete〉键，打开如图 5—158 所示的信息提示框。单击“全选右侧的图标”按钮，删除窗口中的所有图标。

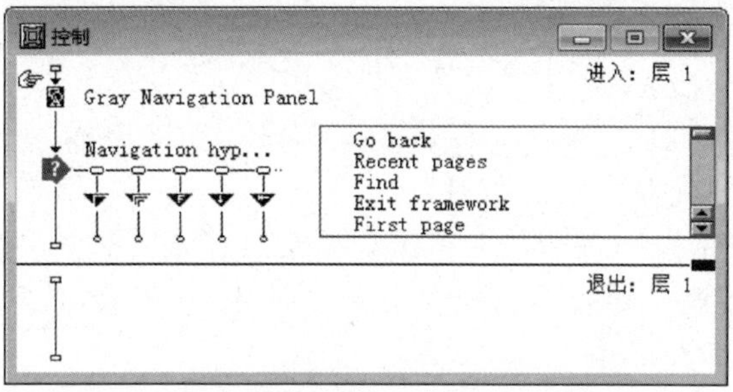

图 5—157　“控制”框架结构流程线窗口

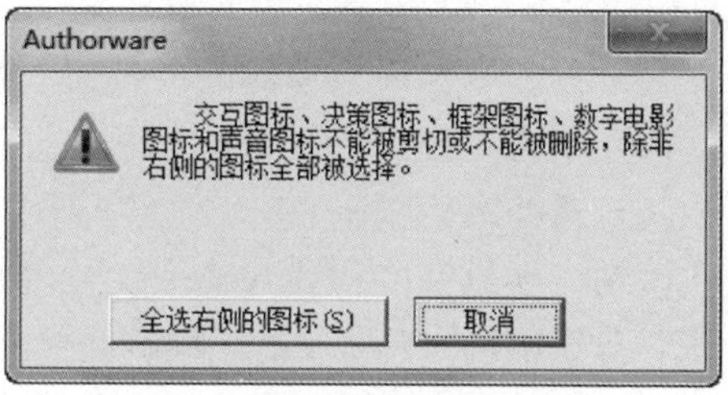

图 5—158　信息提示框

（3）在框架流程线上添加一个交互图标，命名为“选择”。

（4）在“选择”图标的右侧添加一个计算图标，在打开的“交互类型”对话框中选择“按钮”选项，如图 5—159 所示。

（5）将计算图标命名为“复习”。用同样的方法，在“复习”图标的右侧再添加 4 个计算图标，并分别命名为“新课”、“练习”、“欣赏”和“下课”，此时的框架流程线如图 5—160所示。

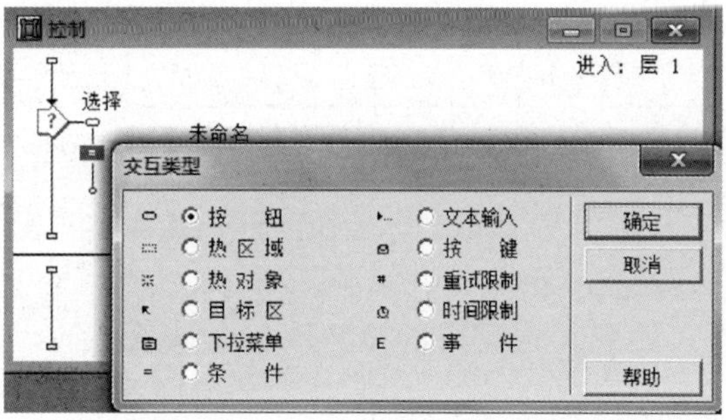

图 5—159　“交互类型”对话框

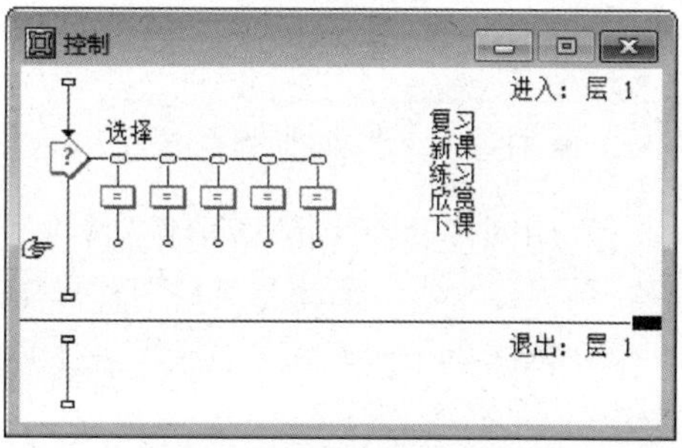

图 5—160　框架流程线

（6）关闭框架结构流程线窗口，按〈Ctrl+S〉组合键，保存文件。

3. 添加自定义按钮

添加自定义按钮的步骤如下：

（1）运行程序后，则演示窗口中将出现交互图标中的各个按钮，如图 5—161 所示。

（2）不关闭演示窗口，双击流程线上的“控制”框架图标，打开框架结构流程线窗口。

（3）在框架结构流程线窗口中双击“复习”图标的响应类型标记，打开“属性：交互图标”窗口，如图5—162所示。

图5—161　演示窗口

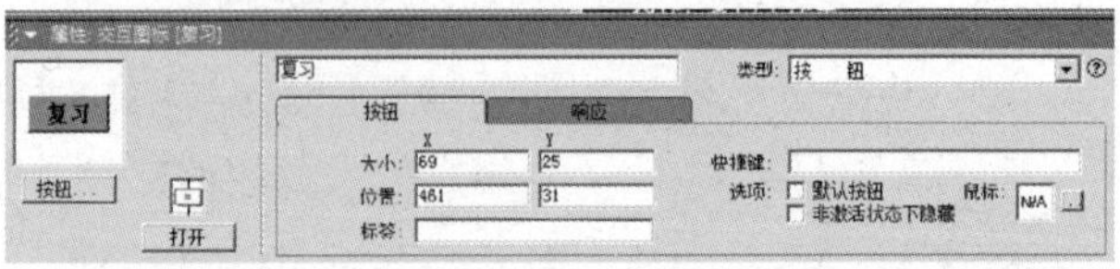

图5—162　属性：交互图标

（4）单击属性面板左侧的“按钮”按钮，打开“按钮”对话框，如图5—163所示。

（5）单击“添加”按钮，打开“按钮编辑”对话框，如图5—164所示。

（6）选择对话框左侧“常规”列中的“未按”按钮后，单击“图案”选项右侧的“导入”按钮，在打开的“导入哪个文件?”对话框中导入本书配套素材“项目5\综合实训\素材”目录中的“fuxi.gif”文件。

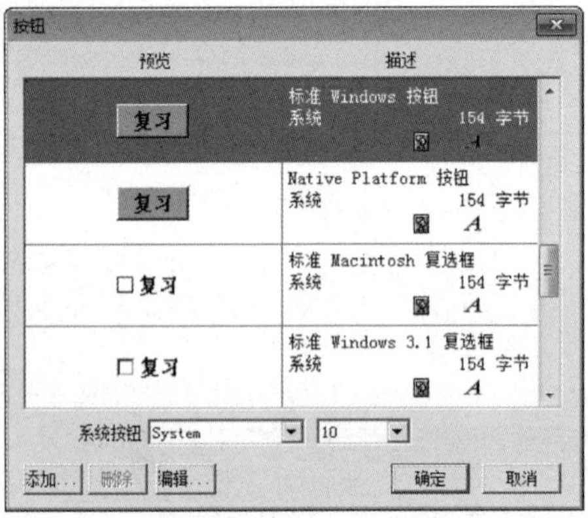

图5—163　“按钮”对话框

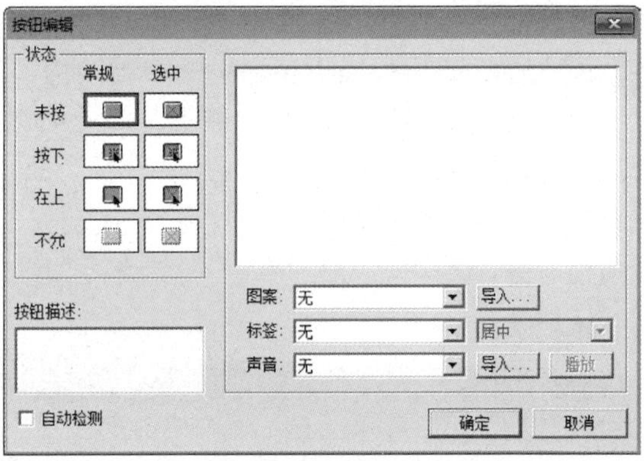

图5—164　“按钮编辑”对话框

（7）用同样的方法依次选择“常规”列中“按下”和“在上”按钮，分别导入本书配套素材“项目5\综合实训\素材”目录中的“fuxi-Over.gif”文件。

（8）依次单击“确定”按钮，关闭对话框，实现了自定义的按钮取代默认状态的“复习”按钮。

（9）用同样的方法分别将“新课”、“练习”、“欣赏”和“下课”按钮设置为自定义按钮。

（10）在演示窗口中调整按钮至合适的位置，运行程序，结果如图5—165所示。

（11）依次双击各图标的交互响应类型标记，在“属性：交互图标”窗口中单击“鼠标”选项右侧的按钮，在打开的“鼠标指针”对话框中选择手形光标，如图5—166所示。

图 5—165　运行画面

图 5—166　“鼠标指针”对话框

(12) 依次双击“选择”图标右侧的各计算图标，在打开的计算窗口中分别输入 Goto 语句：

在“复习”计算图标中输入“goto (@" 复习旧课")”；

在“新课”计算图标中输入“goto (@" 讲授新课")”；

在“练习”计算图标中输入“goto (@" 课后练习")”；

在“欣赏”计算图标中输入“goto (@" 请您欣赏")”；

在“下课”计算图标中输入“goto (@" 尾声")”。

(13) 按〈Ctrl+S〉组合键，保存文件。

4.“复习旧课”分支的设计

在“复习旧课”分支中，我们设计了一道匹配题，用鼠标拖动左侧的内容与右侧的内容进行匹配。如果拖放正确，则反馈正确信息，否则被拖放的对象将返回原地，同时反馈错误信息。

(1) 在主流程线上双击“复习旧课”群组图标，打开二级设计窗口。

(2) 在二级流程线上添加一个显示图标，命名为“题板”。

(3) 单击工具栏中的“运行”按钮运行程序，打开演示窗口。在按住〈Shift〉键的同时双击“题板”图标，然后选择绘图工具箱中的矩形工具。在演示窗口中绘制一个“题板”，其位置、大小、形态与颜色如图 5—167 所示。

(4) 选择绘图工具箱中的文本工具，在演示窗口中输入相关文字信息，结果如图 5—168所示。

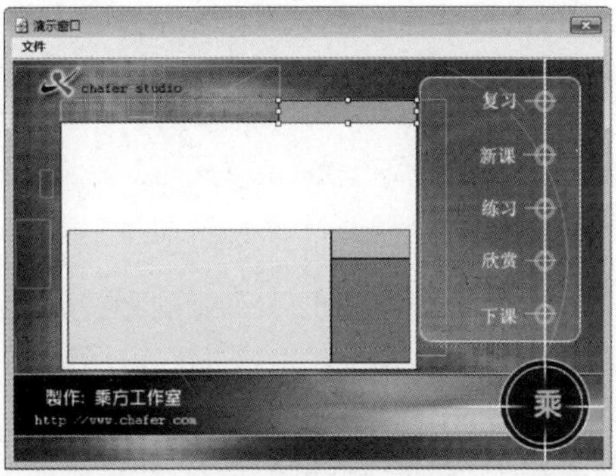

图 5—167　绘制的题板

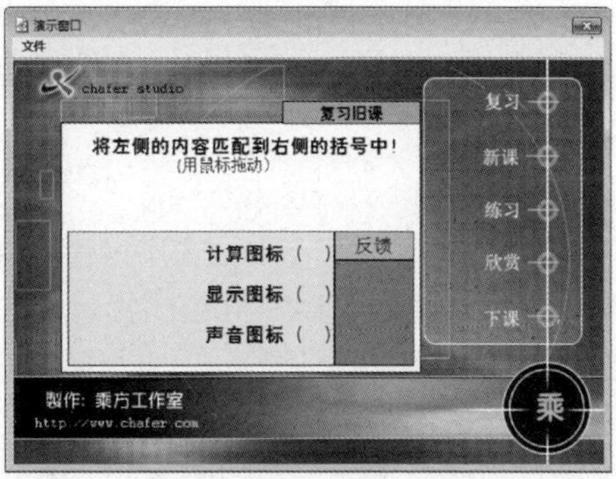

图 5—168　输入的文本

（5）依次在二级流程线上再添加 3 个显示图标，分别命名为“声音”、“表达式”和“图像”。

（6）用前面介绍的方法，分别在“声音”图标的演示窗口中输入“声音”文本，在“表达式”图标的演示窗口中输入“表达式”文本，在“图像”图标的演示窗口中输入“图像”文本。

（7）运行程序，单击演示窗口中的“复习”按钮。调整各文字信息的位置，如图 5—169 所示。

（8）关闭演示窗口，在二级流程线上添加一个交互图标，命名为“判断”。

（9）在“判断”图标的右侧添加两个群组图标，将交互响应类型设置为“目标区”响应，分别将两个群组图标命名为“表达式正确”和“表达式错误”，此时的流程线如图 5—170所示。

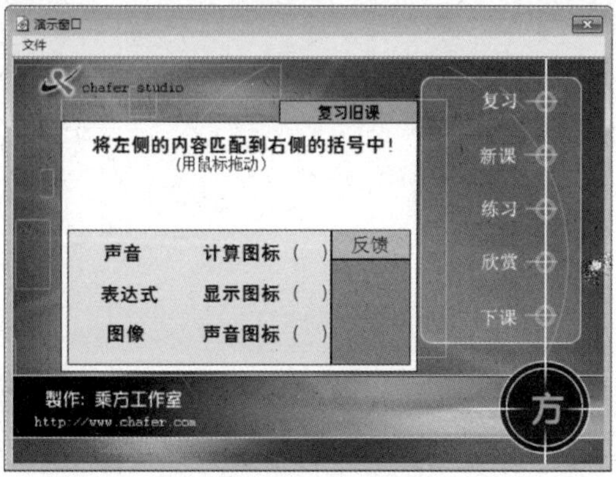

图 5—169 调整文字信息的位置

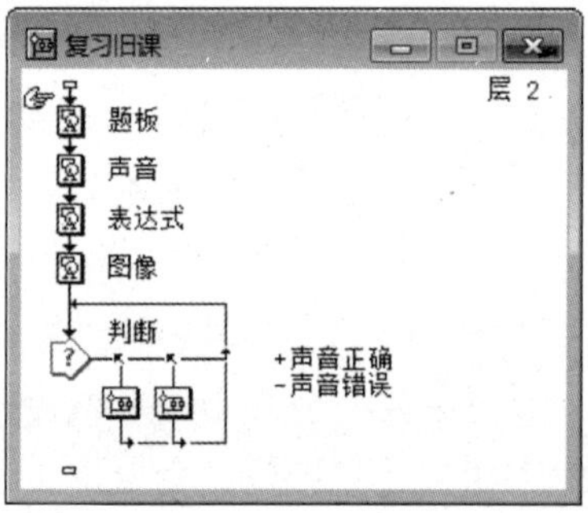

图 5—170 流程线

（10）运行程序，然后单击演示窗口中的“复习”按钮进入“复习旧课”分支，打开“属性：交互图标”对话框，同时演示窗口中将出现一个标有“表达式正确”的虚线框。

（11）根据属性面板中的提示，单击演示窗口中的“声音”作为目标对象，则虚线框将自动附着到该对象上。根据提示将“表达式”对象（注意：不是虚线框）拖动到右侧的“计算图标（ ）”文字上。调整虚线框，使之完全包围“（ ）”，如图 5—171 所示。

（12）在“目标区”标签的“放下”下拉列表框中选择“在目标点放下”选项，在“响应”标签的“状态”下拉列表框中选择“正确响应”选项。

（13）双击“表达式错误”图标的响应类型标记，此时仍然选择“表达式”作为目标对象。拖动“表达式”对象到演示窗口的中央位置，调整虚线框，使之包围整个演示窗口，如图 5—172 所示。

（14）在“目标区”标签的“放下”下拉列表框中选择“返回”选项，在“响应”标签的“状态”下拉列表框中选择“错误响应”选项。

（15）双击“声音正确”群组图标，在打开的三级流程线上添加一个显示图标，命名为“正确信息”，在演示窗口中输入“正确”字样。添加一个计算图标，在打开的计算窗口中输入如图 5—173 所示的语句。

（16）打开“声音错误”群组图标，在三级流程线上添加一个显示图标，并在演示窗口中输入“错误”提示文字。

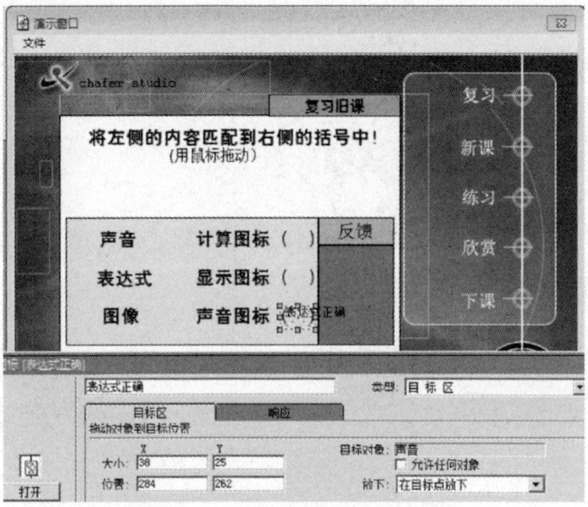

图 5—171　设定目标区域

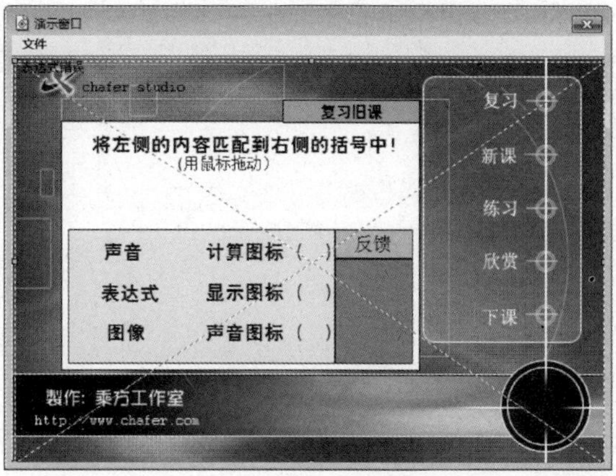

图 5—172　设定目标区域

（17）用同样的方法，分别建立“表达式”和“图像”两个对象的响应分支，并做同样的设置，流程线如图 5—174 所示。

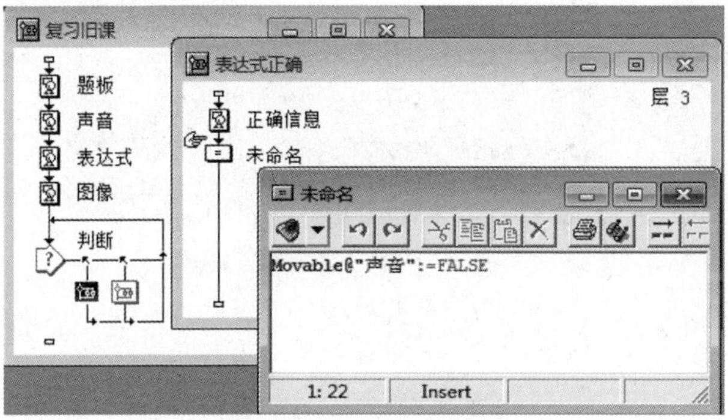

图 5—173　输入的语句

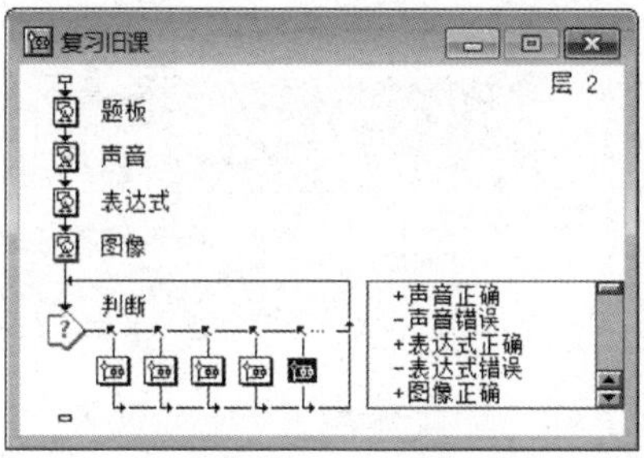

图 5—174　流程线

（18）在“判断”图标的最右侧添加一个群组图标，双击该图标的交互响应类型标记，在“属性：交互图标”对话框中将“类型”选项设置为“条件”，在“条件”文本框中输入“AllCorrectMatched”，其他选项的设置如图 5—175 所示。

（19）切换到“响应”标签，设置各选项，如图 5—176 所示。

图 5—175　属性：交互图标

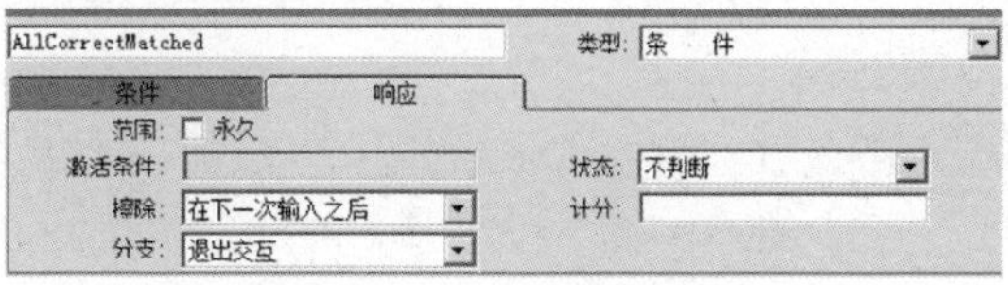

图 5—176　“响应”标签

（20）确认属性设置后，程序自动将该群组图标命名为“AllCorrectMatched”。

（21）双击“AllCorrectMatched”群组图标，打开三级设计窗口。在流程线上添加一个显示图标，命名为“正确信息”，在其演示窗口中输入“正确”字样。

（22）在“正确信息”图标的下方再添加一个等待图标，命名为“WAIT”，在其属性面板中设置选项，如图 5—177 所示。

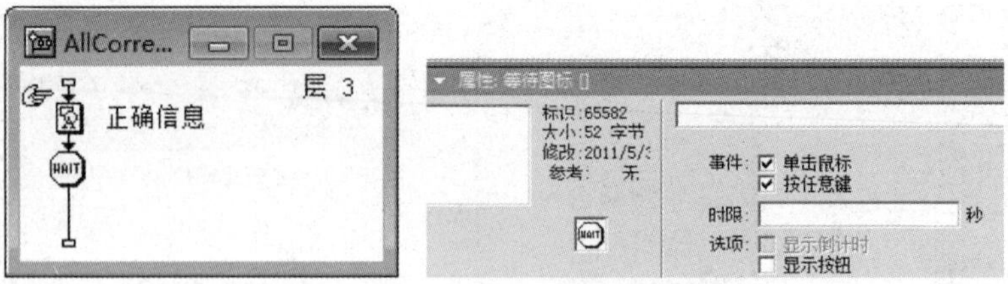

图 5—177　设置等待图标的属性

(23) 运行程序，当拖放对象正确时，对象将停止在目标位置处并显示“正确”的信息提示，如图 5—178 所示；当拖放对象错误时，对象将返回原来位置，并显示“错误”的信息提示，如图 5—179 所示。

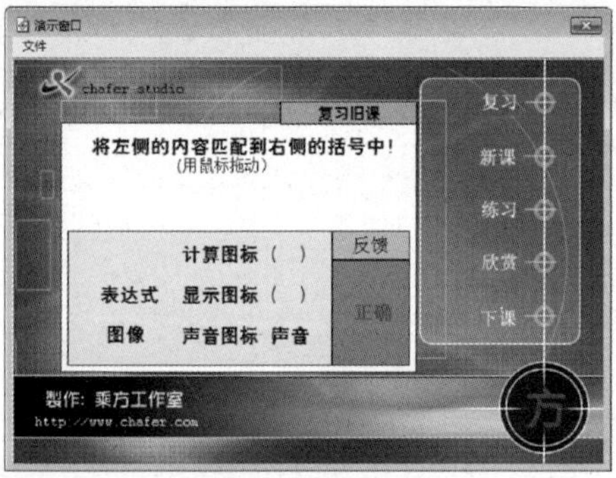

图 5—178　提示回答正确

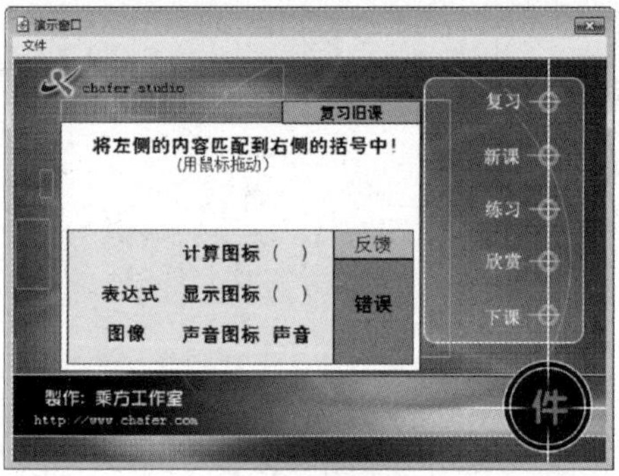

图 5—179　提示回答错误

(24) 按〈Ctrl＋S〉组合键，保存文件。

5. “讲授新课”分支的设计

“讲授新课”分支是本课件的主题部分。这部分内容主要由文字构成，所以制作起来没有难度。根据设计要求，把讲授新课分成 4 个部分：交互图标、交互类型、导航图标和超级链接。

(1) 在主流程线上双击“讲授新课”图标，打开二级设计窗口。在二级流程线上添加一个显示图标，命名为“界面”。

(2) 用前面学过的方法，在“界面”图标的演示窗口中建立如图 5—180 所示的背景界面。

(3) 在“界面”图标的下方添加一个交互图标，命名为“链接”。

(4) 在“链接”交互图标的右侧添加一个群组图标，在打开的“交互类型”对话框中选择“热区域”选项并确认，然后将该群组图标命名为“交互图标”。

(5) 继续在“链接”交互图标的右侧添加 3 个群组图标，并分别命名为“交互类型”、“导航图标”和“超级链接”，此时的二级流程线如图 5—181 所示。

(6) 运行程序，然后在按住〈Shift〉键的同时双击“界面”图标和“链接”交互图标，打开演示窗口，调整热区的位置，如图 5—182 所示。

(7) 关闭演示窗口，依次双击 4 个群组图标的交互响应类型标记，在打开的“属性：交互图标”窗口中设置“鼠标”选项为手形光标。

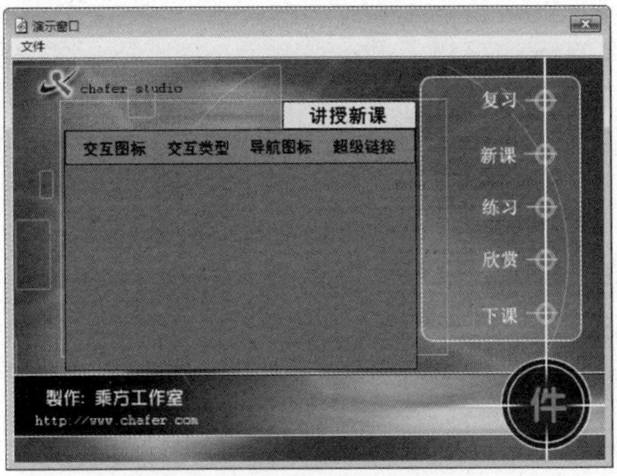

图5—180 建立的背景界面

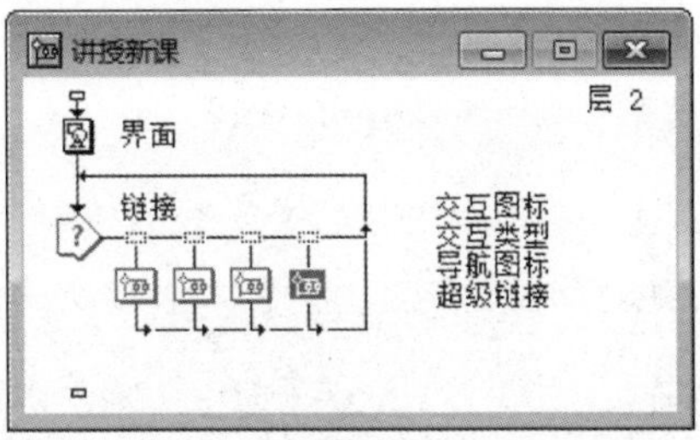

图5—181 “讲授新课”的二级流程线

（8）双击群组图标“交互图标”，打开三级设计窗口。在三级流程线上添加一个显示图标，命名为“内容”。

（9）用前面介绍过的方法，打开“内容”显示图标的演示窗口。使用绘图工具箱中的文本工具，输入相关的文本信息。

（10）执行菜单命令“文本→卷帘文本”，为文字添加滚动条。调整文本区的大小，使其恰好遮住界面中的空白部分，如图5—183所示。

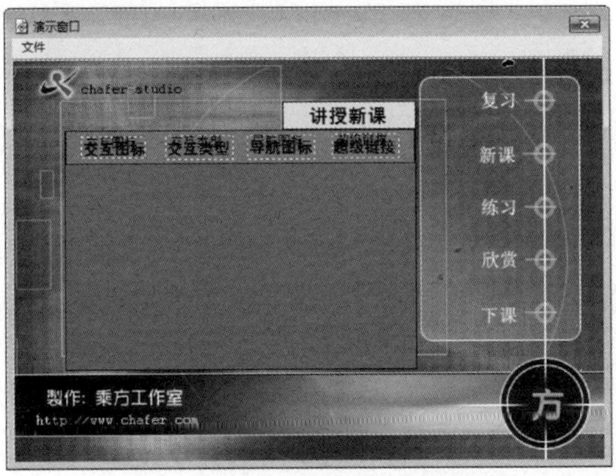

图5—182 调整热区的位置

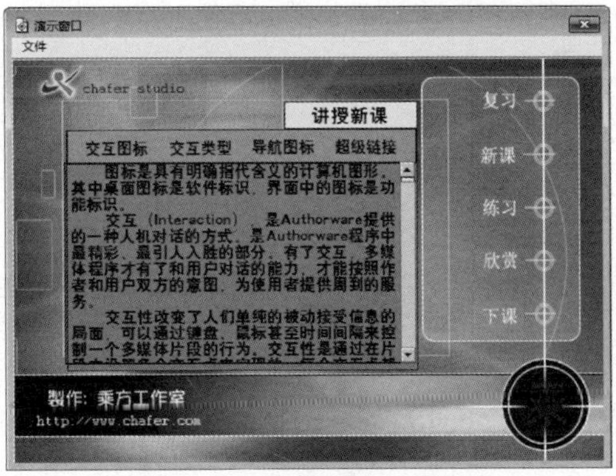

图5—183 调整文本的位置

（11）用同样的方法制作其他3个群组图标的相关文字。

（12）运行程序，当光标指向“交互图标”文字上时将变成手形光标，此时单击将出现卷帘文字，即该主题要讲授的内容。

（13）按〈Ctrl+S〉组合键，保存文件。

6.“课后练习”分支的设计

课后练习的设计可简可繁，可以设计一组测试题，或设置问答题。总之，根据讲授内容的需要可以制作不同形式的练习题。本节设计一组单项选择题，当选择错误时，将出现错误提示；选择正确则出现正确提示。单击“显示成绩”按钮，出现总成绩，并且只有一次选择机会。

（1）在主流程线上双击“课后练习”图标，打开二级设计窗口。在二级流程线上添加一个显示图标，命名为“题目”。

（2）用前面学过的方法打开“题目”图标的演示窗口，建立如图 5—184 所示的背景界面，然后关闭演示窗口。

（3）在“界面”显示图标的下方添加一个计算图标，命名为“初始化”。双击该图标，在打开的计算窗口中输入如图 5—185 所示的语句后关闭窗口。这时会弹出“新变量”对话框，单击“确定”按钮。

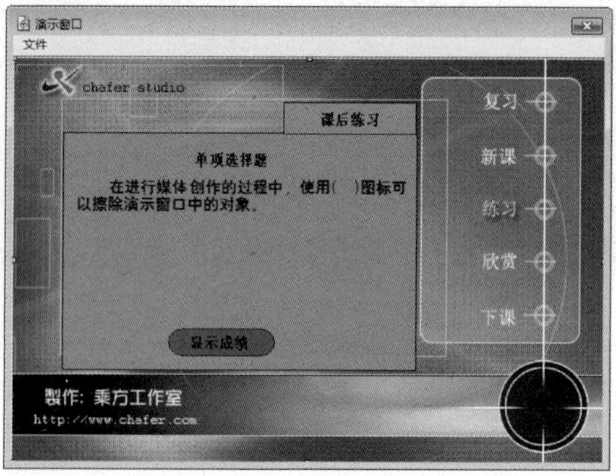

图 5—184　建立的背景界面

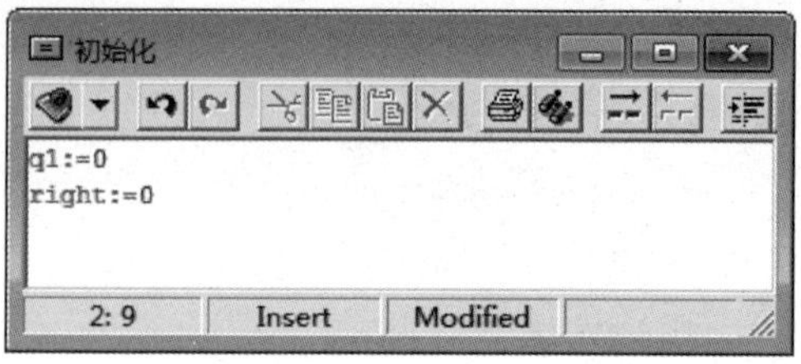

图 5—185　计算窗口

（4）在“初始化”图标的下方添加一个交互图标，命名为“选择”。

（5）分别向“选择”交互图标的右侧添加 4 个群组图标，设置响应类型为“按钮”响应，将群组图标分别命名为“显示图标”、“等待图标”、“定向图标”和“擦除图标”。

（6）双击“显示图标”图标的交互响应类型标记，在打开的“属性：交互图标”窗口中设置选项，如图 5—186 所示。

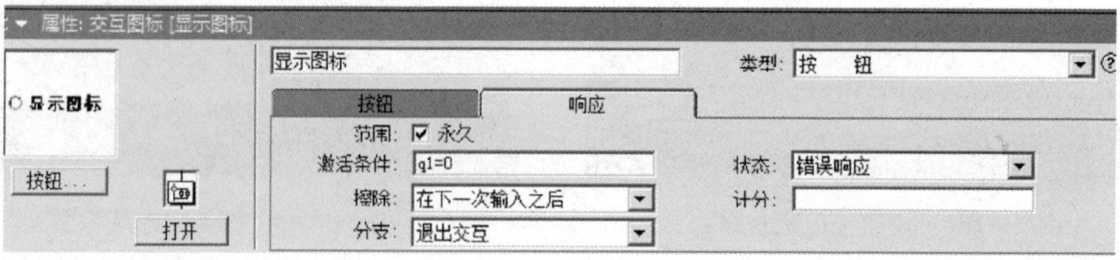

图 5—186　设置选项

（7）单击“按钮”按钮，在打开的“按钮”对话框中选择如图 5—187 所示的按钮形态。

（8）用同样的方法设置其他 3 个群组图标的响应属性。除了将“擦除图标”分支的“状态”选项设为“正确响应”外，其他选项设置均相同。

（9）双击“题目”显示图标，在按住〈Shift〉键的同时双击“选择”交互图标，在打开的演示窗口中调整各按钮的位置，如图 5—188 所示。

（10）双击“显示图标”群组图标，在三级流程线上添加一个显示图标，命名为“a”。

（11）双击“a”图标，在打开的演示窗口中输入提示信息“Wrong”，然后设置显示图标的属性，如图 5—189 所示。

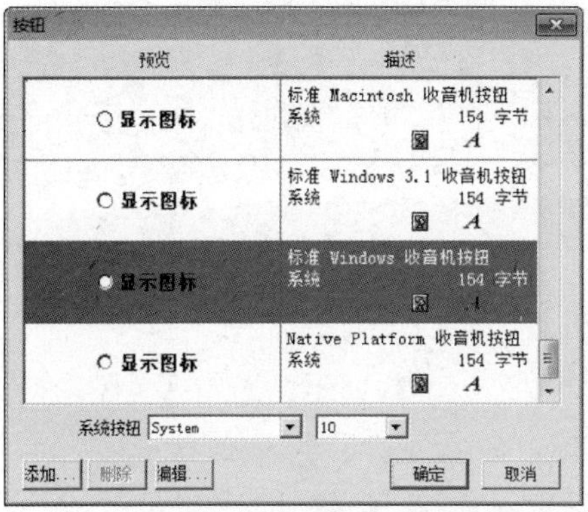

图 5—187　“按钮”对话框

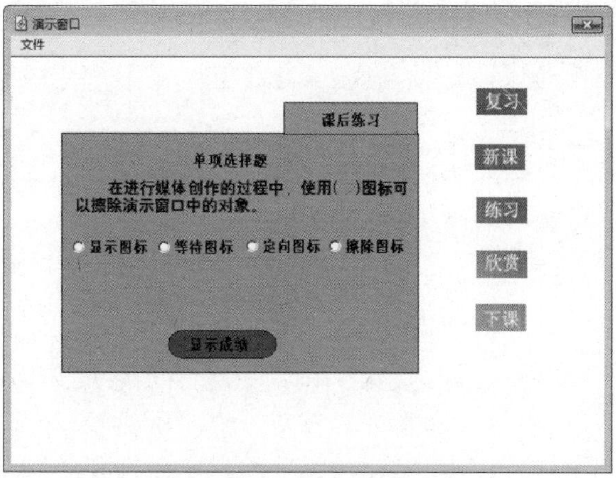

图 5—188　调整按钮的位置

图 5—189　“属性：显示图标”窗口

（12）在“a”显示图标的下方添加一个计算图标，在其计算窗口中输入如图 5—190 所示的语句后关闭计算窗口。

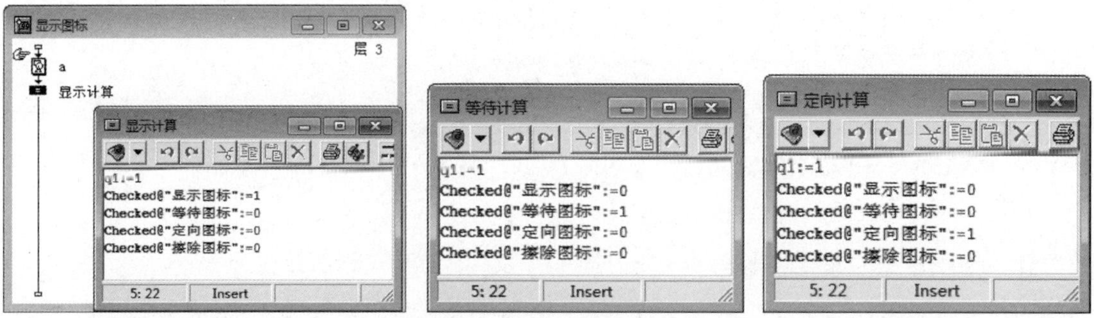

图 5—190　计算图标

（13）同时选择“显示图标”流程线上的两个图标，单击工具栏中的按钮，分别将其复制到“等待图标”、“定向图标”和“擦除图标”群组图标的三级流程线中。

（14）依次将各流程线中显示图标的名称改为“b”、“c”、“d”，将“擦除图标”三级流程线中显示图标的内容修改为“Right”。依次修改各分支中计算图标的内容，如图 5—191 所示。

（15）在“选择”交互图标的下方添加一个等待图标，命名为“等待 1”。双击“等待 1”图标，在“属性：等待图标”窗口中设置选项，如图 5—192 所示。

（16）在“等待 1”图标的下方添加一个计算图标，命名为“擦除”。

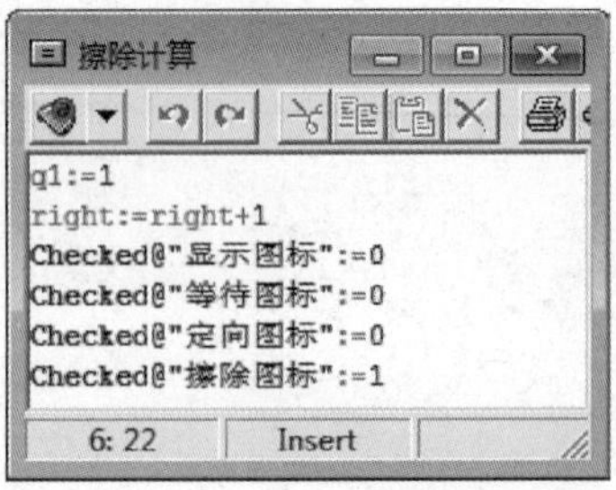

图 5—191 计算图标

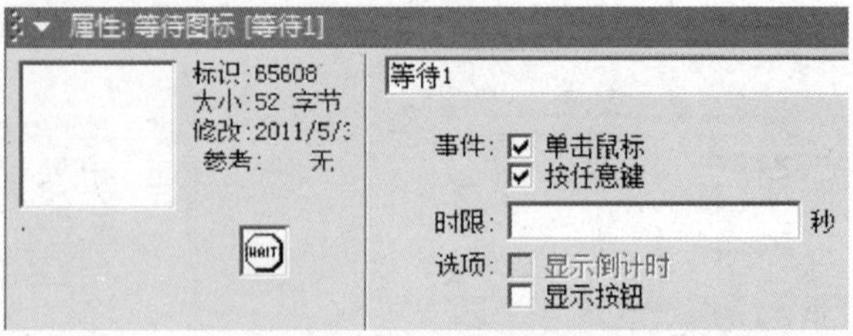

图 5—192 设置选项

(17) 双击“擦除”图标，在打开的计算窗口中输入如图 5—193 所示的语句后关闭窗口。

(18) 在“擦除”计算图标的下方添加一个显示图标，命名为“显示成绩”。

(19) 双击“显示成绩”图标，在打开的演示窗口中输入文本“你的成绩是 {right * 100} 分”后关闭演示窗口。

(20) 在“显示成绩”图标的下方添加一个等待图标，命名为“等待 2”，其属性设置与“等待 1”图标相同。至此，“课后练习”分支设计完成，流程线如图 5—194 所示。

图 5—193 计算窗口

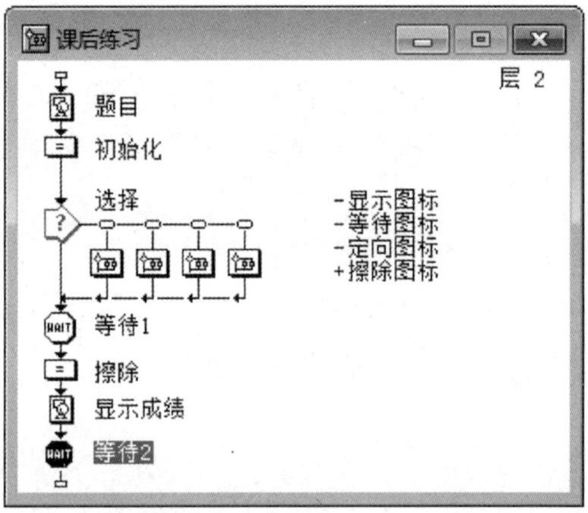

图 5—194 课后练习流程线

(21) 按〈Ctrl+S〉组合键，保存文件。

7. “请您欣赏”分支的设计

这一部分内容较为灵活，设计者可以根据自己的爱好充分发挥审美情趣和想象力，可以设置一组画片、一段音乐，也可以播放一段数字电影。

(1) 在主流程线上双击“请您欣赏”图标，打开二级设计窗口。在二级流程线上添加一个显示图标，命名为“电影背景”。

(2) 用前面学过的方法，打开“电影背景”图标的演示窗口，建立如图 5—195 所示的背景界面。

(3) 在二级流程线上添加一个数字电影图标，命名为“数字电影”。

(4) 运行程序，单击“欣赏”按钮，打开“属性：电影图标”窗口。单击“导入”按钮，导入本书配套素材“项目 5\综合实训\素材\”目录中的“a01. avi”文件。然后调整电影画面的大小，使之与背景吻合，结果如图 5—196 所示。

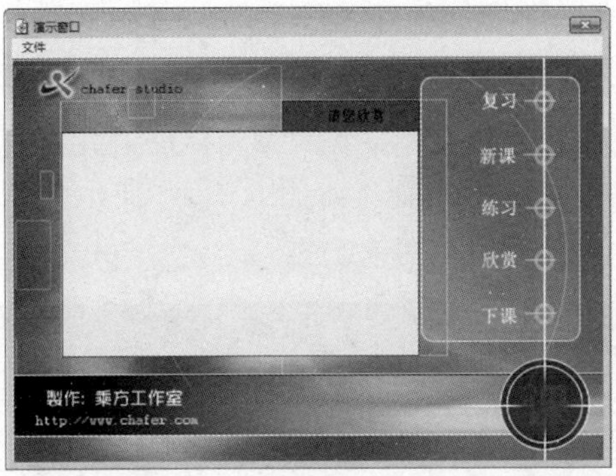

图 5—195　建立的背景界面

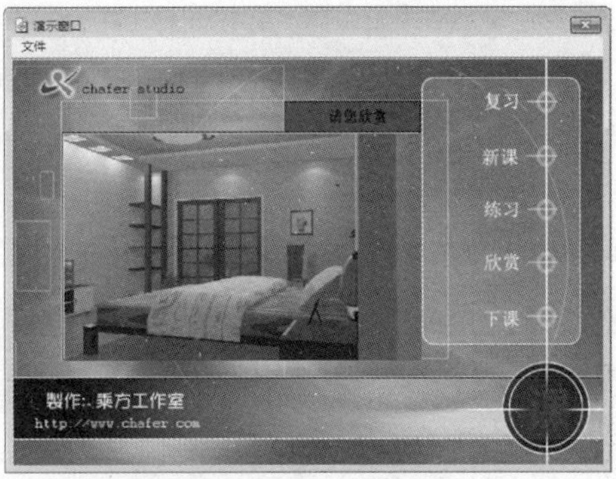

图 5—196　导入的数字电影

8. 退出程序的设计

制作了一个简单的退出画面，有兴趣的读者还可以将退出程序设计成电影字幕的形式。

（1）在主流程线上双击“尾声”群组图标，打开二级设计窗口。

（2）在二级流程线上添加一个计算图标，命名为“全部擦除”，在计算窗口中输入“EraseAll(　)”语句后关闭计算窗口。

（3）在“全部擦除”图标的下方添加一个显示图标，命名为“再见”。

（4）双击“再见”图标，在打开的演示窗口中创建一个退出界面，如图 5—197 所示。

（5）关闭演示窗口，在“再见”显示图标的下方添加一个等待图标，命名为“暂停”。

（6）双击“暂停”图标，在打开的“属性：等待图标”窗口中设置选项，如图 5—198 所示。

图 5—197　创建的退出界面

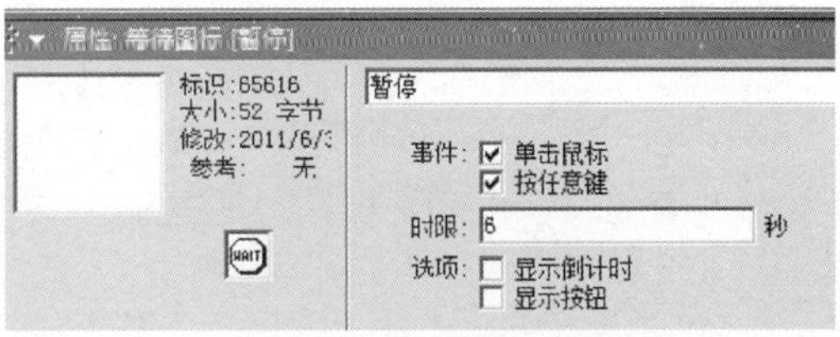

图 5—198　设置选项

（7）制作完毕，退出程序，流程线如图 5—199 所示。

（8）双击主流程线上的“退出”计算图标，在打开的计算窗口中输入“Quit(　)”语句后关闭计算窗口。

（9）按〈Ctrl+S〉组合键，保存文件。

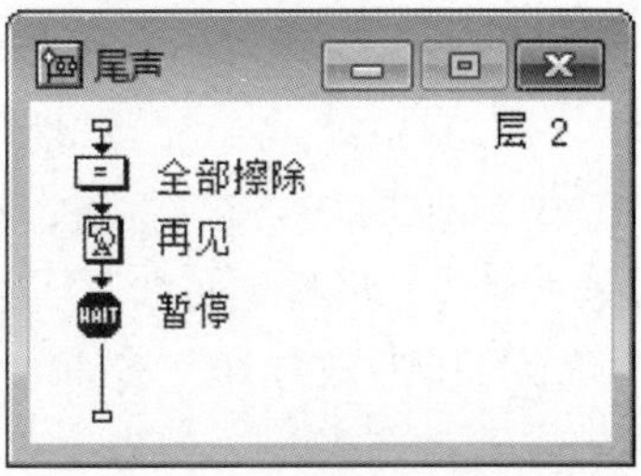

图 5—199　退出程序流程线

实训 2　教学光盘制作

教学型光盘的制作比较简单，主要是将屏幕操作录制成 AVI 动画，然后通过多媒体集成软件进行整合，并且加入解说。使用 Authorware 可以很容易实现这一点，当然我们必须准备好素材，相对来说，制作这种光盘，大部分时间花费在 AVI 动画的录制与配音上，而整合工作却非常容易。这里我们要制作一个 Photoshop 的实例光盘，通过这个实例来学习教学型光盘的制作，在该程序中我们主要完成了两个分支的制作，其他分支可以如法炮制。如图 5—200 所示为运行程序时的两个画面。

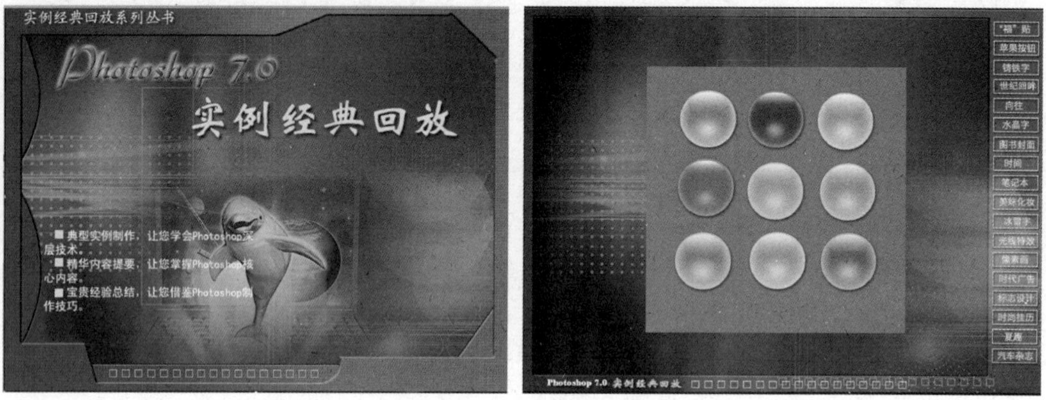

图 5—200　程序的运行画面

与课件相比，光盘程序相对复杂一些，特别是素材处理比较烦琐。实训中的素材主要是 AVI 动画、配音、Flash 动画等，这些素材都存放在本书配套素材“项目 5 \ 综合实训 5 \ 素材 \ 实训 2”目录下，可以直接调用。

1. 一级流程线的制作

（1）执行菜单命令“文件→新建→文件”，建立一个新文件。

（2）执行菜单命令“文件→保存”，将文件保存为“教学型光盘 . a7p”。

（3）执行菜单命令“修改→文件→属性”，在打开的“属性：文件”对话框中设置选项，如图 5—201 所示。

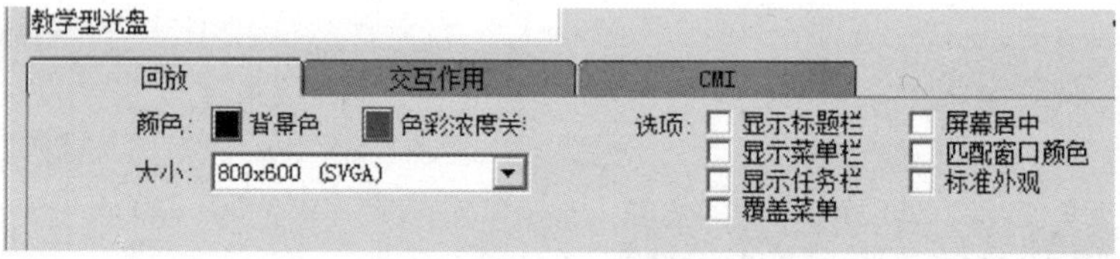

图 5—201　设置选项

（4）在流程线上添加一个计算图标，命名为“Cover”。

（5）单击工具栏中的“函数”按钮，打开“函数”对话框，在“分类”下拉列表框中选择“教学型光盘 . a7p”，如图 5—202 所示。

（6）单击“载入”按钮，在打开的“载入函数”对话框中选择本书配套素材“项目 5 \ 综合实训 5 \ 素材 \ 实训 2”目录中的“Cover. u32”文件。

（7）单击“打开”按钮，打开“自定义函数在 COVER. U32”对话框。在按住〈Ctrl〉键的同时在“名称”列表中单击选择 Cover(　) 函数和 Uncover(　) 函数，如图 5—203 所示。

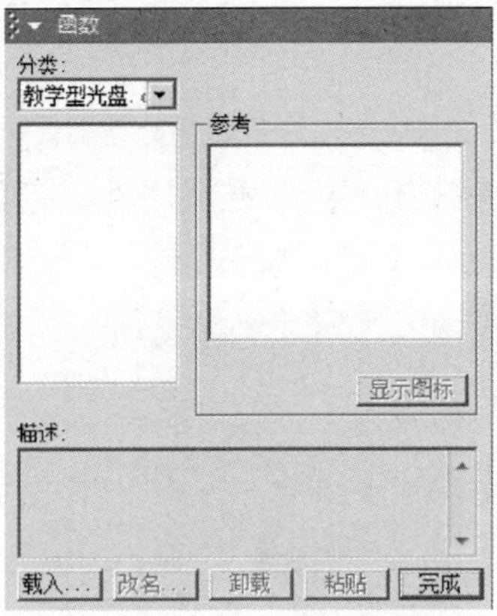

图 5—202　“函数”对话框

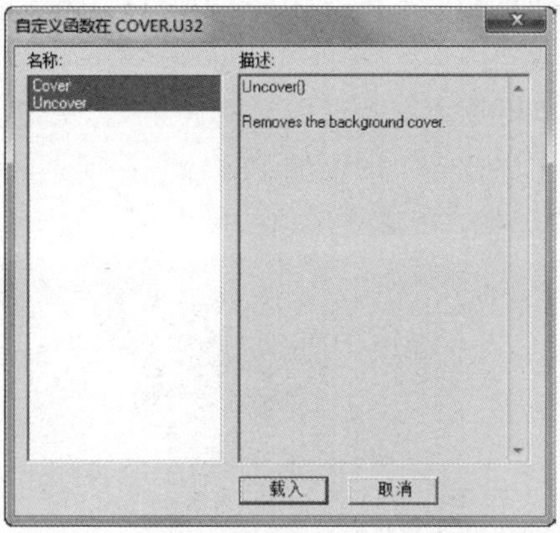

图 5—203　“自定义函数在 COVER. U32”对话框

(8) 单击“载入”按钮，则选中的函数被载入到了当前程序中，如图 5—204 所示。

(9) 双击“Cover”图标，在打开的计算窗口中输入如图 5—205 所示的语句后关闭窗口。

图 5—204　载入了函数

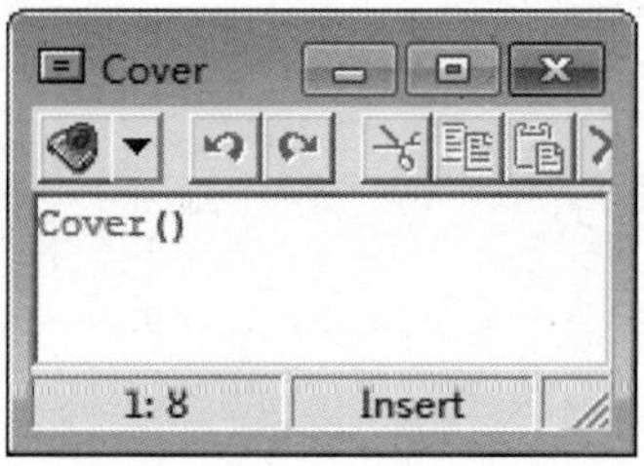

图 5—205　计算窗口

(10) 执行菜单命令“插入→Tabuleiro Xtras→DirectMediaXtra”，打开“DirectMedia Xtra? 属性”对话框。

(11) 单击对话框中的“浏览文件”按钮，在打开的“打开”对话框中选择本书配套素材“项目 5 \ 综合实训 5 \ 素材 \ 实训 2”目录下名称为“47n. wav”的文件，作为背景音乐。然后在对话框中设置选项，如图 5—206 所示。

(12) 单击“确定”按钮，在流程线上添加了一个 DirectMedia Xtra 图标，将其命名为“背景音乐”。

(13) 在“背景音乐”图标的下方添加一个群组图标，命名为“片头”。

(14) 在“片头”图标的下方添加一个显示图标，命名为“背景”。

(15) 双击“背景”图标，打开演示窗口。单击工具栏中的“导入”按钮，在打开的“Import Which File”对话框中选择本书配套素材“项目 5 \ 综合实训 5 \ 素材 \ 实训 2”目录中的“界面 1.jpg”图片，作为光盘程序的主界面，并调整其在演示窗口中的位置，如图 5—207所示。

（16）执行菜单命令“调试→停止”，关闭演示窗口。

（17）在“背景”图标的下方添加一个等待图标，双击等待图标，在“属性：等待图标”窗口中设置选项，如图 5—208 所示。

图 5—206 “DirectMediaXtra? 属性”对话框

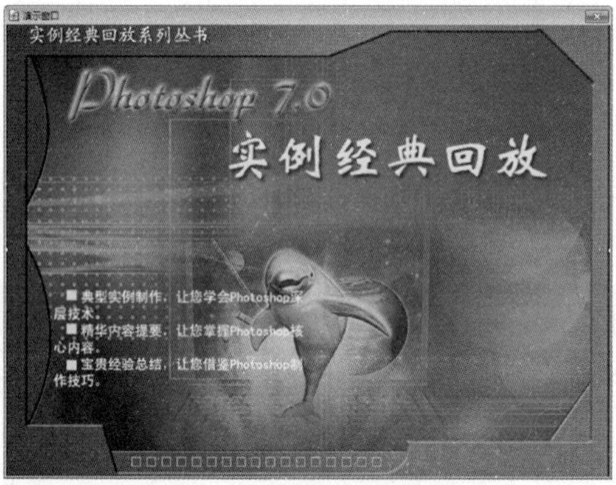

图 5—207 导入的图片

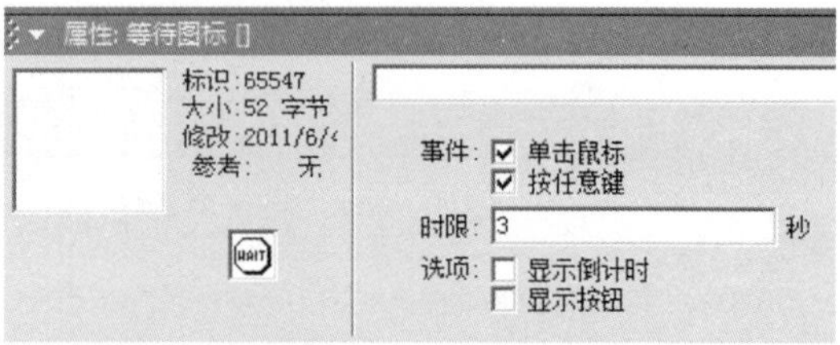

图 5—208 设置选项

（18）在等待图标的下方添加一个显示图标，命名为“次背景”。

（19）双击“次背景”图标，在打开的演示窗口中导入本书配套素材“项目 5 \ 综合实训 5 \ 素材 \ 实训 2”目录中的“界面 2.jpg”图片，并调整其在演示窗口中的位置，如图 5—209 所示。

（20）执行菜单命令“调试→停止”，关闭演示窗口。

（21）向“次背景”图标的下方添加一个交互图标，命名为“控制”。

（22）向“控制”图标的右侧添加一个群组图标，在打开的“交互类型”对话框中选择“热区域”选项，如图 5—210 所示。

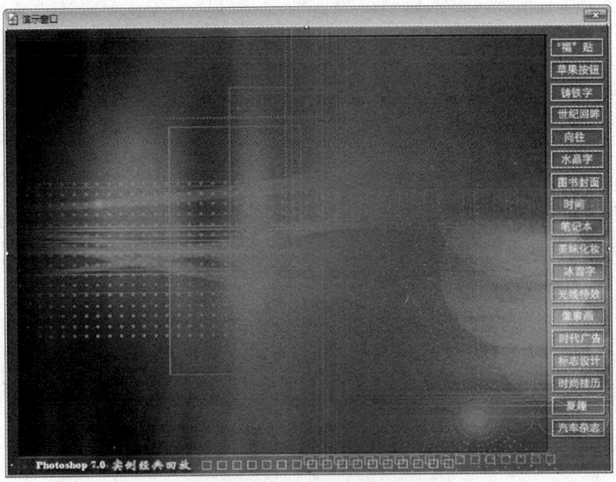

图 5—209　导入的图片

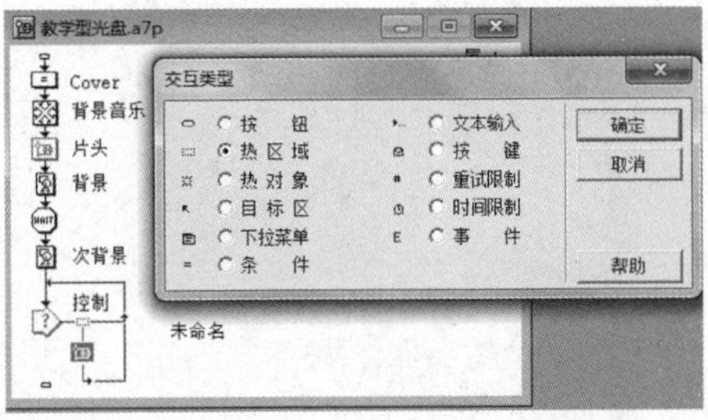

图 5—210　“交互类型”对话框

（23）单击“确定”按钮，将群组图标命名为“福贴”。

（24）双击“福贴”图标的交互响应类型标记，在打开的“属性：交互图标”窗口中设置“响应”标签中的选项，如图 5—211 所示。

（25）切换到“热区域”标签，设置其中的选项，如图 5—212 所示。

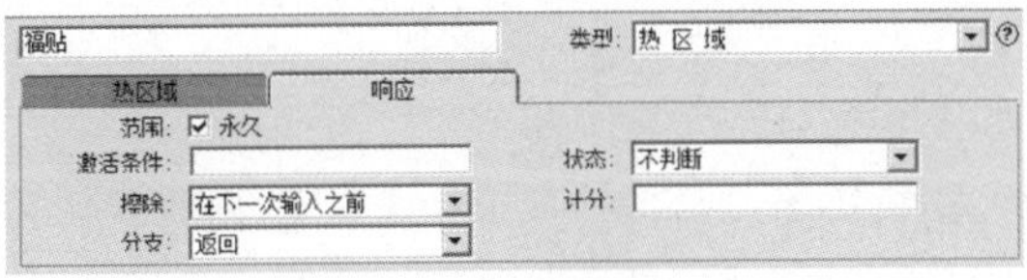

图 5—211　设置选项

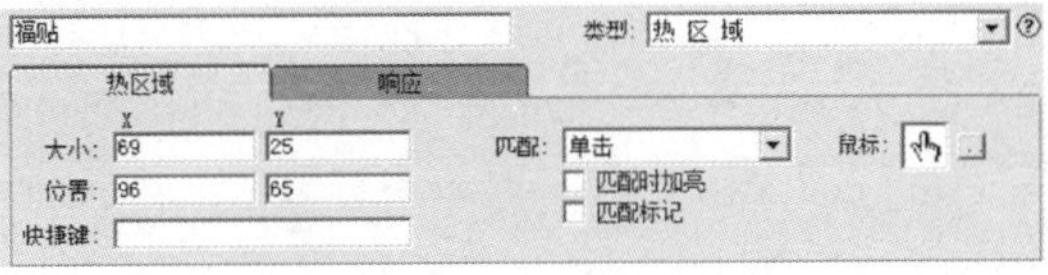

图 5—212　热区域标签

（26）向“福贴”图标的右侧再添加 4 个群组图标，分别命名为“苹果按钮”、“铸铁字”、“世纪回眸”和“退出”，则新生成的 4 个分支将自动继承前一个分支的属性。

（27）双击“退出”图标的交互响应类型标记，在“属性：交互图标”窗口中将“类型”选项修改为“按钮”。然后单击其中的按钮，参照前面的方法，使用本书配套素材“项目5\综合实训 5\素材\实训 2”目录中的“按钮 .Gif”和“按钮-over. Gif”（两次）作为“退出”按钮的“未按”、“按下”和“在上”状态。

（28）向“控制”图标的下方添加一个交互图标，命名为“提示”。

（29）向“提示”图标的右侧添加两个显示图标，在打开的“交互类型”对话框中选择“热区域”选项并确认，将显示图标分别命名为“福贴提示”和“按钮提示”。

（30）双击“福贴提示”图标的交互响应类型标记，在“属性：交互图标”窗口的“热区域”标签中设置各选项，如图 5—213 所示。

（31）切换到响应标签，设置各选项，如图 5—214 所示。

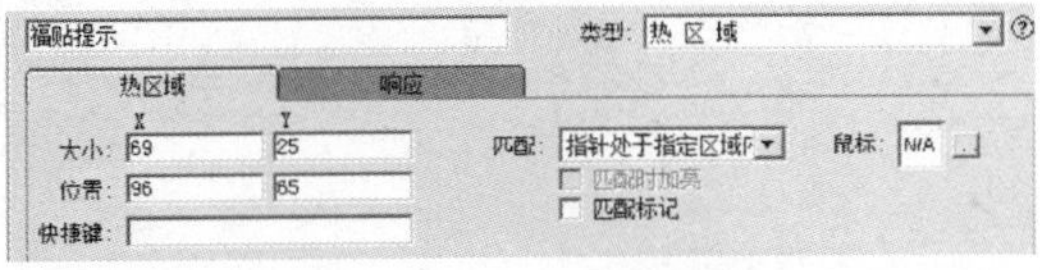

图 5—213　热区域标签

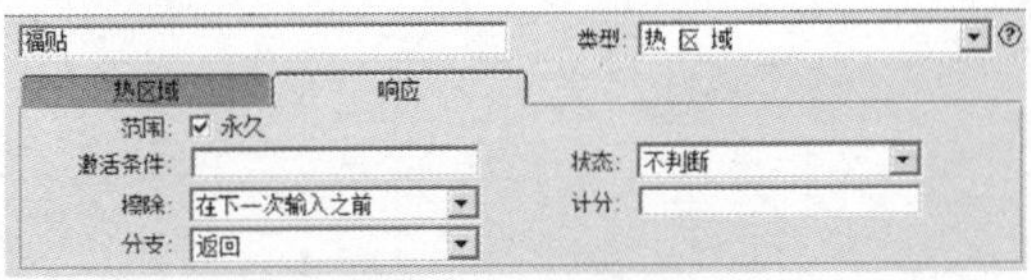

图 5—214　响应标签

（32）按住〈Shift〉键，先双击“次背景”图标，再双击“控制”图标，在打开的演示窗口中调整各热区与按钮的位置，如图 5—215 所示。

（33）按住〈Shift〉键，先双击“次背景”图标，再双击“提示”图标，在打开的演示窗口中调整各热区的位置，如图 5—216 所示。

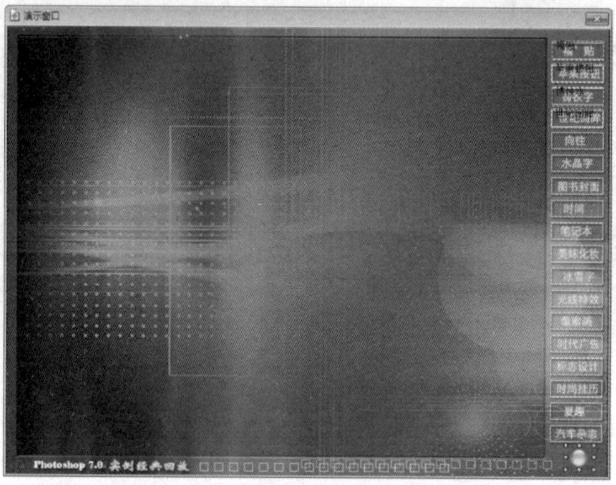

图 5—215　调整热区和按钮的位置

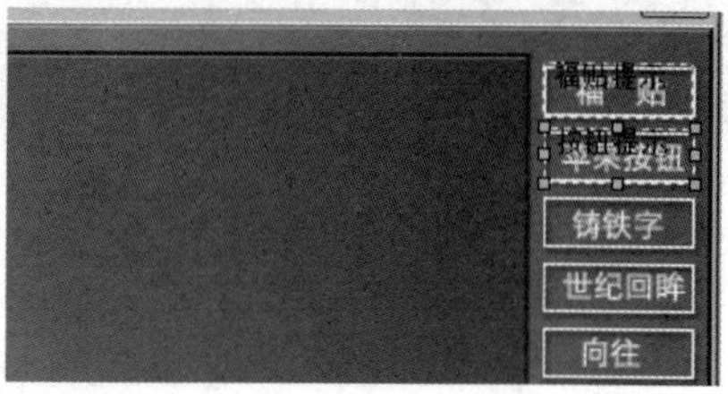

图 5—216　调整各热区的位置

（34）按住〈Shift〉键，先双击“次背景”图标，再双击“福贴提示”图标，打开演示窗口，单击工具栏中的“导入”按钮，导入本书配套素材“项目 5＼综合实训 5＼素材＼实训 2”目录中的“福.jpg”文件，调整其位置，如图 5—217 所示。

（35）打开“按钮提示”图标的演示窗口，导入本书配套素材“项目 5＼综合实训 5＼素材＼实训 2”目录中的“钮.jpg”文件，调整其位置，如图 5—218 所示。

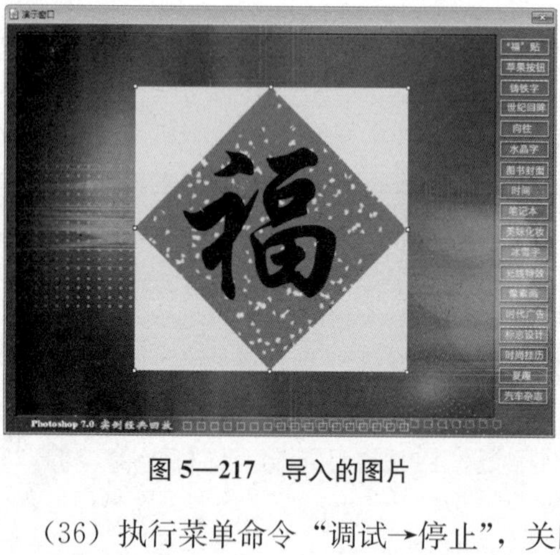

图 5—217　导入的图片

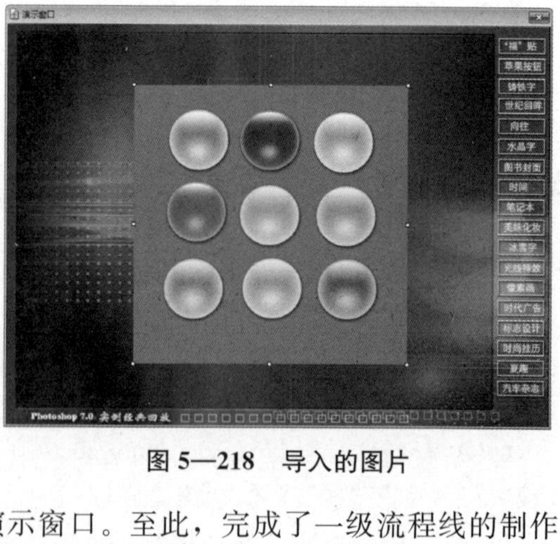

图 5—218　导入的图片

（36）执行菜单命令“调试→停止”，关闭演示窗口。至此，完成了一级流程线的制作，如图 5—219 所示。按〈Ctrl＋S〉组合键，保存对文件所做的修改。

2. 制作程序的片头

制作程序片头的步骤如下：

（1）双击流程线上的“片头”群组图标，打开二级设计窗口。

（2）执行菜单命令“插入→媒体→Flash Movie”，打开“Flash Asset Properties”对话框。

(3) 单击对话框中的“Browse”按钮，在打开的“Open Shockwave Flash Movie”对话框中选择本书配套素材“项目 5＼综合实训 5＼素材＼实训 2”目录中的“背景动画 . swf”文件，单击“打开”按钮，将文件导入到“Flash Asset Properties”对话框，如图 5—220 所示。

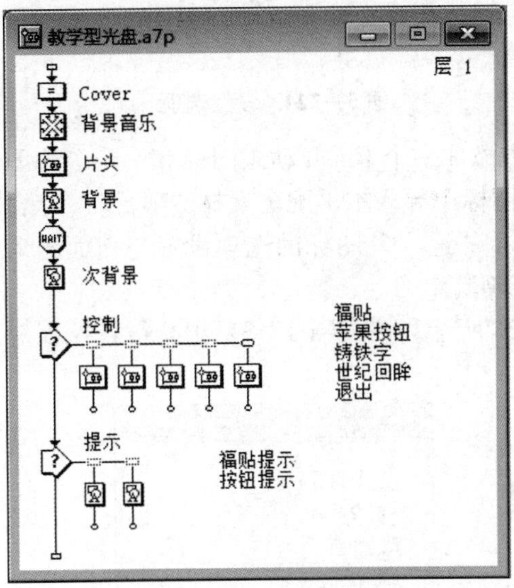

图 5—219　一级流程线

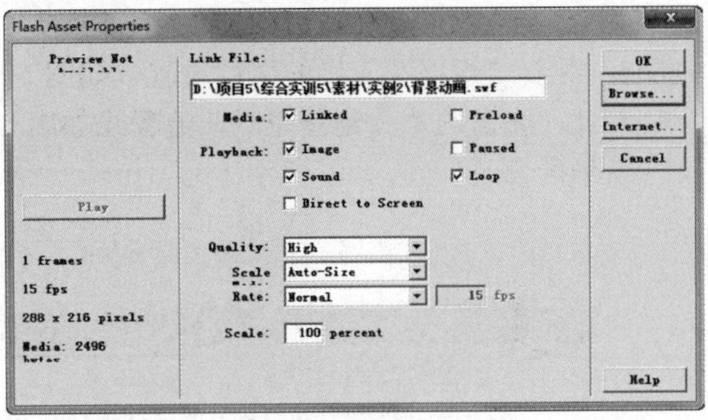

图 5—220　“Flash Asset Properties”对话框

(4) 单击“OK”按钮，在流程线上插入了一个动画图标，将其命名为“放射”。

(5) 拖动开始标志与停止标志到流程线上如图 5—221 所示的位置。

(6) 运行程序，然后在演示窗口中单击 Flash 动画对象，这时 Flash 动画对象的周围将出现八个控制点，拖动控制点调整动画对象的大小，使其覆盖整个演示窗口。

(7) 在图标窗口开始标志与停止标志所在的位置上单击，使开始标志与停止标志复位。

(8) 在“放射”图标的下方添加一个等待图标，命名为“停 0.5 秒”。双击该图标，在打开的“属性：等待图标”窗口中设置选项，如图 5—222 所示。

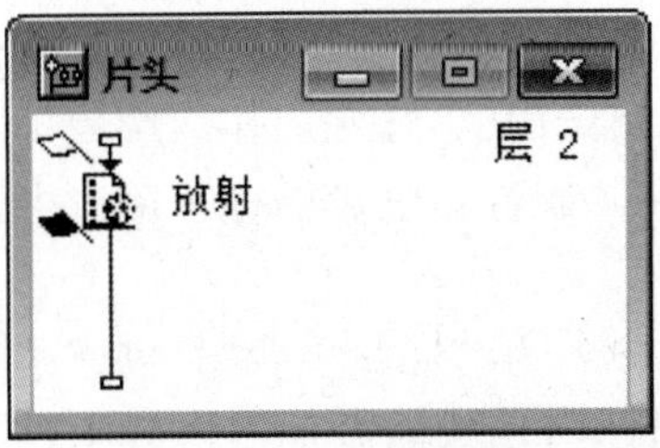

图 5—221　程序流程线

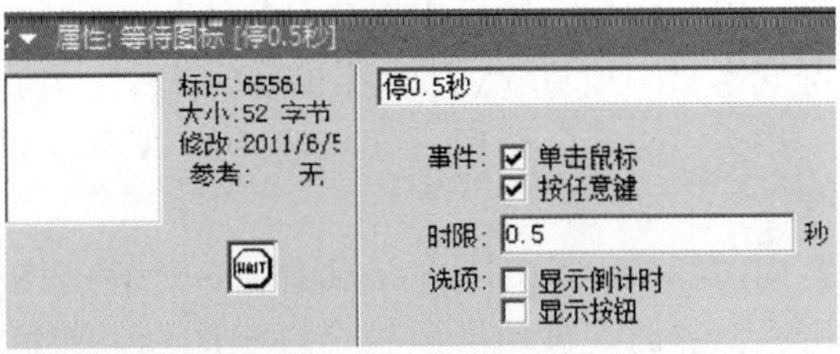

图 5—222　设置选项

(9) 用同样的方法，再添加一个 Flash 动画图标和一个等待图标，分别命名为“标题”和“停 10 秒”。在 Flash 动画图标中导入本书配套素材“项目 5＼综合实训 5＼素材＼实训 2”目录中的“bt. swf”文件。

(10) 双击“标题”图标，在打开的“属性：功能图标”窗口的“显示”标签中设置选项，如图 5—223 所示。

(11) 双击“停 10 秒”图标，在打开的“属性：等待图标”窗口中设置选项，如图 5—224所示。

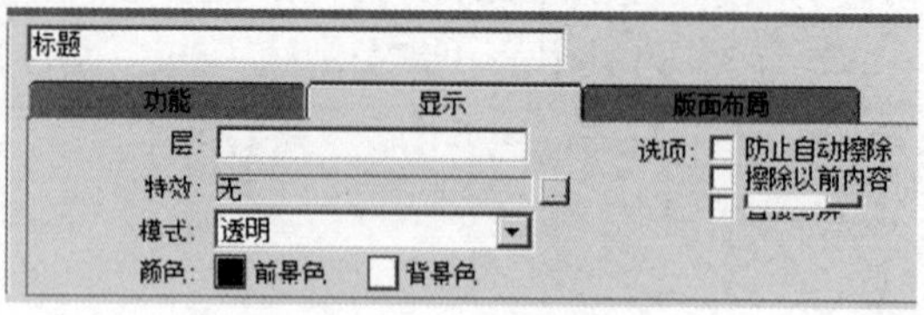

图 5—223 设置选项

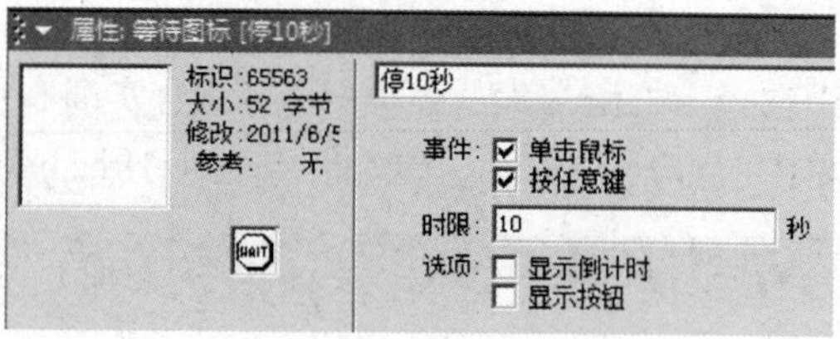

图 5—224 设置选项

(12) 参照前述方法，在“停 10 秒”图标的下方添加一个 Flash 动画图标和一个等待图标，分别命名为“进入”和“暂停”，在 Flash 动画图标中导入本书配套素材“项目 5 \ 综合实训 5 \ 素材 \ 实训 2”目录中的“enter. swf”文件，“进入”图标的选项设置与前面的动画图标相同，“暂停”图标的属性设置，如图 5—225 所示。

至此，光盘的片头制作完毕，流程线如图 5—226 所示。按〈Ctrl＋S〉组合键，保存对文件所做的修改。

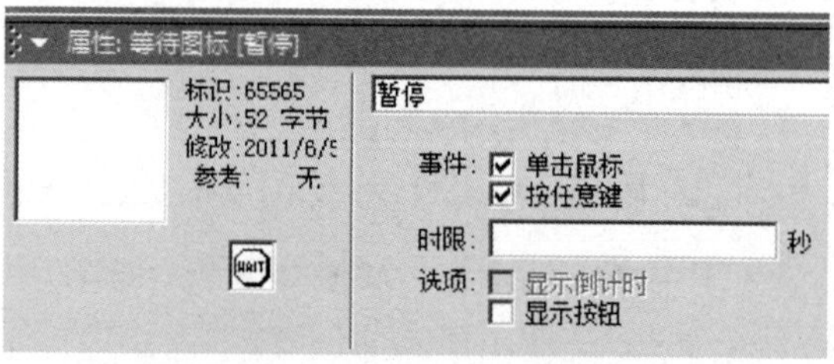

图 5—225 “暂停”图标的属性设置

图 5—226 片头流程线

3. 制作各内容分支

制作各内容分支的步骤如下：

(1) 双击“福贴”群组图标，打开二级设计窗口。

(2) 在二级流程线上添加一个数字电影图标，命名为“抓屏 01”。双击该图标，在打开的“属性：电影图标”窗口中单击“导入”按钮，在打开的“导入哪个文件?”对话框中选择本书配套素材“项目 5 \ 综合实训 5 \ 素材 \ 实训 2”目录中的“fuzi. avi”文件。

(3) 单击“导入”按钮，导入选择的 AVI 文件。在“属性：电影图标”窗口中设置各选项，如图 5—227 所示。

(4) 向“抓屏 01”图标的右侧添加一个声音图标，命名为“同步声音”，创建了一个媒体同步分支。这时，自动产生一个群组图标，而群组图标内是我们添加的声音图标，如图 5—228 所示。

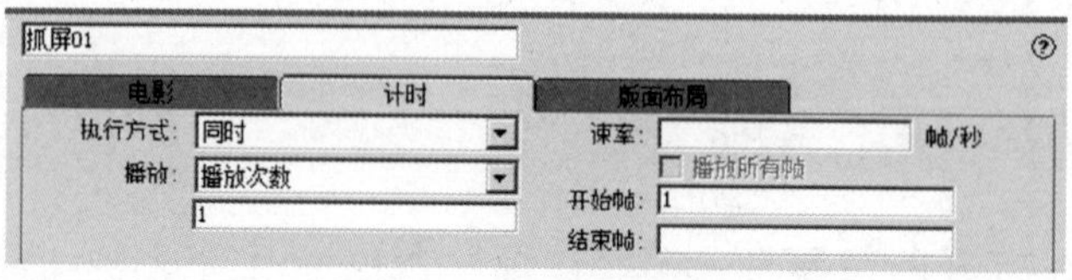

图 5—227 设置选项

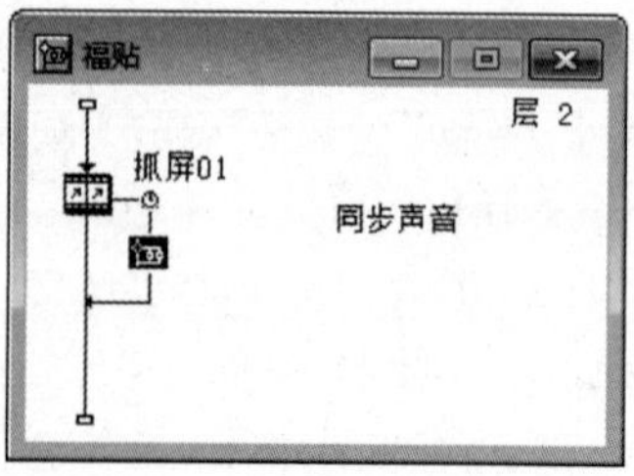

图 5—228 媒体同步分支

（5）双击“同步声音”图标上方的媒体同步标记，在打开的“属性：媒体同步”窗口中设置选项，如图 5—229 所示。

（6）双击“同步声音”图标，打开下一级设计窗口，将声音图标命名为“配音 01”。

（7）双击“配音 01”图标，在“属性：声音图标”窗口中单击“导入”按钮，导入本书配套素材“项目 5 \ 综合实训 5 \ 素材 \ 实训 2”目录中的“录音 1. wav”文件，然后设置各选项，如图 5—230 所示。

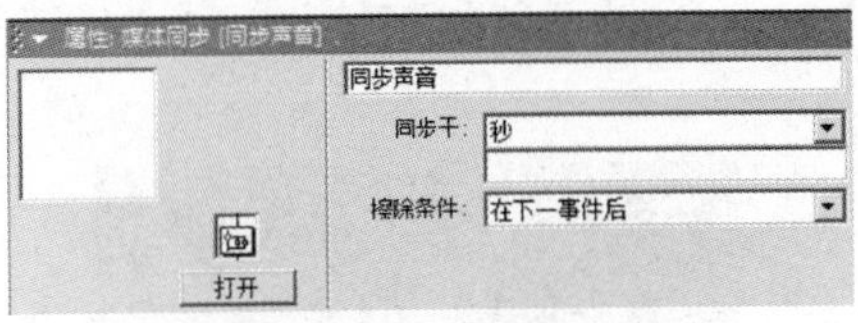

图 5—229　设置选项

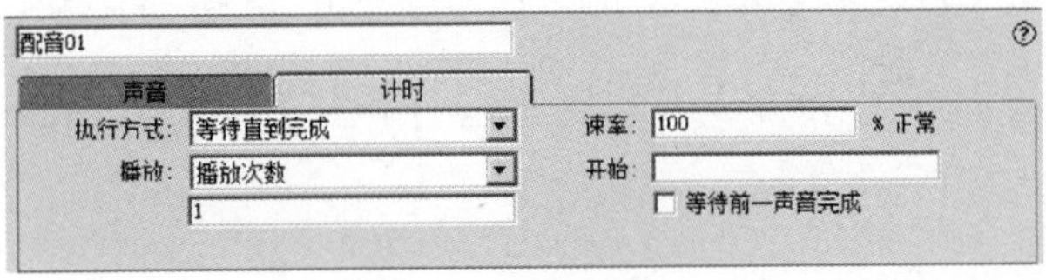

图 5—230　设置选项

（8）向“配音 1”图标的下方添加一个计算图标，命名为“转回”，双击该计算图标，在打开的计算窗口中输入如图 5—231 所示的语句后关闭计算窗口。

至此，“福贴”分支制作完毕，流程线如图 5—232 所示。用同样的设置，可以完成“苹果按钮”分支的制作，流程线如图 5—233 所示，其中数字电影图标和声音图标中分别导入本书配套素材“项目 5 \ 综合实训 5 \ 素材 \ 实训 2”目录中的“annv. avi”和“配音 02. wav”文件。按〈Ctrl+S〉组合键，保存对文件所做的修改。

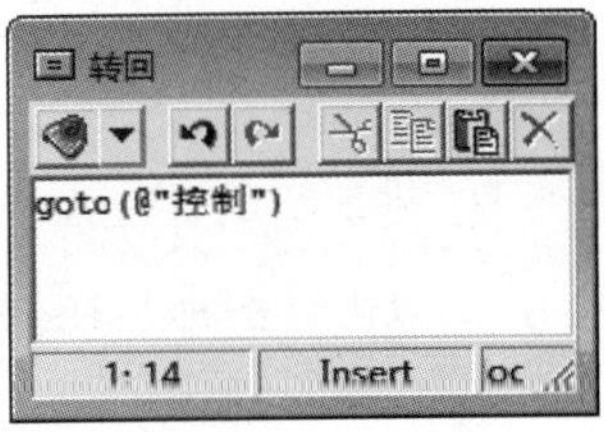

图 5—231　计算窗口

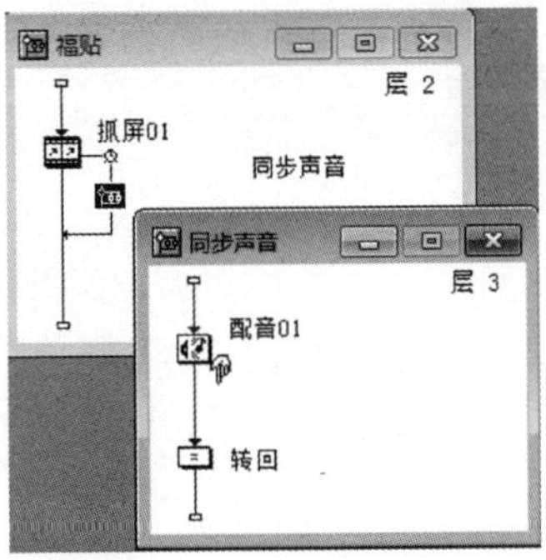

图 5—232　“福贴”分支流程线

图 5—233　“苹果按钮”分支流程线

4. 制作“退出”分支

制作“退出”分支的步骤如下：

（1）双击一级流程线上的“退出”群组图标，打开二级设计窗口。

（2）在二级流程线上添加一个计算图标，命名为“全擦”。双击该图标，在打开的计算窗口中输入“EraseAll(　)”语句后关闭窗口。

（3）在“全擦”图标的下方添加一个声音图标，命名为“退出音乐”。

（4）双击“退出音乐”图标，打开“属性：声音图标”窗口，单击其中的“导入”按钮，在打开的“导入哪个文件?”对话框中选择本书配套素材“项目 5 \ 综合实训 5 \ 素材 \ 实训 2”目录中的“音乐 1. wav”文件作为退出光盘时的音乐。单击“导入”按钮，将文件导入到“属性：声音图标”窗口中，并设置选项，如图 5—234 所示。

（5）在“退出音乐”图标的下方添加一个显示图标，命名为“字幕”。

(6) 双击“字幕”图标，在打开的演示窗口中输入文字，作为作者的介绍文字，调整其位置至演示窗口的下方。

(7) 在“字幕”图标的下方添加一个移动图标，命名为“移动”。

(8) 双击“移动”图标，打开“属性：移动图标”窗口，在“类型”下拉列表框中选择“指向固定点”，单击演示窗口中的字幕，拾取运动对象，然后垂直向上拖动字幕至合适位置，如图 5—235 所示，设置属性窗口中的选项，如图 5—236 所示。

(9) 在“移动”图标的下方添加一个等待图标，命名为“停 5 秒”。双击该图标，在打开的“属性：等待图标”窗口中设置选项，如图 5—237 所示。

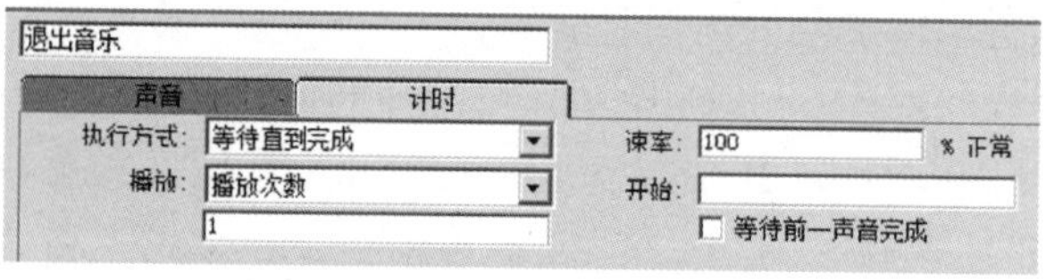

图 5—234　设置选项

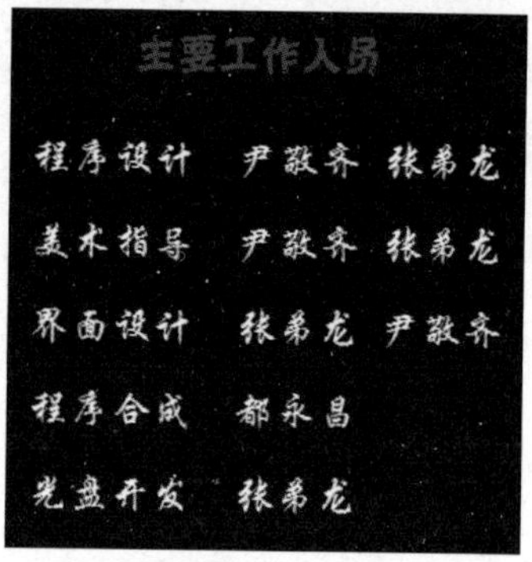

图 5—235　字幕

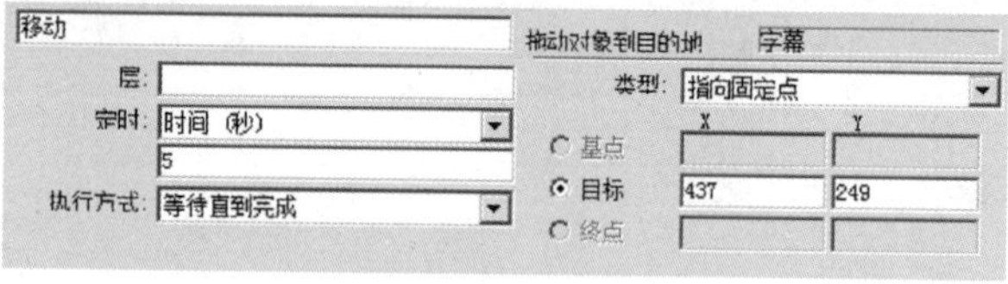

图 5—236　设置选项

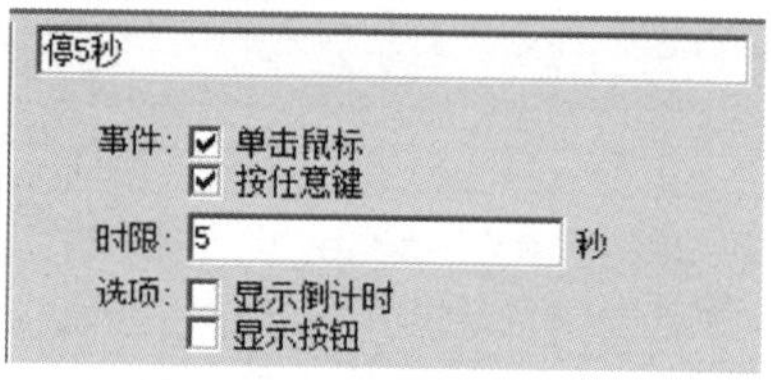

图 5—237　设置选项

(10) 在“停 5 秒”图标的下方添加一个计算图标，命名为“关闭”。双击该图标，在打开的计算窗口中输入如图 5—238 所示的语句后关闭窗口。

至此，“退出”分支制作完毕，程序流程线如图 5—239 所示。

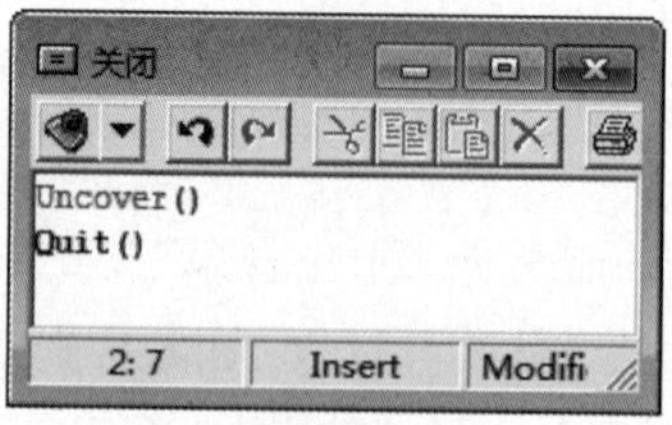

图 5—238　计算窗口

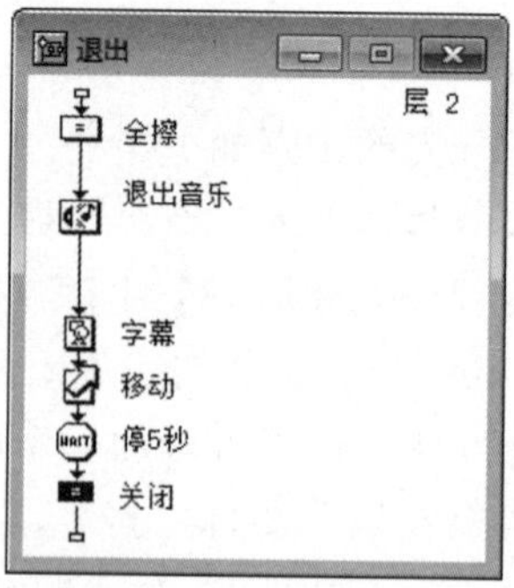

图 5—239　退出分支流程线

5. 制作程序打包与发行

制作程序打包与发行的步骤如下：

（1）执行菜单命令“文件→发布→打包”，打开“打包文件”对话框，设置的选项如图5—240所示。

（2）单击“保存文件并打包”按钮，打开“打包文件为”对话框，在该对话框中选择文件的保存位置，并为文件命名。

（3）单击“保存”按钮，出现打包进度条。进度条消失后，则完成了打包操作。这时，会在指定的目录下出现一个可执行程序“教学型光盘．exe”。

（4）双击“教学型光盘．exe”文件，运行该程序，发现程序不能正常运行。这是由于程序运行需要一些 Xtras 插件的支持，还有程序中的外部函数、以链接形式存在的外部素材文件等。

（5）执行菜单命令“命令→查找 Xtras”，在打开的“Find Xtras”对话框中单击“查找”按钮，结果显示出了程序中涉及的所有 Xtras，如图 5—241 所示。

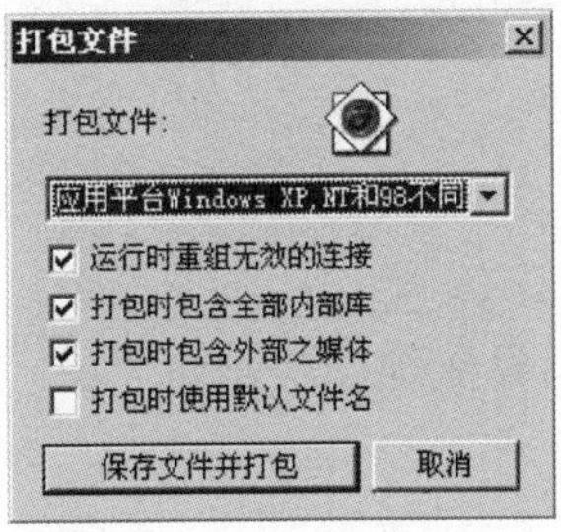

图 5—240　“打包文件”对话框

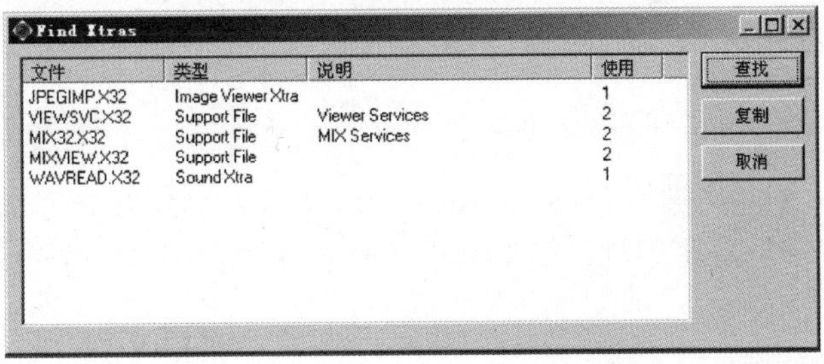

图 5—241　“Find Xtras”对话框

（6）单击“复制”按钮，在打开的“浏览文件夹”对话框中选择“教学型光盘．exe”程序所在的文件夹，如图 5—242 所示。

（7）单击“确定”按钮，将 Xtras 插件复制到“教学型光盘．exe”程序所在的文件夹下。单击“取消”按钮，关闭“Find Xtras”对话框。

（8）执行菜单命令“文件→发布→发布设置”，在打开的“One Button Publishing”对话框中选择 File 选项卡，如图 5—243 所示。从中查找程序中用到的＊．UCD、＊．DLL 等文件，然后单击“开始→搜索”命令，打开“搜索结果”对话框，单击“所有文件和文件夹”选项后，在“全部或部分文件名”下的文本框中输入要查找的文件名，单击“搜索”按钮，将找到的文件复制到可执行程序“教学型光盘．exe”所在的文件夹下，如图 5—244 所示。

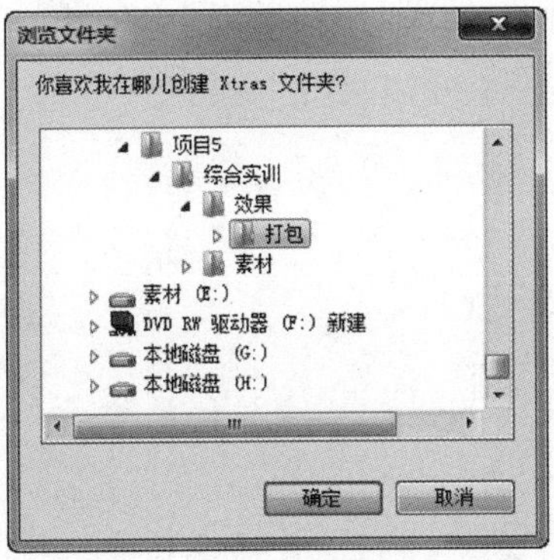

图 5—242　“浏览文件夹”对话框

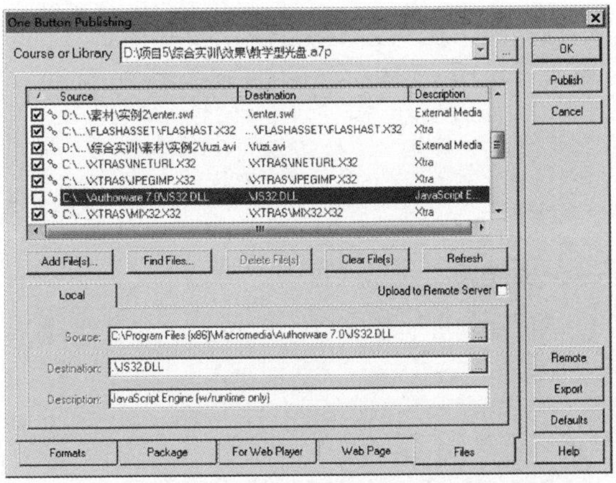

图 5—243　“One Button Publishing”对话框

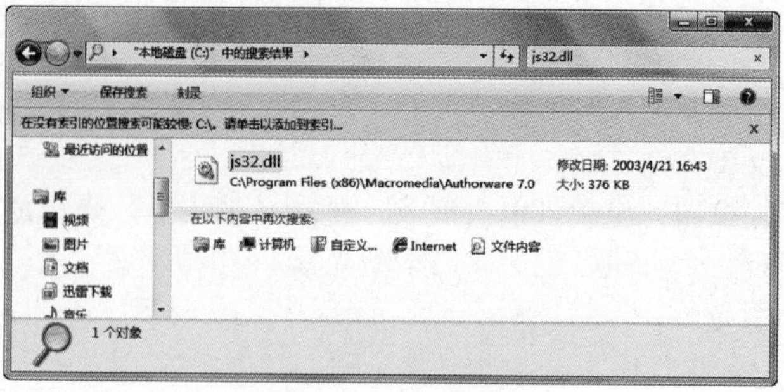

图 5—244　搜索文件

（9）单击“OK”按钮，关闭对话框。

（10）建立一个文本文件，输入如下内容：

```
[autorun]
open = 教学型光盘 . exe
```

（11）将该文件以 autorun. inf 为文件名保存在光盘的根目录下。

（12）使用刻录机将该程序刻录到光盘上，一个自运行的多媒体程序就完成了。

项目小结 5

体会与评价：完成这个项目后得到什么结论？有什么体会？完成项目评价表，如表5—2所示。

表 5—2　综合实训项目

项目	内容	评价标准	得分	结论	体会
1	教学课件	5			
2	教学光盘	5			

课后拓展实训 5

题目：制作一个教学课件

规格：屏幕比例为 800 像素×600 像素。

要求：运用 Authorware 动画、交互响应、流程控制、框架及导航制作一个多媒体课件。

习题 5

一、选择题

1. Authorware 是（　　）公司开发的多媒体制作工具。

A. Macromedia　　B. Adobe　　C. IBM　　D. 无正确答案

2. Authorware 窗口有（　　）和（　　）两种。

A. 演示窗　　B. 设计窗口　　C. 编辑窗口　　D. 代码窗口

3. 使用（　　）和（　　）图标可以运行某一段程序。

A. 开始标志旗　　B. 计算图标　　C. 交互图标　　D. 结束标志旗

4. Authorware 的标题栏由（　　）几部分组成。

A. 控制菜单图标　　B. 窗口名称

C. 最大化按钮、最小化按钮　　D. 关闭按钮

5. 在 Authorware 效果工具箱中，包括的面板有（　　）。

A. 颜色面板　　B. 线型面板

C. 填充方式面板　　D. 图层面板

6. 在 Authorware 中创建文本的方法是（　　）。

A. 利用文本工具直接在演示窗口中输入文字

B. 利用鼠标拖动文本文件到 Authorware 程序中

C. 利用粘贴、复制的方法导入文本

D. 单击工具栏上的“导入”按钮，从弹出的对话框中选择要导入的文件

7. 利用下面的（　　）方法可以在 Authorware 中导入图像。

A. 使用复制、粘贴命令导入图像

B. 从外部应用程序中拖动图像到 Authorware 中

C. 直接拖动图像文件到 Authorware 中

D. 使用导入命令导入图像

8. 在进行多媒体创作的过程中，使用（　　）图标可以实现程序的暂停。

A. 等待图标　　B. 定向图标　　C. 擦除图标　　D. 显示图标

9. 在进行媒体创作的过程中，使用（　　）图标可以擦除演示窗口中的对象。

A. 显示图标　　B. 等待图标　　C. 定向图标　　D. 擦除图标

10. 在设置等待图标属性时，选择（　　）参数项，可以在演示窗口中显示一个倒计时的小闹钟。

A. 显示按钮　　B. 显示倒数计数　　C. 按任意键　　D. 单击鼠标

11. 使用（　　）组合键，可以将选中的多个连续的图标组成一个群组图标。

A. Ctrl+G　　B. Alt+G　　C. Shift+G　　D. Ctrl+Shift+G

12. 擦除一个图标时，将擦除此图标中的所有对象，若只需擦除其中一个特定的对象，可以将此对象放在单独的（　　）中。

A. 显示图标　　B. 交互图标　　C. 定向图标　　D. 擦除图标

13. Authorware 提供了多种不同类型的位移方式，分别为（　　）。

A. 指向固定直线上的某点　　B. 指向固定区域的某点

C. 指向固定路径的终点　　D. 指向固定路径上的任意点

14. 欲设置移动对象在演示窗口中的运动速度，可在（　　）选项中设置。

A. 时间　　B. 计时　　C. 速率　　D. 以上无正确答案

15. 在移动图标属性对话框中，当选择了“指向固定路径上的任意点”类型后，其执行方式的可选项包括（　　）。

A. 等待直到完成　　B. 同时　　C. 循环　　D. 永久

16. 在移动图标属性对话框中，当选择了“指向固定路径上的任意点”类型后，其执行方式的可选项包括（　　）。

A. 在结束点停止　　B. 在过去的结束点

C. 循环　　D. 同时

17. 在“属性：移动图标”窗口中，在“出发点”、“目的地”和“结束点”文本框中用户可以输入（　　）。

A. 数值型变量　　B. 函数　　C. 表达式　　D. 数值

18. （　　）是用来放置文字、图形的地方，而（　　）是用来放置变量与函数的地方。

A. 显示图标　　B. 定向图标　　C. 计算图标　　D. 群组图标

19. 使用交互图标可以实现以下哪些交互功能？（　　）

A. 交互图标的显示功能　　B. 交互图标的擦除功能

C. 交互图标的等待功能　　D. 交互图标的判断功能

20. 下面属于交互响应类型的11种交互类型中，有两种响应类型要与其他交互响应配合使用才能产生需要的效果，它们是（　　）。

A. 重试限制响应　　B. 按键响应

C. 热区域响应　　D. 时间限制响应

21. 在设置完成的交互响应结构图中，我们经常可以看到的响应分支包括（　　）类型。

A. 退出交互　　B. 继续　　C. 重试　　D. 前两个正确

22. 在响应图标名称的左侧经常可以看到空格、加号（+）、减号（—）标记，这些标记表明了交互响应的响应状态，它们分别表示（　　）。

A. 正确响应　　B. 错误响应　　C. 不判断　　D. 以上都不对

23. 框架图标的基本功能是建立包括框架分支和框架循环的内容，它由（　　）组成。

A. 显示图标　　B. 交互图标

C. 导航图标　　D. 显示图标、交互图标、导航图标联合

24. 框架图标执行包括组成图标所具有的（　　）等功能。

A. 显示　　B. 导航　　C. 擦除　　D. 交互

25. 知识对象大体可以分为两类，它们是（　　）。其中对话框和消息框属于（　　）知识对象。

A. 框架知识对象　　B. 资源知识对象　　C. 模块知识对象　　D. 以上都不对

26. 有时要调试的程序段只是整个程序的一部分，为了避免程序从开始处运行直到流程线上最后一个设计图标或遇到Quit( )函数，可以利用（　　）来帮助只运行需要调试的这段程序。

A. 一个计算图标　　B. 一个系统函数　　C. 开始标志　　D. 结束标志

二、简答题

1. 什么是指向固定直线上的某点的动画？

2. 什么是指向固定区域内的某点的动画？

3. 什么是指向固定路径的终点的动画？

4. 什么是指向固定路径的任意点的动画？

项目 6　多媒体存储技术

技能目标及知识目标

能应用刻录机、刻录光盘及移动存储设备保存各种数据，使用 TMPGE nc DVD Author 软件刻录带菜单的 DVD 光盘及光盘封面制作。

了解刻录机的种类，掌握刻录机的功能。

掌握刻录光盘的种类及功能。

掌握刻录技术。

掌握移动存储技术及设备。

掌握光盘封面的制作。

课前导读

由于计算机硬盘存储空间有限，多媒体数据处理完之后，为了不让多媒体数据丢失，就必须用光盘或移动硬盘将重要的数据保存起来。因此我们把多媒体存储技术当做一个任务。

多媒体数据的存储，可通过刻录机将数据刻录到光盘，也可通过 USB 接口传输到移动存储设备。我们可以将多媒体存储技术分成几个任务来处理，第一个任务是刻录设备，第二个任务是光盘的刻录，第三个任务是完成 2 个项目实训。

任务 6.1　刻录设备

问题的情景及实现

刻录机是将多媒体数据刻录到光盘上的设备，要将多媒体数据保存在光盘上，就需要借助刻录机。本任务还要完成刻录机、光盘种类及刻录的文件类型及标准的介绍。

6.1.1　刻录机

1. DVD 刻录机

可以在同一张 DVD 可擦写光盘上进行多次数据擦写操作的设备，称为 DVDR/RW 刻录机。DVDR/RW 刻录机不仅可以当成一般的DVDR 刻录机使用，还可以当成普通的DVD光盘驱动器使用。

目前光存储业界SONY推出了最高端内置DVD刻录产品AD-7240S。SONY AD-7240S产品采用了CAV模式进行24X刻录（一倍数1358MB/s），在这种模式下，盘片可以始终保持在最高的转速上，从而获得最大的数据传输速率。刻录一张4.7G的DVD光盘不到4分钟。在性能方面：它具备了24X DVD＋R刻录、8X DVD＋RW复写、22X DVD-R刻录、6X DVD-RW复写、48X CD-R刻录、32X CD-RW复写以及12X DVD＋R DL刻录技术，且内建2MB缓存。

技术方面，AD-7240S应用了自己所独有的“3D OL Tilt”技术，能够防止因为光盘品质参差不齐而产生读写速度降低的现象，防止刻坏盘的情况发生。而“O.R.S.C技术”则可以调整刻录功率，控制读写速度从而降低机器运转的噪声，保证刻录的品质。同时它还采用先进的技术提升刻录品质，能够支持DVD＋VR录像功能，使刻录的盘片可以直接在DVD录放机上播放，充分满足使用者对于DVD刻录机的需求。

2. 蓝光刻录机

蓝光刻录机是基于蓝光DVD技术标准的刻录机。随着蓝光技术的迅速发展，蓝光产品急剧向普通消费者倾斜，逐渐呈现大众化的趋势。

华硕外置蓝光BW-12B1LT刻录机，拥有强大的读取和刻录功能，覆盖了目前市面上所有CD/DV/DBD格式。除拥有全球目前最快的12X蓝光刻录速度外，读取方面也毫不逊色，支持目前市面上所有蓝光BD/DVD/CD格式光盘的读取，拥有行业内绝对顶尖的产品品质。该产品还率先采用了USB 3.0高速传输接口，传输速度与传统USB2.0接口相比提升两倍以上。同时，可提供业界最高12X的蓝光刻录以及16X的DVD刻录，一张25GB BD-R SL盘片仅需耗时11分钟即可完成刻录，在业内享有蓝光刻录机“机王”之称。

6.1.2 刻录光盘

人们通常叫做“烧录”，而不叫“刻录”。因为CD-R、CD-RW、DVD-R和BD的刻录都是通过高温的激光来实现的，所以“烧”比“刻”似乎更加形象生动，它描述了CD或DVD的录制过程。但是大家都知道，在读取光盘上的数据时，主要是通过激光照到光盘上的凹点（Pits）和平面（Lands）来获取信息的，这些凹点就好像是事先根据需要刻画出来的一样，所以又有不少人称之为“刻录”，这也不无道理。

1. CD-R的盘片

CD-R光盘上有一层有机染料（Dye），这是CD-R光盘的灵魂。目前市面上的CD-R光盘所采用的有机染料主要有Phthalocyanine。以这种有机染料制造出来的CD-R光盘称为金盘。

金盘Phthalocyanine是以Cyanine为基础改良成的原料，也是一种具有感光性质的化学材料，具有比Cyanine更好的抗光性，故具有较高的稳定性，经长时间保存后不易产生异变。金盘之所以呈现金黄的颜色，是因为制作金盘的有机染料接近透明的淡黄色，与反射层的金色混合之后，在读写面上呈现金黄色。

金盘的反射层是以黄金作为原料的，但极薄，没有回收价值。其实在空白金盘上，最昂贵的部分并非黄金而是有机染料层。金盘的资料保存期可达100年，是由 Mitsui Toatsu（三井）公司研制开发出来的。

2. CD-RW 的盘片

CD-RW 光盘使用特殊材料——金属薄膜，利用相变技术使材料产生结晶与非结晶的变化来表现0和1两种状态，此种材料通常呈现深色玻璃般的颜色。

3. DVD 的盘片

DVD 最主要的特色在其“超大”的记录容量。碟片尺寸大小和 CD 碟片一样，直径为12cm，由两张厚度为0.6mm 的碟片贴合而成。采用最尖端技术的“MPEG-2”影像压缩技术与“PWA”高密度记录方式，单面即可记录4.7GB 的影像、声音及数据多媒体资讯，约为目前 CD 碟片容量的7倍。每张 DVD 光碟的播放时间为133分钟，也就是说可以把一整部电影录在一张碟片上。除此之外，DVD 不但可记录双面，亦可以单面分两层记录，其中两层式双面记录的最大容量约可记录17GB 的信息。

DVD 的盘片可分为：DVD-RAM（可多次写入，已趋于淘汰），DVD-RW（读和重写）。DVDR 为一次写入光盘，可以反复读出。

由于 DVD 采用全新的650nm 波长的激光信号，与原先780nm 波长的 CD 有所不同，所以 DVD 要兼容 CD 必须在激光头上做文章。

4. 蓝光 DVD 和 HD-DVD

随着高清视频产品的出现，存储两小时 MPEG2 压缩的高画质电影或者电视节目记录容量必须超过20GB，而容量为4.7GB 的 DVD 已经不能满足存储要求。

2002年2月，9家国际主流电子公司（Sony、Matsushita、HitacN、Pioneer、Sharp、Philips、Tohomson、Samsung、LGE）发表了 Blu-RayDisc 规格，稍后 Toshiba 和 NEC 提出了 HD-DVD 规格。HD-DVD 兼容性较好，而蓝光则拥有较大容量，蓝光和 HD-DVD 将成为未来高清视频应用的重点。2006年市场上已经有不少家用型蓝光播放机销售，计算机使用的内置蓝光刻录机也有许多品牌推出（国内市场上还没有 HD-DVD 驱动器）。

蓝光（Blu-ray）或称蓝光盘（Blu-rayDisc，缩写为 BD）是目前光存储业界新一代 DVD 光盘技术标准之一，不但可应用于录制、擦写或播放高清影像，同时也可应用于存储容量更为巨大的数字内容。蓝光 DVD 目前有3种类型：只读蓝光驱动器（BD-ROM）、蓝光刻录机（BD-RW）和蓝光 Combo（BD-ROM＋DVD-RW）。

内置式蓝光 DVD 的接口采用 IDE 接口或 SATA 接口，蓝光 DVD 的外观如图6—1所示。蓝光 DVD 为了实现与 CD 和 DVD 格式的兼容，采用了不同波长的双光头设计，红光与蓝光各自使用独立的光学反射系统来实现全兼容的目的。蓝光 DVD 支持除 HD-DVD 以外的所有 CD 和 DVD 格式。

蓝光 DVD 标准支持单写的 BD-R 和可以复写的 BD-RE 光盘，如图6—2所示。蓝光光盘的容量为单层25GB，双层50GB。HD-DVD 单层可记录20GB 的容量。目前 BD-R 和 BD-RE 格式的写入和读取的速度都只有2X，蓝光光驱和蓝光光盘都非常贵，其价格下降后将成为人们装机的首选。

图 6—1　蓝光 DVD 刻录机的外观

图 6—2　BD-R 和 BD-RE 光盘

6.1.3　刻录的格式、类型和文件标准

根据不同的需要和要求，刻录光盘必须使用不同的格式、类型和方式，下面我们就这个问题简要地介绍一下，好让读者对后面刻录 VCD 和 DVD 时应选用的格式有一个明确的概念。

1. 光盘刻录的格式与类型

目前，CD 的格式主要有三种：音乐 CD（CD-DA，CD-Digital Audio）、数据 CD（即 CD-ROM，又称为 CD-ROM Mode1）和扩展体系 CD（即 CD-ROM XA，CD-ROM Extended Architecture，又称为 CD-ROM Mode 2）。这三种格式的最大区别就在于每一扇区的字节数：CD-DA 为 2352 字节/扇区，是由 Philips 和 Sony 公司于 1980 年制定的红皮书中规定的；CD-ROM Mode1 为 2048 字节/扇区，是由 Philips 和 Sony 公司于 1983 年制定的黄皮书中规定的 CD-ROM Mode 2，也就是用来刻录 VCD 的格式，它对数据可靠性的要求相对低，其规格是 2336 字节/扇区，由 1989 年制定的黄皮书补充协议所规定。

至于 CD 光盘的类型，目前共有 5 种，它们分别是音乐 CD（Audio CD）、普通的 CD-ROM（Normal CD-ROM）、多区段 CD-ROM（Multi-Session CD-ROM）、混合模式 CD（Mixed Mode CD）、特殊模式 CD（CD Extra Mode）。

2. 刻录方式

制作不同类型的光盘时采用的刻录方式也不尽相同，目前较常用的刻录方式有以下几种：

（1）整盘刻录（Disc At Once，即 DAO 模式）：主要用于光盘的复制，一次完成整张光盘的刻录。其特点是能使复制出来的光盘与源盘毫无二致。DAO 写入方式可以轻松完成对音乐 CD、混合或特殊类型 CD-ROM 等数据轨之间存在间隙的光盘的复制，且可以确保数据结构与间隙长度都完全相同。值得一提的是，由于 DAO 写入方式把整张光盘当做一个区段（Session）来处理，一些小的失误都有可能导致整张光盘彻底报废，所以它对数据传送的稳定性和驱动器的性能有较高的要求。

（2）轨道刻录（Track At Once，即 TAO 模式）：以轨为单位的刻录方式。它支持向一个区段分多次写入若干轨的数据，主要应用于制作音乐光盘或混合、特殊类型的光盘。

（3）飞速刻录（On The Fly，即 OTF 模式）：一种很常用的刻录方式，在早期由于计算机运算速度无法满足要求，所以只能在刻录前将数据预先转换成使用 ISO-9660 格式的 Image File（映像文件），然后再进行刻录；目前的计算机处理速度已经可以实现完全实时转换，这种将数据自动实时转换成 ISO-9660 格式，然后进行烧录的方式称为**飞速写入**。OTF 一般用于在普通光驱和刻录机之间直接复制光盘。

（4）区段刻录（Session At Once，即 SAO 模式）：这种写入模式一次只刻录一个区段而非整张光盘，余下的光盘空间下次可以继续使用；常用于多区段 CD-ROM 的制作。其优点是适合于制作合辑类型的光盘。但每次刻录新区段时都要占用约13MB的光盘空间用于存储该区段的结构以及上一区段的连接信息，并为建立下个区段做好准备。因此区段过多会浪费较多的光盘空间，不划算。

DVD的逻辑结构有所不同，一张DVD盘总是包含一个逻辑卷。对于多层DVD盘，卷被分成与层数相对应的分区。一个逻辑卷的基本逻辑单元是一个逻辑扇区，它包含2048字节，与一个物理扇区相对应。一个卷主要包含卷及文件结构、DVD-Video区和非DVD-Video区（该区是可选的），视频文件放在DVD-Video区内，数据放在非DVD-Video区内，这样就可在同一张DVD盘上存放影视节目和计算机游戏节目。DVD盘上有浏览数据和演播数据两种数据结构。用户可以按照浏览数据中的控制信息播放演播数据中的音频、视频和子图等数据。

3. 光盘文件的标准与格式

可以把光盘文件的标准与格式看成是光盘的文件系统，它与硬盘文件系统FAT、FAT32、NTFS的作用基本相同，现在常用的光盘文件标准和格式比较多，我们选择主要的来为读者讲述一下。

（1）ISO-9660：由国际标准化组织于1985年颁布，是目前唯一通用的光盘文件系统，任何类型的计算机以及所有的刻录软件都提供对它的支持。ISO-9660目前有"级别1"和"级别2"两个标准。"级别1"与DOS兼容，文件名采用传统的8.3格式，而且所有字符只能是26个大写英文字母、10个阿拉伯数字及下划线。"级别2"则在"级别1"的基础上加以改进，允许使用长文件名，但不支持DOS。

（2）Joliet：微软公司自行定义的光盘文件系统，也是对ISO-9660文件系统的一种扩展，它支持Windows 9x/NT和DOS，在Windows 9x/NT下文件名可显示64个字符，可以使用中文。

任务6.2　光盘的刻录

问题的情景及实现

当前市面上的刻录软件非常多，有"群雄争霸"之势。为了帮助读者能够从众多的刻录软件中选择适合自己的刻录软件，在此向大家介绍一种比较流行的刻录软件。不过必须遵循一个原则：光盘刻录机随机赠送的刻录软件往往就是它所支持的最佳刻录软件。本任务主要完成如何使用刻录软件实现光盘刻录的方法。

Nero-Burning Rom是德国Ahead公司出品的光盘刻录软件，是最早支持中文文件名的刻录软件之一。

Nero-Burning Rom的功能非常强大，界面友好，使用起来很容易上手。本书介绍的版本是Nero-Burning Rom 9，它支持绝大多数类型的刻录机。图6—3所示的是这一版本的产品信息。

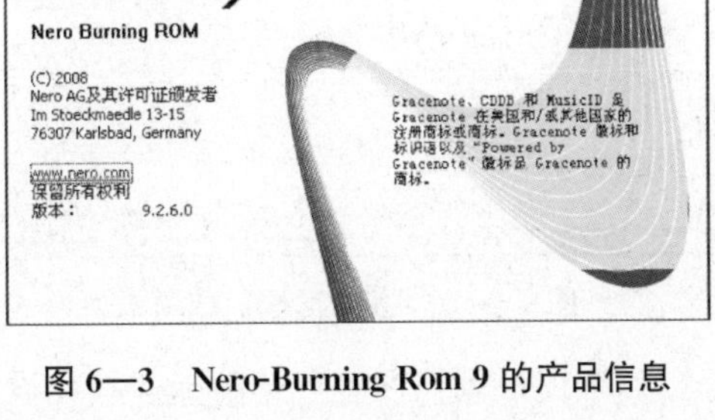

图6—3　Nero-Burning Rom 9的产品信息

Nero-Burning Rom 不仅支持目前所有的光盘文件系统，还支持多种类型光盘的刻录，包括标准 CD-ROM（DVD-ROM）、Audio-CD、Mixed Mode CD（音乐/数据混合模式）、MP3、WMA、音频格式的转换、Video-CD、SVCD、MiniDVD 和 DVD 等。

Nero-Burning Rom 不但支持中文文件名，还支持长文件名，可以将 ISO 的标准放宽到 8 层文件夹和 255 个字符的文件路径，以免在刻录一些文件时出错。Nero-Burning Rom 能设置文件的隐含属性和优先级别，把一些不希望别人查看的文件或者目录隐藏起来，增加了安全性。经过 Nero-Burning Rom 的处理，一些刻录失败的光盘还可以继续刻录文件，大大减少了购买刻录光盘的开销。最后，Nero-Burning Rom 还允许查看当前光盘的存储结构，但只能查看不能修改。

6.2.1 刻录数据光盘

数据光盘（Data CD）用于存储计算机数据，如硬盘上的文件和文件夹。数据光盘在备份重要文件或与他人共享时十分有用。

1. 简单的刻录过程

使用 Nero-Burning Rom 刻录数据光盘的操作步骤如下：

（1）在刻录机中放入空白刻录盘。

（2）双击桌面 Nero-Burning Rom 图标，启动 Nero-Burning Rom。打开“新编辑”对话框，选择 CD-ROM（ISO）图标，Nero 默认打开“多重区段”选项卡，选择“没有多重区段”单选按钮，如图 6—4 所示。

“多重区段”选项卡中其他两种区段设置方式的含义如下：

启动多重区段光盘：刻录初始多区段光盘，以后可以继续将数据刻录到这张光盘上。

继续多重区段光盘：如果放入刻录机中的是一张已经保存有数据的多区段光盘，选择此单选按钮，可以继续向这张光盘上刻录数据。

（3）切换到“ISO”选项卡。在“文件名长度”下拉列表中提供了“级别 1”（DOS 文件名格式）和“级别 2”（最多支持 31 个字符）两个选项。如果要使用长文件名，则在下拉列表中选择“级别 2”，在“字符集”下拉列表中选择“ISO 9660”；如果要使用中文文件名，则在“文件系统”下拉列表中选择“ISO 9660+Joliet”，如图 6—5 所示。

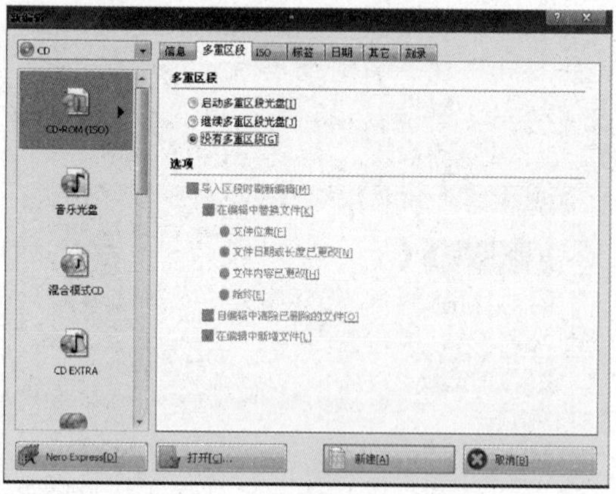

图 6—4 “多重区段”选项卡

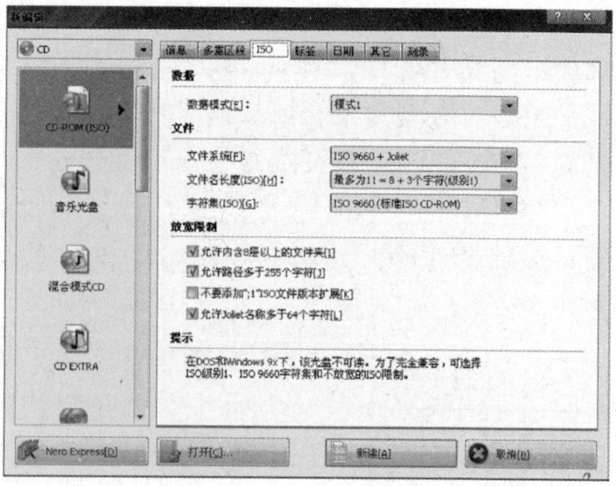

图 6—5 “ISO”选项卡

（4）切换到“标签”选项卡，在此设置刻录光盘的卷标描述信息，如光盘卷标、刻录者的版权信息、所使用的刻录工具等。对于多数用户只要在“光盘名称”文本框输入想要的光盘卷标就可以了，如图 6—6 所示。

（5）切换到“刻录”选项卡，在此选中“模拟”、“写入”和“结束光盘”，如图 6—7 所示。此选项卡主要包括以下内容：

确定以最大速度：无论刻录速度如何设置，Nero 都会以刻录机最高刻录速度进行刻录，建议不要启用此功能。

模拟：在实际刻录之前，Nero 先进行模拟刻录，并不真正写入光盘。为了提高刻录的成功率，建议选中此复选框。

写入：Nero 会将源光盘内容复制到目的光盘，要复制光盘就必须选中此复选框。

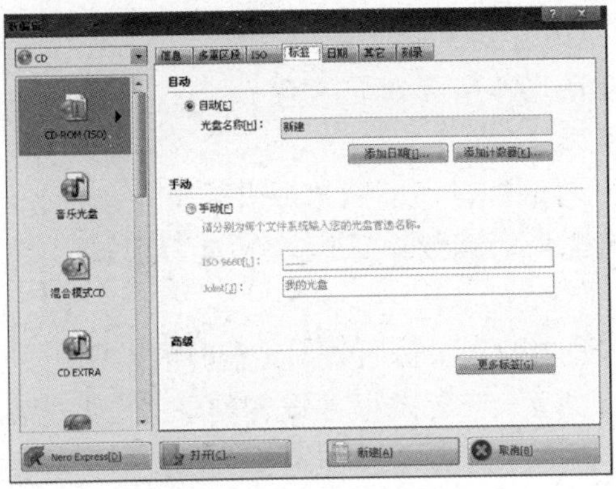

图 6—6　“标签”选项卡

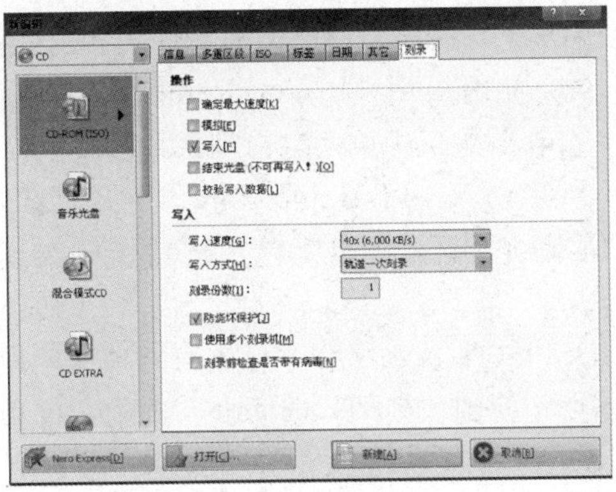

图 6—7　“刻录”选项卡

写入速度：在此设置实际刻录速度。

刻录份数：在此文本框中输入需要复制的份数。

使用多个刻录机：如果计算机上安装有多个刻录机，可选中此复选框使其同时刻录。

（6）单击“新建”按钮，打开 ISO1-Nero-Burning Rom 对话框，然后将要刻录的数据从“文件浏览器”窗口拖动到 ISO1 窗口中，并确认 ISOl 窗口为当前活动窗口（如果不是，则单击 ISO1 窗口的标题栏），如图 6—8 所示。

（7）单击“刻录当前编译”按钮，打开“刻录编译”对话框，无须再更改此对话框中的任何设置。

（8）单击“刻录”按钮，在下面的时间内，Nero 将依次完成扫描光盘、模拟刻录和实际写入等操作，无须用户干预，如图 6—9 所示。

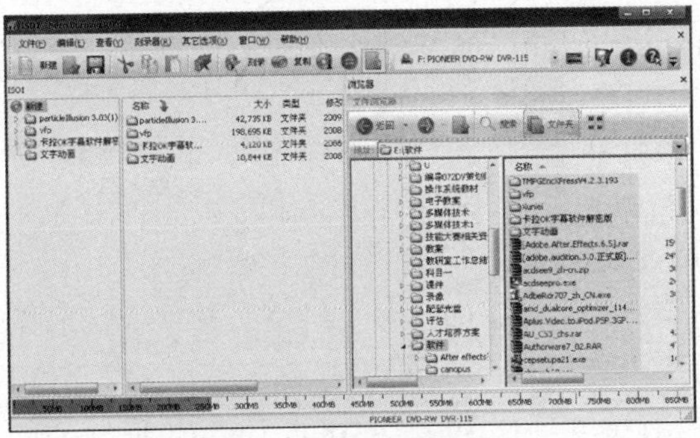

图 6—8　准备刻录数据

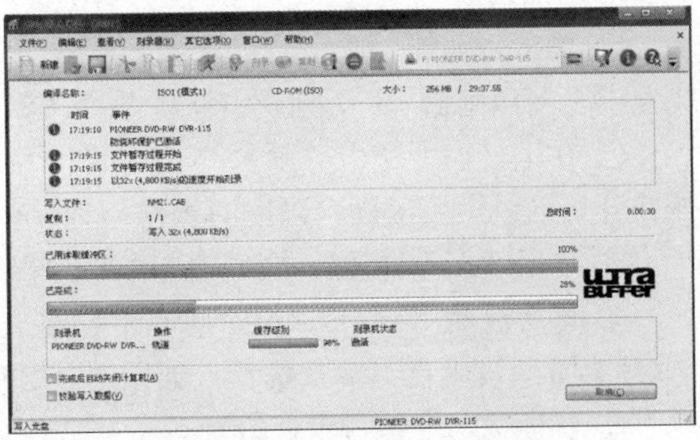

图 6—9　“写入光盘”对话框

（9）刻录完成后，打开“刻录完成”对话框，提示刻录成功完成。

（10）单击“确定”按钮，打开“完成”对话框，单击“确定”按钮完成操作。

2. 制作多区段光盘

（1）区段。简单光盘刻录必须将数据一次性全部刻入光盘，哪怕一张光盘只刻了 10MB 的内容，这样其余 690MB 的剩余空间也就白白浪费了。如果漏刻了一些数据，就要重新再来一张了。这种刻录方式称为**单区段方式**。多区段光盘刻录时，一次未刻满 700MB 时，剩余空间可以在下次刻录时继续写入数据，第 1 次刻录漏刻的数据也可以在第 2 次刻录时写入。每次刻录都产生一个区段，这种刻录方式称为**多区段方式**。

由此可知，所谓区段就是一次完整的刻录操作所写入光盘中的数据。如果在同一张光盘上做多次刻录操作，便产生多个区段，这张光盘就称为**多区段光盘**。

（2）使用 Nero-Burning Rom 刻录多区段光盘的操作步骤如下：

① 在刻录机中放入空白刻录盘。

② 启动 Nero-Burning Rom，打开“新编译”对话框，切换到“多重区段”选项卡，选择“启动多重区段光盘”单选按钮（下次刻录则选择“继续多重区段光盘”），如图 6—10 所示。

③“ISO”选项卡和“标签”选项卡的设置方法参考刻录普通数据光盘时的设置。

④ 切换到“刻录”选项卡，选中“模拟”和“写入”复选框并设置刻录速度及光盘数量，如图 6—11 所示。

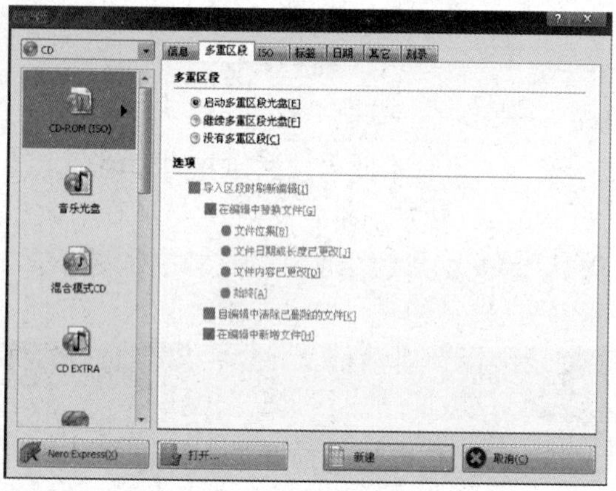

图 6—10 “多重区段”选项卡

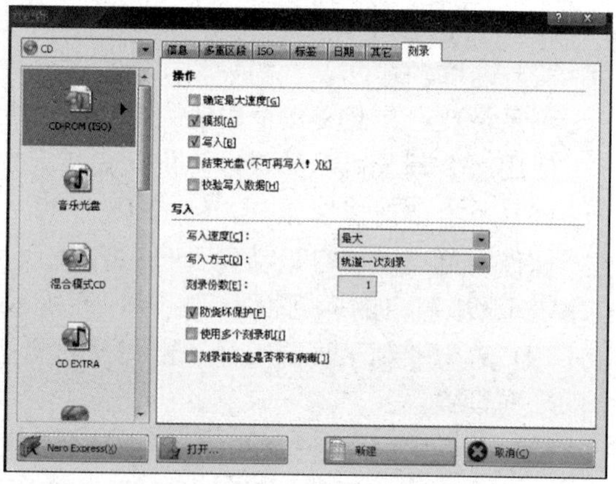

图 6—11 “刻录”选项卡

⑤ 单击“新建”按钮，进入 ISO1-Nero-Burning Rom 界面，将要刻录的数据从“文件浏览器”窗口拖到 ISO1 刻录窗口中并确认刻录窗口是活动窗口。

⑥ 在工具栏上单击“刻录当前编译”按钮，打开“刻录编译”对话框，单击“刻录”按钮开始刻录第 1 区段，以后的操作与刻录普通数据光盘时的操作基本一样。

⑦ 将以“多重区段”方式刻录的光盘重新放入刻录机。

⑧ 再次启动 Nero-Burning Rom，打开“新编译”对话框的“多重区段”选项卡，选择“继续多重区段光盘”单选按钮，如图 6—12 所示。

⑨ 其他选项卡保持默认设置，单击“新建”按钮继续，Nero-Burning Rom 扫描刻录机中的光盘。如果确认是 Nero-Burning Rom 以“多重区段”方式刻录的光盘，则会出现“选

择轨道”对话框，如图 6—13 所示。

⑩ 选择最后一个区段的最后一个轨道，单击“确定”按钮，进入 ISO1-Nero-Burning Rom 界面，参考步骤⑤拖动要刻录的数据，如图 6—14 所示。

⑪ 在工具栏上单击“刻录当前编译”按钮，打开“刻录编译”对话框，再单击“刻录”按钮开始刻录第 2 区段，以后的操作参考制作普通数据光盘的操作。

其他区段的刻录方法同第 2 区段的刻录。

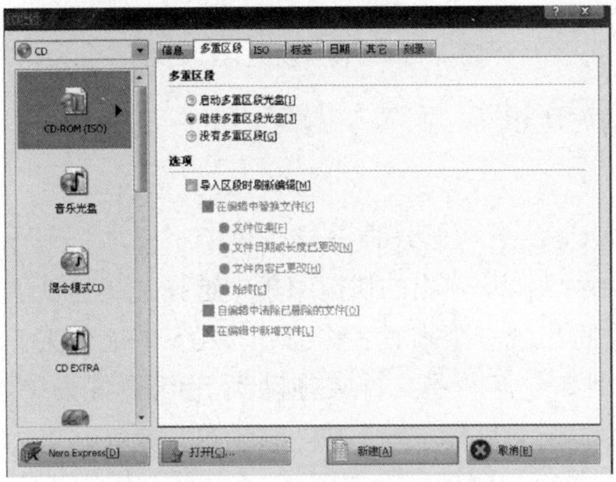

图 6—12　“多重区段”选项卡

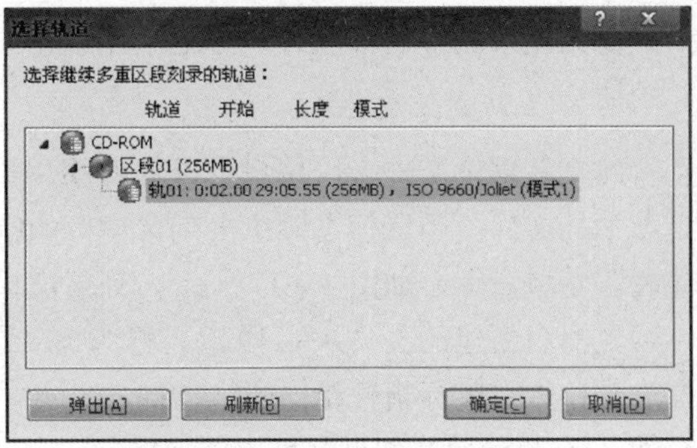

图 6—13　“选择轨道”对话框

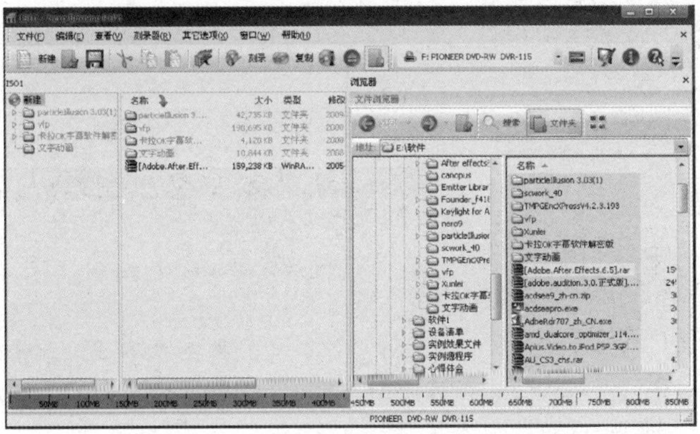

图 6—14　准备第 2 区段的刻录数据

6.2.2　整理刻录文件

在刻录光盘之前，光盘卷标和刻录文件名称并不是一成不变的，用户在刻录前可以根据需要随意更改光盘卷标或刻录文件的名称，还可以创建新的文件夹以重新组织刻录光盘中的文件目录。

1. 更改光盘卷标或刻录文件名称

在刻录前，用户可以改变光盘卷标和刻录文件名称。用鼠标右键单击光盘卷标，从弹出的快捷菜单中选择“重命名”菜单命令或选中光盘卷标按〈F2〉键，如图 6—15 所示。光盘卷标名称位于一个实线框内且呈反白显示，直接输入新的卷标名称，如图 6—16 所示，然后单击卷标外的任一区域。

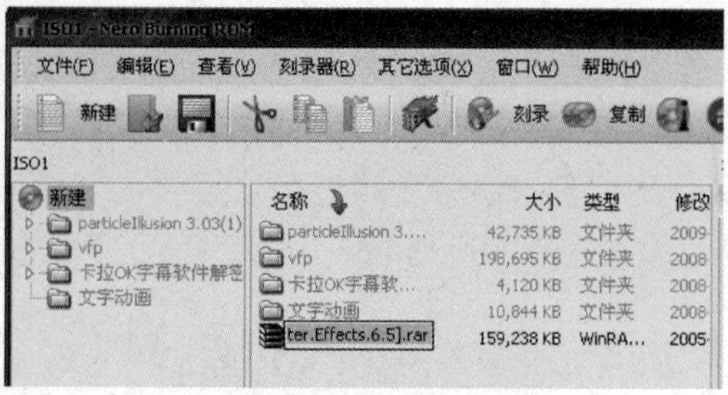

图 6—15 更改卷标名称

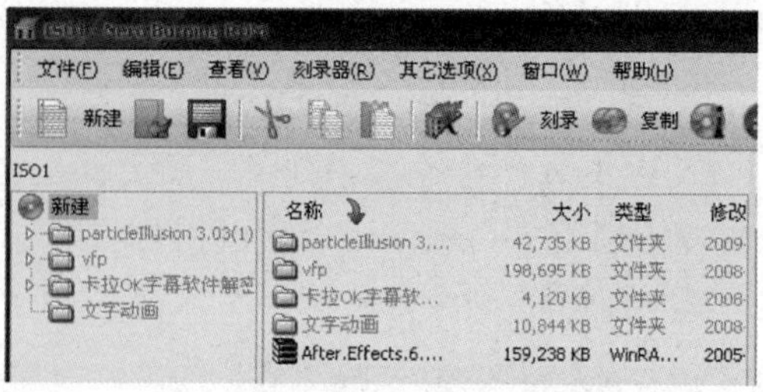

图 6—16 输入新的卷标名称

更改刻录文件名称的方法与更改光盘卷标的方法相同。

2. 建立新刻录文件夹

建立新刻录文件夹后用户可以像使用 Windows 的资源管理器一样，重新组织即将刻入光盘中的文件。用鼠标右键单击刻录窗口的空白区域，从弹出的快捷菜单中选择“建立新文件夹”菜单命令，如图 6—17 所示，刻录窗口中将出现一个临时名称为“新建”的文件夹。

重命名新建的文件夹，如新名称为 Soft。例如，将一些文件夹拖动到 Soft 文件夹中，方法是首先将鼠标指针指向要拖动的文件夹，然后按下鼠标左键不放，移动鼠标指针到 Soft 文件夹，待 Soft 文件夹名称周围变成蓝色时松开鼠标左键即可，如图 6—18 所示。

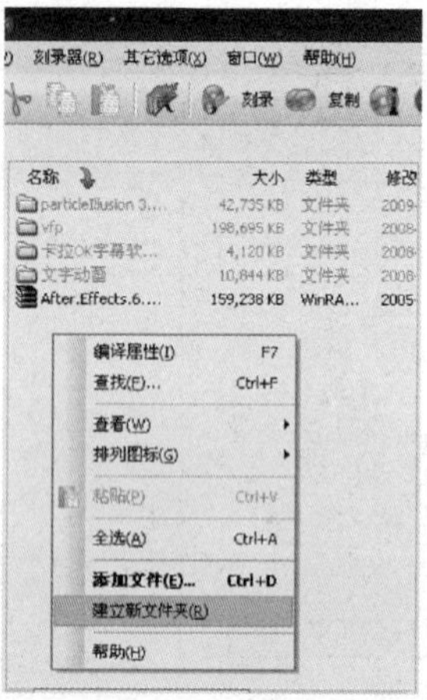

图 6—17 创建新文件夹

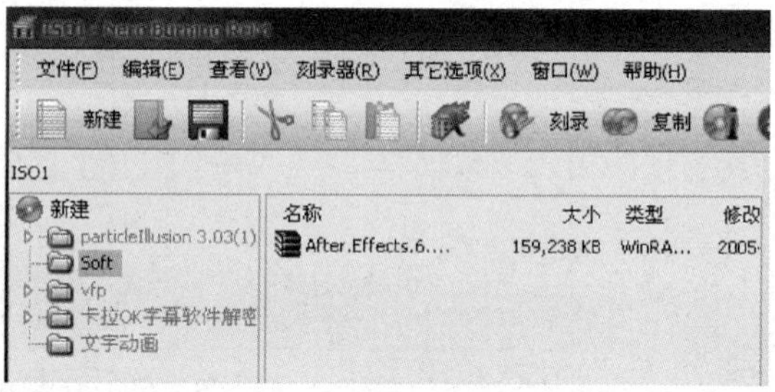

图 6—18 重新组织刻录文件

6.2.3 刻录音乐光盘

音乐光盘的曲目源都是 WAV 文件。使用 Nero-Burning Rom 刻录音乐光盘的操作步骤如下：

（1）将空白光盘放入刻录机。

（2）启动 Nero-Burning Rom，打开“新编辑”对话框，选择“音乐光盘”图标，此时的对话框如图 6—19 所示，在相应的文本框内输入所需的内容。此对话框主要包括如下设置选项：

“写入光盘”：光盘文本信息是音轨的附加信息，包括音轨“标题”和“艺术家”。光盘驱动器和 CD 播放器能够读出写入光盘的文本信息。当播放音轨时，其名称和演奏者会同时显示出来。如果 CD 播放器不具备此功能，则含有光盘文本信息的音乐光盘将作为一张没有任何附加信息的普通音乐光盘来播放。

“版权”：在此文本框中输入该音乐光盘的版权。

“出品人”：在此文本框中输入该音乐光盘的制作人。

“备注”：在此文本框中可以输入该音乐光盘的一些备注说明。

也可以不在此对话框中进行任何设置，这样并不影响其播放效果，只不过在播放过程不会显示音乐光盘的信息。

（3）单击“新建”按钮，进入 Nero-Burning Rom 的主界面，如图 6—20 所示。将要刻录的 WAV 文件从文件浏览窗口拖放到刻录窗口。如果要编辑音轨，则用鼠标右键单击要编辑的音轨（如轨道 1），从弹出的快捷菜单中选择“属性”菜单命令，打开“音频轨道属性”对话框，如图 6—21 所示。在此对话框中除了可以设置音轨的标题和演唱者外，还可以设置音轨的暂停时间。

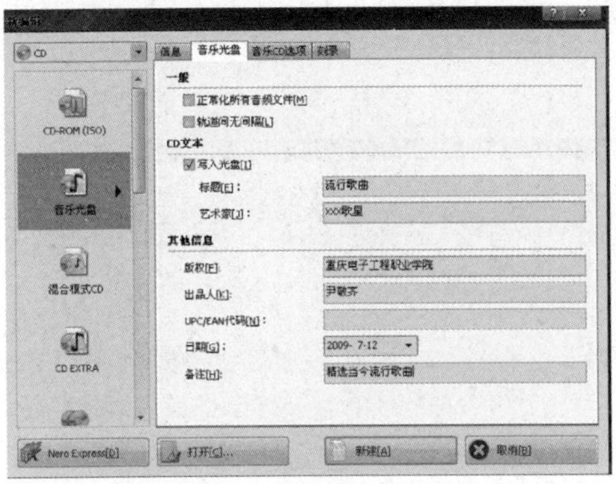

图 6—19　“新编辑”对话框

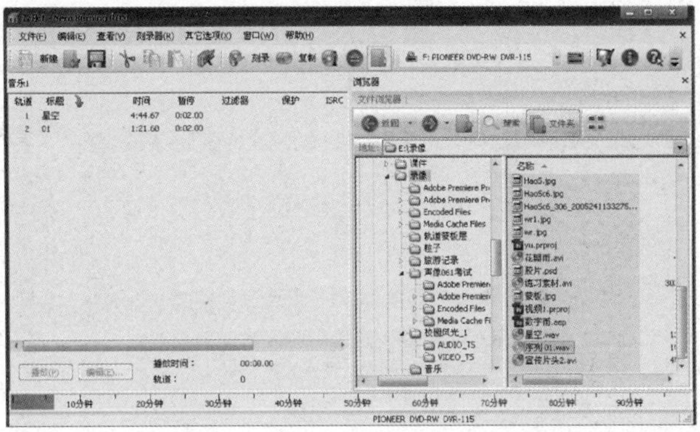

图 6—20　准备刻录所需的 WAV 文件

（4）准备好要刻录的 WAV 文件之后，在工具栏中单击“刻录当前编译”按钮，打开“刻录编译”对话框，如图 6—22 所示，选中“写入”复选框，并设置写入速度，确认在“写入方式”下拉列表中选择“光盘一次刻录”。

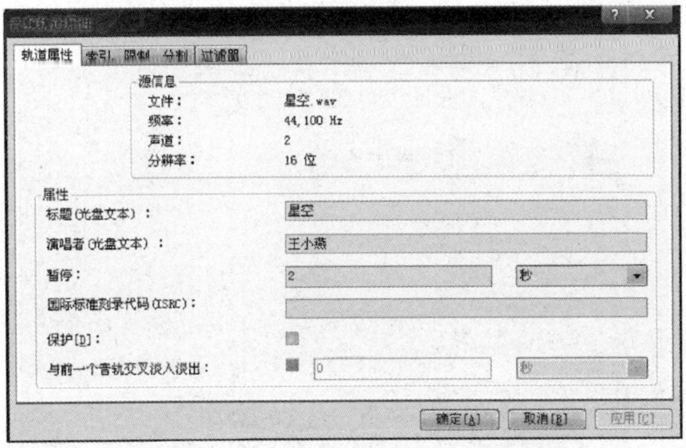

图 6—21　“音频轨道属性”对话框

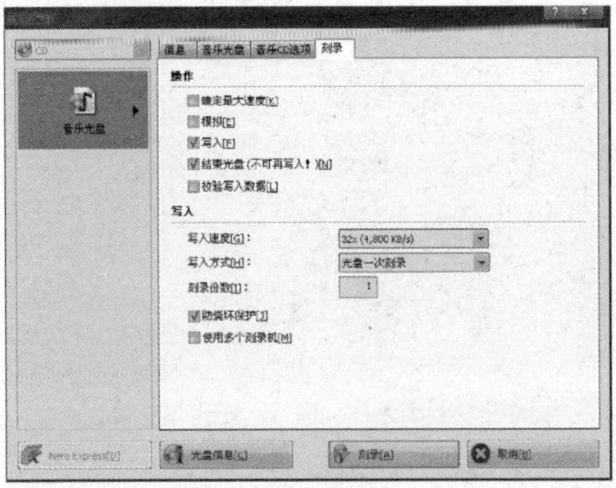

图 6—22　“刻录编译”对话框

为什么要选择使用“光盘一次刻录”方式刻录音乐光盘呢？原因如下：

若使用“轨道一次刻录”方式刻录音乐光盘，则每刻录完成一个轨道时刻录机读写头就会停止，这样在播放刻录出的音乐光盘时会听到爆音；而使用“光盘一次刻录”方式刻录音乐光盘时，刻录机读写头在刻录过程中不会停止，从而避免产生爆音。

（5）单击“刻录”按钮，在下面的时间内，Nero-Burning Rom 将扫描光盘和实际写入等操作，直到音乐光盘刻录完成，无须用户干预。

6.2.4 刻录 MP3 光盘

在制作 MP3 音乐光盘方面，Nero-Burning Rom 有专门的制作程序，使用它可以将 150 首的 MP3 歌曲刻录到一张光盘中，刻录 MP3 音乐光盘的方法如下：

（1）将空白光盘放入刻录机。

（2）在桌面上双击 Nero-StartSmart 图标，打开 Nero 对话框，选择左边的“音频刻录”选项卡，如图 6—23 所示，单击“MP3 Jukebox 光盘”按钮。

（3）打开如图 6—24 所示的“我的 MP3 光盘”对话框，单击“添加”按钮，打开“选择文件及文件夹”对话框，如图 6—25 所示。将要刻录的 MP3 文件从文件浏览窗口添加到刻录窗口，然后单击“关闭”按钮，关闭“选择文件及文件夹”对话框。完成后的“我的 MP3 光盘”对话框如图 6—26 所示。

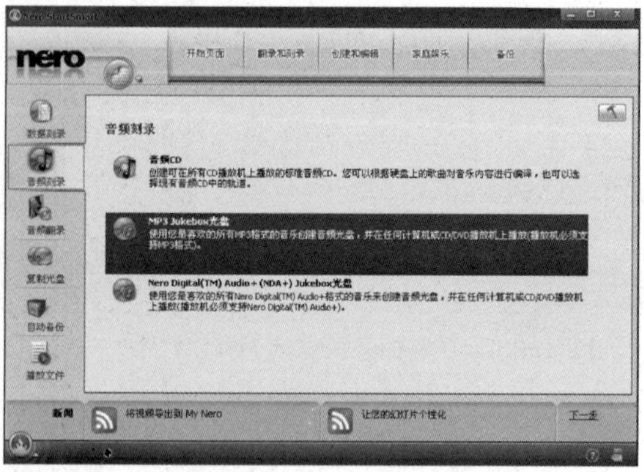

图 6—23 Nero 对话框

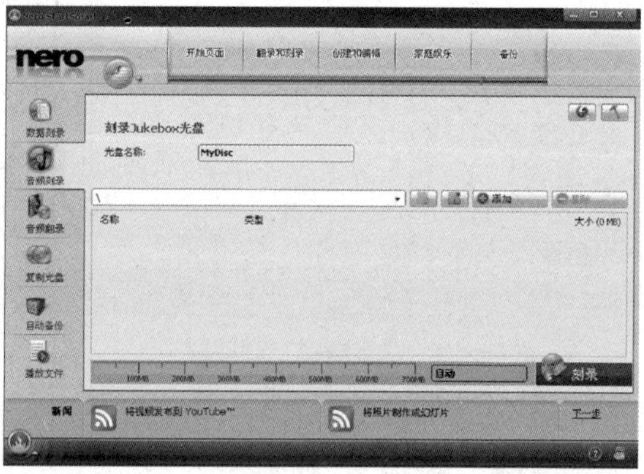

图 6—24 “刻录 Jukebox 光盘”对话框 1

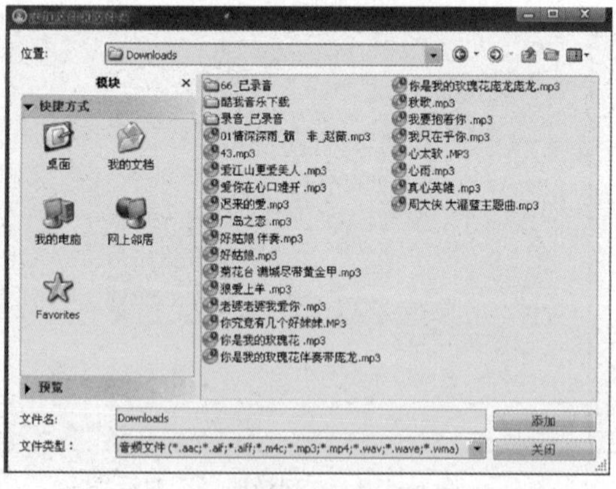

图 6—25 “选择文件及文件夹”对话框

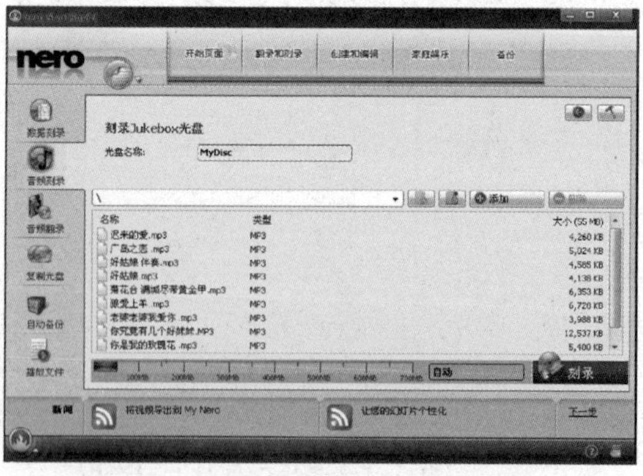

图 6—26 “刻录 Jukebox 光盘”对话框 2

（4）单击“刻录”按钮，开始刻录 MP3 音乐光盘，如图 6—27 所示。

（5）刻录完成后，弹出刻录完成对话框，如图 6—28 所示，单击“确定”按钮，完成刻录。

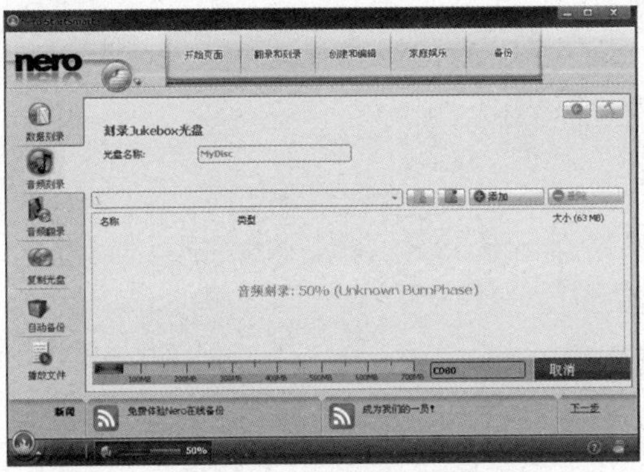

图 6—27　正在写入光盘

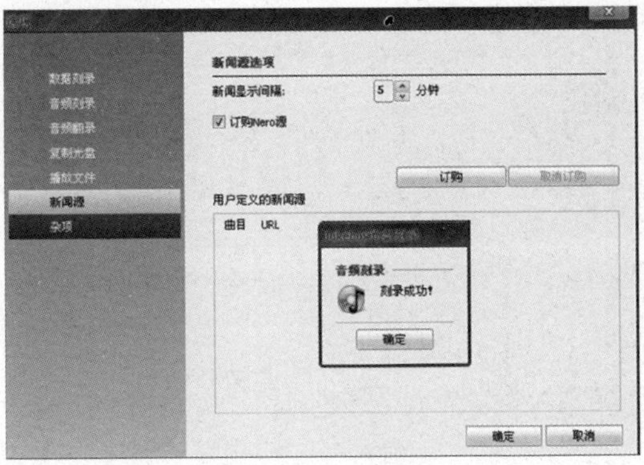

图 6—28　刻录完成

6. 2. 5　复制光盘

光盘复制就是指使用刻录机制作与源光盘完全相同的光盘，如果采用直接对拷的方式，计算机还应配备有普通光盘驱动器。光盘复制一般采用整盘刻录（DAO）方式写入空白光盘。目前，除了专门的光盘复制软件之外（如 CloneCD），大部分光盘刻录软件（如 Nero 等）都具备光盘复制的功能。

复制光盘的方法一般有以下几种：

直接对拷：将源光盘和空白光盘分别放入光盘驱动器和刻录机，然后在光盘驱动器和刻录机间直接进行对拷。这是最简单的光盘复制方法，绝大多数刻录软件都具备此功能。

使用临时文件复制光盘：光盘刻录软件具有只使用光盘刻录机就能够快速复制光盘的功能。操作方法是：首先将源光盘放入刻录机，使用 Nero 在硬盘中建立一个临时文件，然后将源光盘内容读入其中，最后从刻录机中取出源光盘并放入空白光盘进行写入操作。

使用映像文件复制光盘：这通常用于大量复制光盘。操作方法是：先将源数据制作成与光盘文件格式一样的映像文件并将其保存在硬盘中，在任何需要的时候都可以使用这个映像文件复制大量内容完全相同的光盘。

1. 使用 Nero 复制光盘

光盘复制是 Nero 提供的一个最简单的光盘刻录模式，使用此功能可以一次复制单张或多张完全相同的光盘。下面以使用临时文件复制光盘为例进行介绍，操作步骤如下：

（1）将源光盘插入刻录机中。

（2）启动 Nero-Burning Rom。打开“新编辑”对话框，在对话框左侧的列表框中选择“CD 副本”图标，选中“写入”复选框，从“写入速度”下拉列表框中选择适当的刻录速度，如图 6—29 所示。

（3）切换到“映像文件”选项卡，如果默认“映像文件”存放的磁盘空间不足（小于 700MB），单击“浏览”按钮，打开“另存为”对话框，选择“映像文件”存放的位置，如图 6—30 所示。

（4）设置完成后，单击“复制”按钮，Nero 在下面的时间内将依次完成扫描光盘、将源光盘内容读入在硬盘建立一个临时文件中，无须人工干预，如图 6—31 所示。

（5）完成映像文件创建的，弹出源光盘，打开“等待光盘”对话框，如图 6—32 所示。

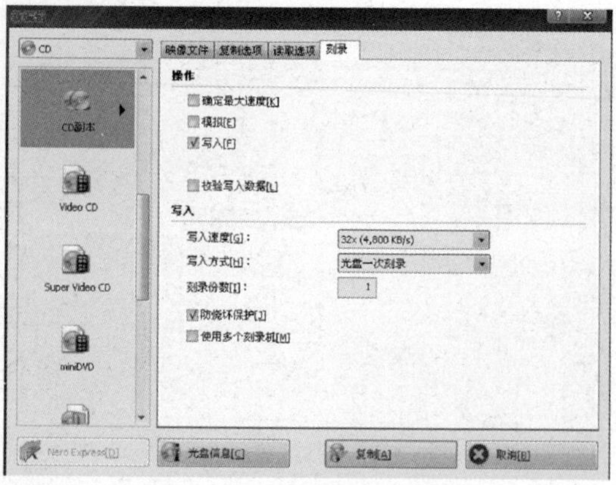

图 6—29　“刻录”选项卡

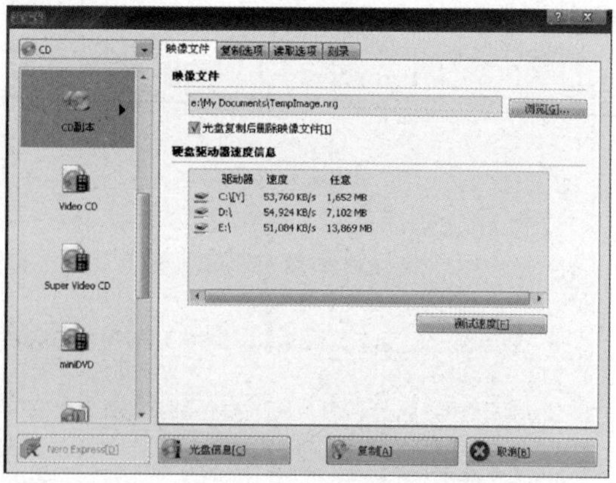

图 6—30　“映像文件”对话框

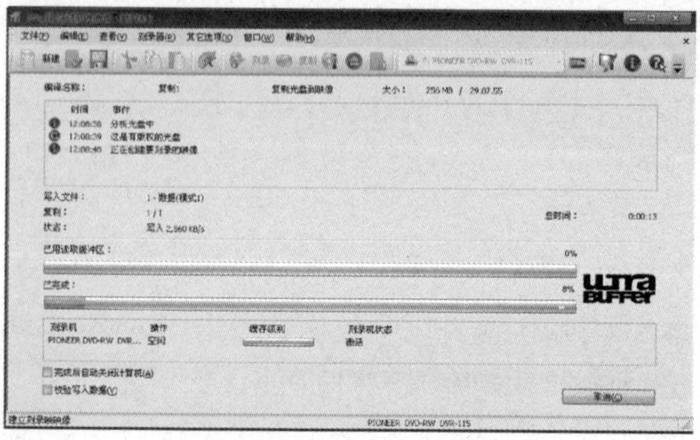

图 6—31　正在读盘

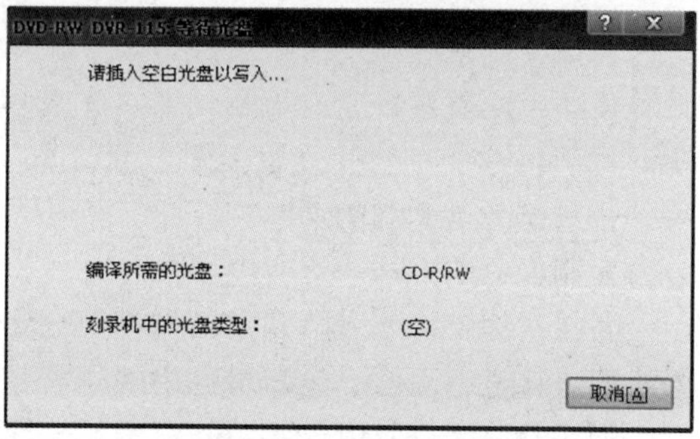

图 6—32　等待光盘

（6）将空白光盘插入刻录机，Nero 在下面的时间内将完成实际写入操作，无须人工干预。

（7）复制完成后，打开“刻录完毕”对话框，提示已经成功复制光盘。

2. 使用光盘映像

当需要复制大量相同的光盘时，使用映像文件刻录光盘不仅能够提高刻录的成功率还可以节省光盘驱动器。

（1）认识映像文件。映像文件是指将源数据转换为与目的光盘内容完全一样，并且可以用它进行刻录的文件。生成映像文件对于刻录光盘有以下好处：

● 降低刻录时失败的概率。从整个刻录过程来看，刻录光盘包括读取源数据、转换格式以及实际写入 3 个阶段。在正式刻录的过程中，只要有一个阶段出现问题，刻录就会失败。因此减少刻录的环节，即可提高刻录的成功率。

● 将刻录内容预先做成映像文件实际上就是把所有的数据都先读取一遍，并进行文件格式转换（转换到光盘文件格式）操作后存入硬盘。不是边读取，边转换，边写入，这样真正刻录时，只要确保硬盘无误就能保证刻录成功。

● 预先将源数据做成映像文件，便于复制大量内容完全一样的光盘。如果想刻录出多张内容完全一样的光盘，先做成映像文件再大量复制，比直接刻录更快、更稳定。

（2）制作成映像文件。制作映像文件之前要预留足够的硬盘空间并做好磁盘碎片整理工作。下面主要介绍如何使用 Nero-Burning Rom 制作成映像文件的方法。在 Nero-Burning

Rom 中将源光盘的数据制作成映像文件的操作步骤如下：

① 启动 Nero-Burning Rom，打开“新编辑”对话框，选择 CD-ROM(ISO) 图标，单击“新建”按钮，进入 Nero 主界面，如图 6—33 所示。

② 单击“刻录机列表”小三角形按钮，从打开的下拉列表中选择“Image Recorder”选项，如图 6—34 所示。

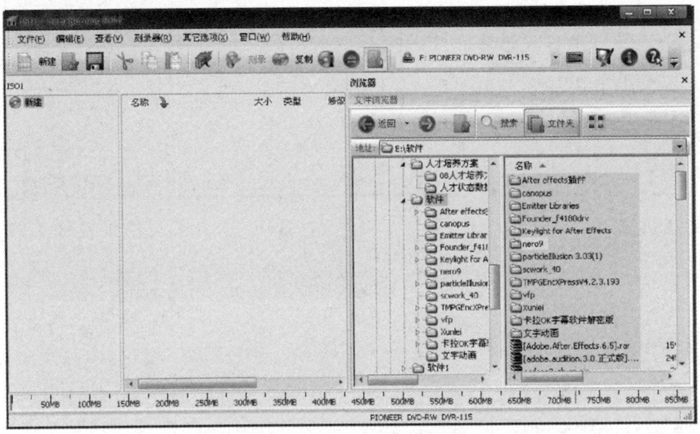

图 6—33　Nero 主界面

图 6—34　选择映像刻录机

③ 在“文件浏览器”窗口中选定源光盘文件，然后按住鼠标左键不放，将这些文件或文件夹从“文件浏览”窗口拖放到 ISO1 窗口中，处理完成后如图 6—35 所示。

④ 数据拖放完成后，在工具栏上单击“刻录当前编译”按钮，打开“刻录编译”对话框，如图 6—36 所示。

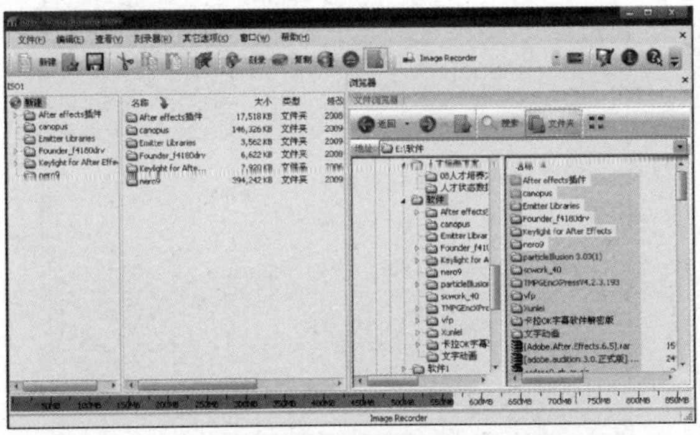

图 6—35　将光盘的映像文件拖放到映像窗口

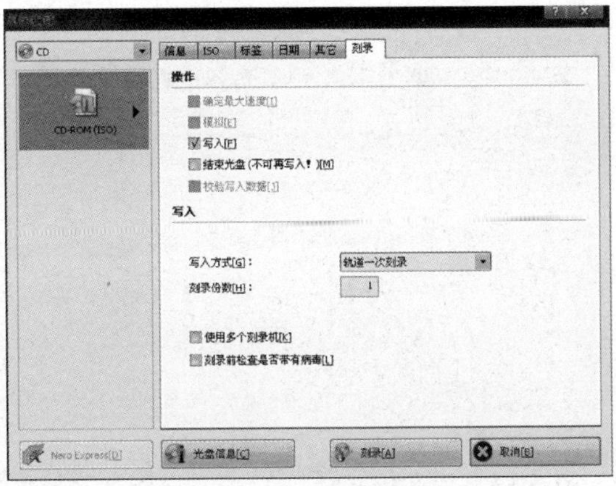

图 6—36　刻录编译

⑤ 单击“刻录”按钮，打开“保存映像文件”对话框，在其中选择映像文件的保存位置，并在“文件名”文本框中输入映像文件名称。Nero 开始读取选定的数据，用户无须干预。

⑥ 单击“保存”按钮，Nero 开始制作映像文件，如图 6—37 所示。

⑦ 映像文件制作完成后自动出现如图 6—38 所示的对话框。

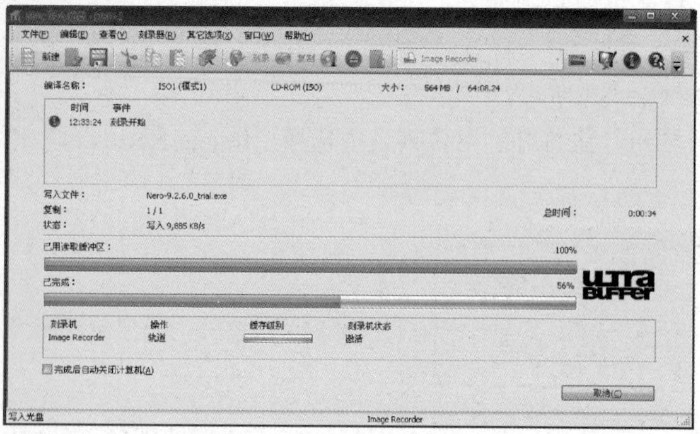

图 6—37 正在制作映像文件

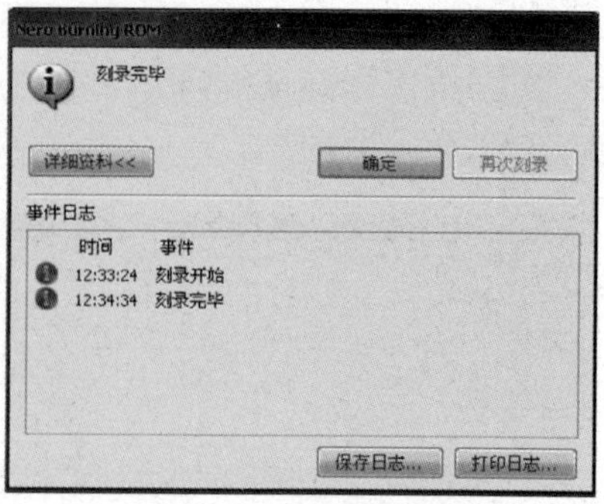

图 6—38 成功写入映像文件

⑧ 单击“确定”按钮，返回“完成”对话框。单击“完成”按钮，返回到主界面。

3. 将映像文件刻入光盘

制作好的映像文件暂时保存在硬盘中，需要时可以将它刻入光盘。这不仅减少了刻录环节，还增加了刻录的稳定性，更增强了刻录光盘的灵活性。将 Nero-Burning Rom 制作的映像文件刻入光盘的操作方法如下：

（1）在刻录机中放入空白刻录盘。

（2）启动 Nero-StartSmart，打开 Nero 对话框，选择“备份”选项卡，单击“复制光盘”图标，如图 6—39 所示。

（3）进入 Nero Express 主界面。单击“光盘映像或保存的项目”图标，打开“打开”对话框，选择要刻入光盘的映像文件，如图 6—40 所示，单击“打开”按钮。

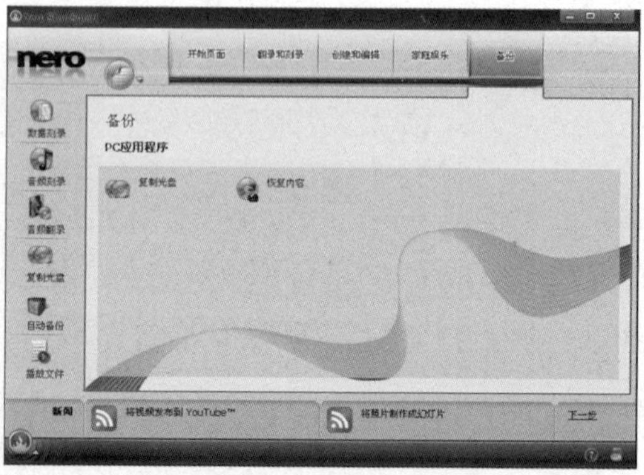

图 6—39 Nore-StartSmart

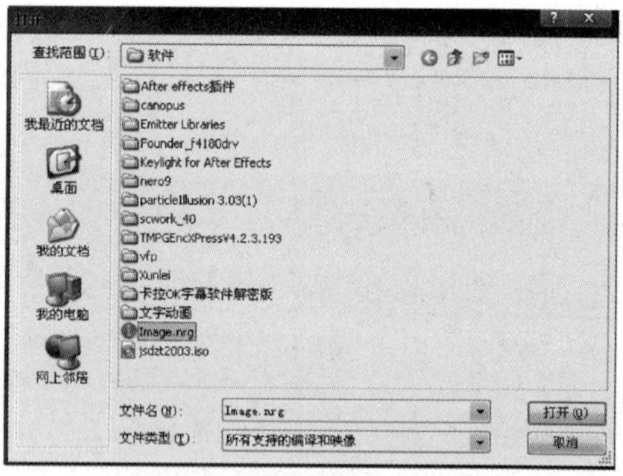

图 6—40 “打开”对话框

（4）打开“最终刻录设置”对话框。在“当前刻录机”的下拉列表中选择空白刻录盘所在的刻录机，设置刻录光盘的数目，如图 6—41 所示。

（5）单击“刻录”按钮，在下面的时间内 Nero 将完成扫描光盘、实际写入和关闭光盘等操作，用户无须干预也不要启动其他应用程序。

（6）第 1 张光盘刻录完成，会自动从刻录机中弹出“等待光盘”对话框，要求在刻录机中插入下一张空白光盘。

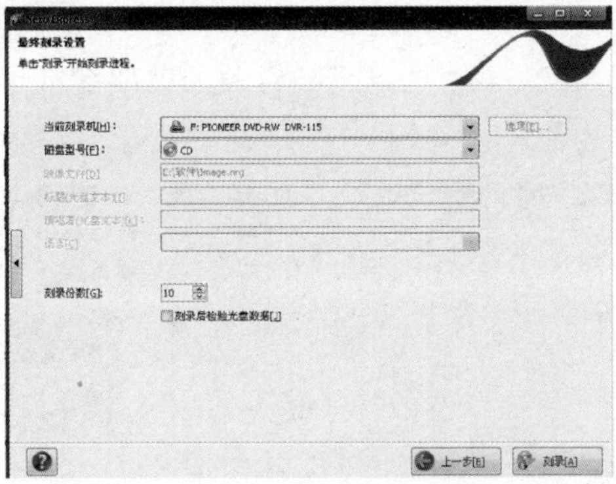

图 6—41　选择空白光盘所在的刻录机

(7) 刻录完成所设置的光盘数目后，出现“刻录完成”对话框，提示刻录完成。

项目实训 6

实训目的：通过本实训项目使学生能进一步掌握光盘的刻录，并且能在实际项目中运用刻录软件制作带章节的 DVD 影碟及光盘封面。

实训 1　刻录带章节的 DVD 影碟

带章节的 DVD 光盘是一种常见的光盘。TMPGE nc DVD Author（津波 DVD 工坊）是一款专用的 DVD 编辑与刻录软件，可创建二级菜单，制作带有章节的 DVD 影碟。项目参考操作步骤如下：

1. 导入素材

(1) 在 DVD 刻录机中放入空白 DVD 刻录盘。

(2) 启动 TMPGE nc DVD Author，打开“TMPGE nc DVD Author”对话框，TMPGE nc DVD Author 的界面简洁，制作 DVD 的步骤在窗口上方列出，窗口的最下方以进度条的形式显示了 DVD 占用的容量。

(3) 窗口中最先显示的是“开始”步骤，用户可以选择“作成新的项目计划”来开始 DVD 的编辑，也可以选择“打开现存项目计划”或“把硬盘上的 DVD 文件夹的内容往R/RW光碟上刻入”。选择“作成新的项目计划”后即可进入“创建源码”步骤，如图6—42所示。

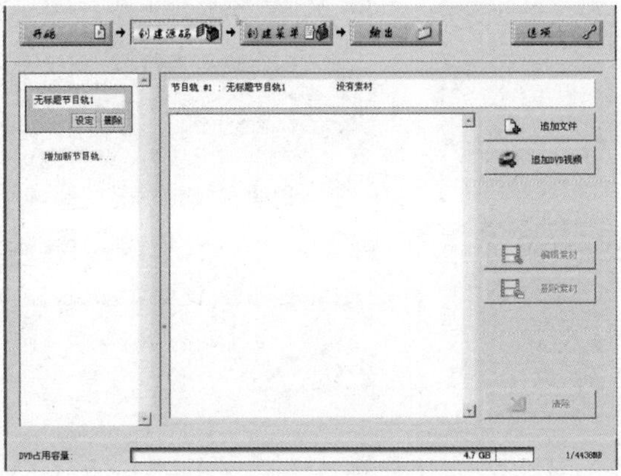

图 6—42　创建源码

（4）单击“追加文件”按钮，导入已有的 MPEG -1/2 格式的视频文件（支持 .m2v），通常使用 MPEG -2 格式的视频。在导入文件后打开“增加素材”对话框，如图 6—43 所示。

（5）单击“OK”按钮，可看到导入的素材出现在主界面的列表中，如图 6—44 所示。

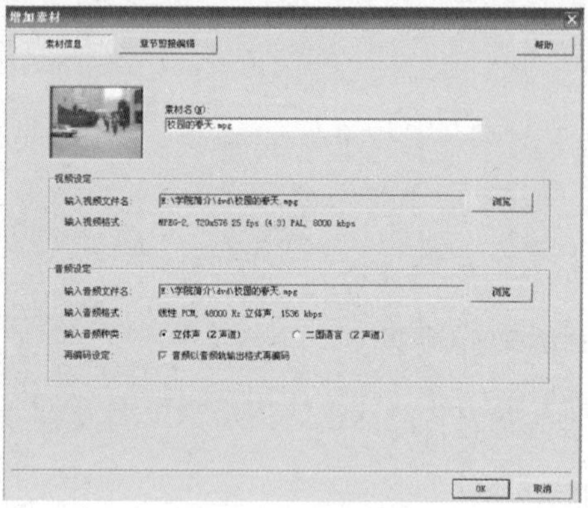

图 6—43　增加素材

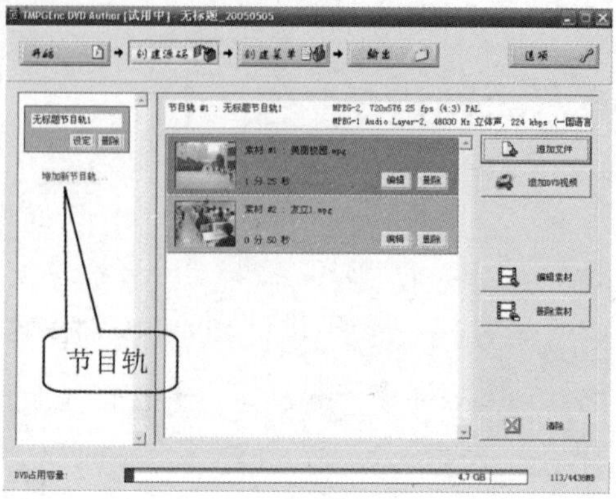

图 6—44　列表中的素材

2. 添加节目轨

在主界面中我们还可以继续在同一个节目轨中添加新的视频素材，也可以在左边的节目轨列表中单击“增加新节目轨”，添加新的节目轨。实际上节目轨和章节我们都可以看做是片段，不过节目轨会在 DVD 菜单的根菜单中进行选择，而章节则出现在下一级的标题菜单中。

我们还可以修改节目轨的名称及音频格式。单击节目轨的“设定”按钮，打开“节目轨设定”对话框，在这里用户可以为节目轨命名，并设定音频的压缩方式，可供选择的压缩方式有两种 MPEG-Audio Layer-2 和线性 PCM，前者压缩比高，占用硬盘少，后者质量好，但占用空间大，可根据自己的喜好进行选择，如图 6—45 所示。

3. 素材的编辑

素材的编辑（无编辑素材，可不执行该步骤）操作步骤如下：

（1）导入的素材还可以进行剪辑，单击它的“编辑”按钮，在打开的“素材编辑”对话框中选择“章节剪接编辑”按钮，如图 6—46 所示。

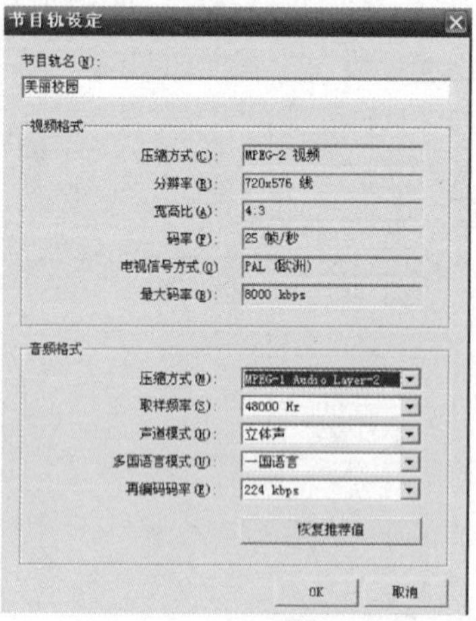

图 6—45　节目轨设定

图 6—46　素材编辑

（2）将播放滑块移至欲选择片段的开始位置，单击“设为开始帧”按钮，将它设定为片段的开头；再将滑块移至结束位置，单击“设为结束帧”按钮，设定为片尾；如果选定的部分是要删除的内容，可以单击“切”按钮将它去掉。

如果想将较长的片段分为多个章节，可以将滑块移至分割位置，再单击“增加当前帧为章节入点”按钮，即可看到右边的“章节列表”中又新增了一个章节，如图6—47所示。剪辑完成后单击“OK”按钮，回到主界面。细分章节有助于在播放时进行选择，但也不宜划分过细。

4. 创建菜单

节目轨和章节安排好之后，可以开始创建DVD菜单了。

（1）单击窗口上部的“创建菜单”按钮，进入菜单创建步骤，首先在左上角的菜单题材下拉列表中选择一种菜单模板，菜单题材的下拉列表中已经预置了流云、冷风、双轨等7种菜单模板，如果不满意可以选择下拉列表中的“新题材”来创建自己的菜单，如图6—48所示。

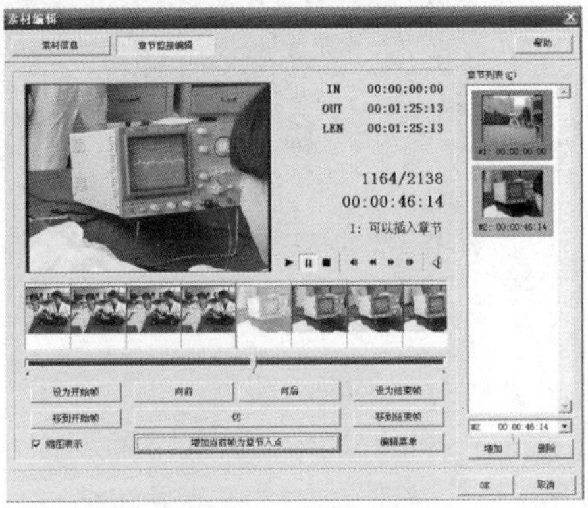

图6—47　素材分割

图6—48　创建菜单

（2）选择菜单题材下拉列表中的“新题材”，打开“创建新菜单题材”对话框，在这里预设了大量的主菜单、节目轨菜单的样式，用户可以自由选择菜单按钮、缩图画框、背景图像，设计出各种组合的菜单，如图6—49所示。

（3）单击“菜单题材设定”按钮，在打开的“编辑菜单题材”对话框中可移动标题文字、缩图及按钮到适当的位置，通过拖动这些元素的边角还可以改变它们的大小。

（4）对话框的左侧窗格分为两部分，上半部显示的是“主菜单”选项，下半部显示的是“节目轨”选项，而对话框的最上方分别提供了“创建新题材”、“保存题材”、“菜单显示的设定”及“选项”等按钮，方便用户对相关设置进行选择，如图6—50所示。

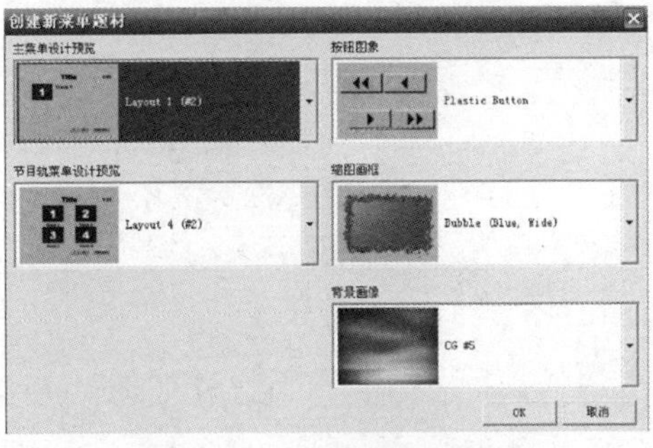

图6—49　创建新菜单题材

图6—50　编辑菜单题材

(5) 如果要修改标题文字，可以双击它，打开“文字内容设定”对话框，用户可以设置文字的字体、字号、颜色及样式。设定按钮及菜单分别是“字体”、“字号”、“颜色”、“加粗”、“斜体”及“下划线”，另外还提供了“恢复模板文字内容”及“输入记录”等功能，如图 6—51 所示。

(6) 如果对背景图片不满意，可单击“编辑”按钮，然后在打开的下拉菜单中选择“设背景”，将菜单的背景设置为用户所喜欢的画面。

(7) 设置完主菜单后，还要设置节目菜单。在左边的列表中选择节目菜单，然后在右边的菜单编辑窗口进行设置，方法和设置主菜单是完全一样的，如图 6—52 所示，单击“OK”按钮。

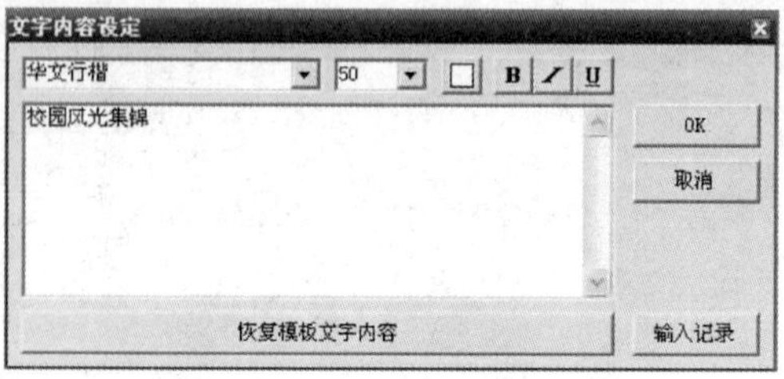

图 6—51　文字内容设定

图 6—52　设置节目菜单

(8) 单击“菜单显示的设定”按钮，打开“菜单显示的设定”对话框，在“全部”选项卡的“显示菜单的设定”选项中设定菜单的显示方式。在“光碟插入后开始”的下拉列表中有“播放全部节目”、“显示主菜单”和“播放头节目轨”选项。在“各节目轨播放后的动作”下拉列表中有“显示主菜单”、“显示节目轨菜单”、“播放下一节目轨”和“播放下一节目轨（全盘循环播放）”选项，如图 6—53 所示。

5. 输出 DVD

菜单编辑完成后，即可输出 DVD 了。

(1) 单击“输出”按钮进入输出步骤，首先选择“创建 DVD 文件夹”复选框，然后设置输出的文件夹，如图 6—54 所示，单击“开始输出”按钮开始生成 DVD 文件。

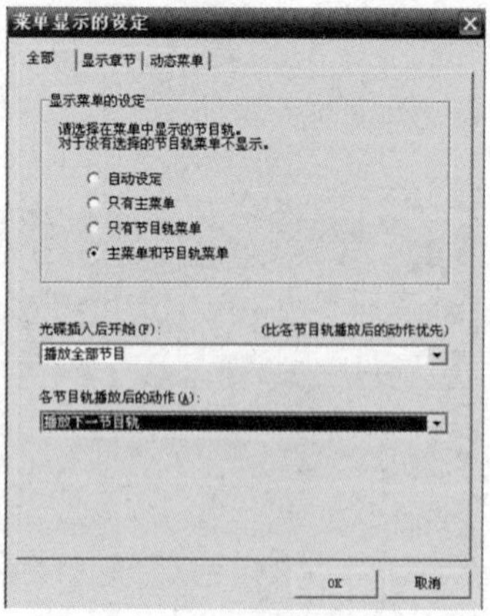

图 6—53　菜单显示的设定

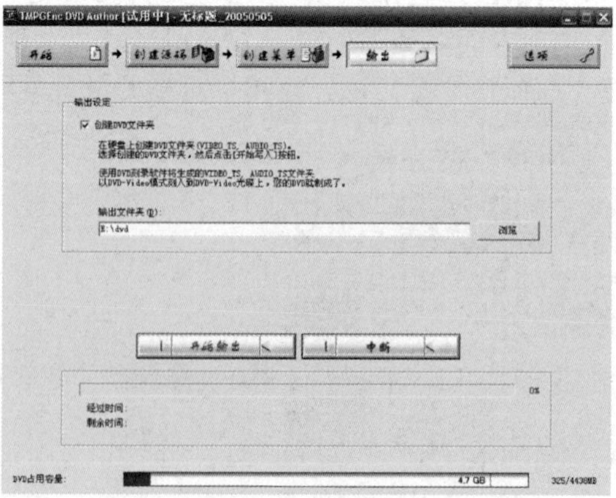

图 6—54　输出

(2) DVD 生成的时间比较长，生成完毕后，打开“刻录完毕”对话框，提示 DVD 生成完成，如图 6—55 所示。

(3) 单击“启动 DVD 刻录工具”按钮，打开“DVD 刻录工具”对话框，开始刻录后“DVD 刻录”按钮消失，如图 6—56 所示。在对话框的最下方，有一个“DVD”占用容量进度条，进度条的右侧显示的是空间容量比，用户可准确地掌握空间占用情况。这个工具还提供了 DVD±RW 擦除、生成 ISO 映像及 ISO 光盘映像刻录成 DVD 的功能。

图 6—55　刻录完毕

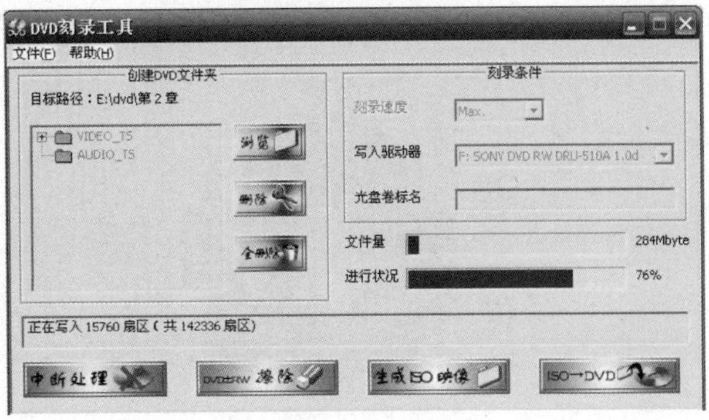

图 6—56　刻录过程

实训 2　光盘标签的制作

目前，部分打印机可以直接打印出光盘盘面，但是由于价格的原因，大多数人还是没有使用这种直接打印的方法。在这里我们选择用光盘贴来实现在光盘上加图片，利用 Nero 9 附带的 Nero Cover Designer 工具就可以进行制作，其中包括封面和光盘类型的选择及各种封面元素、正面、背面、插页和标签的设计等内容。封面设计程序可以容易地建立专业水平的个性化封面。项目参考操作步骤如下：

(1) 启动 Nero-StartSmart，打开 Nero 对话框，如图 6—57 所示，选择“其他→制作标签面”图标，打开“新建文档”对话框，选择封面和光盘类型，读者可以根据需要选择自己喜欢的模板，如图 6—58 所示，单击“确定”按钮，打开“文档数据”对话框，单击“确定”按钮。

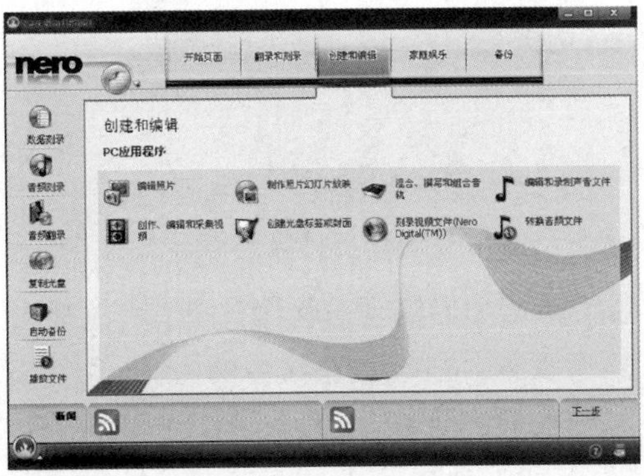

图 6—57　Nero 面板

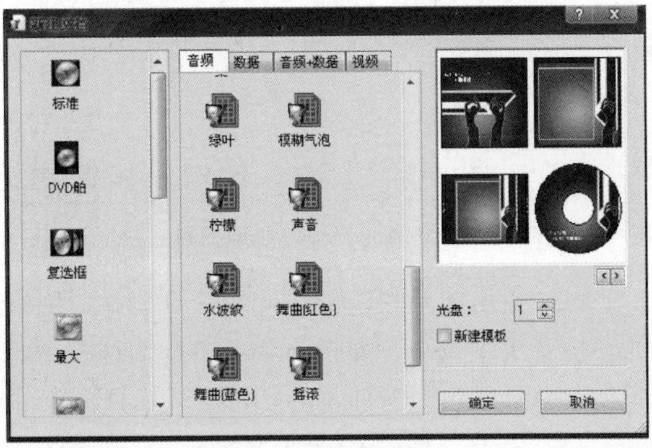

图 6—58　新建文档

(2) 打开“Nero Cover Designer”对话框，在其下方选择“磁盘 1”选项卡，调出用于光盘盘面的模板，如图 6—59 所示。

(3) 在工具栏上单击“图像工具”按钮，打开“打开”对话框，选择要插入的图像文件，单击“打开”按钮。

(4) 屏幕显示可以移动的调整框，用鼠标定位调整框并单击一次，图像将被插入，然后适当地调整图像的大小，如图 6—60 所示。

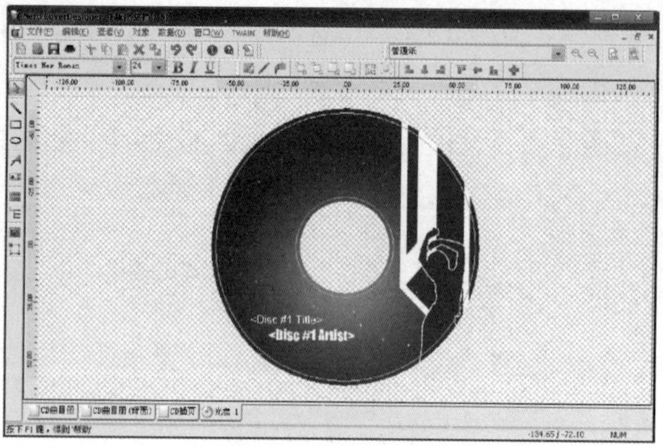

图 6—59 “Nero Cover Designer”对话框

图 6—60 插入图像

(5) 用鼠标右键单击图像，从弹出的快捷菜单中选择“效果→过滤器→曝光过度…”，打开“曝光过度”对话框，可以根据曝光过度进度条，调整更为合适的效果，如图 6—61 所示。

(6) 单击工具栏上的“艺术字工具”，在光盘盘面上的适当位置输入文字“影视制作软件”、“传媒艺术系”，如图 6—62 所示。

图 6—61 效果调整

图 6—62 插入文字

(7) 单击工具栏上的“选择工具”，用鼠标右键单击“影视制作软件”文字，从弹出的快捷菜单中选择“属性”菜单命令，打开“属性”对话框，可以调整文字的大小、字体、颜色、背景颜色及弯曲等，如图 6—63 所示，调整完后单击“确定”按钮。

(8) 单击工具栏上的“文字框工具”，在光盘盘面上拖出文本框的范围，打开“属性”对话框，在“文本框”中输入文字，调整对齐方式，选择文字大小及颜色，如图 6—64 所示，单击“确定”按钮。

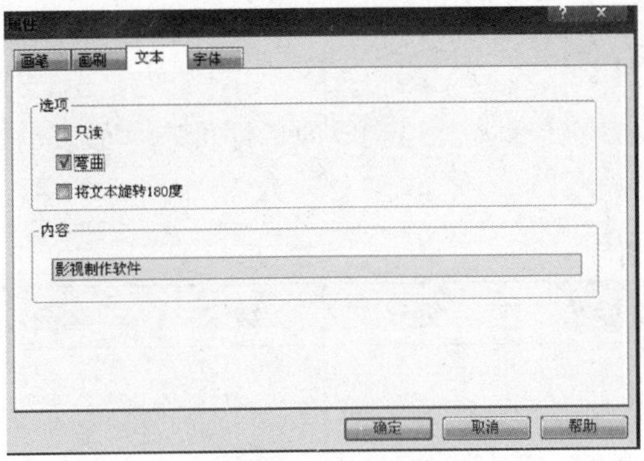

图 6—63　属性

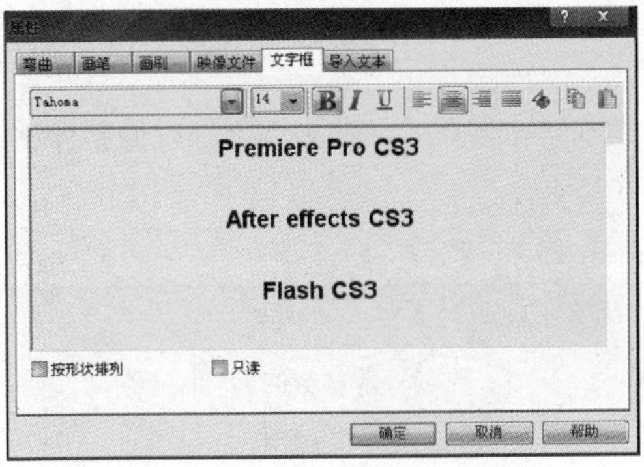

图 6—64　拖出文本框的范围

（9）设计好的光盘盘面如图 6—65 所示，要将图案打印到光盘贴上（价格很便宜，100 张/10 元），先执行菜单命令“文件→打印预览”，观看其效果，如图 6—66 所示。

（10）选择光盘贴的合适纸张，执行菜单命令“文件→纸材”，打开“纸材”对话框，一般情况下选择“A-one 29121”即可，如图 6—67 所示。

（11）将光盘贴放到打印机里，打印即可。注意，由于光盘贴是一种特殊的纸张，不要一次放很多，而且放纸时一定要放置合适才行。

图 6—65　设计好的盘面

图 6—66　打印预览

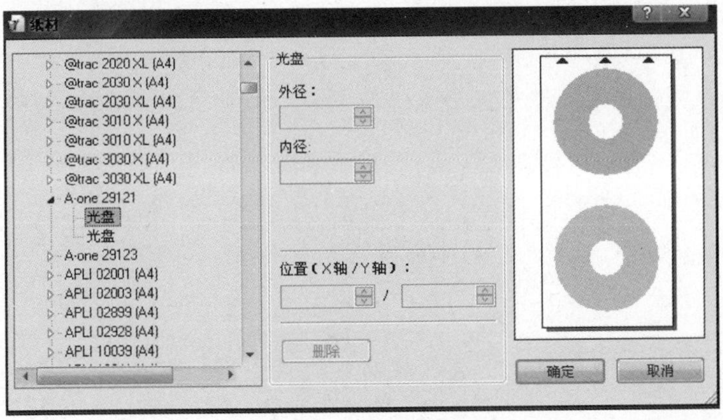

图 6—67　纸材

项目小结 6

体会与评价：完成这个项目后得到什么结论？有什么体会？完成项目评价表，如表6—1所示。

表 6—1 综合实训项目

项目	内容	评价标准	得分	结论	体会
1	刻录带章节的 DVD 影碟	5			
2	光盘标签的制作	5			
	总评				

课后拓展实训 6

题目：刻录 DVD 光盘并制作打印光盘封面

要求：通过前面制作的 DVD 作品，将其刻录成带有章节的 DVD 光盘，最后设计一个光盘封面并打印出来。

习题 6

简答题

1. 什么是 CD-RW 刻录机和 DVD 刻录机？
2. CD-RW 光盘刻录机的速度是多少？
3. DVD 刻录机在性能方面具备了哪些刻录技术？
4. CD-R 光盘的分类？各有什么特点？
5. DVD 光盘的分类？
6. 光盘的刻录方式有哪些？
7. 光盘文件的标准与格式有哪些？
8. Nero-Burning Rom 支持哪些类型光盘的刻录？
9. 什么是多区段光盘？
10. 选单型 VCD 的优点？
11. 复制光盘的方法有几种？
12. 大于 2GB 的数据如何刻录？

参考文献

[1] 张桂珍 . Authorware 7 多媒体应用教程 . 北京：机械工业出版社，2008
[2] 张宝剑 . 多媒体课件制作实训教程 . 北京：机械工业出版社，2004
[3] 新羽工作室 . Authorware 7.0 基础实例教程。北京：机械工业出版社，2004
[4] 殷式法 . Authorware 7.0 课件 · 光盘 · 游戏制作 . 北京：电子工业出版社，2004
[5] 电脑报社 . DVD 制作一点通 . 汕头：汕头大学出版社，2005
[6] 刘瑞新 . 计算机组装与维修 . 北京：机械工业出版社，2008
[7] 朱仁成 . Photoshop CS3 图像处理百例 . 北京：电子工业出版社，2008
[8] 张凡 . Flash CS3 中文版基础与实例教程 . 北京：机械工业出版社，2008

图书在版编目（CIP）数据

多媒体技术及应用项目教程/尹敬齐编著. —北京：中国人民大学出版社，2012
（全国高职高专数字传媒艺术系列精品教材）
ISBN 978-7-300-15126-7

Ⅰ.①多… Ⅱ.①尹… Ⅲ.①多媒体技术-高等职业教育-教材 Ⅳ.①TP37

中国版本图书馆 CIP 数据核字（2012）第 004676 号

"十二五"职业教育国家规划立项教材
全国高职高专数字传媒艺术系列精品教材
多媒体技术及应用项目教程
尹敬齐 编著

出版发行	中国人民大学出版社		
社　　址	北京中关村大街 31 号	邮政编码	100080
电　　话	010－62511242（总编室）		010－62511398（质管部）
	010－82501766（邮购部）		010－62514148（门市部）
	010－62515195（发行公司）		010－62515275（盗版举报）
网　　址	http://www.crup.com.cn		
	http://www.ttrnet.com(人大教研网)		
经　　销	新华书店		
印　　刷	北京易丰印捷科技股份有限公司		
规　　格	185 mm×260 mm　16 开本	版　　次	2012 年 2 月第 1 版
印　　张	16.75	印　　次	2017 年 1 月第 5 次印刷
字　　数	390 000	定　　价	39.80 元

教师信息反馈表

为了更好地为您服务，提高教学质量，中国人民大学出版社愿意为您提供全面的教学支持，期望与您建立更广泛的合作关系。请您填好下表后以电子邮件或信件的形式反馈给我们。

您使用过或正在使用的我社教材名称		版次	
您希望获得哪些相关教学资料			
您对本书的建议（可附页）			
您的姓名			
您所在的学校、院系			
您所讲授课程名称			
学生人数			
您的联系地址			
邮政编码		联系电话	
电子邮件（必填）			
您是否为人大社教研网会员	□ 是　会员卡号：__________ □ 不是，现在申请		
您在相关专业是否有主编或参编教材意向	□ 是　　　□ 否 □ 不一定		
您所希望参编或主编的教材的基本情况（包括内容、框架结构、特色等，可附页）			

我们的联系方式：北京市海淀区中关村大街 31 号
中国人民大学出版社教育分社
邮政编码：100080
电话：010-62515923
网址：http：//www.crup.com.cn/jiaoyu/
E-mail：jyfs _ 2007@126.com